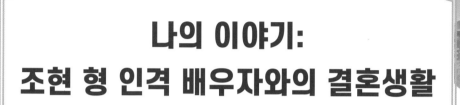

나의 이야기:
조현 형 인격 배우자와의 결혼생활

-광야 10년과 그 후 10년 동안 많은 축복-

저자 최순녀

"드디어 여자!"
-성 정체성에 대한 나의 길! 저자

한국과 독일의 자서전

내가 결혼했을 때 내 나이는 38이었고
8년 동안 열심히 사는 그리스도인이었다.

영적 치유와 해방이 무엇인지 나는 몰랐다.
정서적 강간이 무엇인지 나는 몰랐다.
우상숭배와 성화가 무엇인지 나는 몰랐다.
음행과 음란이 무엇인지 나는 몰랐다.
영적 변화가 무엇인지 나는 몰랐다.
기독교 목회적 돌봄이 무엇인지 나는 몰랐다.
중독과 페티시즘이 무엇인지 나는 몰랐다.
기본적인 신뢰와 분열성이 무엇인지 나는 몰랐다.
남성 증오와 여성 증오에 대해 나는 몰랐다.
게이와 트랜스섹슈얼이 무엇인지 나는 몰랐다.
마조히즘과 사디즘이 무엇인지 나는 몰랐다.
성 정체성의 의미도 나는 몰랐다.

나는 이 모든 것을
"10년 동안의 결혼생활 광야 기간"을 통해 배웠으며
10년째 되는 해에 여성으로서의
정체성 치유를 받았다.
하나님께 감사한다.

최순녀

나의 이야기:
조현 형 인격 배우자와의 결혼생활

-광야 10년과 그 후 10년 동안 많은 축복-

저자 최순녀

저자

1949년 한국에서 태어난 최순녀(가명)는 고등학교를 졸업한 후 간호사가 되었다. 당시 독일에서 간호사를 모집하고 있었고, 가족을 부양하고 싶었던 그녀는 22살의 나이에 독일로 건너갔다. 그녀는 세 번이나 한국으로 돌아갈 계획을 세웠지만, 그때마다 수술받아야 했다. 그런 후 그녀는 초자연적인 경험을 하게 되었다: **"네가 독일에 사는 게 하나님의 뜻이다"**는 하나님의 음성을 청각적으로 들었다. 그녀는 "예"라고 대답하고 기독교인이 되었다.

1983년 그녀는 병리 검사원이 되었고, 38세에 독일 남성과 결혼했다. 직장에서 다양한 화학물질을 접촉하면서, 그녀는 과민성 알레르기(내출혈을 동반한 MCS 증후군)에 걸렸고 1989년에 조기 은퇴해야 했다. 결혼 생활은 자녀 없이 이어졌다.

최순녀는 수년간 자원봉사 컨설팅 상담자로 활동하며 사람들과 기도했다. 때때로 그녀는 사회적으로 불우한 청소년들을 위해 이벤트(Event)도 했다.

지금은 향수 등등으로부터 자신을 보호하기 위해 은둔 생활을 하며 취미인 야채밭 가꾸기를 즐기고 있다.

성경 인용문은 특별한 표시가 없는 한 가톨릭 공동 번역(1980)과 개역 개정을 사용했다. https://bibel.github.io/EUe/.

루터 성경을 기반으로 하였고 철자는 해당 규칙에 맞게 조정했다.
루터 성서, 1984 개정판, 1994 독일 성서 공회, 슈투트가르트, ⓒ as on www.die-bibel.de

Elberfelder Bibel 2006, 2006 by SCM R.Brockhaus in der SCM Verlagsgruppe GmbH, Witten/Holzgerlingen, 출처: www.bibleserver.com.

개인의 권리를 보호하기 위해 이 책에 등장하는 대부분의 이름은 변경했다. 또 사진도 대부분 모자이크했다.

편집: 가브리엘레 페슬러(Gabriele Pässler), www.g-paessler.de
사진: 비공개
표지: 아델베르크 PJI 에이전시

Verlagshaus Schlosser, Pliening, 2023
ISBN: 978-3-96200-742-3

차례 (목차)

프롤로그

예수님은 "너희 중에 죄 없는 자가 먼저 돌로 치라"(요 8:7)고 말씀하셨고, 구스타프 하이네만은 (Gustav Heinemann) "남을 손가락질하는 자는 세 손가락으로 자기를 가리킨다"고 충고했다.

안타깝게도 많은 사람이 스스로를 심판자로 설정하고
다른 사람을 가혹하게 판단한다.
나도 그랬다. 특히 동성애자한테.
그러다 동성애자 형제를 만났고.
그에 대한 하나님의 사랑은 나를 압도했다.
동성애자들에 대한 가혹한 나의 심판이 사라졌다.
그렇다고 해서 하나님이 죄를 허락하신다는 뜻이 아니다.
하나님은 사람들이 회복하기를 원하신다.

내가 비기독교인과 결혼했기 때문에,
나는 일부 기독교인들로부터 정죄를 받기도 하고 기피도
당했다.
나는 이것을 바리새 적이라고 느꼈으며,
그들은 성령의 은사를 가진 자들도 아니었음을 알았다.

장로 교회에서는 이런 정죄나, 기피나, 거부감을 경험하지 않았지만, 그곳에서는 성령의 은사를 행사하는 형제자매들이 없었다.

나는 두 번째 간증 전기를 쓰면서 종종 벌거벗은 느낌이들었다. 그러나 사랑하는 주님께 순종하며 완성했다.
모든 독자한테 도움이 되고 유익과 축복이 되길 바란다!

서문

전도서 3장은 모든 일에는 때가 있다고 말한다.
내가 이 책을 쓰기 시작한 것은 28년 전인 1995년이었다.
그 사이에 좋은 일과 나쁜 일이 많았기 때문에
2023년에 이 책을 완성할 수 있었다.

내 인생에서 나는 많은 전투를 치렀고, 하나님의 도움이 필요했
으며 그 과정에서 인간에 대해 많은 것을 배웠다.

어린 시절부터, 심지어 모친의 자궁에서부터,
사랑의 결핍으로 한 인간이 얼마나 큰
영혼의 상처를 받는지 배웠다.
이런 사람들이 평생 찾고 헤매는 것이 당연하다!
사랑 결핍을 대체하는 것은 일반적으로 직업, 취미, 섹스, 스포
츠, 마약, 여행, 파트너 찾기 등등이다.
그러나 하나님의 사랑을 받아들이는 사람은 누구나 그의 영혼이
치유와 안식을 찾을 수 있다. 그 길은 힘들고 걸림돌이 많으며
가파르지만, 그만한 가치가 있다.

소개

나의 하나님은 나를 위한 배우자를 선택해 주셨고,
내 광야의 시간이 10년 동안 지속될 것이라고 말씀하셨다.
하지만, 이 남자는 내 유형(타입)이 전혀 아니었다.
그러나 하나님의 아가페 사랑으로 가능했다.
하나님은 10년이란 광야의 시간을 통해
나를 변화시키고, 치유하고, 강력하게 훈련하며
영적으로(성령 안에서) 성장하게 하셨다.
어둡고 긴장되고 모험적인 우여곡절 시간으로 가득했으나,
남편에게는 실패였지만 나에게는 이득이 되었다.

나는 나를 결코 신앙의 여장부라고 부르고 싶지 않다.
하나님 아버지께서 주신 영적 은사 덕분에, 평범하지 않은
결혼 생활의 굴절을 잘 이겨낼 수 있었다.
성경에 나오는 여성들과 남성들도 기쁨과 슬픔을 경험했지만
우리 하나님은 우리를 압도하지 않으시고
우리의 힘을 아시며
우리를 도우시는 분이시다 (고린도전서 10:13).
나는 이 책에서 그것을 간증한다.

한국전쟁 후, 한국에서 나의 어린 시절이며, 믿음, 몸과 영혼의
치유, 그리고 여성으로서의 성 정체성을 찾게 된 과정은
간증 자서전 1권 **"드디어 여자로다! - 성 정체성에 대한 나의
길"**에 자세히 기록되어 있다.

이 책은 독일어로 2014년에 출판되었다.

한국어판은 2023년 3월에 한국에서 출간되었고(**드디어 여자로
다!** 출판사: 시간의 물레 ISBN: 978-89-6511-429-1) 개정판
은 독일어로 준비 중이다.

오늘 나는 확신을 가지고 말할 수 있다.
나는 여성이요, 그것은 좋은 일이라고.

여자로서 성 정체성을 찾은 후에야
내 안에 있던 창의성이 나타나기 시작했다.
46세가 될 때까지도 단 한 번의 시도를 제외하고는
크리스마스 과자나 케이크를 구운 적이 없다.
그런 것을 즐기지도 않았고 하고 싶은 욕구도 없었다.

미에 대한 감각도 깨어났다.
50세에 화장 전문가를 공부하고 최고 점수로 졸업했다!

1장: 이성과의 관계

이성에 대한 나의 관심은 평생 매우 소극적이었다.
나는 남자를 찾아다니는 소녀가 아니었다. 그리고 내 결심은 다음과 같았다.
학교에서 제대로 공부하고 취직하며 늦어도 28세에 결혼하여, 세 자녀를 낳고 한 명의 남자(즉, 한 명만)와 조화로운 결혼 생활을 한다는 결심이었다.
초등학교 6년은 여학생과 남학생이 분리되어 있었다. 나는 또 3년 동안 여자 중학교에 다녔고 3년 동안 여자 상업고등 학교에 다녔다. 그래서 나는 남학생과의 연애 경험은 없었지만, 십 대 시절에 재미있고 진지한 이야기가 몇 가지 있다.

괴롭힘

중학교 시절부터 나는 스포츠를 정말 좋아했다. 탁구는 키가 너무 작아서 탁구대 가장자리만 겨우 볼 수 있었다. 그래서 포기하고 농구로 바꿔 정말 재미있게 했다.
웃으시나요? 네, 나는 여전히 키가 작다. 사람들은 키가 커야 농구에 유리하다고 생각하지만, 나는 기술을 익혔고 그게 중요했다: 바스켓이 있는 곳을 머릿속에 암기하고. 민첩할 뿐만 아니라 가장자리에서 깜짝 놀랄 정도로 공을 던질 수 있었고, 실제로 공이 바구니에 들어가곤 했다! 누구도 내 행동을 예상할 수 없었다.
중학교 3학년 때는 배드민턴도 했는데, 반 친구들 눈에는 내가 너무 잘해서 특별하게 보였다. 고등학교에서는 안타깝게도 많은 여학생이 하얀 피부를 중요시하고 야외에 나가기를 싫어했다. 한국인의 하얀 피부에 대한 미의 감각은 유럽과 완전히 다르다. 솔직히 말해서 나는 미에 대한 의식이 전혀 없었다.

어느 날 휴일에 동네 초등학교에서 농구했다. 그때부터 남자 고등 학생들이 연애편지를 보내며 나를 괴롭혔다. 내가 사는 곳을 어떻게 알았는지 괴롭히기 시작했다. 그러나 나는 관심도 없었고 그들을 이해할 수도 없었다. 나는 그 나이에는 공부에 집중해야 한다고 확신했다. 남자아이들은 내가 왜 관심을 두지 않는지 설명을 요구했지만 나는 여전히 응하지 않았다. 이웃들은 그런 상황을 즐겼다!

어느 날 저녁 나는 용기를 내어 이웃에 알리고 문제를 완전히 해결하기 위해 밖으로 나갔다. 즉시 대여섯 명의 남학생들이 나를 둘러쌌다. 나는 매우 두려웠다. 다행히 이웃 아줌마가 도움을 청했고, 집주인의 대학생 아들이 나와서 큰 소리로 "뭐 하는 거야?"라고 묻자 모두 도망쳤다.

나는 안도하며 아파트로 들어갔지만 놀라서 지쳐 있었다. 겁에 질린 나는 이웃 아줌마가 와서 대화를 나누며 진정시킬 때까지 앉아 있었다. 이 사건 이후 집주인은 나한테 안뜰에 있는 아파트를 주었고, 나는 매우 고마웠다. 그러나 남자아이들은 포기하지 않고 계속 나타났다.

그러던 어느 날 저녁, 나와 같이 살며 중학교 다니는 남동생과 나보다 한 살 어린 사촌 남동생이 헐떡이며 집으로 들어왔다. 나는 "무슨 일이야?"하고 사촌에게 물었다. 사촌 동생은 "우리가 보여줬어요! 우리 동네에서 온 고등학생과 길거리에서 소년들을 가로챈 후 그들을 심하게 때리고 쫓아냈습니다."라고, 답했다.

"고맙다"고 생각했지만 "내가 그 대가를 치러야 하나 생각하며" 걱정했다. 다행히도 그때부터 남학생들이 나를 내버려두었고 괴롭히지 않았기에 복수에 대한 두려움은 필요 없었다. 내 사람들이 나를 보호해 준다는 사실이 나에겐 큰 힘이 되었다!

50여 년이 지난 지금도 내 사촌은 여전히 그 일을 이야기하며 즐거워한다. 만약 "내가 자제했다면 누나는 지금 독일에 있지 않고 한국의 할머니가 되었을 것입니다."라며.

"너를 위한 거야!"

다른 아파트로 이사한 후 나보다 한 살 어린 동생의 친구 한 명이 가끔 동생을 찾아왔다. 올 때마다 책을 가져왔는데, 열두 권이 되면서 나는 그한테 집에 가져가라고 부탁했다. 그 남학생은 부끄러워하며 나를 위한 것이라고 대답하고 얼굴을 붉혔다. 그때에야 알았다. 그는 내 동생한테 온 것이 아니라 나를 보기 위해 온 것임을!

1967년 1월: 동생의 중학교 졸업식(아래 오른쪽): 내 옆에는 동생의 과외 선생 으로 역시 학생이었다.

그 책들은 기원전 1세기부터 서기 7세기까지의 "삼국 역사" 였다. 고구려, 백제, 신라에 관한 역사책으로 고구려에 관해선 10권, 백제에 관해선 6권, 신라에 관해선 12권 총 28권으로 구성돼 있다. 어떻게 해야 할까? 나는 동생에게 그 친구가 우리한테 더 이상 오지 말라고 부탁했다. 동생은 이해하지 못했지만 내 요청에 따라 그 소년은 그때부터 오지 않았다. 그렇게 나는 신라 제국에 관한 귀중한 책 열두 권을 갖게 되었다.

군 복무 법대생

고등학교에서 우리는 크리스마스 때 군인에게 편지를 써야 했다. 받는 사람의 이름도 알 수 없었고 답장도 받지 못했다. 그러나 몇몇 반 친구들이 그 편지에 접근할 수 있었다. 이 소녀들은 나를 존경하고 나를 더 잘 알고 싶어했지만, 나는 매우 침묵하고 꼭 필요한 말만 했기 때문에 쉽지 않았다. 그들은 감히 나에게 말을 걸을 수 없었기에 나한테 온 답장을 가로챘고 조건을 걸었다. 선생님에게 이야기하지 않는 조건이었다. 결국 그들의 소원은 이루어졌다.

그중 한 명인 김 양은 내 친구가 되었다. 그리고 접근 이유를 알려주었다: 내가 없을 때면 음악 선생님이셨던 담임 선생님은 나의 차분한 태도, 성숙한 성품, 깔끔한 집안일을 항상 칭찬했단다. 1960년대 중반, 당시 담임 선생님의 임무 중 하나는 모든 학생을 예고 없이 방문하여 평가하는 것이었다. 수학 성적이 좋아서 수학 선생님이 나를 높이 평가한다는 것은 알고 있었지만, 담임 선생님도 나를 높이 평가한다는 것을 친구 김을 통해 알게 되었다. 나는 한동안 이 교사한테 피아노 개인지도도 받았었다.

사실 그 당시 나는 단정하고 과묵한 성격이었는데, 법학의 꿈을 포기해야 했기 때문에 우울해서 그랬었다.

나는 어려서부터 매우 독립적이었고, 질서와 청결을 좋아해서 남동생과 함께 소박한 자취 생활을 깔끔하고 정돈된 상태로 유지했다. 한번은 내가 동급생을 방문했을 때 깜짝 놀랐다: 식탁 위에 밥솥이 놓여 있었는데, 그 친구는 솥에서 밥을 먹고 있었던 거였다! 큰 쇼크였다. 나로서는 밥솥이 방에 들어오는 것은 물론이고 식탁 위에 놓여 있으며 솥에서 밥을 떠먹는 건 도저히 이해할 수 없었다!

나는 이 상업 고등학교에서 회계와 은행 업무를 배웠다. 빨리 돈을 벌어 부모님을 돕고 싶었다. 아버지의 사촌 중 한 명이 아버지의 관공서 인감도장을 남용해, 우리 가족은 국가에 막대한 빚을 지게 되었다. 우리 부모님은 거의 30년에 걸쳐 그 빚을 갚았다.

다시 군인의 편지로 돌아간다: 나는 그에게 답장을 보냈고 우리는 펜팔 친구가 되었다. 그는 법학 공부를 하던 도중에 군 복무를 위해 소집되었는데, 지금도 한국에서는 젊은이들이 학업 도중에 소집되어 학업을 중단하고 군 복무 후에 학업을 계속해야 한다.

무엇보다도 그가 법대생이라는 사실이 나를 사로잡았다. 내가 경제적인 이유로 포기했던 학부였기 때문이었다.

시간이 지남에 따라 그는 나를 좋아하기 시작했다. (나한테는 미스터리였다!) 그는 심지어 나와 결혼하고 싶어 했다. 하지만 나는 두 가지 이유로 결혼에 관심이 없었다: 첫째는 너무 일찍 결혼하고 싶지 않았고, 둘째는 그의 고향이었다. 60년대 대통령이 그곳 출신이었는데 우리 지방을 가난하게 만들었고 지금까지도 극복되지 않은 상태다. 그러나 1980년대 이후 나는 독일에서 이 장벽을 뛰어넘고 그 지방 사람들과 가장 좋은 관계를 맺을 수 있었으며, 그 관계는 오늘날까지도 지연되고 있다.

남동생은 고등학교를 다른 도시에서 다니게 되었다. 그래서 나는 1년 동안 친구 가족과 살았다. 어느 날 아버지는 나를 받아주셨던 김 씨 가족을 만나고 싶어 하셨다.

내 친구 김은 미망인인 어머니와 결혼한 두 오빠, 그리고 그들의 아내와 함께 살았다. 그들은 나한테 매우 친절했다.

그래서 나는 아버지와 친구 김 가족 집으로 갔다. 그때 둘째 언니가 병사의 최근 편지를 건네주었다.

아버지는 나를 의아하게 쳐다보셨고, 나는 편지를 읽지 않고 아버지께 드렸다.

편지를 읽으신 아버지는 내게 돌려주시며 어떻게 아는 사이냐고 물으셨다. 나는 학교에서 위문편지 쓴 결과라고 대답했고 아버지는 더 이상 묻지 않으셨다.

그의 군 복무가 끝나갈 무렵 나는 고등학교를 졸업했다. 그 학생은 대학 학업을 계속했고 우리는 서로에게 몇 통의 편지를 더 주고 받았다.

어느 순간부터 그는 나에게 선물을 보내기 시작했고 나는 매번 돌려보냈다. 그러다 어느 날 그는 예고 없이 나의 부모님 집으로 찾아왔다. 다행히 내가 멀리서 그를 볼 수 있었다. 그는 길을 오르내리며 주변을 살피고 있었다. 부모님 집에는 큰 대문이 있었고 벽으로 둘러싸인 넓은 마당이 있었다.

나는 본능적으로 그 사람임을 직감하고 재빨리 거실로 들어가 아버지께 그를 돌려보내 달라고 부탁했다. 아버지는 이 사람이 편지를 보낸 사람이라는 것을 눈치채셨다. 대학생은 마당에서 말을 걸었고 나의 아버지와 대화하다 물 한 잔만 마시고 떠났다. 그동안 나는 겁에 질린 채 거실에 앉아 있었다.

아버지가 방에 들어오셨고 "괜찮아, 내가 돌려보냈다"라고 말씀하셨다. 나는 그 학생에게 미안한 마음이 들었지만 정말 관심이 없었다! 학생은 대화 중 물을 달라고 했단다. 불쌍하게도 긴장과 흥분으로 목이 마른 게 틀림없다.

하지만 그 청년은 포기하지 않았고 여전히 나를 개인적으로 만나고 싶어 했으며, 나와 결혼 할 생각을 진지하게 하고 있었다! 그렇게 약 3년을 지속했다. 어느 날 나는 그에게 내가 외국에 간다고 편지를 썼으나, 어느 나라인지는 알리지 않았다. 그때야 그는 나를 괴롭히지 않았다. 그가 오늘 무엇을 하고 있고 어떻게 지내고 있는지 모른다. 나는 심지어 이름도 잊어 버렸다.

나의 순수한 플라토닉 첫사랑 "장"

이 이야기는 좀 더 자세히 써야 하는 이유가 있다.

2017년 여러 차례 연락을 주고받았기 때문이다. 2017년 1월부터 7월 중순까지 짧은 메시지를 주고 받았다. 6월 26일에 그는 그달 초에 경추 디스크 수술을 받았다고 말했으며, 7월 4일에는 "전도서 11:4-6" 문자를 보냈다. 거기에는 이렇게 적혀있었다.

풍세를 살펴보는 자는 파종하지 못할 것이요 구름만 바라보는 자는 거두지 못하리라. 바람의 길이 어떠함과 아이 밴 자의 태에서 뼈가 어떻게 자라는지를 네가 알지 못함 같이

만사를 성취하시는 하나님의 일을 네가 알지 못하느니라. 너는 아침에 씨를 뿌리고 저녁에도 손을 놓지 말라 이것이 잘 될는지, 저것이 잘 될는지, 혹 둘이 다 잘 될는지 알지 못함이니라.

2주 후 그에게서 마지막 문자 메시지를 받았는데 얼마 지나지 않아 그의 프로필에 "어려움"이라는 문구가 떴고, 그 이후로 아무런 공지나 설명도 없이 연락이 끊겼다.

여기서 난 어린 시절로 돌아간다.
나는 열여덟 살이었고 친구 김의 집에서 살도록 허락받았었다. 어느 날 내 친구가 나를 시내로 데리고 갔는데, 도착한 곳은 남성복 가게였다. 거기서 그녀는 젊은 남자 점원과 이야기를 나누고 있었고, 나는 침묵한 채 기다렸다. 그러다 밖에서 한 청년이 화덕과 고군분투하고 있는 걸 보았다. 그도 가게에서 일하는 점원이란다. 나는 그를 돕기 위해 나갔다.
잠시 후 밝은 갈색 양복에 넥타이를 맨 잘생긴 남자가 가게로 들어가는 걸 보았다. 아주 단정하게 생긴 그는 우리에게 미소를 지었다. 그때 내 안에서 무언가가 일어났다:
첫눈에 그한테 매우 호감이 갔다. 사랑에 빠진 건 아니었지만 이성을 좋아한 건 그때가 처음이었다.
내 여자 친구가 만나고 싶어 하는 남자라는 것도 알아차렸다. 나는 진지하게 남자를 만나고 싶다는 생각은 없었기 때문에 더 이상 관심을 두지 않았다.
그래서 눈 맞춤에 더 이상 신경을 쓰지 않았다.
나는 화덕에 불이 타오르는 걸 도울 수 있어서 기뻤다. 그러나 밖이 추워서 다시 가게로 들어갔다. 나는 한마디도 하지 않고 기다렸다.

입학시험 신청서

그 당시 나는 2주마다 부모 집에 갔었는데 그 2주는 나한테 끔찍하게 길었다. 처음으로 부모님과 멀리 떨어져 살았고 항상 향수병에 시달렸다. 집 근처 버스 정류장에서 집까지 3km는 내 짧은 다리로는 너무 먼 거리였다.

어느 주말, 남동생이 집에 갔다가 버스 좌석에 놓여 있는 서류 한 장을 들고 왔다. 그것은 대학 입시 원서였는데, 시골 과부의 외아들이라는 내용이 적혀 있었다.

나는 안쓰러운 마음에 남동생을 꾸짖었다. 버스에 원서를 두었으면 학생이 찾을 수 있었을 것이라며.

이걸 어떻게 하나? 내 친구 김도 어떻게 해야 할지 몰랐고, 이런 경우 경찰의 도움을 청할 수 있다는 것도 그 당시 나는 몰랐다.

미망인과 외아들이 너무 안쓰러웠다. 그때 내 여자 친구가 나를 데리고 간 양복집 장 씨가 떠올랐다. 내 요청으로 우리는 장 씨를 만나러 갔다. 장 씨는 신청서를 읽은 후 신청자의 문제라며 서류를 테이블 위에 던졌다.

그 순간 예상치 못한 분노가 내 안에 솟구쳤다! 나는 그 남자를 질책했다. 나는 낯선 사람인 그 남자를 조용히 그러나 단호한 어조로 꾸짖으며, 그에게 인정이 없느냐고 물었다. 나는 또 그에게 이 불쌍한 과부가 외아들을 위해 학비를 마련하기 위해 시골에서 얼마나 고생했는지 생각이나 하느냐고? 또 과부한테 어떤 의미인지 이해하느냐고 다그쳤다. 우리는 서로를 전혀 알지 못했다.

장 씨는 침묵했다. 나중에야 나의 격렬한 반응에 나 자신도 놀랐다.

나는 오늘에서야 그 젊은 학생이 새로운 신청서를 작성하면 되는 거로 생각하고 장 씨의 반응을 이해할 수 있다. 그러나 "장"이 내가 정의와 공의를 위해 불타고 있음을 이해하고 시야를 넓히는 데 도움이 되길 바랐다. 이후 장 씨는 가끔 우리 집을 찾아와 내 동생과 이야기를 나눴다.

어느 날 내 친구 김이 장 씨가 나를 보러 온다고 했다. 그는 내가 그에게 조용히 화낸 날 나한테 반했다고 친구가 말했다. 당시 22살이었던 그는 남성 맞춤 양복점 주인이었고, 나는 연애를 하고 싶지 않았다. 학업에 집중해서 부모님의 빚을 갚는데 도와주고 싶었기 때문이었다.

진안 마이산

1967년 봄, 내가 고등학교 3학년 때, 장 씨는 친구 김과 나를 인상적인 "진안 마이산"으로 (https://www.youtube.com/watch?v=e8HjfGklSTQ, 18분 조금 넘음) 당일치기 여행에 초대했다. 나는 불안전했고 어떻게 행동해야 할지 몰랐다. 우리는 조용히 계곡을 걸으며 자연에 집중했고, 정리된 크고 작은 돌탑이며 숨 막히는 쌍둥이 산에 감탄했다.

특히 높은 바위에서 물이 떨어지면서 바닥에 수북이 쌓여 있는 얼음 방울에 나는 매료되었다. 감동한 나는 그 위에 털썩 주저앉다가 뒹굴었다. 아주 부드러웠고 얼음과 얼음 사이 아삭아삭한 소음이 들렸다. 나는 그것을 즐기며 형언할 수 없는 짜릿하고 신기해서 웃고 또 웃었다! 어느 순간 나는 갑자기 부끄러워져서 일어섰다. 우리는 조용히 걸으며 모든 아름다움을 만끽했고, 나한테 떠오른 시들을 집에 가서 적었다. 얼마 후에야 장 씨가 그날 당직 근무 중이었으며, 구치소 수감자들을 돌보는 '삐삐'를 가지고 있었다는 사실을 알게 되었다. 그는 본인 가게 외에 구치소 수감자들을 돌봤다. 장은 정말 사랑에 빠졌다. 그는 단순히 나의 곁을 찾았고 항상 품위를 유지했다.

어느 날 나는 장 씨가 약혼했다는 소식을 친구한테 들었다. 그의 할머니가 중병으로 누워계시며 돌아가시기 전에 막냇손자의 결혼을 보고 싶어 하셔서 가족들이 신부를 골랐다는 것이었다 (당시에는 지금보다 훨씬 어린 나이에 결혼하는 경우가 많았고, 결혼은 거의 집안에서 주선하는 경우가 많았다). 나에게는 충격이었다!

그의 약혼녀가 나 때문에 울지 않아야 한다는 게 내 원칙이었다: 나 자신도 여자이기 때문에 어떤 여자도 나 때문에 울어서는 안 된다고 생각했다. 그래서 나는 그와 거리를 유지했다. 그에게 매우 끌렸기 때문에 쉽지는 않았지만 내 의지가 더 강했다.

여름방학

여름방학이 다가오고 있었고, 나는 당연히 부모님 댁에 가서 논과 밭에서 그들을 돕고 싶었다. 친구는 나를 방문하기로 했다. 친구가 우리 집으로 오기 전에 고모님 댁에서 만나서 관광하기로 했다. 버스에 함께 탈 수 있도록 날짜와 시간을 정했고, 만약을 대비해 고모의 주소도 친구한테 알려줬다. 약속한 날 동생과 나는 버스 정류장에서 기다렸으나 헛수고였다. 실망한 우리는 집으로 돌아갔다.

다음날, 온 가족이 아침을 먹으려고 마당에 앉아 있는데 고모의 장남이 오토바이를 타고 왔다. 우리 가족은 나쁜 소식을 가져온 건 아닌지 걱정했다. 고종사촌은 아니라며 우리를 안심시켰다. 잠시 후 그는 나에게 와서 내 옆에 앉더니 내 귀에 속삭였다. "네 여자 친구가 우리 집에 와있는데, 넌 여기서 뭐 하는 거야? 한 남자도 같이 왔는데 그는 절에서 잤다." 그런 다음 그는 오토바이를 타고 집으로 돌아갔다.

누구일까? 나는 남동생과 함께 버스를 타고 고모네 집으로 갔다. 놀랍게도 장 씨가 왔다는 것을 알게 되었다. 내 친구가 나에게 온다는 소식을 듣고, 같이 가겠다고 해서 다음 버스로 왔다는 거였다. 지금 같았으면 전화라도 한 통 걸었을 텐데 1960년대에는 전화도 없었고 휴대전화라는 것도 없던 시절이었다. 우리 셋은 장 씨가 하룻밤을 보낸 불교 사원으로 가서 바닷가를 산책했다. 우리는 바위 해안을 따라 조용히 걸었고, 나의 심장은 두근거렸지만, 나는 거리를 유지한 채 침묵했다.

그 후 그는 버스를 타고 돌아갔고, 우리 셋은 우리 부모님 집으로 갔다. 그렇게 짧은 재회는 우리의 그리움을 충족시키기에 충분했다.

방학이 끝나고 도시로 돌아온 나는 다시 장 씨가 그리웠지만 그를 피할 것임은 분명했다. 그러나 쉽진 않았다. 가끔 그리움이 강하게 밀려올 때만 방과 후 교복을 입고 책가방을 든 채 그의 가게에 가서 안락의자에 앉았다. 그런 다음 우리는 서로에게 미소를 지었고 그렇게 잠시 보는 것만으로도 그리움을 해소하는데 충분했다.

이번에도 나는 그의 모습에 매료되었다. 그는 항상 양복에 넥타이를 매고 큰 테이블에서 직원들이 양복을 만들 수 있도록 양복 조각을 그렸다.

그때 나는 친구 집에서 살고 있었기에, 장 씨는 나를 보기 위해 가끔 친구 집으로 오곤 했다. 하지만 나는 친구 집에서 만나고 싶지 않아 일부러 늦게 집에 왔다. 한번은 밤늦은 시간에 길거리에서 마주쳤지만, 동창생이 같이 있어서 서로 모르는척했다.

질투

어느 날, 나는 학교에서 일찍 집에 와 야산에 가서 공부하려 했지만 집중할 수 없어서 다시 집으로 돌아갔다. 집에 늦게 돌아온 친구가 짜증스럽게 물었다, 오후에 누구와 함께 보냈느냐고. 나는 "집에 있었는데." "엄마한테 물어봐."라고 대답했다.

그러자 친구가 장 씨를 위로하기 위해 함께 있다 늦게 왔다고 했다. 장 씨가 덕진호에서 남자와 보트를 탄 나를 봤다는 거였다. 장 씨가 답답한 마음에 술을 너무 많이 마셨고, 친구가 위로해 줘야 했기 때문에 늦게 왔다고 말했다. 내 마음이 매우 아팠다.

손을 잡고 도망치다

나는 계속 거리를 유지했다. 어느 날 친구는 장 씨가 약혼녀에 대해 알고 싶어 하지 않는 데다 "남자와 보트를 탄 순녀"라는 이야기로 그를 정말 혼란스럽게 만들었다고 말했다. 친구는 이런 소식을 장 씨가 속한 서클에 그녀의 오빠가 있었기에 오빠한테 들었다.

친구 오빠는 장 씨가 나를 좋아한다는 사실도, 내가 그 이유라는 사실도 몰랐다. 그래서 써클 친구들은 다른 여자가 있는 것 같다며 감시의 임무를 맡았다.

어느 날 오후, 나는 교복을 입은 채 학교 가방을 들고 남자 양복점에 갔다. 평소처럼 짧은 미소를 지은 후 나는 안락의자에 앉았다. 그리고 그가 큰 테이블에서 천을 그리는 것을 지켜보았다.

그때 키가 크고 날씬하며 잘생긴 남자가 문을 열고 들어왔다. 그는 나를 보자마자 걸음을 멈춰 서더니 장 씨와 나를 의아한 표정으로 계속 쳐다보았다. (나는 지금도 그때를 생각하면 웃음이 나온다) 장 씨는 그냥 가볍게 웃으며 자기 일을 했다. 나는 자리에 앉아서 아무 말도 하지 않았다.

그런 다음 청년은 화장실에 갔다. 그러자 장은 내게 다가와 내 손을 잡고 나와 함께 밖으로 달려 나갔다. 우리는 손을 잡고 거리를 달리며, 어두운 골목으로 들어갔다. 나는 왜 그런지 몰랐다. 젊은이는 우리를 추적했다. 몇백 미터 후, 장은 집 담벼락에 큰 수양 버드나무 아래로 나를 끌어당겼다. 우리는 나무 밑 벽에 기대어 웅크리고 있었다. 추적자는 주위를 둘러보더니 추적을 포기했다. 나는 아무 말도 하지 않고 두근거리는 마음으로 거기에 앉아 있었다. 이 사람이 누구냐고 내가 장에게 물었다. 그는 "내 사촌"이라고 대답했다.

잠시 후, 우리는 숨어 있던 곳에서 나왔고 장 씨는 나를 저녁 식사에 초대했다. 하지만 나는 그날 밤 영화관에 가고 싶어서 거절했다. 그도 가고 싶다며, 저녁 식사 후 같이 가자고 했다. 그는 나를 중국 식당으로 안내했다. 나는 중국 식당을 그때 처음 방문했다. 두근거리는 마음으로 맛있고 바삭바삭한 것을 먹었다. 독일에서야 나는 그것이 군만두라는 걸 알았다!

그런 후, 우리는 영화를 보러 갔다. 시간이 지남에 따라 나는 안절부절못했다. 마지막 버스를 놓칠 것 같았다. 그러나 장 씨는 나를 위로하며 택시를 주문하겠다고 약속했다. 우리가 영화관에서 나란히 앉았을 때, 그는 처음으로 내 어깨에 팔을 둘렀다. 나는 긴장하여 뻣뻣하게 앉아 있었지만 불편하진 않았다. 당황과 흥분 때문에 나는 영화에 전혀 집중할 수 없었다. 내가 뭘 보았는지도 몰랐다.

영화가 끝나고 택시가 왔다. 장은 내가 들어갈 수 있도록 문을 열어줬다. 그러곤 다른 쪽으로 가더니 택시에 올라탔다. 나는 의아해서 "뭐, 뭐 하시는 거예요?" 하고 물었다. (그 당시 한국에서는 상대의 이름을 부르지 않았다) 그는 늦은 저녁에 택시 기사와 나를 혼자 보낼 수 없다고 속삭였다. 그는 나를 동행한 후 바로 택시 타고 돌아가겠다고 했다. 나는 그의 동행에 감사하고 기뻤다. 나는 그것이 매우 맘에 들었다.

그러나 놀랍게도 그는 나와 함께 택시에서 내렸다. 그래서 내가 "돌아가시지 않고!?"하고 물었다. 그는 그저 미소를 지을 뿐이었다. 그런 다음 그는 안뜰 대문을 큰 소리로 두드렸다. 한밤중이었다! 나는 당황했다. 그래서 그에게 부드럽게 노크해달라고 부탁했지만, 그는 미소를 지으며 전보다 더 큰 소리로 안뜰 대문을 발로 찼다. 하지만 아무도 나오지 않았다. 모두가 푹 자고 있었다. 그래서 그는 더 큰 소리로 문을 찼다.

드디어 김 씨의 어머니가 나오셨다. 나는 너무 부끄러워서 그의 등 뒤에 숨었다. 그녀는 문을 열고 "오, 장 씨!" 그때 그녀는 내가 그의 뒤에 서 있는 것을 보고 "너도 왔구나!" 하셨다. 나는 쥐구멍으로 들어가고 싶었다. 항상 차분하고, 조용하며, 부드러운 그녀는 늦은 방문객과 함께 거실로 들어갔고 나는 재빨리 내 방으로 달려갔다.

어머니는 온 가족을 깨웠고 우리들의 숨바꼭질이 끝나면서 비밀도 밝혀졌다. 나중에, 나는 내 친구한테 들었다. 큰오빠가 내가 그의 사람이라면 우리 관계에 동의한다며 심지어 기뻐했다고. 나는 "정말 미친 짓!" 이야기라고 생각했다. 그리고 이전보다 그를 더 피했다.

결혼

1967년 가을 어느 날, 나는 장 씨가 몹시 보고 싶어 방과 후에 그의 가게로 찾아가 여느 때처럼 안락의자에 앉았다. 나는 그의 흰 셔츠가 그날따라 더 하얗게 보였고, 그의 얼굴이 빛나게 단정해 보였다. 이번에 그는 나에게 미소를 짓지 않았다. 잠시 후 그는 일을 내려놓고 옆에 있는 안락의자에 앉았다.

우리는 조용히 앉아 있었다. 그러다 그가 부드럽게 말했다: "나 결혼했어."

나는 깜짝 놀랐지만 당황하지 않은 모습으로 왜 나에게 말하지 않았느냐고 차분하게 물었다. 알았다면 내가 축하하러 갔을 거라고, 덧붙였다. 그는 거기에 아무런 답을 하지 않았다. 우리는 다시 침묵 속에 앉아 있었다. 그러다 나는 일어나 떠났다. 울고 싶은 마음이었지만, 그게 우리가 할 수 있는 최선이었다. 그렇게 우리는 그가 24살이었을 때 마지막으로 만났다. 그러다 우리는 거의 50년을 다시 연락하는 사이가 되었다: 그는 한국에, 나는 독일에 살면서.

그의 결혼 소식에 나는 슬픈 마음으로 집에 돌아와 김 씨의 어머니에게 그가 결혼했다고 말했다. 그녀는 알고 있었지만 나에게 말할 수 없었다고 대답했다. 그가 나에게 직접 말하겠다며 말하지 말라고 했었단다.

결혼식 날 저녁에 그는 집에 가지 않고 술에 취해 있었다고 내 친구가 말했다. 이것은 나를 몹시 아프게 했고 그의 아내에게 미안함을 느꼈다. 나는 그녀에게 큰 연민을 느꼈다. 겨울 동안, 나는 그를 그리워하며 슬프고 운명적인 노래로 나 자신을 위로했었다.

1967: 겸손한 고
등학교 여학생
(나는 오른쪽에
앉았다)

1968년: 간호학교 다닐 때

1968년 2월. 나는 고등학교를 졸업하고 학교에서 소개해 준 일자리에 면접을 봤다. 집에 오니 아버지는 내가 그곳에서 일하고 싶은지 물으셨다. 그래서 나는 "아니요"라고 대답했다. 아버지는 왜 그런지 물으셨다. 나는 아버지의 친구들과 지인들 사이에서 일하고 싶지 않다고 했다. 아버지도 같은 의견이라며 내 결정에 기뻐하셨다.

"그러면 아버지도 친구들이 거기 있다고 알고 계셨네요? 그런데 왜 저한테 말하지 않았어요?"하고 물었다. "나는 너한테 영향을 미치고 싶지 않았고, 네 결정에 맡기고 싶었다"고 하셨다. 그러나 우리는 같은 의견이라 매우 기뻤다."
나는 또 아버지한테 나를 면접한 공무원의 태도에 대해 말했다. 노크하고 들어갔는데 공무원은 발을 책상 위에 올린 채 나를 맞이했고, 건방진 태도를 보였다고. 그러다 아버지의 이름이 나오자, 그는 누구의 딸이 그의 앞에 서 있는지 깨달았고, 즉시 책상에서 발을 내리고 똑바로 앉아서 나를 정중하게 대했다고 했다.

나는 그런 위선을 어려서부터 혐오했다.

그 후, 나는 또 학교에서 전보를 받았다. 내가 고등학교에 다녔던 전북 전주 도청에 가라는 전보였다. 고위직 자리를 제안받았다. 출세가 나쁘지 않은 시작이었다. 선생님들이 나를 높이 평가해 주고 좋은 직업을 알선해 주는 것에 고맙기도 하고 자랑스럽기도 했다.

그러나 상황은 바뀌었다: 나의 두 번째 삼촌은 내가 더 많은 돈을 벌 수 있는 독일로 가도록 설득했다. 그래서 간호사 훈련을 받고 독일로 갔다.

처음 3년 동안은 바덴바덴에서 일했다. 그런 다음 프라이부르크에서 법학을 공부할 수 있다는 은밀한 열망으로 프라이부르크로 이사했다.

거기서 또 상황이 아주 다르게 돌아갔다. 나는 세 번의 큰 수술을 받았고, 30세에 기독교인이 되었으며, "새로운 삶"을 시작했다. 여기에 대해선 나의 간증 자서전 1권에 기록했다: "드디어 여자로다! 성 정체성에 대한 나의 길"

한국어로는 "시간의 물레"에서 2023년 3월에 출판됐다: "드디어 여자로다!" (ISBN 978-89-6511-429-1)

그가 아픈가?

나는 1978년까지 그를 잊고 있었다: 우리가 헤어진 지 10년 후 나는 그가 아픈 꿈을 꾸었다. 내가 아직 기독교인이 아니었을 때였다.

나는 두 여동생을 통해 그가 건강상의 이유로 도시에 있는 가게를 그만두고 시골로 은퇴했다는 소식을 받았다. 그는 관자놀이에 흰머리가 있었고 멋있어 보였다고 내 여동생 중 한 명이 보고했다. 34세에 은퇴? 너무 이른 나이였다!

거의 이십 년 후

이 꿈을 꾼 지 일 년 후인 1979년 여름, 나는 예수님을 만나 그리스도인이 되었다. 그것으로 내 일과가 꽉 찼었다. 나는 또 1987년에 독일인 슈바벤 사람과 결혼했는데, 2년 후에 나는 건강상의 이유로 직장을 그만두어야 했다.

우리는 많은 화학물질로 일을 했는데 그중 하나에 오렌지 껍질의 향료 기름이 들어있었다. 반년 후, 폼알데하이드, 황, 아세트산, 암모니아, 파라핀, 알코올 등 모든 물질에 연쇄 반응으로 알레르기가 생겼다.

나는 일자리를 바꿨고 많은 화학물질과의 접촉이 없었다. 그러나 손을 씻는 액체비누와 소독제에도 향료, 알코올, 폼알데하이드 등이 포함되어 있기 때문에 너무 늦었다. 내 상사였던 부원장도 나처럼 아팠고, 향료 기름이 든 화학물질은 검사실에서 사용 금지됐다. 그러나 나는 향수와 그 밖의 것들에 대한 알레르기(MCS 증후군)을 어떻게 극복할 수 있는지 알아야 했다.

1989년 가을부터 나는 장애 조기 연금을 받았으나, 기독교인으로서 결코 실업자는 아니었다: 나는 믿는 자들한테 영적 컨설팅하며, 야외 행사를 조직했고, 어린이들 숙제도 도우며, 많은 흥미로운 일들을 경험했다.

1997년은 개인적으로나, 영적으로나 매우 힘든 시기였지만 주님은 나한테 마을에서 찬양을 진행하라는 새로운 임무를 주셨다. 그래서 나는 매우 바빴지만 그해 여름에 장 씨에 대해 자주 생각해야 했다. 12월이 되자 그를 위한 기도는 더욱 강해졌고 나는 울면서 기도했다. 왜냐하면 나는 중보기도자였다, 즉 영적인 짐을 지는 자. 때때로 하나님은 내 마음에 신호를 주시며 사람이나 상황을 위해 기도하게 하시고 변화가 일어나도록 기도하게 하신다.

꿈속의 편지

1998년 1월 초, 우리는 30년 전에 마지막으로 봤는데 내가 꿈을 꾸었다. 꿈에서 나는 장 씨가 보낸 한국어 편지를 읽었다. 대여섯 페이지 분량이었다. 첫 페이지의 절반 정도를 읽었을 때 나는 잠에서 깨었다. 1979년 내가 믿기 시작한 이후로 하나님이나 성령님께서는 나에게 독일어로만 말씀하셨는데 이 편지는 한국어로 되어 있었다. 나는 읽었다.:

나의 사랑하는 사람이여!
나는 널 잊을 수 없어서 오늘도 흔들린다.
나는 잊으려고 했지만 헛된 수고였다.
나는 가족에게 충분해지려고 노력했지만 헛된 일이었다.
나는 아내와 자녀들에게 큰 죄를 지었다.
하나님이 계신다면 나의 모든 죄를 용서하시고,
불쌍한 나의 영혼을 구원해 주시기를 기도한다.

이 꿈을 꾼 후, 나는 기도했는데, 주님은 내가 믿게 된 이야기를 적어서 그분께 보내라고 지시하셨다. 그것은 큰 도전이었고 모험이었다. 나는 그의 주소도 몰랐고 그가 예수님을 믿는지도 몰랐기에.
기도 중에 나는 그가 하나님의 존재를 의심하고 있다는 인상을 받았다.
나는 한국에 사는 막내 여동생에게 전화를 걸어 그가 아직도 고향에 살고 있는지 알아보라고 부탁했다. 처남이 그에게 전화를 걸었고, 나를 대신하여 전화한다고 전했단다. 동생은 장 씨가 직접 나한테 전화하고 싶다고 했다고 연락했다.
그래서 나는 1998년 1월 13일에 내가 1979년에 믿게 된 동기를 쓴 후 기다렸다. 그런 후 2주 후에 장 씨가 전화를 걸었다. 30년 후, 우리는 다시 우리의 목소리를 들었다! 우리는 활발한 대화를 나눴다. 그는 때때로 내 친구며 내 동생과 함께 산책했던 바다에 간다고 말했다. 이것은 나에 대한 향수병이 여전히 그를 사로잡고 있다는 것을 보여주었다. 그 말을 듣는 나는 한편으로는 좋았지만, 반면에 그가 나를 잊지 못해 여전히 고통받고 있다는 걸 알았다. 내 마음이 아팠다.

같은 날, 나는 나의 개종 이야기가 담긴 편지를 보냈다.

그런 후 그로부터 답장을 받았는데, 그도 어려운 시기를 통해 믿게 되었다고 했다. 거기에 대해 세부 사항을 쓰진 않았다. 그러나 이것은 나한테 하나님의 큰 선물이었다! 우리 둘 다 하나님의 자녀가 되었다는 사실에 매우 기뻤다.

그래서 1980년대에 나한테 큰 축복이 되었던 한국 기독교 찬송과 내가 고난의 시절에 썼던 내 시집을 그에게 보냈다. 나는 나의 시집을 독일로 가져왔었다.

그 후, 나는 그에게서 편지와 가족사진, 사도 바울에 관한 책 등 선물을 받았다.

가족사진: 장씨 부인이 집사로 안수받은 날(1997년 4월)

가족사진은 아내가 교회의 집사로 안수받은 날 찍은 거였다. 부부 뒤에는 세 아들이 서 있다. 장 씨도 7년 전부터 장로로 봉사하고 있음을 알게 되었다. 나는 전능하신 하느님께 진심으로 깊이 감사했다!

다음 연락을 하기까지는 거의 17년이 걸렸다.

친구 김 한테 무슨 일이?

1968년 봄, 고등학교를 졸업한 이후 한 번도 못 만난 동급생 친구 김을 강렬하게 생각해야 했다. 수년 동안 나는 때때로 그녀를 생각해야 했다. 이런 징조는 항상 이 사람한테 기도가 필요하다는 것을 의미한다. 그러다 2015년 가을, 아주 심하게 그녀 생각이 났다. 그러나 나한테 주소도 전화번호도 없었다. 인터넷으로 찾았지만 헛수고였다. 그래서 주님께서 그녀를 상기시켜 주실 때마다 기도만 했다.

생각 끝에 어쩌면 장 씨가 도와 줄 수 있을지 하고 전화를 걸었다. 유감스럽게도 1998년의 번호로 연락이 안 되었다. 그때 장 씨가 보낸 사진이 생각났다. 사진에 그의 교회 이름이 적혀 있어서 그 교회로 전화하여 장 씨의 번호를 받았다. 이렇게 나는 17년 후, 2015년 12월, 그에게 전화를 걸었다. 하지만 그도 내 친구의 전화번호를 모른다며 친구 오빠한테 물어보고 연락하겠다고 했다. 결국 큰 오빠의 번호를 받았고 47년 만에 친구 김과 연락할 수 있다는 기쁨과 흥분으로 가득한 채 오빠와 언니하고 대화했다. 그렇게 그들도 내가 독일에서 살고 있음을 알게 됐다.

내 친구는 40년 넘게 불교 절에 다닌다고 큰오빠한테 들었다. 그러나 연락이 없다고 했다. 나는 포기하지 않았고, 친구의 작은 오빠와 그의 아내 또 친구의 막내딸과 연락을 취했다. 막내딸을 통해 내 친구가 2008년 61세의 나이로 미망인이 되었다고 들었다. 설상가상으로 그녀의 외아들인 넷째 아이가 몇 년 전 교통사고로 사망했다는 사실을 알게 되었다. 한국에서 아들은 오늘날에도 가족에게 매우 중요한 존재다. 아들을 잃은 슬픔과 낙담이 매우 컸을 것이다. 그래서 그녀는 절에서 절로 방황하며 그곳에서 위로를 구했을 것이다.

하나님께서 친구를 위해 중보기도 해야 한다는 신호를 수년 동안 보내셨지만, 나는 그것을 아주 심각하게 받아들이지 않았다. 이에 대해 나는 하나님께 용서를 구하고, 불교 절에서 위로를 구하는 친구의 영혼을 위로하고 구원해달라고 기도했다.

친구의 건강은 많이 나빠졌고, 작은오빠가 친구를 업어서 절에 데려다줘야 한다고 했다. 또 핸디는 늘 꺼놓고 필요시에만 오빠한테 연락한단다. 그래서 나는 그녀와 직접적인 접촉을 하지 못했다. 그 후로 친구에 대한 기도의 부담이 사라졌다.

순전히 플라토닉한 내 첫사랑에 대해선 여기까지다. 무엇보다 나에게 편했던 건 Mr. Chang에 사랑에 빠지지 않아서였다. 그래서 나는 하나님께서 나를 위해 행하신 일들을 말할 수 있었다. 주님께 찬양!

2장: 독일에서의 시작: 바덴바덴

나는 22세의 나이로 1971년 10월에 독일로 왔다. 3년 동안 바덴바덴(Baden-Baden)에 있는 시립 병원에서 간호사로 일했는데, 이 작은 도시는 공원, 카지노, 온천탕이 있는 국제적으로 유명한 곳이다. 나의 아버지는 내가 아름다운 도시로 간다고 이미 말씀하셨었다. 나는 그에게 어떻게 알았는지 물었고, 그는 세계 지도를 봤다고 하셨다.

월급의 절반은 집으로 보냈고, 한국 여행사를 통해 저렴한 유럽 여행을 다녔다(3년 후 귀국하면 유럽에 못 온다는 생각에.). 내가 독일에서 처음 구입한 것은 타자기와 전축 (레코드플레이어)이었고, 그다음에는 자전거였다. 독서와 시끄러운 음악, 수공예, 여행, 탁구, 배드민턴, 자전거 타며 부모님에 대한 향수를 달랬다. 자전거 타는 법은 스스로 배웠다. 그러다 친구를 사귈 수 있었다. 이 한국 여자는 내가 하는 것을 다 따라 했다.

병원에는 총 10명의 한국 여성이 있었다. 나는 종종 통역을 위해 사무실에 불려 갔었다. 나보다 독일에 더 오래 있었던 간호사가 세 명이나 있었음에도 불구하고 말이다. 나는 한국에서 중학교 때 영어를 배웠고 고등학교에서는 독일어, 영어, 상업영어를 배웠다. 안타깝게도 2학년 때 독일어 수업이 중단되었는데, 대부분의 학생이 독일어를 배워야 하는 의미나 목적을 느끼지 못했기 때문이었다. 그래서 나는 간호사 훈련을 받는 동안 독일어도 열심히 공부했다. 바덴바덴에 왔을 때 독일어보다 영어를 더 잘했기 때문에 처음에는 병동 간호사와 영어로 대화했다.

전부는 아니지만, 1960년대와 1970년대에 많은 한국인이 경제적 어려움 때문에 독일에 왔다. 우리 중엔 한국에 남편과 두 자녀가 있는 젊은 유부녀와, 한국에서 학교에 다니는 두 자녀를 둔 연로한 과부(미망인)도 있었다. 나머지 한국 여성들은 미혼이었고 여러 가지 이유로 독일에 왔다.

다른 나라, 다른 풍습: 문화 충격

그 당시에는 대학 간호사들도 한국에서 왔었다. 한국에서 그들의 일은 환자를 씻기고, 침대를 정리하고, 손으로 변기를 주며 비우는 업무가 아니었고 약을 준비하고, 주사를 준비하고, 주사를 놓는 것이었다. 한번은 한국 간호사한테 화가 났다. 그녀는 물통을 가져다가 복도에 쏟아부으며 "나는 청소부로 여기에 오지 않았다!"라며 서럽게 울었단다. 다른 나라, 다른 문화.

나는 내과 개인 병동에서 일했다. 건강 보험에 가입한 환자의 경우 6인실이 하나 있었다. 나는 개인 환자들로부터 초콜릿, 프랄린에(술들은 초콜릿), 목욕 수건, 신발 등의 선물을 받았다. 하지만 초콜릿과 프랄린은 먹지 않았고 유통기한이 지나면 쓰레기통에 버렸다. 독일인들이 좋아한다는 걸 나는 너무 늦게 알았다. 그런 줄 알았다면 그들에게 주어 기쁘게 할 수 있었을 턴 데.

두 명의 독일 간호사가 나를 종종 방문했다. 그들은 나에게 마우-마우(Mau-Mau) 카드놀이를 가르쳐 주었다. 우리는 많이 웃었다. 나는 그들이 레즈비언이라는 것을 훨씬 나중에야 알게 되었다. 그들 중 한 명은 간절히 아이를 원했고 남자와 하룻밤을 기꺼이 보낼 준비가 되어 있었다. 내가 프라이부르크로 이사했을 때 우리들의 연락은 끊겼고, 그들의 계획이 성공했는지는 모른다.

피임약 쇼크

나는 또한 문화 충격을 받았다: 나는 종종 소아청소년과 여의사와 탁구며 배드민턴했다. 어느 날 나는 거리에서 그녀를 만났고, 그녀는 내가 병원에서 얻은 수영장 입장권을 피임약 (Pille)과 교환할 수 있는지 물었다. 그녀는 내가 수영할 줄 몰라서 수영장에 거의 가지 않는다는 것을 알고 있었다. 그러나 나는 Pille의 뜻을 이해 못 해서 "Pille? 그게 뭐야?"하고 물었다. 그녀는 거의 공포에 질린 듯 나를 쳐다보며 "피임약!"이라고 대답했다. 나는 온유하게 "아…하며 나는 피임약 안 먹어요. 필요 없어요"라고 말했다. 그녀는 더욱 놀랐고 우리 한국 여성들에게 남자 친구가 없는지 알고 싶어했다. 내 대답은 짧았다: "없어요."

어느 날 저녁 나는 탁구장에서 그녀의 남편을 만났다. 그리고 내가 잠시 쉴 때, 그는 나에게 친구 없이 어떻게 살 수 있는지 물었다. 내 대답은 "우리는 그것을 (성생활) 하지 않았고 그 맛이 어떤지도 모릅니다."였다.

웃음은 건강하다

웃음은 최고의 명약이라고 한다. 맞는 말이다. 내 독자가 여기서 웃을 수 있길 바란다.

우리 한국 여성들은 종종 아름다운 공원을 산책하러 갔다. 어느 여름 오후에 우리는 다시 바덴-바덴의 Oos-냇가를 따라 걸었다. 그러다 나는 냇가로 들어갔다: 신발을 신은 채 바지를 약간 말아 올렸다. 뜨거운 날씨에 매우 시원해서 좋았다! 나는 어린 시절로 돌아갔고 즐겼다. 그러다 나는 사람들이 나를 보고 웃고 있다는 것을 알아차렸다. 나는 그게 좀 어색했다. 그래서 나는 밖으로 나왔다. 정말 아쉬웠다!

"간호사, 냄비가 필요해!"

한때 우리는 한 병실에 나이 많은 개인 환자가 있었다. 그녀는 약간 노쇠했고 까다로운 성격을 가졌다. 그녀는 여전히 처녀라고 모든 곳에서 나팔을 불었다. 나는 그것에 대해 많은 존경심을 가지고 있었지만, 동료들은 그것을 웃으며 놀렸다. 그녀가 종을 울렸을 때 동료들은 그녀에게 가기를 꺼렸다.

한번은 내가 들어갔더니 그녀가 "간호사, 냄비가 필요해"라고 말했다. 나는 이해하지 못했다. "어, 이 여자는 침대에 누워서 보살핌이 필요한데 그녀가 뭔가를 요리하고 싶은지 물었다." 그런 다음 그녀는 큰 소리로 소리쳤다: "나는 냄비가 필요해!" 나는 웃으며 그녀가 여기서 요리하고 싶은지 다시 물었다. 이제 그녀는 더

큰 소리로: "나는 냄비가 필요해!!" 했다 나는 여전히 이해하지 못했다. 그러자 그녀는 "다른 간호사를 데려오십시오!" 했다.

나는 동료들한테 가서 "환자가 냄비를 원하는데, 내가 어찌해야 하냐고?" 물었다. 모든 동료는 크게 웃으며 즐겼다! 그런 후 그 여자에게 변기가 필요하다고 설명했다.

환자 슈미트가 "배뇨를 위해 변기가 필요해"라고 말했다면, 나는 기꺼이 도왔을 턴 데! 그 당시에 나는 "배뇨"라는 단어도 이해하지 못했고, 독일에선 병동 변기를 냄비라고 하는 걸 나중에야 알았다.

내 언어 보물

우리는 병동 발코니에 꽃 상자를 가지고 있었다. 그것에 물을 주는 것도 간호사 임무였다. 나는 그걸 기꺼이 했고, 절대로 잊지 않았다.

어느 날 병동 수 간호사가 꽃에 물 주었느냐고 나한테 물었고, 나는 자랑스럽게 "예, 꽃은 이미 물을 마셨습니다!"라고 응답했다. 나는 그 당시 "물 준다"라는 단어를 몰랐기에 당연히 마셨다고 했다.

1973년 크리스마스 저녁에 그녀는 병동 여의사와 나를 초대했다. 그리고 그녀는 내 언어 보물 모두를 기록하지 않은 것이 정말 아쉽다고 말하며 많이 웃었다.

의자 운반 여

독일 어딘가에 있는 한국인 간호사의 일화다: 전화벨이 울리고, 한국 간호사가 전화를 받았는데, "의자를 실험실로 가져와"라는 말을 들었다. 한국 여성은 한 개의 의자를 들고 실험실로 가져갔다. 독일에서는 대변을 의자라는 언어를 사용한다. 그렇게 한국 간호사는 환자의 대변 대신 의자를 검사실로 갖다줬다. 웃지 않을 수 없었다.

눈송이

내 간호 생활 3년 때, 대만에서 간호사들이 왔고, 한 명도 내 병동에 왔다. 우리가 저녁을 먹으러 병원 식당으로 갈 때, 눈이 내리고 있었다. 새로운 동료는 기뻐하며 놀랐다! 그녀는 바닥에 앉아서 두 손가락으로 눈송이를 집어 들려고 했지만, 불행히도 즉시 녹아버렸다. "순녀야, 잡을 수 없다!"며 그녀는 한탄했다. 나는 웃음을 터뜨렸고, 대만에는 눈이 없다는 걸 그때 배웠다.

여까지의 에피소드가 여러분을 조금 즐겁게 할 수 있기를 바라며 이걸로 충분하길 바란다.

3장: 프라이부르크로 가다!

바덴바덴에서의 3년 계약이 끝났다. 법학을 공부하겠다는 어린 시절의 꿈을 이루기 위해 대학도시 하이델베르크(Heidelberg)와 프라이부르크(Freiburg/Br.) 대학 병원에 일자리부터 찾았다. 프라이부르크에서 나는 신경외과에 직장을 구했다.

나는 병동 근무 외에도 독서, 여행, 스포츠, 극장, 수공예품, 뜨개질과 바느질 취미를 계속 키웠다. 또 승마, 테니스, 스키, 아이스스케이팅뿐만 아니라 미국 표준 댄스와 로큰롤의 댄스 수업도 포함하며 나의 스포츠를 확장했다.

1991년에 하나님은 내가 스포츠에 중독되어 있다는 것을 보여 주셨고, 1992년에는 스포츠중독에서 해방해 주셨다. 여기에 대해선 1권 간증 자서전 "드디어 여자로다! – 성 정체성을 찾는 나의 길"에 자세히 기록했다.

최고의 친구들

스포츠를 하는 동안 나는 몇몇 대학생들을 알게 되었고, 대학 도시에는 "전 세계에서 온" 젊은이들이 많았다. 나는 방문객들을 좋아했기 때문에, 가끔 자발적으로 그들 중 한 명 또는 다른 사람을 비스킷(과자)을 곁들인 커피에 초대했다. 인도네시아에서 온 테니스 코치는 내가 재미있고 개방적이며 느긋하다며 "계속 그렇게 살라!"고 했다.

우리 스포츠 애호가들은 많이 웃었고 즐거워했다. 몇몇 학생들과 함께 탁구뿐만 아니라 테니스도 했다. 여름에는 잔디에 누워 일광욕도 했다. 그들 모두는 나에게 정말 좋은 친구이자 가장 친한 친구들이었다.

휴가 작업 생과 아이스 와인 (Eiswein)

독일 대학생들은 긴 여름방학 때 일하며 돈을 번다. 우리 병동에도 한 대학생이 왔다. 유머러스하고 재밌는 이 대학생을 여기서 디트리히라고(Dietrich) 부르겠다. 어느 날 나는 그에게 그의 학과 분야에 관해 물었다. 그는 "유라 (법학)"라고 답했다. 나는 숨이 멈췄다! "무슨 일이야?" 그가 물었다. 나는 한참 후에 내가 어렸을 때부터 법학을 공부하는 게 나의 소원이라고 대답했다.

1976년 가을, 나는 프라이부르크에 거의 2년 동안 살았고, 그는 나를 도시의 와인 축제에 초대했다. 호기심에 나는 그와 함께 갔다. 많은 방문객으로 매우 붐볐다. 디트리히는 한 스탠드에서 다른 스탠드로 내 손을 잡아당겨야 했다. 어두웠고 나는 야맹증으로 인해 그를 따라가기가 어려웠기에 그의 도움은 고마웠다. 각 스탠드에서 그는 멈춰 서서 와인을 맛보게 했다. 그러나 나는 그것을 전혀 좋아하지 않았고 거의 아무것도 마시지 않았다. 그러다 한 곳에서 맛있는 와인을 마셨다. 이 와인은 달콤하고 맛있어서 나한테 좋았다.
디트리히는 나를 차로 집으로 데려다주었다. 문 앞에서 그는 나에게 와인 한 병을 건넸다. 그것은 내가 좋아했던 와인이란다. 그는 술에 든 돌은 먹지 말라며 건네곤 작별 인사를 했다.
나는 이것이 아이스 와인이라는 것을 훨씬 나중에야 알았다. 그 당시 나는 아이스 와인이 무엇인지, 가격이 얼마인지 전혀 몰랐다. 나는 몇 년 후까지 이 깨달음에 이르지 못했다. 늦게서야 나는 양심의 가책을 느끼게 되었는데, 그의 비용과 친절에 대해 진심으로 감사하지 못했기 때문이다.
디트리히는 정말 신사적이고 매력적인 사람이었다. 속임수 없이 나를 대했고, 대화 중에 내가 아시아인으로 안전거리를 유지하는 것에 대해 그는 처음으로 들었고 즐거워했다.
어느 날, 우리는 병원 복도에서 대화하고 있었는데, 그는 미소 지으며 내가 그를 두려워하느냐고 물었다. "아니, 왜?" 그런 다음 그는 우리 뒤를 가리키며 "보라, 우리는 꽤 뒤로 걸어갔다! 내가 너에게 한 걸음 내디딜 때, 너는 한 걸음 뒤로 물러난다. 나는 당신과 대화할 때마다 그것을 알았다." "아, 그래요?" 하고 그에게 대답했다: "나는 그것을 몰랐다. 알다시피, 나는 아시아인이고 낯선 사람과 이야기할 때, 특히 다른 성별과 이야기할 때, 일정한 거리를 유지하는 것이 내 안에 있는 것 같다." 자기의 행동에 웃을 수 있다는 것은 좋은 일이다!

안타깝게도 그 후 우리는 더 만나지 못했다. 아쉬운 일이다. 물론 그가 나를 무례하거나 배은망덕한 사람으로 기억하지 않길 바란다!

이때 나는 법학의 꿈을 포기하고 귀국할 계획을 했다.

오해

불행하게도, 남성에 대한 나의 편견 없는, 느긋한 친구 같은 접근 방식은 종종 오해받았다. 나는 1970년대 중반 폐 수술을 받은 후 블랙 포레스트(Black Forest)의 재활원에서 뻔뻔스러운 예를 경험했다. 나는 이틀마다 숲속을 산보하며 탁구할 파트너도 찾았다. 여자들 사이에서 찾지 못했기 때문에 남자들만 만났다.

탁구는 나한테 즐거움을 주기도 했지만, 또 다른 이유가 있었다: 나는 체조만으로는 충분하지 않은 단단한 수술 흉터를 탁구로 늘리고자 했다. 물론, 나는 주치의의 허락을 받아야 했다. 그녀는 고개를 갸우뚱하고 나를 한참 쳐다보더니 허락했다. 결과는 내가 옳았다는 것을 증명했다. 누가 알겠는가, 어쩌면 그녀는 나중에 다른 환자들한테도 탁구를 추천했을지!

내 식탁에 한 선생님이 있었는데, 우리는 같이 탁구했고, 시간이 지남에 따라 나는 그의 가족과 우호적인 관계로 발전했다. 어느 날 오후, 그는 내게 달려와 내 방구석에 웅크리고 앉아 손가락을 입 앞에 대고, 조용히 해달라고 부탁했다. 잠시 후, 그는 구석에서 나오더니 그 이유를 설명했다: 한 여자 환자가 그를 쫓아다니며, 종종 그의 방에 들어와 서 있었다는 거였다.

이 여성은 폐결핵을 앓고 있었고, 우리와 다른 식당을 사용했다. 그녀는 내가 눈이 수북이 쌓인 숲을 남자 환자들과 산책한다는 걸 알고 있었다. 이 여자는 남자들과의 관계에 대해 나와 다른 이해를 하고 있었다. 그녀는 내가 남자들과 성관계한다고 의심했다. 나는 거기에 대해 웃을 수밖에 없었다.

환자 중 한 명은 잘 생기고 햇볕에 그을려 건강한 피부를 가진 사업가가 있었다. 우리는 같이 산책을 자주 했다. 나를 오해한 이 여자 환자가 이 남자를 "닥터 지바고(Doktor Schiwago)"라 부르고 나를 "피콜로 (독일에서의 작은 술병)"라 부른다고 나와 같은 방을 사용하는 환자가 나한테 들려줬다. 어느 날, 내 방 환자가 또 나한테 말했다. 그 여자가 "닥터 지바고"가 "피콜로"와 무엇을 하고 있는지 의심하며 소문을 냈다고 말했다. 나는 웃을 수밖에 없었다.

나는 또 리셉션에서 일하는 그리스 여성과 아주 잘 지냈다. 우리는 종종 대화를 나눴다. 어느 날 오후, 나는 그녀에게 정규(독일 Schach) 둘 수 있는 사람을 알고 있는지 물었다. 비가 올 때 나는 산책을 안 하고 병원에 머물렀기 때문이었다.

그때 몇 미터 떨어진 곳에서 한 신사가 우리에게 다가오더니 자기가 정규(독일 Schach) 할 줄 안다며 같이 하자고 했다. 나는 기뻤다! 나중에 안 건데 그는 결핵 의심으로 입원했고 다른 식당에서 식사하기에 우린 만난 적이 없었다.

어느 날 그는 나에게 주말에 무엇을 할 계획이냐고 물었다. 나는 한 식당 "댄스홀"에 갈 거라고 대답했다. 그는 같이 가도 되나요? 라 물었고 나는 물론이죠 했다. 그는 약속 시간이 약간 지연된 후 나를 데리러 왔다. 그의 감은 머리는 젖어 있었다. 식당에서 그는 나에게 춤을 추자고 요청했지만. 나는 고맙게도 거절했다. 댄스 파트너로 키가 너무 크다고 설명했다. 그는 믿을 수 없다는 듯이 웃으며 "정말?"이냐고 물었다. 나는 그렇다고 대답했다. 그는 여러 번 나에게 춤을 추자고 요청했지만, 나는 적응하지 않았다. 그런 다음 그는 우리가 저녁에 꼭 병원에 돌아갈 필요는 없다고 생각한다고 말했다. 놀라운 암시였다! 나는 그걸 이해했고 생각했다: "나를 그렇게 보고 있구나!" 하며 나는 그가 생각하는 사람이 아니라는 것을 보여줘야겠다고 생각했다.

그는 또 내가 일요일에 무엇을 할 것인지 알고 싶어했다. 나는 숲속을 산책할 거라고 말했다. 나는 격일로 그렇게 했었다. 그는 함께 가고 싶다며 시간과 만남의 장소에 대해 상의했다.

밤은 늦어졌고, 우리는 밤 10시까지 병원으로 돌아가야 했다. 그러나 우리는 밤 10시가 넘어서 병원에 도착했기에 벨을 눌러야 했다. 야간 간호사가 문을 열고 "안녕하세요, 박사님!" 인사했다. 나는 놀라서 속으로 "박사?" 하고 반문했고 어떤 종류의 박사일까? 생각했다. 간호사로서 그런 사람들에 대해 존중심을 가져야 했다! 나는 빨리 내 방으로 사라졌다.

다음날 나는 그에게 어떤 박사인지 물었다. 그는 웃으며 방사선 전문의라고 대답했다.

산책이 끝날 무렵 우리는 나뭇더미에 앉아 대화했다. 그때 그는 나에 대해 사람들한테 들었던 것과 내가 완전히 다른 사람이라고 말했다. 그게 무슨 뜻이냐고 나는 물었다. 그런 다음 그는 자신의 식탁에 있는 한 여자 환자가 지바고 박사가 피콜로와 얼마나 재미있게 놀고 있는지 계속 추측한다고 알려줬다. 이 테이블 여자는 내 탁구 파트너인 선생님을 쫓아다니는 바로 그 여자였다. 그녀는 잠자리할 남자를 찾고 있었다. 그런데 잘생긴 환자들이 나와 다니는 것에 질투했다. 그래서 그녀는 마치 내가 이 신사들과 잠자리에 드는 것처럼 나를 오해하며, 그런 식으로 소문을 냈다 (바로 그녀가 하고 싶은 것이었다). 나중에 나는 그녀가 실제로 색정광이라는 (Nymphomania) 사실을 알게 되었다.

부모님 집에서 나는 내 주위에 형제, 사촌, 삼촌들이 있었고, 남성과 중립적인 접촉을 유지하는 것이 정상이었다. 그래서 나는 남성들과 건강한 접촉을 유지했다. 나는 인간으로서 사람에게 관심이 있었을 뿐 그 이상은 아니었다: 직업이나 지위도 나에게 중요하지 않았다. 나에게는 인격, 가치관, 성격이 중요했다. 게다가 때가 되면 처녀로 결혼하고 싶었다.

남녀 색정광을 알게 되었다

1970년대에 나는 한 남자와 여자 두 명의 색정광을 알게 되었다: 어느 날, 나의 한 여자 동료는 내가 왜 독신으로 사는지 이해할 수 없다며, 본인은 매일 밤 남자와 자야 한다고 말했다.

어느 날 저녁, 그녀는 자기와 함께 '디스코'(Disko)에 (독일 젊은 이들이 만나는 곳으로 춤도 추며 사귀는 곳인데, 어둡고 음악이 흐르는 장소) 가자고 간청했다. 나는 가고 싶지 않았지만, 그녀를 위해 한 번 같이 갔다. 디스코는 나의 첫 방문이었다. 내부는 어두웠고 음악은 매우 시끄러웠다. 나는 둘러앉아 대화하는 걸 좋아하는데, 그곳은 내 생활 방식이 아니었다. 시끄러워서 대화도 제대로 나눌 수 없었다.

내 동료는 한 남자와 춤췄다. 그래서 나는 바 의자에 앉아 있었다. 한 남자가 내게 다가와 춤을 추자고 했다. 나는 망설임 없이 따라갔다. 춤을 추면서 그는 결혼한 대학생이라고 했다. 동시에 그는 나를 끌어당겼고, 그것은 나를 불편하게 만들었다. 그래서 나는 그를 밀며 간격을 두었다. 그는 그것이 싫었는지, 중간에 춤을 멈추더니 나를 내 자리로 데려다주었다.

잠시 후 그는 다시 돌아와서, 내 옆에 앉아도 되느냐고 물었다. 그런 다음 그는 내 직업이 뭐냐고 물었다. 나는 "청소부"라고 짧고 간결하게 대답했다. 그는 그것을 믿지 않는다고 했고, 나는 "사실이다"라고 대답했다. 그런 다음 그는 내가 여가 시간에 무엇을 하느냐고 물었다. 나는 "스포츠" 한다고 대답했다. "무슨 스포츠냐고?" 물었다. "테니스, 탁구 등등"이라고 나는 나열했다. 그러자 그도 탁구 친다고 말했다. 그래서 나는 탁구하러 만나자고 제안했고, 우리는 만남의 장소를 합의했다.

탁구하고 난 후, 나는 그를 내 집으로 커피에 초대했다. 그는 받아들였다. 그는 내 방에 있는 전축 판들을 훑어보더니, 본인은 민족학을 공부한다며 국제 민속을 좋아한다고 말했다. 그런 다음 그는 한국인들이 도덕적으로 살고 있는지 알고 싶어했고 나는 그렇다고 대답했다.

그는 뚱뚱하거나 말랐거나, 키가 크거나 작거나 모든 여성과 잠자리에 든다고 말했다. 그래서 나는 그에게 성희롱만 하지 않는다면, 우리는 스포츠 친구로 만날 수 있다고 제안했다. 그는 동의했다. 그래서 나는 다음엔 아내를 탁구에 데려오라고 요청했다. 그는 그렇게 했다. 그의 아내는 긴 금발 머리에 매우 예뻐서 나는 놀랐다. 그녀는 의학을 공부했기 때문에 더욱 말문이 막혔다. 핀란드 여자였다. 우리는 종종 함께 탁구했다. 그들은 나를 저녁 식사에 초대도 하며 우리는 우정을 유지했다. 그러나 그녀는 자기 남편이 나를 유혹 시도했음은 몰랐다. 나는 그녀를 걱정하게 하고 싶지 않았다. 그러다 그의 잦은 여자 교체로, 그들의 결혼은 이혼으로 막을 내렸다. 그 후 그는 알코올 중독자가 되었고, 우리들의 우정도 끝났다.

나의 첫 독일 남자 친구

그때 나는 26살이었고 가정을 꾸릴 생각을 하고 있었다. 나는 세 자녀를 원했다. 그래서 한국으로 돌아가 결혼할 때가 됐다고 생각했다. 나는 향수병뿐만 아니라 한국인으로서의 배경이기도 했다: 그 당시 한국에서는 28세의 나이에 미혼인 여성을 달갑게 보지 않았다. 그래서 나는 영원히 집으로 돌아가려고 첫 번째 시도를 했다.

그러나 다른 상황이 생겼다: 나보다 두 살 어린 독일 남자와 예기치 않게 사랑에 빠졌다. 그가 친구들한테 가기 전에, 바덴바덴에 사는 내 한국 여자 친구를 내가 사는 프라이부르크에 데려다줬을 때 잠깐 인사를 나눴다.

어느 날, 그는 나에게 연락을 취했고 내 커피가 아주 맛있었다고 말했다. 그렇게 우리는 다시 만나게 되었고, 우리 사이에 일이 생겼다. 나는 문화와 생활 방식은 물론 식습관이 다르기 때문에 꼭 한국인과 결혼하고 싶었다. 물론, 나는 동포가 다른 국적의 사람과 결혼해도 상관없었지만, 나 개인적으로는 그러고 싶지 않았다.

사랑에 빠진 나는 결혼할 때까지 지키고 싶었던 순결을 잃었다. 나는 나에 대해 깊이 실망했고 크게 슬펐다. 그런 다음 충격을 받았다: 남자 친구는 결혼에 대해 전혀 생각하지 않았다. 그것은 나에게 두 배의 충격이었다: 아시아 여성과 독일인 사이의 결혼문화 충격! 이미 많은 것을 보고 들었지만, 결혼 전에 이 부도덕하고 무책임한 삶을 직접 몸으로 경험한 나는 마음이 매우 아팠다.

나에 대해 크게 실망한 나는 독일 친구와 연락을 끊으려고 노력했고, 진지하게 귀국을 계획했다. 그 과정에서, 고국에서는 더 이상 처녀가 아닌 미혼 여성은 "2등 여성"으로 여겨졌기 때문에 비참하고 우울했다.

한국으로 돌아가기 위해 재봉틀에 전압 변환기를 부착했다. 당시 한국의 전압은 110볼트였다. 1976년 여름, 나는 귀국 방문을 시도했다. 먼저 내가 완전히 귀국하면, 내가 무엇을 할 수 있을지 알아보기 위해서였다. 나는 병원에서 영구적으로 일하고 싶지 않았다. 6주 한국방문 후에 독일로 돌아왔을 때 친구는 매우 안도했다. 그는 내가 고국에 영원히 머물고 싶어 할까 봐 두려워했단다.

시간이 지남에 따라 그는 나의 부드러운 성격을 높이 평가했다. 내가 화가 났을 때도 고함을 안 한다는 거였다.

1977년 어느 아름다운 여름날 저녁, 영화를 본 후 우리는 야외에 앉아 아이스크림을 먹었다. 그는 갑자기 "너는 훌륭한 엄마가 될 거다. 내가 너에 대해 좋아하는 게 뭔지 아니? 나는 네가 비명을 지르는 걸 들어본 적이 없다. 화났을 때조차도 큰소리를 안 내더라." 맞다, 나는 화가 나면, 한 옥타브 더 낮게 말하는 사람 중 하나였다.

산산조각 난 꿈

1975년 여름부터 심한 꽃가루 알레르기를 앓았고, 1977년에는 수영 강습 후 폐렴에 걸렸으며, 만성 부비동염과 편도선염으로 고생하는 등 건강이 악화하여 귀국계획이 늦어졌었다.

직원 부족으로 편도선 절제술을 몇 달 동안 연기해야 했다. 그 대신 일주일에 한 번씩 편도선에서 고름을 빼내려 의사한테 가야 했다.

폐 수술 및 작별

1977년 11월, 나는 샤워하다가 피를 토하는 바람에 깜짝 놀랐다. 검사 결과 폐의 오른쪽 하엽에 주머니 모양의 확장(기관지 확장증)이 발견되었다. 원장은 독일에 있는 동안 수술을 받으라고 권했다. 그것은 합리적으로 들렸고 나는 동의했다. 수술은 1978년 1월과 4월에 이루어졌는데, 오늘날의 관점에서 볼 때 상당히 불필요했다.

나는 1977년 크리스마스를 남자 친구와 그의 가족과 함께 보냈다. 12월 31일, 나는 그에게 임박한 폐 수술에 대해 알렸고, 우리의 작별을 발표했다. 그가 동의하는 것은 매우 어려웠지만, 내가 작별하자는데 그는 무엇을 할 수 있을까!

나는 남자 친구를 사랑했고 그에게 매우 애착을 가졌지만, 나는 내 이성을 따랐다. 나는 정말로 한국으로 돌아가고 싶었고, 또한 나 자신에게 말했다: 어떤 남자가 폐에 문제 있는 여자와 결혼할까?

수술 후 마취에서 깨어났을 때, 무성하고 아름다운 장미 꽃다발을 보았다. 나는 그것이 누구에게서 왔는지 즉시 알았다. 이 친구는, 주말마다 나를 방문한 후, 꽃집을 통해 멋진 문구와 장미 꽃다발을 보냈었다. 내 인생에서 유일한 남자였다.

그는 또한 내 인생에서 유머로 나를 많이 웃게 한 유일한 사람이었다. 그는 또한 매우 민감하고 섬세해서 전화로 내 컨디션이 어떤지 내 목소리를 듣고 알 수 있었다. 내 상태가 좋지 않으면 그는 예고 없이 와서 나를 격려해 주곤 했다. 그는 무릎 때문에 의사가 운동을 금지했지만, 붕대를 감고 나와 탁구며 스키를 함께했다.

그러나 나는 이번 장미에 대해 기뻐하지 않았다. 나는 매일 산소 후드 아래에서 끔찍한 상처 통증을 느끼며 천장을 쳐다보았다.

그러다 어느 날 나는 갑자기 내가 더 이상 그를 그리워하지 않는 다는 것을 깨달았다. 내 안에는 설명할 수 없는 안도감, 자유, 큰 기쁨만 느꼈다.

기쁨의 눈물이 조용히, 그리고 끊임없이 내 뺨으로 굴러떨어졌다. 나는 말로 표현할 수 없을 정도로 안도감과 행복감과 기적을 느꼈다. 나는 온 세상을 품을 수 있을 것 같았다!

그 순간 여자 청소부가 방으로 들어와 내 눈물을 보더니 "아파요? 간호사를 부를까요?" 했다. 나는 아니라고 말하면서 웃었고, 그녀에게 물었다. "당신은 기뻐서 울어본 적이 있습니까? 나는 기뻐서 울고 있습니다."라고 대답했다. 그녀는 "아니요, 나는 그런 적이 없는데. 그런 게 있습니까?" 물었다. 나는 "예, 있습니다."라고 응답했다.

그 여자는 일을 하며 나와 함께 웃었다. 남자 친구와의 정서적 감정이 갑자기 사라졌다. 완전히 사라졌다. 나는 자유로웠다! 이 것은 사람의 힘으로 한 것이 아니라, 하나님의 개입이었음을 일 년 후 알게 되었다. 1년 후 나는 창조주 하나님을 알게 되었고, 하나님의 위대한 사랑을 체험할 수 있었다. 나는 1978년 1월에 첫 번째 폐 수술을 받은 후 이 초자연적인 감정적 해방을 경험했다. 같은 해 4월에 두 번째 폐 수술에 대해선 내 남자 친구는 알지 못했다. 우리는 중간중간의 헤어짐을 포함해 약 2년 반 동안 함께 지냈다.

가을부터 나는 다시 테니스를 칠 수 있었고, 모든 친구와 동료들은 나와 함께 행복해하며 나를 존경했다. 그러나 나는 하루에 세 번씩 기계의 도움으로 가래약을 흡입해야 했다. 나는 흡입기 없이 여행도 못했다. 흡입기는 해외여행에도 가지고 가야 했다.

운전 면허증을 위해 전진 및 후진 8자 연습

1977년 11월, 나는 운전 면허증을 취득하고 중고차인 짙은 파란색 폭스바겐(VW-Käfer)을 샀다. 당시 나는 28세였다.

면허증 취득 전 여름 방학 때, 한 대학생이 우리 병동에서 아르

바이트했는데, 하루는 그 대학생이 나를 텅 빈 주차장에서 연습시켰다. 내가 운전 감각을 느끼도록 전진 및 후진을 8자 주행으로 연습시켰던 게 생생하다. 그것도 그의 차로…

돌이켜 보면, 나는 이런 것에 대해 그와 다른 모든 독일 남자 친구들에게 매우 감사한다. 그들은 항상 나를 매우 친절하게 대했고 사심 없이 나를 도왔다.

운동하는 동안 나는 또한 매우, 매우 수줍은 남자를 만났다. 10년 후 그는 내 남편이 되었다. 결혼 5년째 되던 해에 그는, 내가 자신의 차로 운전 연습을 했다며, 블랙 포레스트 (Schwarzwald) 어딘가에서 얼음 위를 내가 무심코 운전했다고 말하며 웃었다. 나는 그것에 대해 전혀 기억을 못 했고, 그를 실망하게 했다. 다행히 아무 일도 일어나지 않았다.

1978년에 폐 수술을 받은 후, 나는 재활을 위해 Schwarzwald 에 있는 St. Blasien(쌍트 블라시엔)에 있는 병원으로 보내졌다. 그곳은 내가 사는 곳에서 산과 계곡을 넘어 구불구불한 60킬로미터 떨어진 곳이었다. 나는 스포츠 친구들에게 엽서를 보내는 것을 잊지 않았다.

미래의 남편 될 친구도 나를 방문했다고 우리가 결혼 후 그가 나한테 말했지만, 나는 기억할 수 없어서 그를 또 실망하게 했다. 그렇게 당시 나는 그를 남자로 관심을 전혀 두지 않았다. 그와의 접촉은 느슨하고 편견 없는 오직 스포츠 친구였다.

두 번째 폐 수술 후, 나는 종종 신선한 공기를 마시며 산책하기 위해 블랙 포레스트 (Black Forest)의 샤우 인스 란트 (Schauinsland)까지 차를 몰고 갔다. 차가 있다는것은 매우 자유로웠다. 나는 또한 다른 사람들에게 봉사할 수 있었고, 따라서 내가 경험한 도움의 일부를 "돌려줄" 수 있었다. 나는 한국 대학생들을 데리고 샤우인스란트(Schauinsland)를 산책시키거나, 레코드 플레이어와 레코드판을 운반하여 한국 연말축제에도 가져갔다.

1979년 봄, 한국 부부를 프랑크푸르트 공항에서 괴팅겐 (Goettingen)까지 데려다주기도 했다. 그곳은 프라이부르크에서 한참 떨어진 곳이었다. 그 여자는 한국의 전통 현악기인 악기 "거문고"를 가지고 있었다. 악기가 너무 길어서, 내 폭스바겐 차 지붕을 열어서 넣었다. 그렇게 우리는 추운 날씨에 250km를 달렸다.

마지막 귀국 준비 및 세 번째 수술

그 당시 나에게 한 가지 분명한 것이 있었다: 결혼 포기. 어떤 남자가 아픈 여자와 결혼 할 것인가?

그때 내 나이 30세(서류상으로는 28세)였다. 향수병이 심해서 한국으로 돌아가고 싶었다. 그러나 폐 수술이 있은 지 1년 후, 1979년 5월에 또 수술받아야 했다. 자궁이 복부 뒤로 넘어가 직장 앞 결장과 (S 자 결장) 융합된 상태였다. 자궁을 장에서 분리하여 위쪽으로 고정하는 수술이었다.

그때 자궁 내막증이란 진단이 나왔고, 호르몬 치료를 1년 반 동안 받았다: 자궁 점막은 자궁 안에 있는 게 정상이나, 다른 기관에도 접착할 수도 있다. 자궁 내막증은 월경할 때 통증이 매우 심하다. 이 질환 때문에 나는 중간중간 호르몬 치료를 받았어야 했다.

21년 후, 하나님께서는 1995년에 치유하셨고, 나를 이 고통에서 해방하셨다. 여기에 대해선 내 간증 자서전 1권에서 읽을 수 있다. (드디어 여자로다! -성 정체성을 찾는 길)

약 7년 후인 50대 초반에 폐경이 서서히 시작되었고, 이 고통에서 완전히 해방되었다.

예수님이 하나님의 계획을 내게 계시해 주시다

복부 수술 후, 회복 기간에 나는 예수님의 음성을 들었다. 내 인생의 큰 전환점이 되었다. 여기에 대해서도 내 간증 자서전 1권에 자세히 기록했기에 여기서 언급하지 않겠다.

4장: 새로운 직업

1979년 여름, 내가 믿기 시작하자마자, 향수병과 인종차별이 사라졌다. 그리고 내 안에 새로운 욕구가 생겼다: 다른 직업을 배우고 싶었다.

한국에 있는 여동생에게 모든 성적표를 보내달라고 부탁하고 무엇을 공부할 수 있는지 알아봤다. 종교 교육과 컴퓨터 과학에 가장 관심이 많았다. 나는 학교 성적표를 번역하여 슈투트가르트 교육부에 학력 인정을 신청했다.

그런 다음 나는 하나님께 확인해 달라고 간구했다. 전제 조건이 부족한 대학에도 입학할 수 있도록 보여달라고 했다. 예수님은 **내가 독일에 사는 것이 하나님의 뜻이라고** 말씀하셨기 때문이었다. 그래서 나는 그걸로 하나님의 음성을 들은 게 맞는지 확인해 달라고 간구했다.

모든 대학에서 입학 허가가 왔다. 1980년 가을부터 공부를 시작할 수 있었다. 그러나 나는 큰 실수를 저질렀다: 내가 무엇을 공부해야 하는 게 하나님의 뜻인지 묻지 않았다. 나는 단지 내 학업 자금을 조달하는 방법에 대해 생각하고 이성으로 결정했다.

저축한 돈도 없었고, 건강상의 이유로 6~8년간의 대학자금을 마련하기 위해 시간제로 일할 수도 없었기 때문에, 2년제 병리 검사원이 되기로 했다. 그리고 1981년 4월에 시작하는 병리 학교에 지원했다. 4월부터 시작하려면 나는 반년 전인 9월 말까지 사표를 내야 했다. 그러나 나는 학교에서 입학 허가를 받지 못했다. 9월이 지나고, 10월도 지나서 나는 점점 긴장하고 있었다. 그러다 이제 끝났다고 생각했다. 웬일인가? 마침내 11월에 통지가 왔다. 그 당시 입학허가를 받으려면 몇 년 동안 기다려야 한다는 것을 나중에 알았다.

이제 어떻게 해야 하나? 나는 병원의 행정부와 이야기했다. 동료들이 내 공백을 메우기로 동의한다면 가능하다고 했다. 동료들은 나와 함께 매우 기뻐하며, 나의 입학 허가는 기적이라며 승인했다. 하느님께서 개입하셔서 나에게 많은 은혜를 베풀어 주셨다.

1981년부터 1983년까지 병리 검사원(MTA) 교육을 받을 수 있었다. 이 2년 동안에도 나는 하나님의 도움을 경험할 수 있었다. 노동청에서 재교육을 거부했기 때문에 BAFöG (연방 훈련 지원법에 따른 보조금)을 신청해야 했다. 담당 여인은 내 나이가 많아 안 될 거라고 했다. 잠시 후, 그녀는 내가 정확히 언제 태어났느냐고 묻더니 "당신은 운이 참 좋습니다. 1951년 2월 5일은 간신히 해당합니다." 사실 나는 1949년 8월 15일에 태어났지만, 우리 아버지는 사무에 관한 일에 항상 느렸다. 또 부모님은 내가 살아남을 수 있을지 전혀 확신하지 못했다: 나는 끔찍한 백일해를 앓았고 그 당시 제2차 세계 대전과 1951~1953년 한국전쟁 직후 유아 사망률은 매우 높았다. 결국 나는 독일 정부로부터 BAföG 기금을 받게 되었다.

연금보험 (BfA) 가입

1981년, 나는 독일 시민권을 신청하고 법정 연금 보험(BfA)에 가입하길 원했다. 내가 1979년에 믿기 시작하면서, 나의 이성과 마음이 180도로 바뀌었다. 나는 독일인처럼 독일 법에 따라 살고 싶었고 연금보험에 가입하고 싶었다.

연금 가입 신청은 거부되었다. 내가 이사할 때 프랑스어 코스에서 알게 된 젊은 남성이 도와줬는데, 나는 아무 생각 없이 그한테 거절당했다고 말했다. 우리는 가끔 탁구를 같이했다. 그는 모든 노동자는 연금 보험에 가입해야 한다며 무슨 소리 하느냐고 했다.

나는 그의 확고한 의견에 동의하지 않았다. 그랬더니 그는 "내가 BfA에서 근무하며 사람들을 돕고 있다고 강조했다!" 게랄드(Gerald)와 나는 거의 3년 동안 알고 지냈지만, 그의 직업에 대해 나는 처음으로 알게 되었고 매우 놀랐다. 전형적인 순녀! 나한테는 직업이 중요하지 않았고 인격이 중요했다. 그래서 나는 "모든 한국 간호사가 다 그런 건 아니야"라고 반박했다. 그리고 설명했다. 우리는 3년 고용 계약을 맺고 왔기에, 계약이 끝나면 한국으로 돌아가기 때문에, 법정 연금 보험에 가입하는 대신 자발적인 생명보험에 가입할 수 있었다고. 그래서 나도 1971년에 생명보험으로 결정했기에 BfA가입에 거부당했다고 말했다.

그는 그때 서야 이해하고 사무실에 전화하여 날자 잡고 오라고 조언했다. 1971년에 독일에 온 나는 호적상 20살로 미성년자였다. 그 당시 성년자 나이는 21살이었다. 독일에 18세부터 성년은 1975년부터였다. 결국 Gerald의 도움으로 BfA에 가입했다. 내가 미성년자였을 때 사인한 것은 유효치 않다는 게 게랄드의 논쟁이었다.

게랄드를 알게 된 것에 대해 하느님께 얼마나 감사한지 모른다! 이 공무원과의 만남이 없었다면 나에게 무슨 일이 일어났을지 모르겠다. 지금까지도 게랄드는 나의 좋은 친구로 남아 있으며 항상 나를 도와준다.

하나님께 또 하나 감사한 건, 전문 경력이 있는 간호사로서 병원에서의 실습을 면제받았다. 그 대신 6주간 방학 때 병원에서 일하며 돈을 벌 수 있었다. 나는 바드 크로징엔 (Bad Krozingen)의 심장 병원에서 근무하며 돈을 벌었다.

재판 승리

1983년 3월에 나는 국가고시 시험에 합격하여 병리 검사원 자격증을 손에 쥐었다. 그것은 단지 상징적 가치만이 아니었다, 왜냐하면 나는 노동청으로부터 편지를 받았기 때문이다: 내가 병리 검사원 학교를 중도에 포기했기 때문에 재교육비를 받을 권리를 상실했다는 거였다. 노동청은 그 소식을 어디에서 들었을까?

친구가 있다는 것은 좋은 일이다! 경제학자이자 세무 컨설팅하는 친구가 노동청의 편지를 보더니 웃으며 즐겼다. 그는 노동청에 짧은 편지를 썼다. 그리고 노동청은 법정에서 패소했다. 그렇게 나는 10,000마르크가 넘는 무려 5,000유로를 받게 되었다. 노동청의 재교육 수당은 BAFöG 지원보다 높았기 때문이다.

이 친한 친구와는 왕소도 훔칠 정도로 잘 지냈다. 그는 오토바이 타는 걸 좋아했고 항상 나를 데려가고 싶어 했다. 그러나 나는 구불구불하고 오르고 내리는 샤우인스란드 (Schauinsland)를 한 번 시도하는 걸로 충분했다! 오토바이를 타는 것은 오늘날에도 내 세계와 멀다.

학생 비용으로 독일인 되다

병리 검사원 국가시험을 치른 후, 독일 시민권을 취득했다. 나는 1981년 학생으로 지원했기 때문에 매우 저렴한 비용으로 받았다. 수수료는 월급에 따라 계산되었기에.

하나님께서는 내가 믿기 시작한 후에 경제적으로 많이 축복해 주셨고, 또 모든 것이 나에게 유리하게 진행되게 하셨다. 그러나 그것은 오랫동안 가지 않았다. 어려운 시기가 찾아왔고 기도하는 법과 하나님을 신뢰하는 연습을 배워야 했다.

왕따 취급

병리 검사원 자격증은 있었지만, 반년쯤 실업자로 살았다. 처음으로 개인 임대 아파트로 이사했다. 그때까지 나는 저렴한 간호사 기숙사에서 살았었다.

1983년 10월에 나는 다시 대학 병원 연구실에서 근무할 수 있어서 다시 간호사 아파트로 들어갈 수 있었다. 병원 근처라 시간 절약에 버스를 타고 출퇴근할 필요가 없어서 좋았다.

우리는 골수로 혈액암(백혈병)에 대한 약물을 검사했다. 연구 골수는 대부분 학생이 기증했다 (오늘날에는 백혈병 환자에게 정맥혈로 이식할 수 있다).

내 상사는 매우 유능한 의사였다. 그는 다른 의사와 함께 연구했으며, 그 의사한테도 자신의 병리 검사원이 있었다. 시간이 지남에 따라, 다른 동료들로부터 나의 상사가 아주 냉정한 커리어 인간이라고 들었다. 그러나 나는 모든 사람을 편견 없이 만났고, 모든 사람을, 있는 그대로 받아들였었기에 상관없었다.

두 의사가 연구원 팀을 구성했기 때문에, 나는 다른 병리 검사원과 많은 일을 같이했다. 가비(Gaby)는 매우 조용한 사람이었다. 그녀는 내 상사 앞에서 자신을 작게 만들었고 매우 불안하게 행동했었다. 나는 그것을 이해할 수 없었다. 시간이 지남에 따라 병리 검사원들이 내 상사를 일반적으로 두려워한다는 것을 다른 동료들을 통해서 알았다. 그 이유로 몇 명은 사직했단다.

신입생으로서 나는 가비(Gaby)가 주는 정보며 나를 훈련하는데 의존해야 했다. 그러나 어느 시점에서 그녀는 나를 괴롭히기 시작했다. 그녀는 정보를 숨기고 그녀의 상사와 비밀을 유지했다. 나는 불평하지 않았다. 내 상사는 내 개입 없이 그것을 알아냈고 그녀를 질책했단다. 나는 그 자리에 없었고, 나중에 다른 동료를 통해서 알게 되었다.

그런 다음 상사는 1년간 캐나다로 출장을 갔고 가비는 자기 상사와 나를 괴롭히는 것이 정점에 이르렀다. 나는 모든 것을 견뎌냈다. 그리고 기도하는 법을 배웠다. 특별한 성경 말씀이 이 시기를 견디게 해주었다.

*종들아 두려워하고 떨며 성실한 마음으로 육체의 상전에게 순종하기를 그리스도께 하듯 하라. 눈가림만 하여 사람을 기쁘게 하는 자처럼 하지 말고 그리스도의 종들처럼 마음으로 하나님의 뜻을 행하고, **기쁜 마음으로 섬기기를 주께 하듯** 하고 사람들에게 하듯 하지 말라.*
이는 각 사람이 무슨 선을 행하든지 종이나 자유인이나 주께로부터 그대로 받을 줄을 앎이라. (에베소서 6: 5-8)

특히 7절을 통해 내 안에 큰 기적이 일어났다.: **"너희가 사람이**

아니라 여호와를 섬기는 것 같이 기쁘게 섬기라"

이 말씀을 통해 나는 내 주변 사람들에 대한 강한 사랑과 평안을 얻었다. 나는 화를 내거나 괴로워하지 않았고, 항상 모든 사람에게 친절했다. 이런 나의 행동이 그녀를 더 화나게 했다.

어느 날, 한 병리 검사원이 자기 상사에 대한 분통과 분노로 가득 찬 채 내 검사실로 왔다. 그녀는 그녀가 가져온 것을 책상 위에 쾅 던지며 불쑥 말했다: "순녀야, 나는 너 같은 사람들을 이해하지 못한다. 너는 항상 조용하고 차분하며 친절하다! 네 동료 Gaby가 왜 너한테 그렇게 심술궂은지 아니? 네 상사는 누군가를 칭찬하는 사람이 아니다. 그런데 네가 하는 일에 대해 열정적으로 극찬한다. 한 번은 네가 없었을 때 네 동료 Gaby 앞에서 너를 칭찬했다. 그녀는 지금까지 칭찬받지 못했기에 그녀한테는 너무 과한 칭찬이었다. 그래서 그녀가 너한테 그렇게 악의를 품는 것이다."

이제야 나는 마침내 원인이 무엇인지 알았지만, 별로 도움이 되지 않았다. 나는 그것에 대해 아무것도 할 수 없었다. 하나님의 도우심으로 나는 계속 친절하고 인내했다. 그러는 동안 나는 새 동료 한 명을 배정받았다. 그녀의 사투리를 이해할 수 없어서 나에게 아주 힘들었다. 그녀는 내가 동료로부터 괴롭힘을 당하는 것을 보았지만 그녀 또한 어찌할 바를 몰랐으며 무력했고, 중립을 유지하려고 노력했다.

그런 가운데, 나는 대학 병원의 여러 분야에 일자리를 신청하고 기다렸다. 그 당시 한 동료가 어떤 의사가 연구를 위해 나 같은 사람을 찾고 있다고 알려주었다. 그는 매우 인기 있고 인간적이며 내 상사를 아주 잘 알고 있다고 했다. 진짜 이 의사는 매우 조용하고 동정심이 많은 사람이었다. 내가 1985년 4월부터 중증 장애인인데도 불구하고 그는 나를 원했다. 무엇보다도 두 번의 폐 수술로 인해 중증 장애인 신분증을 가진 직원은 고용주에게 불편하다. 그들한테는 특별 휴가가 있었으며 해고에 대한 특별한 보호를 누리고 있었다. 나를 그 의사한테 보낸 동료한테 나중에 들었다: 의사가 내게 매우 깊은 인상을 받았다고, 특히 그가 내 성격을 악수에서 알아냈다고 알려줬다. 그것은 나에게 많은 도움이 되었다.

1984년 가을, 내 상사는 캐나다에서 연말에 해고 통지서를 보냈다. 한때 나와 내 일에 너무 열성적이었던 그는 나와 상의하거나 그가 들은 내용이 사실인지 묻지도 않고, 나에게 정말 불쾌한 고용 추천서를 보냈다.

"끝이 없는 공포보다, 공포로 끝나는 것이 낫다"라는 속어처럼 나는 황당했으나, 상황은 정말 혼란스럽고 참을 수 없게 되었다. 다만 나는 그 상황을 침착하게만 볼 수 없었다. 1984년 11월, 처음으로 무릎을 꿇었고 두 팔을 든 채 하나님께 도와 달라고 부르짖었다.

하느님께서 개입하시다

나의 하나님께 도움을 청한 지 3일 후, 피부과 병원에서 전화가 왔다. 피부과 병원 부원장이었다: 그녀는 출산부 병리 검사원이 반년 동안 육아 휴직 간다며, 내가 여전히 일자리를 찾고 있느냐고 물었다. 그녀의 동료가 내 지원 서류를 보관하고 있다가 나를 소개했다고 했다.

1985년 1월부터 6월까지 반년 동안 피부과 검사실에서 근무하려면, 4월부터 나를 믿고 기다리고 있는 의사와 상담해야 했다. 이 의사는 조직학 검사실 경험이 있으면 더 유리하다며 허락했고 기꺼이 나를 기다리겠다고 했다. 나는 하늘이 주신 선물이라 생각하고 예수님께 감사했다.

즐거운 딜레마

피부과 병원의 반년은 빠르고 쉽게 지나갔고, 다시 한번 감사할 이유가 있었다: 피부과 부원장은 나를 영구히 유지하길 원했다. 나중에 동료들한테서 들은 건데, 그녀는 나를 유지하기 위해 여러 차례 원장한테 가서 떼를 썼단다. 나는 임신 한 동료가 직장을 잃으리라는 것을 의미했기 때문에 당황스러웠다. 그러나 부원장이 나를 놓치고 싶지 않다는 뜻이 강했다.

제안된 일자리는 아주 이상적이라는 데 의심의 여지가 없었다: 정규직에, 규칙적인 근무 시간으로 하루 8시간이었고 주말마다 휴무였다. 나에게 더 이상적인 일은 일어나지 않을 것이다! 그러나 1985년 7월에 나를 기다리고 있는 연구 프로젝트의 의사가 있었다. 나는 곤경에 빠졌다. 그 의사는 매우 친절했고 자상했기에. 그를 어떻게 대해야 할까? 나는 기도했다. 어느 날 두근거리는 마음으로 전화하여 대화를 요청했다. 나의 가슴은 이미 면접 때 두근거렸었다. 나는 호감을 느꼈고, 그의 차분한 태도며 따뜻함과 친절함은 나를 매우 매료시켰었다.

양심의 가책을 느끼며 나는 그에게 상황을 알리고, 그의 의견을 물었다. 그는 나를 매우 다정하게 바라보았다. 그런 후 "나에게 솔직하게 이야기하고 내 의견을 물어 주셔서 감사합니다. 저도 당신한테 솔직하게 말하겠습니다: 그 자리를 수락하세요. 당신은 이제 젊은 나이도 아니고, 중증 장애인이기 때문에 현명하게 행동하십시오. 나도 당신을 포기하고 싶지 않지만, 나는 당신에게 영구적인 자리를 제안할 수 없으며, 이 연구가 끝나면 2년 후에 연장받을 수 있을지조차 모릅니다. 또 저는 언젠가는 미국으로 가려고 합니다. 당신이 영구직을 결정한다면, 나는 당신에게 전혀 화를 내지 않을 것입니다. 병리 검사원은 많습니다."

그의 솔직함과 좋은 조언은 나에게 큰 감동을 주었다. 그가 나를 한 인간으로서 좋아했기 때문에 좀 슬픈 모습도 보였기에 더욱 그랬다. 나는 나의 나이며 장애인이라서 직장을 찾지 못하리라는 생각은 한 번도 해본 적이 없었다. 나는 일자리를 찾는 데 결코 어려움이 없을 것이라고 확신했다. 그래서 이 의사의 조언은 나를 처음으로 인식시켰다.

나는 그의 현명하고 관대하며 멀리 내다보는 마음에 진심으로 감사하며 약속을 지키지 않은 것에 대해 다시 사과하고 감사했다. 그리고 피부과 검사실 관리자로서의 직책을 수락하겠다고 말했다.

덕분에 임신 한 동료한테도 좋았다: 그녀는 반나절 일자리(파트타임)로 일할 수 있었으며, 직장과 가정을 조화시킬 수 있었다.

나를 남자 의사한테 보냈던 동료가 말했다: "그 의사는 원래 그렇다. 그래서 인기가 많다"고 말했다. 나의 전 슈바벤 동료가 (내가 이해하기 어려운 사투리를 하는 동료) 그 자리로 갔음을 나중에 알았다.

그로부터 18년 후, 프라이부르크 대학병원에 검사를 받으러 갔다. 그때 그 의사에 관해 물어볼 기회를 가졌다. 그는 미국으로 이주하지 않고 프라이부르크 대학병원 내과 원장으로 재직 중이었다. 나는 그의 비서에게 그와 이야기하고 싶다고 요청했다. 그는 나를 즉시 알아보았다. 그의 차분하고 친절하며 따뜻한 미소가 그의 얼굴 전체를 덮었다. 안타깝게도 약속을 잡지 않았기 때문에, 대화는 몇 분으로 끝나야 했다. 그는 곧 병동으로 가야 했다. 그는 내 기억 속에 좋은 사람으로 남아 있을 거다. 그에게 신의 축복이 있길 빈다!

친구처럼

나는 새로운 일터에서 매우 행복했다. 여기서 나는 나의 믿음을 최대한 실천할 수 있었고, 하나님과의 경험에 대해 많은 것을 나눌 수 있었다. 인정과 신뢰를 누렸으며 상사인 부원장은 나를 친구처럼 대했다. 그녀는 심지어 내가 한국 법학 교수와 함께 스위스 야간 카니발 퍼레이드를 위해 바젤(Basel)에 갈 수 있도록 하루의 휴가를 줬다. 나는 카니발을 전혀 좋아하지 않는다. 그러나 나는 교수님을 동행하며 그를 위해 통역하러 갔다.

1985년 여름, 상사가 가족과 함께 휴가를 갔을 때, 나는 친구 카트린과 함께 그녀의 집에 머물면서 밭에 있는 딸기, 토마토, 콩, 상추 등을 따 먹을 수 있었다. 그렇게 상사와 잘 지냈다!

한 동료의 임신 "고백"

또 다른 한 동료가 임신했다. 그녀는 시간제 직원이었다. 그녀는 상사에게 임신 사실을 말하기가 지옥처럼 두려웠다. 한 동료가 임신 소식을 상사에게 전했을 때, 상사는 직원에게 히스테리로 반응했기 때문이란다. 상사가 첫아들 이후에 아이를 더 이상 갖지 못한 욕구에서 이러한 과잉 반응이라고 의심했다.

나는 젊은 동료를 안심시키고 휴가 전에 상사한테 임신 소식을 알리는 것이 공정하고 현명할 것이라고 조언했다. 나는 또 내 마음에 하나님의 큰 평안을 느낀다고 말했다. 그리고 나의 영적 느낌대로, 그녀에게 두려워할 필요가 없다고 말했다. 나의 어려운 점(세 번의 수술, 중증 장애인 증명서, 36세에 미혼)으로 인해 상사가 변화됐다고 동료를 안심시켰다.

어느 날 아침, 우리들이 아침 먹는 방에서 식사했는데, 부원장이 들어와 커피 한 잔을 마시고 싶어 했다. 우리는 대화를 시작했고, 동료는 용기를 내어 의사에게 임신 소식을 알렸다. 부원장은 매우 기뻤고 따뜻하게 축하하며 평소보다 오래 머물렀다. 동료들은 말문이 막혔다!

의사가 밖으로 나가자마자 임산부는 나를 꼭 껴안으며 "그럴 수 없어! 믿을 수 없어! 정말 놀라운 일이다!"라며 감탄을 멈추지 않았다. 그녀는 모든 것을 예상했지만, 이것은 아니었다. 그녀의 얼굴은 안도와 행복으로 빛났다.

다른 두 동료도 말을 잃었고 완전히 압도당했다. 그것은 정말 놀라운 경험이었다. 나는 하나님의 영광을 위해 전한다.

용제로 (Solvent) 인한 아픔: 오렌지 껍질의 향 기름

동료의 임신에는 모든 것이 잘되었다. 문제는 크실렌 (Xylol) 대신 오렌지 껍질에서 추출한 "98% 레몬 향이 함유된 용제가 문제였다. 용제는 오렌지 껍질에서 추출한 향을 넣었고, 그것은 지속해서 심한 향기가 났으며 메스꺼움, 두통, 위통을 유발했다.

또 하나의 문제는 검사실이 반지하에 있었고, 작은 창문만 있었기 때문에, 기름지고 휘발성의 강한 냄새를 제거할 수 없었다. 기름의 향냄새는 복도, 자료실, 슬라이드, 폴더 등 모든 곳에서 났다. 그것 때문에 내 동료들이 이미 싸웠지만 헛된 일이었다. 나는 임신 동료 대리로 6개월 왔기 때문에 동참할 이유도 없었고, 하고 싶지도 않았다. 그러다 내가 그곳에 영구직 결정을 내린 후, 나는 문제를 해결하려고 시도했다. 내가 병리학 연구소에(Institute of pathology) 전화로 문의했다. "악마의 화학물질"을 검사실에서 당장 제거하라고 권했다. 병리학 연구소(Institute of pathology) 책임자는 우리와 같은 증상 때문에 4주 만에 중단했다고 말했다.

나는 본(Bonn)에 있는 대학에 편지를 썼다. 거기로부터 안전 조치와 규정을 받았다. 우리에겐 전혀 알려지지 않은 내용이었다. 우리는 화학물질 제조업체로부터 인체에 해롭지 않다는 인쇄물 한 페이지 정보만 가지고 있었다. 그리고 우리는 그때까지 모든 것을 하수구에 부어 제거했다. 얼마나 큰 범죄인가!! 그때야 우리는 이 물질을 유해 폐기물로 처리하기 시작했다.

나는 또한 근무처 병원 안전 엔지니어, 행정부, 보안 기술자 및 안전 책임자와 상의했다. 그러나 본 (Bonn) 대학(University of Bonn)에서 권하는 바닥 추출 시스템의 설치가 너무 비싸단다. 그래서 검사실 수리할 때, 우리들의 한 작업대 위에 흄후드(Deduction) 한 개만 설치해 주겠다고 했다. 그것만으로는 충분하지 않았다! 검사실이 3개였다,

시간이 지남에 따라 화학물질 폼알데하이드, 암모니아, 황산 및 아세트산, 알코올, 파라핀 등등이 나한테 연쇄반응과 알레르기를 일으켰다.

처음에는 감기에 걸린 줄 알고 주말에 집에서 아팠다. 그러나 주말마다 두통과 인후통, 기침을 동반한 "감기 증상"은 심해졌고, 갈수록 오래 지속되었다. 어느 시점에서 나는 기관지염에 심한 기침을 하며 피를 토했다. 나는 그때야 화학물질이 원인일 수 있다고 생각했다. 여기에 대해선 8장과 11장에서 자세히 설명한다.

5장: 목사의 아내? 절대 아냐!

1979년 여름, 인간의 개입 없이 초자연적으로 믿기 시작한 나는 오직 성경 말씀과 영적으로 살며 한국인 한인 교회에 깊이 관여해 왔다. 또한 독일 기독교인들의 성경 공부 모임에도 주중에 참석했다.

1981년에 한인교회에 처음으로 참석한 후, 나는 즉시 재무(회계사)로 임명되었다. 어느 시점에서 나는 기록 총무(프로토콜 쓰는 자)가 되었다. 갈수록 나의 책임은 커졌고, 매주 예배 후에 공동 식사 준비도 했다. 나는 또한 매달 열리는 독일-한국 에큐메니컬 예배를 (ecumenical worship) 위해 장보기와 요리도 도왔고, 필요시 독일어로 통역도 했다.

한국 목사님들은 내가 하는 일을 매우 좋아하셨지만, 내가 독신이라는 사실이 마음에 들지 않았다. 그들은 이것을 해결하길 원했다. 1983년, 다른 한 한국 교회의 윤 목사님은 하느님께 동반자를 구하는 기도를 하라고 나에게 권했다. 목사님도 그렇게 기도하겠다며. 그러나 나는 그리하지 않았다. 하지만 3년 후, 윤 목사님은 내 남편 될 사람을 알게 됐고, 일 년 후 나는 크리스토프와 결혼했다.

또 다른 한국인 목사님 김-1이 있었는데, 그는 독일 교회에서 사역하며, 한동안 우리 교회 모임도 섬기셨다. 우리는 독일 교회를 위한 그의 사역을 지원함으로써 보답했다.

불가능한 일

나에게 세례를 준 김-1 목사님은 나에게 맞는 사람을 "알고" 있다고 하셨다. 한국에 있는 목사님의 친구 김-2 목사였다.

그러나 나의 한국적 사고와 성경 지식은 내가 더 이상 처녀가 아니기 때문에 불가능하다고 말했다. 즉 나는 성직자의 아내가 될

수 없었다! 중세적으로 들리지만, 나는 레위기 21장을 읽었고,

이 구절을 아주 진지하게 받아들였다. 나는 또 폐질환이 있었고, 나의 사고는 유럽식으로 변했다. 그래서 나는 고맙다며 거절했다.

세례 때 축복기도

제사장은 창녀나, 이미 몸을 버린 여자와 결혼해서는 안 된다. 이혼한 여자와도 결혼하지 않아야 한다. 제사장은 하나님께 거룩하게 구별된 사람이기 때문이다. 대제사장은 처녀를 아내로 맞이하여야 한다. 과부나 이혼한 여자나 이미 몸을 버린 여자나 창녀와 결혼해서는 안 된다. 그는 다만 자기 백성 가운데서 처녀를 아내로 맞이하여야 한다. 그래야만, 그는 더러워지지 않은 자녀를 자기 백성 가운데 남기게 될 것이다. 그를 거룩하게 한 이는 주다." (레위기 21:7 +13-15)

예배에 낯선 남자

1984년 어느 날, 나는 교회 예배에서 낯선 사람이 앉아 있는 것을 보았고, 영적으로 김-2 목사님임을 강하게 느꼈다. 영적으로 그에게 끌렸지만 나는 "안돼!"하며 거리를 뒀다.

내가 거절했음에도 불구하고, 김-1 목사님과 한국에서 온 한 여선교사는 나도 모르게 김-2 목사님을 독일로 데려왔다. 나의 동의도 없이 말이다.

1984년 여름, 직장에서 한 동료로부터 왕따 취급을 받아 나는

매우 힘들었고 우울하며 슬펐다. 예배가 끝난 후 한 한국인 부부가 점심을 먹자고 초대했다. 그러나 나는 고통 속에서 혼자 있고 싶었고, 하나님과 기도하는 것을 선호하여 감사하다며 거절했다.

집에 돌아왔을 때, 나는 그 부부에게 가야 함을 강하게 느꼈다. 놀랍게도 거기엔 그 낯선 사람도 있었다! 그리고 나는 그를 전혀 알지 못했지만, 영적으로 그에게 매우 끌렸다.

점심 식사 후 우리는 모두 산책하러 나갔지만, 나는 침묵하고 다른 사람들보다 몇 걸음 뒤로 걸으며 주님과 대화했다. 그러면서 나는 한 동료가 선물한 기니피그 (Guinea pig) 찰리(Charly)를 위해 민들레 잎을 뜯었다.

김-2 목사는 괴테 연구소에서 독일어를 공부하기 위해 프라이부르크에 반년 동안 머물렀다. 이 기간에 나는 그를 영적으로 더 알게 되었다. 나는 그를 한국 학생들과 저녁 식사에 몇 번 초대했다. 학생들은 그에게 까다로운 신학적 질문을 했고, 그의 대답에 나의 영은 펄쩍펄쩍 뛰었다. 누가복음 1:41에서 엘리사벳이 마리아의 인사를 들었을 때, 그녀의 아이(요한)가 그녀의 배에서 뛰었다(누가 1:41)고 적혔다. 그렇게 나는 그를 영적으로 좋아했다. 그러나 우리 둘 사이에 아무런 일이 생기지 않았고, 그의 친구인 김-1 목사님과 박 교수님에게는 힘든 인내의 시험이었다.

박 교수님은 내가 그를 유인해야 한다고 권하셨다. 그러나 그것은 내 스타일이 전혀 아니었다. 나는 구식 견해를 가지고 있었고 접근은 남자에게서 나와야 한다고 말했다. 그러나 나는 김-2 목사님의 겸손과 헌신에 매우 매료되었다. 또 한국인 형제자매들은 우리 둘을 자주 초대했다. 그러나 우리 사이에는 아무 일도 일어나지 않았다.

1985년 1월 말, 그는 도덕 신학 박사 학위를 받기 위해 베를린으로 가기로 되어있었다. 박 교수님의 간곡한 요청에 나는 급하게 같이 탁구 하자고 그를 초대했다. 탁구는 그에게 처음이었고, 그는 최선을 다했다. 그 후 나는 두 분을 내 집으로 초대해 술을 마셨다. 그렇게 하면서, 나는 매우 조심스럽게 타진했다. 목사님이 하느님을 섬기기 위해 결혼을 포기하셨느냐고 물었다.

"그건 전혀 아니고, 아직 여자를 만나지 못했다"고 대답했다. 이제 나는 내가 어디에 서 있으며, 무엇을 위해 기도해야 하는지 알았다. 그가 다음날 일찍 떠나야 했기 때문에 우리는 작별했다.

김-2 목사님이 베를린에 계실 때, 그를 향한 나의 영적 열정은 매우 강해졌다. 나는 기도했고 또한 내 집에서 모이는 독일 여성 성경 공부 모임에서도 기도를 부탁했다. 성경의 말씀은 반대하지만, 나는 하나님의 참뜻을 알고 싶었다. 나는 독일 여자들과 모이는 모임에 나만이 한국인이었기에 서슴없이 이야기할 수 있었다. 한인교회에선 지도자들만이 그것에 대해 알고 있었고, 우리의 연결을 동의했다.

내 독일 여자 친구 카트린은 4월 초 부활절에 휴가를 내어, 내가 베를린 병원에 일자리 찾는 데 동행하기로 돼 있었다.

그러나 1985년 3월, 나의 하나님 아버지는 나의 계획을 좌절시키셨다. 나는 거기에 대해 다음 장에 기록한다.

6장: 무뚝뚝하고 지루한 사람?!

1970년대 중반, 나는 탁구를 통해 창백하고 키가 크며 땀을 많이 흘리는 수줍음이 많은 독일 남자를 만났다. 그는 대학 병원의 실험실에서 연구 프로젝트를 진행했다. 어느 시점에서 나는 그가 물리학자라는 것을 알게 되었다.

이 남자(크리스토프)는 극도로 말이 없었으며, 극도로 내성적인데다, 머리를 들고 걷지 않고 땅만 내려다보고 걸으며, 사람을 대하는 태도가 아주 희한했다.

그의 이빨은 담배를 피워 회색빛이 도는 검은색이었고, 거의 웃지도 않았다. 매너도 전혀 없었다. 우리가 한번 같이 중국 식당에 갔을 때, 그는 내가 재킷을 벗을 때 도와주지도 않았고, 앉는 의자도 빼 주지 않았다. 그 당시 나는 친구와 학생들 사이에선 이런 예의가 필요치 않다는 것을 몰랐다. 나는 첫 번째 독일인 남자 친구 헤닝을 통해 그런 게 익숙했었다. 헤닝은 식탁에서 독일식 예의를 가르쳐 주었고, 항상 정중하게 재킷이나 코트를 입고 벗을 때 도와주었으며, 식당에서 테이블 의자를 끌어당겨 내가 앉도록 했다. 또한 그는 식당에 남자가 여자보다 먼저 들어간다고 말했다. 그렇게 식당에서 독일식 매너를 배웠다.

이 창백하고 늘씬한 크리스토프는 둘이 탁구나 정구를 친 후에도 작별 인사 없이 사라지곤 했다. 정말 무례하다고 생각했다. 그는 또 그가 공을 제대로 못 맞히면, 저주하는 욕설을 해서 싫었다. 그는 스포츠 도중 땀도 많이 흘렸고 악취가 심했다. 나의 한국인 여자 친구 중 한 명은 크리스토프가 오면 더 이상 테니스에 오고 싶지 않다고 했다.

나는 내 친구들의 서클에 크리스토프도 초대했다. 그는 맥주병을 손에 들고 항상 혼자 구석에 앉아 있었다. 나의 댄스 코스가 끝난 후 무도회에서도 그랬다. 나는 그를 다른 친구들과 함께 초대했기 때문에, 나는 그가 내 친구들의 서클에서 편안함을 느끼는지 때때로 확인했다.

이런 남자한테 내가 관심을 두거나 애정을 느낄 수 있을 거라고 누가 짐작이나 했겠는가?!

어느 날 저녁, 그는 나를 놀라고 어색하게 했다: 1977년, 나는 그를 내 직장동료 부부와 함께 저녁 식사에 초대했다. 세 사람이 모두 떠난 후, 크리스토프가 혼자 돌아오더니 내게 키스해도 되느냐고 물었다. 나는 놀랐고 겁에 질렸으나 정중하게 거절했다. 그는 "그럼….." 하더니 고개를 숙인 채 돌아갔다. 예상치 못한 크리스토프의 질문에 나는 몹시 당황했다. 나한테 남자 친구가 있다는 것을 어떻게 그에게 알려야 할지 고민했다. 간단하게 말할 수 있었지만, 나는 그런 상황에서 너무 혼란스러웠고 경험이 없었다.

마침내, 나한테 아이디어가 생겼고, 그것을 빨리 실행에 옮겼다: 금요일 저녁에 크리스토프를 다른 친구들과 함께 저녁 식사에 초대하기로 했다. 내 남친 헤닝(Henning)은 항상 유머러스하고, 기분이 좋았으며, 예의도 좋았다. 그는 나를 항상 따뜻하게 안아줬고 인사로 키스를 해줬다. 그렇게 나는 상황을 우아하게 해결할 수 있었고, 수줍음이 많은 크리스토프와는 오직 스포츠를 위해 가끔 만났다.

어느 날, 크리스토프는 자기 부모님과 여동생이 주말에 와서 가구 구입을 도와줄 것이라고 말하며, 내가 같이 갈 수 있는지 물었다. 불행하게도, 나는 이미 일정이 잡혀있어서 갈 수 없었지만, 나한테 물어본 것에 놀랐다. 크리스토프는 너무 수줍음이 많았고 말이 별로 없는 자였기에.

어느 주말에 나는 슈투트가르트에 있는 누군가를 방문하고 싶었다. 그래서 나는 크리스토프에게 슈투트가르트에 가는 길에 나를 데려다줄 수 있는지 물었다. 그는 기꺼이 했고, 우리가 차 타고 가는 동안 이런저런 얘기를 나눴다. 솔직히 우리들의 대화는 내 편에서 거의 독백이 가까웠고, 크리스토프는 침묵할 뿐만 아니라, 말도 아주 작게 했다. 그러다 내가 그의 나이를 물었다: "네가 나보다 두 살 어리다."라며 나는 재밌게 웃었다. 그는 "상관없어"라고 대답했는데, 나는 너무 순진해서 그 뒤에 숨겨진 메시지를 이해하지 못했다. 나중에 한 한국 여자가 그건 크리스토프가 나를 좋아한다는 뜻이라고 설명해 주었다. 그러나 나는 그에게 남자로서 관심이 없었다.

내가 병리 검사원으로 재교육을 받으면서 우리의 연락은 끊겼다.

5년 후

나는 병리 검사원 (MTA) 수련 기간 간호사 기숙사에서 살았다. 그곳에서 나보다 5살 연상인 한국 여성 전 씨와, 대학병원에서 병리 검사원으로 일하는 친절하고 착한 젊은 독일인 카트린을 만나 친구가 됐다.

"우정은 돈에서 멈춘다"고 말한다. 그러나 전, 카트린, 나는 복권을 함께 할 정도로 좋은 사이였다. 한국의 예의처럼 나이 있는 전에 이름을 안 부르고 언니 아니면 전 언니라고 불렀다. 그렇게 나는 신앙과 더 이상 조화시킬 수 없을 때까지 복권을 함께 했다. 우리는 누가 복권을 제출할지 은밀하게 합의하기 위해 '복권' 대신 '물고기'라고 말하는 비밀 단어까지 만들었다. 그러다 나는 그들에게 진짜 이유를 말하지 못하고, 더 이상 복권을 하고 싶지 않다고 말했다. 그렇게 우리는 복권 계좌를 해지하고 레스토랑에서 근사한 저녁을 먹었다.

전 언니는 나중에 의학 공부를 하면서 기숙사를 떠나야 했고, 크리스토프 집에서 오직 두 집 떨어진 곳에서 살았다. 1985년 2월 어느 날, 그녀는 나에게 크리스토프가 물리학을 도와줄 수 있는지 여쭤보라고 했다. 나는 크리스토프와 5년 동안 연락이 없었지만, 그에게 전화를 걸었고, 우리 네 명은(전 언니, 카트린, 크리스토프, 그리고 나) 프라이부르크의 드라이잠 (Dreisam) 강을 따라 산책하며 서로를 알아가는 시간을 가졌다. 크리스토프는 내 주위에 항상 친구들이 있는 것에 익숙해져 있었다.

5년 동안 많은 일이 있었는데, 크리스토프가 1981년에 소프트웨어 개발자로 사업을 시작했다는 걸 나중에 알았다.

그 후, 전 언니는 우리 둘이 잘 어울린다고 했다. 겁에 질린 나는 그는 친구로도 삼고 싶지 않은 자라고 대답했다. 그러자 그녀는 말문이 막혔고 더 이상 아무 말도 하지 않았다. 그는 나한테 순수한 스포츠 친구일 뿐이었다.

삼각형의 중매 시도

어느 날 저녁, 우리들이 자주 하듯이 우리 세 여자는 전 언니 집에서 함께 저녁을 먹었다. 그러다 전 언니는 내가 크리스토프에게 정말로 관심이 없느냐고 물었고, 나는 단호하게 거절했다. 그런 다음 그녀는 내가 그를 카트린과 맺어줄 수 있는지 물었다! 카트린의 얼굴은 빨개졌다. 내가 그녀에게 관심이 있느냐고 물었고, 그녀는 당장 "네"라고 대답했다. 짝을 만드는 짓은 전혀 내 스타일이 아니라고 생각했지만, 나한테 아이디어가 필요했다.

많은 고민 끝에 "내가 사람들을 짝짓기 하는 건 나와 맞지 않아. 그러나 내가 그의 집에서 커피를 마시는 걸로 하고, 카트린은 커피타임을 위해 케이크를 만드는 걸로 제안했다. 그런 다음 무슨 일이 일어날지 두고 보자고 했다. 둘 다 내 제안에 동의했다.

그 무렵 또 다른 한국 여자가 나한테 물었다. 크리스토프가 자기 남편의 의사 사무실의 컴퓨터 문제를 도와줄 수 있는지 물어봐 달라고 했다. 그녀는 독일 의사와 결혼한 여인이었다. 나는 크리스토프에게 이 요청을 여러 번 전했지만 아무 일도 일어나지 않았다.

오프셋!!

말했듯이 나는 날짜를 잡았고 크리스토프와 전화했다. 우리가 네 집에서 커피 마시길 원하며, 케이크를 가져가겠다고 했다. 그 날은 왔고, 안타깝게도 전 언니가 갑작스럽게 취소했다. 카트린과 나는 정시에 도착했지만, 크리스토프는 집에 없었다. 우리는 그의 집 앞에서 기다렸으나 헛수고였다. 내 건의로 우리는 산책 후 돌아왔지만, 그는 여전히 집에 없었다. 당황스러웠다. 처음으로, 무시당하는 것 같아 화가 났다.

카트린은 매우 실망한 채 말했다. "그가 아마도 우리의 계획을 눈치챈 것 같다며, 크리스토프가 오직 너와 단둘이 만나고 싶은 것 같다고 했다." 나는 "말도 안 돼, 우리는 오직 스포츠 친구야. 왜 그렇게 생각하니?!"라고 물었다.

나는 나의 명예를 지키기 위해 카트린에게 건의했다. 나와 집에 가서 케이크 먹고 크리스토프의 전화를 기다리자고. 그 당시에는 휴대 전화가 없었다. 나는 또 카트린한테 말했다: "어쩌면 고속도로에서 무슨 일이 일어났을 수도 있고, 누가 알아? 하지만 집에 돌아오면 연락하겠지"라고 말했다.

저녁 8시가 되기 전에 우리는 저녁 식사로 케이크를 먹었다. 그런 후 나는 그에게 전화를 걸었다. 나는 TV를 통해 저녁 영화를 보고 싶었고, 방해받고 싶지 않았다. 크리스토프는 전화를 받았고, 약속을 잊지 않았다고 말했다. 난 경악했고 기분이 몹시 상했다. 그래서 바리톤 음성으로 단호하게 말했다: "오케이. 그렇다면, 내가 앞으로 너한테 연락하지 않을 것이다"라고 말하곤 전화를 끊었다.

나는 진짜 화가 나면 평소보다 한 옥타브 낮게 말한다. 그리고 나는 정말로 화가 났다.: "이 인간이 자신이 뭔데, 또 우리를 어떻게 보는 거야? 뻔뻔스러운 인간!"이라고 카트린한테 말했다. 그러나 카트린은 나보다 더 실망했고 우울했다. 나는 그녀에게 매우 미안했다.

세 가지 소원

카트린과 내가 충격을 소화하고 있을 때, 전화벨이 울렸다. 크리스토프였다! 나는 여전히 화가 나서 "뭘 원하니?" 물었다. "네 목소리에서 네가 화가 났다는 것을 알 수 있었다. 나는 그것을 사과하고 싶다." 나는 "어떻게?"하고 물었다. 그는 "세 가지 소원을 들어주겠다며." 다음 주에 만나자고 했다. 그러나 나는 여전히 화가 나 있었고, 그가 철저히 잘못 판단하고 있다고 생각했다. 그러다 나는 "세 가지 소원? 나는 소원이 없다. 단 한 건의 소원도 없다. 특히 지금 당장"이라고 응답했다."

그러나 평소 수줍음이 많고 침묵하는 크리스토프는 "생각할 시간을 주겠다며 일주일 후에 자기 집에서 만나자"고 했다. 나는 또 "뭐? 시간 없다는 자가 다음 주에 만나자고?" 반박한 후 그러자고 했다. 크리스토프는 프라이부르크에 아파트를 가지고 있으나 가끔 주말에만 사용했다. 이곳은 그의 회사 본사이기도 했지만, 대부분의 시간을 슈투트가르트에 사는 부모님 집에 머물며 인근 회사에서 받은 프로젝트 일을 했다.

나는 정말 소원이 하나도 없어서 친구들과 함께 저녁 식사를 하며 상의했다. 전 언니는 크리스토프가 나를 위해 많은 시간을 할애하라고 말하라고 제안했다. 나는 "그건 또 뭐야?"라며 화가 나서 그녀에게 물었다. "내가 이 남자와 정말로 아무런 의도가 없다는 걸 아직도 이해 못 한 거야?" 하며 짜증 냈다.

우리들은 저녁을 여유 있게 보내며, 나한테 두 가지 소원이 생각났다: 한국 여자 남편의 컴퓨터 문제와 내 친구들과의 커피 약속 실패에 대한 배상.

"그에게 물어보라!: 왜 믿지 않느냐고?"

한 주가 지났고, 우리는 토요일에 만났다. 5년 만에 만난 우리는 할 말이 많았지만, 나는 먼저 커피타임 날짜와 컴퓨터 문제 날짜를 잡기 위해 재촉하며 달력을 가져오라고 촉구했다.

의사의 컴퓨터에 대한 약속 날짜는 빨리 정해졌다. 그러나 내가 같이 가야 한다는 게 조건이었다. 하지만 우리 셋이 커피를 마시는 약속은 피했다. 나는 그의 양심에 호소했다. 카트린이 그날을 위해 케이크를 만들었다며 부적절하고 무례한 그의 행동을 비난했다. 결국, 나는 승리했다. 나의 큰 노력 끝에 그는 약속의 날짜를 말했다: 부활절 월요일로 4주 후였다.

나는 세 번째 소원이 없었다. 그의 거듭된 질문에 답이 없었다. 더 이상 소원이 없었다. 그래서 화제를 바꿔서 나의 병리 검사 교육과 새로운 직업이며 그리스도인이 된 것에 관해 이야기했다. 저녁 식사에 우리는 샴페인을 마시고 거침없이 대화했다. 그 사이에, 그는 계속 물었다. 나의 세 번째 소원이 무엇이냐고. 나는 정말로 하나도 없다고 짜증스럽게 대답했다.

나는 술을 못 마시기에 어느 순간 그의 작은 소파에 누웠다. 나는 술을 몇 모금 마셔도 매우 피곤하고 둔해지기 때문에 누워 있어야 한다. 크리스토프도 긴 소파에 누웠다. 그렇게 우리는 대화를 나눴다. 그러나 나의 독백에 그는 늘 그렇듯이 경청자였고, 가끔 "예, 음, 흠, 예, 예"가 전부였다.

술기운이 조금 사라졌을 때, 나는: "오, 자정!"임을 알았다. 나는 전차를 타고 왔는데, 교통이 이제 끝났다. 그래서 나는 크리스토프한테 집까지 태워다 줄 수 있는지 물었다. 그는 대답했다: "나는 술을 많이 마셔서 지금 차를 운전할 수 없다. 여기서 자고 가도 되니 걱정하지 마. 난 널 해치지 않을 거야." 사실, 그는 지금까지 무례한 행동을 하지 않았기에 나는 동의했다.

내가 화장실에 간 사이 그는 거실에 있는 소파를 매우 편안하고 안정적인 침대로 만들었다. 나는 옷을 입고 누웠다. 그는 침실로 가면서 "잘 자라!" 말하고 불을 껐다. 나는 그의 예의를 감사한 마음으로 인정했다.

그러다 잠시 후 그는 나에게 왔고, 내가 누워있는 큰 소파에 앉아서 세 번째 소원에 관해 물었다. 이제 나는 좀 불안했고, 나는 더 이상 소원이 없다며 이해해 달라고 거칠게 대답했다.

그는 앉아서 어찌할 바를 몰랐다. 그 순간, 나는 내가 아주 잘 알고 있는 하나님의 음성을 청각적으로 들었다. **"네 파트너다! 그에게 '왜 [하느님을] 믿지 않습니까?' 하고 물어봐라!"**

나의 심장이 두근거리기 시작했다. 나는 내가 미쳤다고 생각했다! 나는 조용히 "주님, 아닙니다! 세상의 모든 것을 위해 하겠지만 이 사람만은 아닙니다. 안 돼요, 안 돼요, 안 돼요!" 했다. 내 안에서 싸움이 벌어지고 있었다.

"그건 불공평해요!" 하며 나는 하나님과 논쟁했다. 그러다 나는 내 마음이 180도로 바뀌었다는 것을 깨달았다: 하나님의 아가페 사랑으로 희생적이고 사심 없는 마음으로 지루하고 매력 없는 크리스토프를 사랑했다. 이것은 크리스토프에게 왜 (하나님을) 믿지 않는지 물어보라는 하나님의 요청을 들은 직후에 일어났다. 몇 분이 지난 후 나는 크리스토프에게 **"왜 (하나님을) 믿지 않니?"** 하고 물었다.

1979년 여름, 나는 하나님의 음성을 듣고 거듭났을 때 하나님의 절대적인 사랑을 이미 경험했다. 그리고 나를 교회에 가도록 인도하셨고 성경을 읽고 싶은 강한 갈망을 주셨다.

나는 하나님과 얼마 동안을 씨름했는지 모른다. 그사이 내 눈은 어둠에 익숙해졌고 크리스토프가 여전히 앉아 있는 것을 보았다. 내 질문을 들은 후 크리스토프는 **"너는 천사다! 너 정말 천사다!"**하더니 일어나서 잠시 아파트를 왔다 갔다 하다가 자러 들어갔다.

그날 밤, 나한테는 잠이 다 달아났고 뜬눈으로 보냈다.

일요일 아침, 전차는 다시 운행했지만, 크리스토프는 나를 집까지 태워다 주겠다고 고집했다. 집 앞에서 내리게 하는 것만으로도 충분한데 그는 문 앞에서 작별 인사를 하지 않고 거실까지 동행했다. 하지만 나는 거기에 대해 더 생각하지 않았다. 그는 내 아파트에 들어오더니 내 소파에 털썩 누웠다. 나는 기대하지 않았기에 당황했다. 우리는 거의 10년 동안 알고 지냈지만, 그는 한 번도 그런 행동을 한 적이 없었다! 그렇게 편안한 자세를 한 적도 없었다. 그러나. 나는 부적절하고, 무례하며 예의가 없다고 생각하며, 어리둥절한 채로 서 있었다. 그러다 나는 그가 "너와 함께 있으면 집에 있는 것처럼 편안하다."라고 말하는 것을 들었다.

그 말에 나는 놀랐고 진지해졌다. 나는 나 자신을 빨리 정리할 수 없었다. 내 이성은 경종을 울렸지만, 나의 마음은 180도로 바뀌었고, 전에 없었던 하나님의 사랑으로 그를 사랑했다. 심각한 마음으로 나는 그가 누워 있는 소파 옆 바닥에 무릎을 꿇고 앉았다. 그리고 **"희망을 품지 말라고"** 했다. 그는 "왜 안 되는 거니? 나 외에 누가 있냐?"라고 물었다. 나는 "그렇다." 고했고 그는 "아니야, 그럴 리가 없어!" 했다.

나는 김-2 목사님에 대해 솔직하게 말했다. 또 나는 베를린에 일자리를 찾고 있다고 했다. 그는 순식간에 바람 빠지는 풍선처럼 푹 쳐졌다. 그가 너무 실망한 것을 보니 내 마음도 아팠다. 잠시 후 그는 일어나서 작별 인사도 하지 않고 방에서 나갔다.

그를 향한 하나님의 사랑은 내 안에 강했다. 이것은 내 마음에 심한 갈등을 일으켰고, 나는 정말로 혼란스러웠다. 나는 또 하나님의 말씀을 너무나 잘 알고 있었다. 성경은 우리가 믿지 않는 사람과 결혼해서는 안 된다고 말한다. 또한 크리스토프는 내가 배우자로 상상할 수 있는 사람도 아니었다. 나는 건강 관계로 결혼을 포기했지만, 한다면 오직 믿음 안에 굳건히 서 있는 한국 사람과 결혼하고 싶었을 뿐이었다! 따라서 크리스토프와 결혼할 수 없다는 것은 적어도 세 가지 이유가 있었다.

그러나 하나님의 계획에 당신은 어떻게 하시겠습니까? 세 번이나 한국으로 돌아가고 싶었지만, 그때마다 세 번의 수술로 막혔었다. 그런 다음 예수님의 음성을 듣고 믿는 자가 되었다. 나는 그때 하나님의 음성을 귀로 들었다: **"네가 독일에 사는 것이 하나님의 뜻이다. 나는 예수다."** 몇 주 후 나는 하나님이 내게서 향수병과 인종차별을 해결하셨다는 것을 깨달았다. 그래서 나는 마음속 깊은 곳에서 독일인으로 생활했다. 모든 것이 좋고 좋았다. 하지만 지금 이것은 다른 차원이었다.

카트린에게는 관심이 없었다

한 달 후, 카트린과 베를린에 가기로 한 것은 취소되었다. 대신 우리는 크리스토프의 집에서 커피를 마시기 위해 만났다. 카트린과 크리스토프의 대화는 좀 흔들렸지만, 카트린은 매우 행복해했다. 나는 그날 드라마 "Kramer vs. Kramer"를 보기 위해 영화관에 가고 싶었다. 그래서 같이 가자고 제안했다. 크리스토프는 따라오기를 꺼리다 동행했으나 영화에 지루해했다. 나는 감정이 북받쳐 울었다. 그 후 우리는 그의 집에서 같이 요리하며 영화에 관해 이야기했다.

카트린은 영화 속 크라머 부부가 새로운 사랑을 위해 이혼한 것이 옳았다고 말하며, 크리스토프도 그렇게 생각하느냐고 물었다. 그러나 그는 그것을 반대한다고 했다. 즉 우리 둘은 거기에 동의하지 않았다. 그의 대답에 내 친구는 실망했고, 약간 혼란스러워 보였다. 나는 조용히 있었다. 우리들이 헤어질 때 크리스토프는 몇 주 동안 프라이부르크에 오지 않을 것이라고 말했다. 그러나 의사의 컴퓨터 문제엔 가겠다며, 나도 같이 가야 한다고 했다. 그는 카트린에 관심이 없었다.

세계 챔피언처럼 기도하다

절망적인 딜레마에 빠진 나는 기도하지 않을 수 없었다. 내적 투쟁은 점점 더 격렬해졌다. 다음 날, 부활절 화요일, 나는 성경 공부 모임의 독일 자매들에게 기도를 부탁했다. 내가 크리스토프와 결혼하는 것이 정말 하나님의 뜻이라면, 나한테 **"하나님의 평화"**로 표징을 받고 싶다고 했다. 그때까지 그들은 나와 베를린에 있는 김-2 목사님과의 관계로 기도했었다.

사흘[1] 후인 금요일 아침, 나는 말로 표현할 수도, 형언할 수도 없는 평안을 느끼며 잠에서 깨었다. 세상을 껴안을 수 있을 것처럼 기쁨을 느꼈다! 고통스러운 마음의 갈등과 싸움은 사라졌다. 오직 천국이었다. 김-2 목사님은 내 관심에서 사라졌다.

---

1) 나는 신앙생활을 하면서 셋째 날이나 셋째 달에 많은 기적 경험을 했다. 그래서 나는 나의 첫 번째 간증 자서전에 성서 백과사전의 "셋"에 관한 기사를 기록했다.

주님께 나의 네 (Yes)

그날 나는 하느님께 '네'라고 대답하고, 크리스토프에게 편지를 쓰기 위해 자리에 앉았다. 하지만 어떻게 시작해야 할지 몰랐다. 그러다 나는 그가 나를 방문했을 때 내 책상 앞에 서서 벽에서 무언가를 보고 있다가 고개를 돌려 나에게 미소 지었던 것을 기억했다. 나는 그의 웃음을 우리가 서로를 알고 지낸 모든 세월 동안 처음 경험했었다. 나는 그를 온 세상의 근심 걱정을 한 몸에 다 짊어진 것처럼 항상 진지하고 좌절한 사람으로만 경험했었다. 그런데 그를 웃게 만든 것이 무엇이었을까?!

나는 책상으로 갔고, 내 시선은 벽에 고정된 인디언의 지혜를 발견했다: "꽃은 꽃이 되려면 태양이 필요하고, 사람은 사람이 되려면 사랑이 필요하다."

나는 편지의 시작에 이 인용문을 썼고, 나에게 관심이 있다면 전화해 달라고 썼다. 그렇게 우편으로 보냈다.

"... 하지만 임신했잖아!"

하느님께 "네"라고 대답하고, 크리스토프에게 편지를 보낸 지 사흘째 되던 월요일 아침, 나는 꿈을 꾸다 깨었다. 이것은 나의 일생에서 첫 번째 영적 꿈이었고, 나는 그것이 하나님께서 나에게 주신 메시지라고 확신했다. 오늘 나는 그때보다 두 배나 늙었지만 그 꿈은 여전히 생생하다. 나는 꿈속의 의사를 현실에서 알고 있었고, 그녀는 1979년 5월에 나를 수술했으며, 1986년 말까지 나를 치료했던 여의사다.

꿈의 내용:

나는 산부인과 의자에 누워있었다. 의사는 의자 내 발밑에 서서 고무장갑을 벗으며 머리를 격렬하게 흔들었다: "의학적으로 임신은 불가능하지만, 당신 임신 3개월째입니다." 했다. 그녀는 내가 임신했다는 것을 절대 믿을 수 없기에 여전히 고개를 저으며, 내가 진짜 임신했다는 말을 반복했다. 의학적으로 생각할 수 없다면서...

나도 충격을 받고 절망에 가득 찬 채 거기에 누워 있었다: 내가 누구에게서 이 아이를 가졌을까? 나는 독신이고 어떤 남자와도 얽히지 않았는데! 내 안에서 엄청난 싸움이 벌어지고 있었다. 나는 "하나님 아버지, 제가 누구에게서 이 아이를 가졌습니까? 그리고 나의 혼외 임신에 내 친구들과 형제자매들이 나를 어떻게 생각하겠습니까? 나는 많은 기독교인들에게 모범이 되며, 그들은 나를 존경합니다. 저에게는 아주 부끄러운 일입니다. 그리고 많은 사람에게 큰 실망입니다! 그리고 제 동료들은 또... 오, 아버지! 이 아이는 누구의 자녀입니까?"

그때 하나님의 음성이 들렸다: "왼쪽으로 돌아보라!" 하나님 목소리는 오른쪽 상단에서 들려왔다. 그것은 내가 1979년 여름에 거듭났을 때 들었던 것처럼 부드럽고, 차분하고, 평화롭고, 사랑스러운 음성이었다.

나는 말씀에 순종하여 고개를 왼쪽으로 돌렸다. 그리고 벌거벗은 남자 아기가 2미터 떨어진 곳에서, 나와 같은 방향으로 누워 있는 것을 보았다.

아이는 예뻤고 건장했으며, 누가 간지럽히는 것처럼 행복하게 웃었다. 그는 발짓하며 다리를 공중에 올려 놀다가, 양손으로 오른발을 잡더니 입으로 가져가 엄지발가락을 입에 넣었다. 남자아이는 계속 웃었다. 분명히 많이 재미있어 보였다. 그의 웃음은 수정처럼 맑고 상쾌했으며 자유로웠다. 정말 아름다웠다!

나는 그 광경을 보고 기뻐했지만, 여전히 나의 명예와 평판을 염려하며 하나님과 계속 협상했다. 아기는 부드러운 피부와 연한 금발 머리를 가졌다. 그러다 내가 아이 눈이 크리스토프의 눈과 똑같은 것을 보았다. 즉시 내 심장 부위에서 형언할 수 없는 기쁨과, 넘쳐나는 상쾌함을 느꼈고, 그 기쁨은 거의 참을 수 없을 정도였다.

나는 이 상태에서 깨어났다.
내가 깨었을 때, 나는 아주 평온했고, 내 몸 전체에 기쁨과 상쾌함이 흐르는 것을 느꼈다. 나는 몇 분을 그렇게 누워있었다. 그러나 기쁨으로 가득한 나는, 이 꿈이 내게 무엇을 말해 주는지는 전혀 몰랐다. 그래서 나는 독일인 두 목사님과 대화를 나눴다. 그러나 둘 다 꿈에 대해 오직 인간적이고 심리적 의미만을 설명했다: 여성으로서 내가 아이를 갖고 싶어 하는 것은 자연스러운 일이라고 했다. 이 설명은 나한테 전혀 만족스럽지 않았다.
10년 후에야 많은 것들이 분명해졌다: 이 꿈은 나의 결혼생활 10년을 반영했다. 내 꿈에서 행복한 아기는 크리스토프를 상징했다 (이에 대한 자세한 내용은 19장 참조). 결혼 생활에서 나는 자존심, 명예, 평판 측면에서 많이 싸워야 했다. 내 간증 자서전 1권에서 "마침내 여자! 성 정체성에 대한 나의 길"에서 "결혼은 맷돌"이라고 자세히 보고했기에 여기서는 언급하지 않겠다.

하나님의 계획이 승리하다

하나님께서 나의 배우자로 택하신 크리스토프는 불신자였고, 하나님에 대한 이미지에 큰 문제를 가지고 있었다. 그는 기독교인과 결코 결혼하고 싶지 않았지만, 하나님의 계획을 거스를 수 없었고 나와 결혼했다. 나를 믿음에서 단념시키려는 그의 시도는 실패했다. 나는 하나님의 사랑을 너무나 강렬하게 체험한 자다.
내가 믿기 전에는, 독일에 영구히 머무르는 것도, 다른 문화권의 남자와 결혼도 하지 않겠다는 것이 나의 좌우명이었다. 그러나 예수님과의 만남이 나를 변화시켰다: 나는 결혼을 포기했지만, 만약 한다면 확신이 있는 동포와 결혼하기를 원했다. 영적으로 거듭난 기독교인, 그리고 단순히 거듭난 기독교인이 아니라, 모든 영적 은사를 가졌고, 신앙이 확고한 남자였다. 나는 내가 존경할 수 있는 남자를 원했다.

하나님의 아가페 사랑과 하나님에게서 오는 이 사심 없는 사랑을 경험한 사람은 누구나 나를 이해할 것이다. 하나님은 온 세상을 사랑하시며, 우리의 모든 허물까지도 사랑하시기 때문이다.

날마다 주님을 찬양합니다!
하나님은 우리를 붙드시고 우리의 도움이십니다. (시편 68, 20)

사람이 감당할 시험 밖에는 너희가 당한 것이 없나니 오직 하나님은 미쁘사 너희가 감당하지 못할 시험당함을 허락하지 아니하시고 시험당할 즈음에 또한 피할 길을 내사 너희로 능히 감당하게 하시느니라. (고전 10, 13).

나의 간증 자서전은 결혼에 관한 신학 논문이 아니다. 죄나 정의에 대한 것도 아니다. 오직 결혼 생활 10년 기간 동안 경험하고 깨달은 것에 대한 주관적인 삶의 이야기다. 많은 사람에게 도움이 되기를 바란다.

또한 내 배우자나 나의 결혼 생활을 폭로하려는 의도도 전혀 없다. 내가 이 책을 쓰는 것은 오직 사랑하는 아버지 하나님께 순종하는 한 걸음이다. 하나님은 내가 결혼 생활 동안 경험한 것을 다 기록하기를 원하셨다. 나는 극화하고 싶지도 않다. 다만 조현형(분열 형) 인격을 가진 배우자, 기본적인 신뢰가 없는 자, 친밀감과 헌신을 두려워하는 자, 진정한 사랑을 모르는 자, 비밀을 가진 자와 10년 동안 경험한 것을 보고하는 거다.

내 순진함이 정말 어리석은 것이었을까? 구타당한 아이들은 구타하는 부모가 된다. 우리를 학대하거나 학대하는 사람들은 대개 피해자가 된 다음 가해자가 된다. 하나님 안에서 우리의 병든 영혼은 우리가 허락한다면 치유될 수 있다. 여기에 대해서는 책의 뒷부분에서 자세히 설명하련다. 또한 많은 기독교 서적이 있다. 나의 하나님께서는 이 사람을 내 남편으로 선택하셨을 때 하나님이 무엇을 하고 계셨는지 분명히 알고 계셨다. 나와의 결혼 생활이 크리스토프에게도 힘들고 불만족스러웠을 것이다. 내가 "비성경적으로" 결혼했다는 걸로 맹렬한 "비판"을 하며 나를 피한 사람들은 믿지 않는 자들이 아니라 믿는 형제자매들이었다. 더러는 나와의 관계를 완전히 끊었다. 그때마다 나는 사람들에게 버림받은 것 같았고, 때로는 하나님에게도 버림받은 느낌이었다.

내 결혼에 네 번 확인

고맙게도, 나는 영을 분별하는 은사를 가진 그리스도인들을 만났다. 그들은 내 결혼을 확인하고 내 곁에 있으며 나를 도왔다. 첫 번째 확인은 결혼 4년 차인 1991년에 슈투트가르트 지역의 한 부부로부터 받았다. 그들은 나의 영적 부모가 되었다. 두 번째, 세 번째, 네 번째 확인은 1994년과 1995년에 받았다. 하나님께서 나의 여성 정체성을 치유하시던 바로 그 시기에, 내 결혼 생활은 극히 힘들었다. 그때 나의 결혼을 하나님으로부터 확인받은 형제자매들은 많은 기도로 나의 성 정체성 치유에 헌신했다.

나의 힘든 결혼 생활 10년이, 나한테 얼마나 큰 축복이 되었으며, 이에 대한 이야기가 많은 사람들한테 자기 삶에 대한 하나님의 계획을 인식하고 인내하는 데 도움 되길 바란다.

그러므로 너희가 이제 여러 가지 시험으로 말미암아 잠깐 근심하게 되지 않을 수 없으나 오히려 크게 기뻐하시도다. 너희 믿음의 확실함은 불로 연단하여도 없어질 금보다 더 귀하여 예수 그리스도께서 나타나실 때 칭찬과 영광과 존귀를 얻게 할 것이니라 (베드로 전서 1:6-7)

7장: 뜨겁고 차가운 샤워

남자 아기에 대한 꿈을 꾼 지 정확히 일주일 후, 크리스토프가 나한테 전화했다. 그의 첫 마디는 "드디어!"였다. 내 편지를 받은 후 여러 번 시도했다며 불평했다.

사실 나는 직장 외에도 한인 교회와 깊이 관련했고, 스포츠도 많이 해서 나와 연락되는 건 어려웠다. 또 주말에는 주로 한인 교인 집에서 식사했기에….

우리는 그날 저녁에 만났다. 나는 즉시 그에게 확고한 합의를 제안했다. "누군가를 개종시키는 것은 하나님의 일이기 때문에, 나는 너 보고 믿으라고 절대로 강요하지 않을 것이다. 나는 너에게 성경을 읽거나 교회에 가라고도 강요하지도 않을 것이다. 다만, 우리 둘이 뭔가가 된다면 나를 나의 신앙대로 살게 하는 거다. 그게 내 유일한 한 가지 조건이다."

크리스토프는 내 제안을 수락했다. 우리는 9일 동안 함께 지냈다. 같이 쇼핑하고 스포츠를 했다. 내가 그의 부엌에서 요리하고 있었는데, 그는 문지방에 서서 지켜보았다. 그래서 내가 "너희 집에서는 어땠는지 모르지만, 부엌에 들어와서 양파 껍질을 벗기고 자르는 등 나를 도와주라" 했다. 그는 두 번 말할 필요가 없었다.

모든 것이 아주 정상적이고 조화롭게 진행되었다. 나는 처음으로 유럽 요리를 시도했고 크리스토프는 모든 것에 만족했다. 이 점에서 그는 다루기가 매우 쉬웠다. 그의 부엌이었지만, 그가 시장보고 쇼핑물 정리하는 것은 당연한 일이었다. 그리고 결혼 생활에서도 그는 당연히 그렇게 했다.

첫 번째 이별 소원

열흘째 되던 날 아침, 그는 아침 식사 때 나에게 이별을 알렸다.

내가 퇴근 후에 그에게 오면 그는 집에 없을 것이라고 했다. 그래서 나는 한 동료의 생일이라서 퇴근 후 바로 동료 집에 갈 거라고 알렸다. 기분이 아주 묘했다.

그날 나는 일에 집중할 수 없었고, 생일을 맞은 동료며 다른 동료들이 나를 격려하며 위로하려 했으나, 나는 기쁘지 않았다. 그러다 나는 밤에 느꼈다, 크리스토프가 떠나지 않았다는 걸. 그래서 한 동료가 집에 가는 길에 나를 크리스토프 집에서 내려줬다. 내가 열쇠를 가지고 있었기에 그의 아파트로 들어갔다.

아파트에 불은 켜져 있었으나 그는 없었다. 나는 탁자 위에서 구겨지고 뭉쳐진 컴퓨터 종이 뭉치를 발견했다. 그 당시에는 가장자리가 가이드 구멍이 있는 연속 용지가 프린터에 사용되었다. 종이 뭉치를 폈다. 거기엔 "예상과 달리 오게 될 경우 경고한다: 나쁜 소년이 너를 유인한다면, 그를 따르지 마라!" 나는 이 문장이 성경에 있다는 것을 나중에 발견했다(잠언 1:10). 나는 그가 성경에 대해 조금 알고 있거나, 아니면 할머니에게서 들었을 수도 있다고 생각했다. 나는 그가 그의 회사에 있을 것으로 생각하고 거기에 머물렀다. 크리스토프는 저녁 늦게 왔고 행복해했다. 그리고 내가 그 쪽지를 읽었는지 알고 싶어 했다. 그는 아침에 나에게 말한 것에 대해 미안하다며, 떠날 수 없었다고 말했다. 그렇게 우리는 화해했고, 그는 토요일 아침에 슈투트가르트로 평화롭게 떠났다.

"오직 사랑을 통해서만"

그 후 얼마 지나지 않아 하나님께서 "오직 사랑을 통해서만 그의 두껍고 높은 벽을 허물고 빙산을 녹일 수 있다"고 말씀하셨다. 그때가 1985년 5월이었다.

어쨌든 그를 향한 하나님의 사랑은 내 안에서 불타오르고 있었다. 그러나 나는 많은 인내와 하나님의 지혜며 인도가 필요했다.

손과 발을 묶다

우리는 주말에 정기적으로 만났다. 어느 날 저녁, 내가 침대에 누워 있을 때 그는 옷장에서 등산용 밧줄을 꺼내 내 손과 발을 묶었다. 나는 그것이 게임이라고 생각하고 그의 표정을 지켜보았다. 그러다 그의 입에서 **"여자는 이렇게 다뤄야 해!"**라는 말을 들었다.

나는 두려움을 숨기려고 애쓰며 왜 그러는지 조용히 물었다. 그는 아무 말 없이 나를 풀어주었고 다시 정상으로 행동했다. 그 후로 나는 물어보거나 생각해 보지 않았다.

어느 시점에서 그는 다시 나의 손과 발을 묶었다. 나는 조용히, 그리고 그를 부끄럽게 하지 않고 조용히 말했다: 나는 이런 게임에 재미가 없다. 그 이후로, 그는 나를 묶지 않았다.

그가 계속해서 나에게 그런 "장난"을 하거나, 나에게 그런 것을 강요했다면, 우리의 관계는 끝났을 것이다.

그런 후 나는 며칠 동안 답을 찾기 위해 그의 책장을 보았다. 성행위에 관한 두 권의 책이 있었지만. 그 중 어느 책에도 묶는 것은 없었다. 이 책에는 화려한 사진도 없었고 흑백 그림과 설명이 포함되어 있었다: 항문, 구강 및 그룹 섹스, 레즈비언 성교 등. 나는 36살이었지만 그 어느 것도 몰랐다. 역겹고 겁에 질린 나는 그 책들을 다시 책장에 집어넣었다. 나는 그가 34세 나이에, 아마 여자 친구가 없었고 책에서만 에로티시즘을 알았나 보다고 생각했다. 우리는 거의 매 주말에 만났고 크리스토프와 더 이상의 불쾌한 상황은 없었다. 시간이 지남에 따라 나는 그의 아파트를 청소하고 새 그릇 세트를 샀다.

나는 또한 유럽 요리를 시도했다. 그때까지 나는 한 번도 신경 쓰지 않았다. 내 좌우명은 '꼭 필요한 때만' 하겠다였다. 나는 병원 식당에서 매일 유럽 음식을 먹었고, 쉬는 날에만 한국 음식을 요리했다. 우리는 토요일에 같이 쇼핑했고, 나는 일요일에 예배에 끝까지 평화롭게 참석하고 싶어서 일요일 점심도 미리 준비했다.

주중에 크리스토프는 불규칙하게 식사했다. 즉, 그는 점심 대신 커피와 케이크를 즐겼고, 그에게 위장 문제가 생겼다. 주말에 내가 요리했을 때는 괜찮았고 그의 위장은 매번 회복되었다.

그러나 나는 그의 행동이 점점 수수께끼 같았다: 거절하며 사랑하는 것. 나는 내가 그와 어디에 서 있는지 결코 알지 못했고, 그것은 나를 불안전하게 만들었다.

또한 그는 나를 한 번도 안아주지 않는 것도 이상하고 낯설었다. 우리가 금요일에 만나면 "안녕"이라고 말했고, 월요일에도 "안녕"으로 작별 인사했다. 그는 나를 쳐다보지도 않았다. 나는 사용하고 버려진 느낌이 들었다. 나의 첫 남자 친구는 정반대였다! 헤닝은 매우 예민하고 유머러스했으며, 내 눈에서 내 소원을 읽었고, 항상 나를 따뜻하게 안아주었다.

이런 종류의 공감과 부드러움은 크리스토프한테 없었다. 그러나 나는 하나님의 사랑으로 이 사람을 사랑했고, 많이 배려 하며, 그의 무뚝뚝하고 불쌍한 태도에 대처하려고 노력했다.

과일 포스터: 배

또 하나가 나를 신경 쓰게 했다: 그의 침대 밑에는 베개 크기의 커다란(80x100cm) 과일 녹색 배 한 개의 포스터가 붙어 있었다. 액자도 없이 그냥 벽에 붙어 있었다. 예술적이거나 아름답지도 않았다.

어느 날 나는 그에게 그 그림에 대해 어떻게 생각하는지, 다른 그림을 걸어도 되는지 조심스럽게 물었다. 그는 "네 눈엔 오직 배만 보이지"라고 대답했다. 그는 무엇을 보았을까? 나는 배 외에 아무것도 볼 수 없어서 내가 또 무엇을 봐야 하는지 물었다. 크리스토프는 침묵했다. 잠시 후 "앉아 있는 엉덩이"라고 말했다. 그런 후에야 나도 그것을 알아보았다. 그리고 무한한 굴욕감을 느꼈다. 나는 그것을 설명할 수도 없었고, 단어를 찾을 수도 없었지만, 나는 그가 벽에 숨겨진 메시지와 함께 그런 그림을 가지고 있다는 것을 매우 불편하게 느꼈다.

고맙게도, 그 그림은 나의 개입 없이 어느 시점에서 사라졌다. 그리고 나는 그것에 관해 묻지 않았다. 사라져서 나는 후련하고 기뻤다!

결혼 생활에서 나는 그가 종종 내 엉덩이에 집착한다는 것을 알았다. 나는 그가 나 전체를 사랑하는 것보다 엉덩이를 더 사랑하는 것처럼 느꼈고, 때때로 그것에 대해 불평했다. 이것이 페티시즘(물건을 통한 성적 흥분)이라는 것을 나는 결혼한 지 8년이 지나서야 알았다. 그때 내 나이 45였다. 나는 매우 순진했고, 정상이었다.

1990년대 중반에 나는 기독교 서적에서 성적 방향 감각이 없는 사람들의 페티시즘에 관한 책을 읽었다. 브래지어, 신발, 옷이 그들에게 안정감을 주거나, 성적으로 자극적인 영향을 주는 것.

그런 사람들의 영혼이 얼마나 슬픈지 나는 결혼 사막 생활 동안 가까운 곳에서 배웠다. 이 세상에는 상처받은 영혼이 너무 많다!

"하나님, 제게 표징을 주십시오!"

크리스토프의 이상한 행동에 놀란 나는 하나님께 간절히 기도했다, 내가 정말로 하나님의 계획 안에 있는지 아니면 내가 뭘 오해하고 있는지 보여달라고 했다.

나는 하나님께 구체적인 징조, 즉 가려운 질병으로 보여 달라고 간구했다. 우리 중 누가 잘못된 의도로 행동하는지 보여달라고 간구했다. 내가 틀렸다면 나는 관계를 당장 끝낼 준비가 되어있었다. 내가 왜 "가려운 질병"을 요구했는지, 오늘도 설명할 수 없다. 크리스토프는 이 기도에 대해 아무것도 모르고 있었다.

주말에 다시 만났다. 그가 화장실에서 큰 소리로 외쳤다: "순녀야, 발가락 사이가 몹시 가렵다. 어떻게 해야 하니?" 그때 나는 거실에서 책을 읽었다. 그리고 소름이 돋았다. 크리스토프한테 무좀이 생긴 거다! 나는 하나님께 "이제 어떡하죠?" 물었고 간단한 대답을 들었다: "소독 술!" "하나님, 무좀을 소독 술로 치유하라고요? 반문하고는 큰 소리로 크리스토프한테 "소독 술" 외쳤다.

그는 "뭐, 소독 술로?" 소리치더니 "너 간호사라고 생각했는데, 무좀은 소독 술로 치료하지 않는다!"고 소리쳤다. 나는 반복했다: "비누로 깨끗이 씻고, 잘 말린 후, 소독 알코올로 문질러!" 그는 내가 말한 대로 했고, 무좀은 일주일 안에 사라졌다. 크리스토프는 전혀 몰랐지만, 나는 내가 하나님께 구했던 응답을 받았다.

우리의 관계는 사랑의 연애 관계가 아니었지만, 하나님의 뜻에 내가 무엇을 할 수 있나?

파산 연맹

크리스토프가 나를 사랑하지 않는다는 건 의심의 여지가 없었다. 어떤 이유에서든 하나님이 왜 나를 그런 사람한테 보냈는지 모르지만, 나한테는 선택의 여지가 없었다. 나는 항복하고 하나님께 간구했다: 크리스토프를 위해 힘과 인내와 지혜와 사랑을 달라고.

그런지 일주일 후, 나는 하나님의 음성을 들었다: *"이 표적으로 내가 너를 그에게 보낸 줄을 알리라. 만일 그가 너를 떠나면, 그는 파산할 것이다. 이로써 내가 너를 그에게 보냈음을 알게 될 것이다. 이것이 내가 너와 맺는 언약이다."*

하나님의 말씀을 분명하게 들을 수 있어서 좋았다. 이제 적어도 나는 모든 왜곡에도 불구하고 내가 옳았다는 것을 알았고, 내가 하나님의 계획 안에 있다는 것을 알았다. 무엇보다도, 크리스토프에 대한 하나님의 사랑은 내가 악을 선으로 극복하는 데 도움이 되었다.

때때로 크리스토프는 하나님에 대해 열변을 토했다. 거의 참을 수 없었다. 그래서 어느 날 나는 그가 파산을 경험한다면 믿을 수 있는지 아주 부드럽게 물었다. 그는 "그건 왜?"냐고 물었다. "그러면 네가 하느님을 알게 될지 모르지"라고 나는 대답했다. 거기에 그는 "말도 안 되는 소리!"라며 나를 비웃었다.

크리스토프와 그의 가족

유혹되지 않고 제대로 이해하기 위해 나는 10년 동안 성경만 읽었다. 그러다 예외로 어느 날 저녁 잠자리에서 워치만 네 (Watchman Nee)의 책을 읽으며 매료되었다! 그것은 "영적 기독교인"이란 책이었다. 그 책에는 내가 하나님과 체험한 온갖 일들이 기록되어 있었고, 나는 확신을 느꼈다. 나는 열심히 읽었고 방해받고 싶지 않았다. 크리스토프는 질투하기 시작했다. 나는 그것이 유치하다고 생각했다.

동시에 나는 주말에 가끔 기독교 찬양 노래를 들었다. 어느 날 오후, 그는 갑자기 **"내 아버지 이름!"** 하며 큰 소리로 웃었다. 나는 조용히 "누가 그에게 그 이름을 지어주었니?" 하고 물었다. "할아버지가"라고 하며 그는 감리교 목사였다고 했다." 나한테 소름이 돋았다. "그 이름이 무슨 뜻인지 아니?" 하고 나는 물었다.

그는 "아니오." 했다. 그래서 내가 "임마누엘, 그 뜻은 하나님이 우리와 함께하신다는 뜻이다."라고 했다. 거기에 그는 아무런 반응이 없었다. 이 노래는 카논(Kanon)으로 노래할 수 있다. 여기에 가사를 적는다.

> 임마누엘, 임마누엘,
> 그의 이름은 임마누엘.
> 하나님은 우리에게 자신을 계시하셨다,
> 그의 이름은 임마누엘.[2]

> 임마누엘, 임마누엘,
> 그의 이름은 임마누엘.
> 하나님은 우리에게 자신을 계시하셨다,
> 그의 이름은 임마누엘.

---

2) 마태복음 1:23 이후의 본문

나는 크리스토프와 그의 가족에 대해 더 많이 알기 위해, 그가 마음을 열었을 때 모든 기회를 잡았다. 아무리 작은 것이라도 거기에 감사했다. 이 노래 덕분에 그가 감리교 가정에서 태어났다는 것을 알게 되었다.

나는 그의 가족에 관한 정보를 조금씩 수집했는데, 항상 적절한 시기가 필요했었다. 크리스토프는 무뚝뚝할 뿐만 아니라 내가 부모님의 상황에 대해 안부를 물었을 때 종종 알레르기 반응을 보였다. 일주일 동안 그는 부모님 집에서 살았고, 고객을 위해 근처 회사에서 일했다. 그러나 종종 그는 부모에 대해 너무 경멸적인 말을 해서 등골이 오싹했다.

한 번은 짜증 내며 차갑게 대답했다: "그들은 나와 함께 아침 식사할 수 있다는 것을 영광으로 알아야 한다!"고. 나는 할 말을 잃었다. 이 가족에게 무슨 일이 일어났음은 틀림없다! 나는 나의 부모님과 형제자매들로부터 사랑과 존경과 보살핌을 경험했을 뿐이다.

어느 날, 크리스토프는 자신의 유일한 누나가 있는데 조현병으로 부모님과 함께 살고 있으며, 매일 아침 커피에 약을 몰래 넣어 준다면서 걱정했다: 부모님이 돌아가시면 누가 그녀를 돌볼 것인지 큰 걱정이라고 했다. 그래서 내가 그녀를 우리에게 데려올 수 있다고 제안했다. 나는 진심이었다.

때로는 천사, 때로는 악마

크리스토프는 때로는 천사처럼 행동했고 때로는 악마처럼 행동했다. 그의 기분은 갑자기 바뀔 수 있었다. 한번은 나에 매우 친절했다: 내가 일요일 주제를 준비했는데, 그는 쟁반에 뜨거운 차를 끓여 내게 가져다줬다. 내가 준비할 책이 필요하면 그는 내 아파트로 가서 나에게 가져다주곤 했다. 그런 다음 그는 다시 하나님에 대해 불평하며, 하나님과 세상과 믿는 자들을 꾸짖었다. 그의 믿는 친척들한테 특히 그랬다.

나는 크리스토프의 행동을 대부분 이해할 수 없었다. 나는 그의 보이지 않는 거리를 이해할 수 없었고, 우리가 방금 친밀한 후 차갑게 등을 돌리는 것을 이해할 수 없었다. 나는 그의 등만 볼 수 있었다.

나는 조심스럽게 말했다. 그의 등 돌림은 나한테 좋지 않다고. 나는 그의 진심 어린 포옹을 원했다. 그 이후로 차츰 좋아졌다. 어쩌면 내가 첫 남자 친구에게 너무 좋은 대우를 받아서였을까? 어느 시점에서 나는 크리스토프에게 직접 포옹을 요청했다. 그렇게 그는 차근차근 배웠고 점점 더 좋아졌다.

"광야 기간 10년"

이 힘든 시간에 나는 점점 더 하나님의 임재를 찾았고, 내가 정말로 하나님의 뜻 안에 있는지에 대한 확인을 원했다. 그때 나는 하나님께서 다시 말씀하시는 것을 들었다: **"너의 광야 생활은 십년이 되리라."**

이것이 구체적으로 무엇을 의미하는지 나한텐 명확하지 않았다. 그러나 나는 아브라함처럼 약속의 땅 가나안으로 가고 있었다. 수년에 걸쳐 깨달았다. **이 10년간의 힘든 광야 시간은 나를 위한 것이라는 걸.**

하나님께서는 내게 더 많은 성경 구절을 주셨다. 나는 그것들을 즉시 이해하지 못했지만, 그 구절들이 실타래처럼 어려운 시기를 헤쳐 나갈 수 있도록 인도하셨다.

예수께서 이르시되 사람마다 이 말을 받지 못하고 오직 타고난 자라야 할지니라. 어머니의 태로부터 된 고자도 있고 사람이 만든 고자도 있고 천국을 위하여 스스로 된 고자도 있도다. 이 말을 받을 만한 자는 받을지어다. (마태복음 19장 11~12절)

무리와 제자들을 불러 이르시되 누구든지 나를 따라오려거든 자기를 부인하고 자기 십자가를 지고 나를 따를 것이니라. 누구든지 자기 목숨을 구원하고자 하면 잃을 것이

요, 누구든지 나와 복음을 위하여 자기 목숨을 잃으면 구원하리라. 사람이 만일 온 천하를 얻고도 자기 목숨을 잃으면 무엇이 유익하리오, 사람이 무엇을 주고 자기 목숨과 바꾸겠느냐. *(마가복음 8장 24-37절, 누가복음 9장 23~27절과 57~62절, 요한복음 12장 24~26절)*

아버지나 어머니를 나보다 더 사랑하는 자는 내게 합당하지 아니하고, 아들이나 딸을 나보다 더 사랑하는 자도 내게 합당하지 아니하며, 또 자기 십자가를 지고 나를 따르지 않는 자도 내게 합당하지 아니하니라. 자기 목숨을 얻는 자는 잃을 것이요 나를 위하여 자기 목숨을 잃는 자는 얻으리라. *(마태복음 10장 37~39절과 16장 24~25절)*

나는 너희에게 이르노니 너희 원수를 사랑하며, 너희를 박해하는 자를 위하여 기도하라. 이같이 한즉 하늘에 계신 너희 아버지의 아들이 되리니, 이는 하나님이 그 해를 악인과 선인에게 비추시며, 비를 의로운 자와 불의한 자에게 내려 주심이라. 너희가 너희를 사랑하는 자를 사랑하면 무슨 상이 있으리오. 세리도 이같이 아니하느냐. 또 너희가 너희 형제에게만 문안하면 남보다 더하는 것이 무엇이냐, 이방인들도 이같이 아니하느냐. 그러므로 하늘에 계신 너희 아버지의 온전하심과 같이 너희도 온전하라 *(마태복음 5장 4-48절)*

나를 부인하고 십자가를 지는 것은 나에게 가장 힘든 일이었다. 맹목적인 순종으로 모든 것을 포기하는 것, 모든 것을 내려놓는 것, 모든 것을 버리는 것.
예수님의 제자가 되기 위해 나는 자존심, 욕망, 제안을 버려야 했다.
내가 하나님의 공주가 되기 위한 힘든 일이었다. 그러기 위해 나의 하나님은 크리스토프를 선택하신 것이었다! 1992년, 내적 치유의 선구자인 미국 Paula와 John Sandford 세미나에서 우리들의 배우자는 **"우리가 사랑하는 적"**이라고 했다. 하나님은 우리를 갈고 갈기 위해 배우자를 따로 두셨다고 했다. 그것은 나에게 절대적으로 사실이었다.

> *하나님이여, 주께서 우리를 시험하시되 우리를 단련하시기를 은을 단련함 같이 하셨으며 … 사람들이 우리 머리를 타고 가게 하셨나이다 우리가 불과 물을 통과하였더니 주께서 우리를 끌어내사 풍부한 곳에 들이셨나이다. (시편 66장 10절과 12절)*

> *보라, 내가 너를 연단하였으나 은처럼 하지 아니하고 너를 고난의 풀무 불에서 택하였노라. 풀무 불로 시련하였노라. (이사야 48장 10절)*

> *많은 사람이 연단을 받아 스스로 정결하게 하며 희게 할 것이나 악한 사람은 악을 행하리니 악한 자는 아무것도 깨닫지 못하되 오직 지혜 있는 자는 깨달으리라. (다니엘 12장 10절)*

예수님을 따르고 그의 제자가 되는 것은 단순한 부작용이 아니다. 제자가 되는 과정에서 우리는 많게 전투해야 한다. 예를 들어, 예수님이 우리에게 부모, 형제자매, 그리고 우리 자신의 삶을 미워하라고 요구할 때 (누가 14:25-33). 그리고 다른 한편으로는, 넷째 계명에서, 우리가 장수하기 위해 부모를 공경하라고 하나님은 요구하셨다 (출애굽기 20:12; 신명기 5:16; 에베소서 6:1~3).

예수님을 위해 자신의 목숨을 미워하거나 잃는다는 것이 구체적으로 무엇을 의미하는지, 나는 1995년에 배웠다. 나중에 자세히 설명하겠지만 이것은 특정한 사역이 아니라 마음의 태도, 즉 하나님은 우리에게 가장 중요한 분이라는 것이다.

하나님께서 아브라함에게 외아들 이삭을 제물로 바치라고 하셨을 때, 그에게도 분명히 내적 갈등이 있었을 것이다. 그러나 그는 노년에 받은 아들을 희생할 준비가 되어있었다. 하나님은 아브라함의 마음을 보시고 아들을 돌려주셨다.

사람이 나를 섬기려면 나를 따르라 나 있는 곳에 나를 섬기는 자도 거기 있으리니 사람이 나를 섬기면 내 아버지께서 그를 귀히 여기시리라. (요한복음 12장 26절)

셋이 쇼핑하다: 불안함

어느 주말, 한국인 친구 중 한 명인 Lee가 찾아왔고 우리는 함께 쇼핑하러 갔다. 쇼핑몰에서 Lee는 우리가 시장을 보는 사이에 주변을 둘러보고 싶다고 했다. 그러나 크리스토프는 나와 함께 장바구니에 물건을 채우는 대신, 내 여자 친구를 쫓아다니며 장바구니를 밀었다!

나는 끊임없이 장바구니를 찾아가 넣어야 했고 속상해했다. 하지만 크리스토프는 신경 쓰지 않았고 계속 내 여자 친구를 따라다녔다. 결국 나는 장바구니 차를 빼앗아 혼자 쇼핑했다. 나는 이 굴욕감과 불안하며 긴장했으나, 그것에 대해 신경을 쓰지 않았다. 내 여자 친구가 집에 돌아간 후 전화로 말했다. 크리스토프가 나를 사랑하지 않는다고. 나는 그것을 전혀 이해하지 못했고, 알몸처럼 쑥스러웠다. 나는 그녀가 왜 그렇게 생각하는지 묻지도 않았다.

그로부터 3년 후인 1988년, 결혼한 지 2년째 되던 해에 나는 크리스토프와 격렬하게 말다툼했다. 나는 생각하고 정리하기 위해 친구 Lee한테 갔다. 나는 크리스토프와 달리 모든 걸 열어놓고 살았기에 내 친구가 어디에 사는지 알고 있었다. 다음 날 그는 내 친구의 집으로 왔다. 그는 200km가 넘는 길을 몇 시간 동안 운전하여 온 거다!

나는 여전히 화가 나 있었고 잠시 공간이 필요했다. 그래서 나는 내 여자 친구에게 그를 돌려보내라고 부탁했다. 그러나 그녀는 그에게 아주 친절했다! 이제 나는 그녀에게도 짜증 났다. 두 사람은 신나게 대화를 나눴고, 자제해 달라는 나의 간청에도 불구하고 내 친구는 크리스토프가 차에 무언가를 고치는 것을 매우 친절하게 도와주었다. 크리스토프는 나를 도발적으로 쳐다보며 더럽게 웃었다. 순수한 도발이었다!

나는 Lee가 크리스토프를 보낼 것을 맹렬히 주장했다. 마침내 그녀는 크리스토프를 보냈고 그는 차를 몰고 집으로 갔다. 안타깝게도, 나는 종종 해가 지기 전에 분노를 극복하지 못했다 (에베소서 4:26). 분노, 분개, 괴로움 및 분노의 느낌을 느끼는 것은 그 자체로 죄가 아니다. 그러나 우리가 다른 사람에게 잘못을 저지르면 그것은 죄다.

> *분을 내어도 죄를 짓지 말며, 해가 지도록 분을 품지 말라 …. (에베소서 4:26).*

그렇다고 해서 우리는 모든 것을 참으며 허락해야 할 의미는 아니다. 누군가가 감정적으로나, 정신적으로 또는 육체적으로 끊임없이 우리를 짓밟고 있다면, 거리를 두어야 하고 어떤 식으로든 "아니요!"라고, 말하는 것이 적절하다.

두 번째로 헤어지고 싶은 소원

1985년 9월, 크리스토프는 나와 4개월 동안 지낸 후, 두 번째 이별을 "확실하게" 발표했다. 나는 맑은 날에 벼락 맞는 것 같았다. 일요일 저녁이었고, 우리는 침대에 누워 있었다. 우리는 모두 무언가를 읽고 있었다. 그는 갑자기 말했다: **"너는 내가 결혼할 여자가 아니다. 나는 출세할 계획이며 너는 나한테 맞지 않다. 이것은 당신의 일방적인 사랑일 뿐이다."** 등등.

그런 다음 그는 1.80m 키로 갑자기 침대에 수직으로 서더니 소리치기 시작했다: "나는 네가 두렵다! 나 내버려두고 떠나라! 나는 결코 기독교인과 결혼하고 싶지 않다. 이제 나는 네가 광신적인 기독교인이라는 것을 알았다. 내가 하나님 앞에 무릎을 꿇고 싶은 적은 한 번도 없었다. 그런데 언젠가는 내가 너 때문에 하나님 앞에 무릎을 꿇어야 한다는 것을 알게 되었다. 그러나 나는 그러고 싶지 않다! 너 그걸 이해하니? 나는 그것을 원하지 않는다, 나는 그것을 원하지 않는다! 사라져!"

나는 매우 놀랐다. 그가 지금 미친다면? 나는 그를 그렇게 알지 못했다. 오늘 나는 말할 수 있다. 그가 스포츠 중에 욕을 하는 것 외엔 크리스토프는 아주 조용한 사람이었다. 그래서 나는 그를 진정시키기 위해 나도 침대 위에 서서 그를 껴안으며 "알았어, 알았어. 우리 헤어지자. 문제없다. 우리 헤어져." 했다. 효과가 있었다: 그는 즉시 진정되었고 곧 잠들었다. 나는 말문이 막혔다. 시간이 지남에 따라, 나는 자주 경험했다: 심한 논쟁 후에도, 명령이라도 한 것처럼 그는 즉시 잠에 들었다. 나는 그걸 부러워했다.

월요일 아침, 나는 혼자 아침을 먹었고 크리스토프는 여전히 자고 있었다. 그런 다음 나는 그에게 다가가 이마에 뽀뽀하고 부드럽게 말했다. "내 물건은 다음 주에 가져갈게."

그런 다음 나는 그의 눈물을 보았다. 그의 감은 눈에서 베개로 굴러떨어졌다. 그리고 그는 눈을 감은 채 말했다: 난 이해할 수 없다. 너 어떻게 그렇게 사심 없는 사람이 될 수 있니?" 그는 자기 눈물을 부끄러워하지 않고 조용히 울었다. 그런 후 그는 "내가 너의 **임시방편 (필요시 사용하고 버리는)**이었다고 말하지 마라!"

그 당시에 나는 그 단어의 뜻을 몰랐다. 그러나 종종 나는 그의 **임시방편으로** 느꼈다.

그의 눈물을 보니 마음이 매우 아팠다. 그러나 나는 "지금 떠나야 해, 그렇지 않으면 직장에 늦을 거야"라고 말하고 나왔다. 내가 길을 가다가 마음이 무너졌다. 너무나 비참했다! 나는 울면서 일하러 갔다. 매우 힘든 한 주였지만 버텨야 했다.

나는 더 이상 그와 함께 있고 싶지도 않았고, 그를 이해하기는커녕 참을 수도 없었다. 한 번은 "이리 와!", 한 번은 "사라져!" 하는 식의 만남을 계속하고 싶지 않았다. 휴식이 필요했다. 나는 기도하며 하나님과 3개월의 기한을 정했다. 오늘날까지도 내가 왜 3개월 기한이란 아이디어를 어디서 얻었는지 모른다. 성령의 영감이었을까?

크리스토프의 첫 번째 파산

일주일이 지나고 토요일이 왔다. 나는 부엌 물건을 포장했는데 생각보다 많았다. 그래서 크리스토프에게 지하실에서 상자를 가져와달라고 부탁했다. 그러나 그는 반응하지 않았다. 결국 내가 직접 상자를 가져와 포장했다.

포장이 끝난 후 나는 거실에 있는 그에게 갔다. 그는 소파에 앉아 있었고 TV가 켜져 있었다. 크리스토프에게 내 물건과 나를 데려다 달라고 부탁했다. 그러나 그는 TV를 보지 않고 바닥만 내려다보고 있다는 것을 알았다. 그리고 그는 완전히 맥 빠진 것처럼 보였다!

나는 그 옆에 앉으며 물었다, "무슨 일이야?" 그는 "이번 주에 내가 확신했던 프로젝트가 다른 사람에게 갔다."고 대답했다. 소름이 돋았다! 하나님께서 내게 무엇을 약속하셨던가? **"그가 너를 떠나면, 그는 파산할 것이다."** 하셨다.

하나님에 대한 두려움으로 가득 찬 나는 크리스토프에게 내가 몇 주 전에 물었던 파산 질문을 기억하느냐고 물었다. "기억은 나지만, 네 질문을 진지하게 받아들이지 않았다"라고 대답한 다음 "탁구 치러 갈래?"하고 물었다. 나는 그가 매우 불쌍해 보였다. 우리는 3시간 동안 탁구했다. 그 후 나는 근육이 아프지 않도록 매우 뜨겁게 목욕했다. 그리고 우리는 함께 저녁을 먹었다. 그런 다음 그는 나에게 한글을 가르쳐달라고 부탁했다! 나는 속으로 "미쳤다!?"라고 생각했다. 그러곤 종이와 연필로 한글을 가르쳤다. 중간쯤에 그는 어학 코스 카세트와 책을 풀었다. 그는 정말로 한국어를 배우고 싶어 했던 거였다!

그는 화해를 시작하려고 온갖 노력 했지만, 나는 "내일 나를 내 물건과 내 아파트로 데려다 달라고" 단호하게 부탁했다. 나는 더 이상 그의 이상한 냉대와 끊임없는 굴욕을 참을 수도 없었고 참고 싶지도 않았다.

10년 후인 1995년 2월, 나는 그가 그때 이미 두 명의 여성과 만났으며, 이중생활하고 있었음을 알게 되었다.

3개월 기도에 들어감

1985년 9월 초, 크리스토프가 두 번째 이별을 원하던 날, 나는 기도했다: "사랑하는 하나님 아버지, 나는 살과 피를 가진 사람입니다. 당신의 표적을 다시 한번 보여주세요: 이게 정말 당신의 뜻입니까? 그렇다면 석 달 후에 크리스토프가 나한테 전화하게 해주세요."

그러곤 나는 성경 공부 모임에서 형제자매들에게 알리고, 하나님의 뜻을 알 수 있도록 기도를 부탁했다. 내 친구들과 동료들은 나와 함께 고통을 겪었다.

하나님 포기?

이 기간에 한 동포가 나한테 전화했다. 그녀는 우리가 헤어졌다는 것을 거의 믿을 수 없었다. 나도 그것에 대한 설명이 없었기 때문에 그녀는 크리스토프에게 전화해도 되는지 물었다. 그녀는 다시 나한테 전화했다. 크리스토프가 "순녀한테는 하나님이 첫째이고 나는 둘째"라고 말했다고 전했다.

그녀는 도저히 이해할 수 없었다. "크리스토프를 위해 하느님을 포기할 수 없느냐고?" 물었다. 나는 어쩔 수 없이 큰 소리로 웃어야 했다: "나는 세상의 모든 것을 포기할 수 있지만 결코 하나님은 아니다."라고 대답했다. 그녀는 이해하지 못했다. 그녀는 가톨릭 신자였지만, 하나님과 살아있는 관계가 없었기에 이해하지 못했다. 하나님의 사랑을 경험하고 하나님과 살아 있는 관계에 있는 사람들은 더 이상 하나님과 분리될 수 없다(롬 8:35).

누가 우리를 그리스도의 사랑에서 끊을 수 있겠습니까? 환난입니까, 곤고입니까, 박해입니까, 굶주림입니까, 헐벗음입니까, 위협입니까, 또는 칼입니까? (로마서 8장 35절)

한 쌍의 백조 꿈

하나님의 뜻을 집중적으로 물었던 3개월이 끝나기 직전에, 나는 한 쌍의 하얀 백조가 호수에서 평화롭게 쉬고 있는 꿈을 꾸었다. 자주 그랬듯이 나는 전 언니 집에서 저녁을 먹었다. 나 외에 언니의 지인도 참석했다. 나는 그들에게 꿈에 관해 이야기했다. 지인은 사랑스럽게 미소 지으며 말했다: "한 쌍의 백조의 꿈은 항상 긍정적인 의미가 있다. 긍정적인 일이 생길 거다." 그녀가 옳았다.

화해

헤어진 지 정확히 석 달 후인 1985년 12월 초 어느 금요일에 크리스토프가 내게 전화를 걸었다. 그는 내게 크리스마스에 무엇을 할 계획이냐고 물었고 다음 날인 토요일에 쇼핑하러 가자고 했다. 미친 일! 실제로 상상할 수 없는 일이었다. 그러나 그것은 나에게 하나님의 계시였다.

우리는 시내에서 만났고, 곧 그는 가격 제한 없이 무언가를 선택하라고 나에게 말했다. 나는 "왜?"하며 좀 퉁명스럽게 물었다. 그는 "크리스마스 선물로!"라고 말했다. 완전히 당황스러워서 나는 순간적으로 무엇을 선택해야 할지 몰랐다. 그래서 우리는 상점에서 상점으로 다니며 마침내 앙고라 상의로 결정했다. 그것이 용서를 구하는 그의 방법이었다.

"사욕 남자가 사육 여자를 찾는다"
(Tamer is looking for a tamer)

저녁 식사 후, 그는 3개월 동안 다른 여성들을 사귀려고 노력했다고 말했다. 그는 세 명의 여성을 만났지만 아무 일도 일어나지 않았고 나를 잊을 수 없었단다.

크리스토프는 수줍음이 많고 말수가 없는 사람이었기에 나는 전혀 상상할 수 없었다. 그에게 "어떻게 노력했니?" 하고 물었다. 그런 다음 그는 나에게 작은 신문지 조각을 보여줬다: "조련사를 찾습니다."라는 광고였다.

동물 사육처럼 들렸다. 그래서 나는 "어떤 여자가 그런 광고에 반응하겠니?"라고 물었다. 그는 단지 웃었고 나는 더 이상 그것에 신경 쓰지 않았다.

친애하는 독자 여러분, 여러분은 아마도 내가 어떤 종류의 남자를 상대하고 있는지 이해하셨나요? 나는 그것을 이해하지 못했습니다. 나는 그의 암시를 이해하기에는 너무 순진했습니다. 그 광고는 비논리적이고 이상했으며 심지어 끔찍하기까지 했다. 그러나 나는 더 깊이 파고들지 않았다. 내가 이런 암시를 올바르게 이해했다면 우리 관계는 그때 끝났을까?

잠시 후, 나는 그에게 특정한 날짜와 시간을 말하며 그때 여자를 만났는지 물었다. 그는 잠시 생각한 후 그랬다고 대답했다. 그리고 궁금해했다: 내가 그를 염탐했느냐며 어떻게 알았느냐고 물었다. 나는 대답하지 않았다. 나는 그가 나의 아버지 하나님을 진흙탕으로 끌고 가는 것을 원하지 않았다. 그러나 그 당시 나는 매우 불안한 마음이었었다. 그렇게 하나님은 나를 중보기도자로 훈련하기 시작하셨다. 그러나 나는 이해하는데 느렸다.

거룩한 것을 개에게 주지 말며 너희 진주를 돼지 앞에 던지지 말라 그들이 그것을 발로 밟고 돌이켜 너희를 찢어 상하게 할까 염려하라. (마태복음 7장 6절)

이런 식으로 나는 중보기도자로서 기도의 짐을 인식하고 해석하며 남의 짐을 짊어지는 법을 배웠다. 그러나 하나님께서 이 영적 은사를 올바르게 사용하는 방법을 가르쳐 주셨다는 사실을 깨닫는 데는 몇 년이 걸렸다.

"너는?"

그런 후 크리스토프는 내가 이 석 달을 어떻게 보냈는지 알고 싶어 했다. 나는 그에게 한국 교회가 위기를 겪고 있다고 설명했다. 김-1 목사님과 수많은 선교로 인해 많은 교인이 고갈되었고 교회는 해체 직전에 있다고 설명했다. 그리고 나는 잠깐 교회를 위해 일하는 것이 나의 의무라고 생각한다고 했다.

정말 그랬다. 나의 하나님 아버지께서 내게 담대함과 지혜를 주셨고, 나의 사심 없는 노력을 요구하셨다. 나는 하나님의 사랑으로 교회를 사랑했고 겸손하게 교회를 섬겼다. 내 제안에 따라 교회의 모든 활동은 중단되었고, 나는 일시적으로 회의록 작성을 맡았다.

많은 교인은 그것으로 불가능하다고 생각했다. 그러나 나는 그들에게 이 교회 기초에 관해 이야기했다: 1980년 초엔 5~6명의 사람이 모였었고, 그로부터 이 교회가 생겨났다. 많은 형식도 없었고, 지도자 같은 것들도 없었다고. 그런 후 1981년 5월에 교회가 공식적으로 설립되었으며 독일 개신교 교회의 클럽 방에서 모임을 가졌다고 했다.

아주 젊은 한국 대학생이 회장직을 맡겠다고 제안했다. 그의 결정은 나이 많고 사회생활 하는 성숙한 자매들의 토론에서 얻은 결론이었다. 그들은 정중하게 미소를 지었다. 그가 온 지 얼마 되지 않았기 때문이었다. 그러나 나는 여성으로서 어떤 상황에서도 회장직을 인수하고 싶지 않았기 때문에, 그의 제안을 받아들였다. 회중도 그것을 수락했다. 하나님께서는 우리의 봉사를 축복해 주셨다. 꺼져가는 심지가 다시 타오르게 되었다. (이사야 42장 3절; 마태복음 12장 20절)

> *상한 갈대를 꺾지 아니하며 꺼져가는 등불을 끄지 아니하고 진실로 정의를 시행할 것이며…. (이사야 42:3; 마태복음 12:20)*

하나님의 말씀을 들으면서 자매들에게 회복 기간을 가지게 하려고 새해 말 주말에 떠나자고 제안했다. 제안은 만장일치로 받아들여졌다. 나는 블랙 포레스트에 있는 집을 예약했다. 그런데 등록하는 성도들이 없었다. 알아본 결과 집에서 하는 것을 선호했다. 나는 이 소원을 들어주고 싶었다. 튀빙겐에 계시는 목사님과 상의한 후 일정을 다시 잡았다. 하지만 목사님의 가족을 어디서 2박을 하게 해야 할까? 그는 아내와 두 자녀를 데리고 올 것이고, 아이들은 활동성 충동이 매우 컸다. 그때 나는 크리스토프의 아파트가 생각났다.

고맙게도 크리스토프가 허락했다. 그는 또한 주말의 쇼핑을 도와주었고 모든 것을 집회소 주방으로 가져다주었다. 그 주말은 참으로 축복이었다. 우리가 하나님께 순종하며 봉사할 때 하나님은 그분의 교회를 세우신다.

전자레인지 및 빵 보드

우리 관계가 되살아난 직후, 크리스토프는 큰 전자레인지(1980년대의 최신 열풍)를 집으로 가지고 왔다. 얼마 지나지 않아 매우 튼튼한 나무로 만든 거대한 빵 보드를 들고 왔다. 나는 "이게 뭐야?"하고 물었다. "크리스마스 쿠키 만들려고." "너 할 줄 알아?" 물으며 나는 전혀 할 줄 모른다고 말했다. 그때까지 나는 단것을 좋아하지도 않았고 성탄절 과자를 먹어본 적도 없었다. 나의 케이크 경험은 70년대 중반에 나의 사랑하는 동료의 지도하에 구운 초콜릿케이크가 전부다. 그때 나는 달걀흰자를 하얗게 부풀어 오르게 하여 뻣뻣하게 될 때까지 치는 법을 처음으로 배웠고 아주 신기해했다. 당시 나는 독일에서 이미 4년 동안 살고 있었음에도 불구하고 처음 한 경험으로 센세이션

(Sensation)이었다.

환자들에게서 받은 초콜릿은 장에 넣어두었다가 유통기한이 지나면 쓰레기통에 버렸다. '내가 싫어하는 것은 남한테 주지 않는다'는 식이었다. 얼마 후 크리스토프는 케이크 만드는 부엌 도구를 사다가 케이크를 만들어 나를 놀라게 했다! 나도 시도했지만 실패했다. 빵 보드는 사용되지 않았고 결혼 생활 내내 조용한 구석에 있었다.

요리는 그의 특기가 아니었지만 결혼 생활에서 바뀌었다. 크리스토프는 슈퍼 취미 요리사가 되었고 나를 여러 번 놀라게 했다. 무엇보다도 그의 위와 장의 문제가 사라졌다는 사실에 감사했다! 나는 그의 감자샐러드를 아주 좋아했으며, 내가 먹고 싶다면 서슴지 않고 만들어 주었다. 성탄절이 다가오자, 크리스토프는 한인교회 성탄절 행사를 위한 큰 쇼핑에 천사처럼 도왔다. 이런 계기로 한국 형제자매들은 그를 알게 되었고 사랑했다.

크리스토프는 둘째 형인 목사와 함께 크리스마스이브를 보내기로 했기에, 나는 그의 조카들을 위한 선물을 포장하여 그를 보냈다. 그렇게 나는 한인 교인들과 함께 평화롭게 크리스마스이브를 보낼 수 있었다.

매년 독일 개신교 신자들과 함께 예배를 드렸는데, 한인교회 합창단은 한복을 입고 노래를 불렀다. 클래식 성악을 전공한 분들과, 악기를 잘 다루는 분도 계셔서 연습에 많은 시간을 연습했고 칭찬도 많이 받았다.

한인교회
합창단

축복받은 주말

1986년 초, '재충전 주말'이 다가오고 있었다. 나는 크리스토프에게 '활동적인' 목사님의 자녀들에 대해 알렸고, 스테레오를 판자로 고정해 달라고 요청했다. 그는 그렇게 했다. 이 기간에 나는 교회에서 '모든 일을 담당하는 여자'로서 식사 메뉴 작성부터 모임을 계획했으며 쇼핑과 요리도 내가 했다. 이번에도 크리스토프가 열심히 도와줘서 고마웠다. 형제자매들이 편안하게 영적으로 회복할 수 있어서 매우 행복했던 축복받은 주말이었다. 그들은 나에게 여러 번 감사를 표하며 나의 헌신을 칭찬했다. 하늘에 계신 아버지께서 지혜와 힘을 주시지 않았다면 나는 이 모든 일을 할 수 없었을 것이다!

그 주말은 결실을 보았다. 그때부터 아직 하나님과 확고한 관계를 맺지 못한 한국 학생들이 교회에 나오기 시작했고, 그 결과 교회가 아름답게 성장했다. 약 15년 후, 클럽 장소는 너무 좁아서 독일 교회에서 예배를 드리게 되었다.

이미 교회의 일원이었던 다른 사람들도 시간이 지남에 따라 영적으로 성장하며 열성적인 그리스도인이 되었다. 위기를 극복하고 새로운 동력을 얻게 된 것에 감사했다. 그들은 나의 겸손과 단순함을 높이 평가하며 스스로 하나님 앞에서 겸손해졌다. 그들은 학자로서 세상에 많은 것을 성취했지만 하나님 나라에는 그러지 못했다며 자신들이 매우 부끄럽다고 고백했다. 그들은 사랑과 존경으로 나를 대했다. 이렇게 해서 학자들과 나 사이에 끈끈한 관계가 형성되었고, 그 관계는 지금까지도 계속되고 있다. 그때 주말 세미나가 끝난 후 나는 당황스러웠다. 초청 목사님의 자녀들이 크리스토프의 스테레오와 냉장고를 파손시켰기 때문이다. 하지만 크리스토프는 침착하게 받아들였다.

"목사님이 돌아가셨다."

거의 일 년 전에 도덕 신학 박사 학위를 받기 위해 베를린에 가신 한국인 김-2 목사님이 갑자기 무척 그리웠다. 나는 그의 건강에 관해 물어보라는 내적 충동을 받았다. 그래서 그의 친구인 김-1 목사님한테 전화하여 전화번호를 받았다.

베를린에서 김-2 목사님이 내 목소리를 듣고 놀라며 기뻐하셨다. 나는 그에게 어떻게 지내는지 물었고 우리들의 교회와 주말 행사에 관해 이야기했다. 그는 내 목소리를 들으며 내가 아주 잘 있는 것 같다고 말했다. 그러나 그 목사님의 음성은 행복하지 않게 들렸다.

1~2주 후 일요일, 나는 알 수 없는 슬픔에 휩싸였다. 당시 크리스토프의 세 번째 형이 그의 여자 친구와 우리를 방문했었다. 그것 외에도 교회에 가고 싶은 마음이 전혀 없었다. 그러나 나는 교회에 알려야 할 중요한 일이 있었기 때문에 결국 교회에 갔다. 내가 교회에 도착했을 때, 한국 법대생이 보였다. 그는 나를 보고 무척 기뻐하며 그간 내가 어디에 있었느냐고 물었다. 그가 나에게 여러 번 전화 연락을 시도했었다고 했다. 그러더니 "무거운 소식을 전할 게 있으니 앉으세요." 했다.

그가 전한 소식은 정말 슬펐다: 베를린의 김-2 목사님이 돌아가셨단다! 나는 많이 놀랐고 거기에 앉아서 조용히 울 수밖에 없었다. 나는 또 그 상태에서 예배에 참석할 수 없었다! 나는 원래 발표할 안건만 알려주고 집에 갈 계획이었다고 말했고, 그의 손에 쪽지를 주고 작별했다. 다행히도 우리 둘만 있게 된 것에 대해 하나님께 감사드렸다. 성도들은 내가 김-2 목사님과 결혼하는 것을 원했었는데!

충격과 고통으로 가득 찬 나는 집으로 돌아갔다. 그러나 또한 나의 하나님 아버지에 대한 나의 경외심은 다시 한번 엄청나게 커졌다: 김-2 목사의 사망을 통해, 하나님께서는 내가 크리스토프와의 관계에 대해 진정으로 하나님의 계획 안에 있음을 알게 해주셨기에.

몇 주 후에야, 김-2 목사님이 자살하셨다는 소식을 접했다. 사고로 인해 그는 통증으로 항상 우울증을 앓았단다.

크리스토프와 손님들은 여전히 아침 식사에 앉아 있었다. 나는 앉아서 침묵했다. 크리스토프의 형은 내가 그렇게 일찍 올 줄은 몰랐기에 나를 꼼꼼히 살피며 쳐다봤고, 나한테 뭔가 잘못되었다는 것을 알아차렸다. "순녀, 무슨 일이야?" 그가 물었다. "목사님이 돌아가셨대"라고 나는 대답하고 침묵했다. 그는 한두 번 숨을 들이쉬고는 "이 목사님이 누군데? 그를 알고 있니?" 하며 크리스토프와 나를 번갈아 쳐다보았다. 나는 고개만 끄덕였다. "그를 잘 알고 있었니? 아주 많이?"하고 다시 물었다. 그리고 그는 크리스토프를 쳐다보았다. 크리스토프 얼굴에서 이 목사가 나한테 많은 것을 의미했음을 짐작했다: 크리스토프의 얼굴은 뻣뻣하고 창백해졌다. 그 모습은 천 마디보다 더 많은 걸 의미했다. 우리는 몇 분 동안 침묵 속에 앉아 있었다.

그들이 떠난 후, 우리는 부엌에서 설거지했다. 그러다 크리스토프가 불쑥 말했다, "그는 하느님의 종이잖아! 그럼, 왜 벌써 죽게 내버려두셨대?"

나는 그의 과민 반응을 이해하지 못했지만 침묵했다. 질투일 수도 있고, 만족해할 수도 있고, 그냥 하나님한테 화났을 수도 있었겠지만, 나는 그에게 묻지 않았다.

오후에 교인들이 깜짝 방문 왔다. 형제자매들이 위로하러 온 거였다. 다행히 크리스토프가 만든 케이크가 있어서 기뻤다!

같은 주, 나는 내가 전화한 지 며칠 만에 김-2 목사님이 돌아가셨음을 알게 되었다. 김-1 목사님의 말씀은 김-2 목사님이 김-1 목사님한테 전화를 걸어 저한테 전화 받고 매우 기뻤다고 전했단다.

2년 후, 김-1 목사님이 김-2 목사님을 아는 친구, 동료, 교수, 교민 등, 그를 알고 사랑했던 사람들의 사진과 추억이 담긴 고인의 추모집을 나에게 전해주셨다.

나는 그것을 읽기까지 오랜 시간을 기다렸다. 내 감정을 통제할 수 있을지 확신이 서지 않아서였다. 10년 후, 나는 마침내 준비되었다. 읽는 동안 많이 울었고, 내 영혼이 안식을 찾았다. 하나님께 감사드렸다. 김-2 목사님은 베를린에 묻혔다. 정확히 어디인지는 모른다.

하나님과의 마지막 거래: 담배를 피우지 않는 것!

크리스토프의 또 다른 문제는, 오늘날로 말하면 "**제외 기준** (Exclusion criterion)"이라고 말할 수 있는데, 흡연이었다. 나는 담배 연기를 전혀 견딜 수 없었다. 담배에 포함된 폼알데하이드 와 암모니아와 같은 화학 물질은 나한테 아주 힘들었다. 1985 년에 실험실에서 발생한 다양한 화학물질로 인한 질병으로 두통, 메스꺼움, 기관지염, 폐출혈과 격렬한 기침 등 상당한 불편함을 유발했다.

크리스토프는 밖에서 담배를 피웠지만, 그가 들어오면 옷에 냄새가 지독했고 아파트에 몇분간 담배 냄새로 가득했다. 그 결과 우리의 주말은 끝없는 저기압 기분이었다.

나는 그것에 대해 간절히 기도했지만, 화학물질 다행 성 치유를 위해 기도를 한다는 생각은 한 번도 해본 적이 없었다. 나의 기도는 다른 방향으로 흘러갔고, 매우 담대하게 하나님과 거래했다.

"사랑하는 하나님, 내가 이 사람을 선택한 것이 아니라 주님이 선택하셨습니다. 그의 흡연은 나에게 이혼 사유입니다. 그가 담배를 피우는 한, 나는 그와 결혼하지 않을 겁니다. 내가 그와 결혼하든 안 하든, 그것은 당신의 문제입니다. 알아서 하세요."

이 기도가 협박처럼 들리겠지만 나는 그것에 대해 매우 진지했다.

몇 달 후, 크리스토프는 내가 자신에 대해 뭔가를 알아차렸는지 물었다. 곰곰이 생각해 봤지만, 아무 생각도 나지 않았다. "넌 그걸 알아야지. 누구보다도 너는 꼭 알아야 해."하며 그는 애원했다. 나는 잠시 생각하고는 힘없이 어깨만 으쓱하며 마침내 수수께끼를 풀어달라고 그에게 부탁했다.

몹시 실망한 그는 "나 이제 담배 안 피워"라고 말했다. 나는 "뭐? 언제부터?" 물었고 그는 "몇 주 동안, 나는 네가 알아채기를 기다렸다."며 불평했다. 나는 "오, 지난 주말에 담배 연기 땜에 우리 다투지 않았네!" 했다. 그리고 몇 초 후에 나는 덧붙였다, "봐!!? 네가 말한 것처럼 난 하이퍼콘드리아(Hypochondria)

아니야!!" 내가 담배 연기에 짜증을 내면 그는 종종 내가 근거 없는 정신 장애라고 말했었다.

나는 "언제 어떻게 그런 일이 일어났니? 말해 봐." 했다.

"네가 알다시피, 내가 2월 주말에 일이 많아서 부모님 집에 머물렀잖아. 그러나 나는 매우 아팠고, 의사가 집에 와야 했다. 일요일에 조금 나아져서 담배를 피웠는데 맛이 끔찍해서 담배를 껐다. 나중에 다시 시도했지만 역시 끔찍했다. 그때부터 내가 담배를 끊었다. 그런데 너는 그것을 전혀 눈치채지 못했다! 말이 되냐??" 나는 마냥 행복하고 감사했다! 그는 많은 사람들이 겪는 공격적이고, 뚱뚱해지고, 단 음식에 폭식하는 부작용 없이 금연자가 되었다.

이걸로 하나님에 대한 나의 경외심은 더욱 커졌다: 내가 기도로 하나님과 맺은 거래에 대한 응답으로 하나님이 개입하셨다. 의심과 내적 혼란이 사라졌다. 내가 크리스토프와 결혼하기를 하나님이 정말로 원하신다는 확신을 갖게 되었다.

마지막으로, 고린도전서 7장의 몇 구절을 적습니다.

그 나머지 사람들에게 내가 말하노니 (이는 주의 명령이 아니라) 만일 어떤 형제에게 믿지 아니하는 아내가 있어 남편과 함께 살기를 좋아하거든 그를 버리지 말며, 어떤 여자에게 믿지 아니하는 남편이 있어 아내와 함께 살기를 좋아하거든 그 남편을 버리지 말라. 믿지 아니하는 남편이 아내로 말미암아 거룩하게 되고, 믿지 아니하는 아내가 남편으로 말미암아 거룩하게 되나니 그렇지 아니하면 너희 자녀도 깨끗하지 못하니라. 그러나 이제 거룩하니라. 혹 믿지 아니하는 자가 갈리거든 갈리게 하라. 형제나 자매나 이런 일에 구애될 것이 없느니라. 그러나 하나님은 화평 중에서 너희를 부르셨느니라. 아내 된 자여, 네가 남편을 구원할는지 어찌 알 수 있으며, 남편 된 자여, 네가 네 아내를 구원할는지 어찌 알 수 있으리요. (고린도전서 7장 12~16절)

8장: 유산, 롤러코스터(roller coaster), 그리고 새로운 직장

크리스토프의 변화

나는 계속 한인교회에 참가했다. 크리스토프는 그곳에서 환영받았다: 그는 환영과 사랑을 받았으며, 눈에 띄게 즐겁게 지냈다. 나는 따뜻하고, 개방적이며, 친절하고, 자발적이었다. 교회에서의 많은 일 때문에 주말에 크리스토프가 자주 점심을 먹으러 교회에 왔다.

우리 중 많은 교인은 미래의 변호사, 독일학자, 경제학자, 클래식 가수 및 악기 연주자, 화학자 등이었다. 나는 높은 수준의 교육자들을 즐겼다. 크리스토프가 친분을 쌓고 그들과 소통할 수 있도록 형제들을 자주 우리 집으로 초대했다. 정중하고 친근한 분위기 속에서 그는 정말 성숙했고 개방적이었으며, 그의 한국어도 좋은 발전을 이루었다! 그와 함께 모두 너무나 좋은 쪽으로 변했고, 그는 몇 년 전보다 낯선 사람들과도 관계를 맺을 수 있었다.

말썽꾸러기 (Troublemaker)

프라이부르크에 있을 때, 그는 일요일 오후에 회사에 가서 일하곤 했다. 우리는 주말에만 만났기 때문에 내가 오전에 교회 갈 때 일 하라고 부탁했다. 그러나 그는 그 요청을 무시했다. 나는 그에게 여러 번 이야기했지만, 그는 고집을 부렸다. 나는 짜증이 났으나 최선을 다해 주일 예배 후 오후 7시까지 근무하거나, 동료들이나 한국인 형제자매들과 함께 뭔가를 했다. 그는 그것을 받아들였다.

그 대신 우리 둘은 테니스, 탁구, 배드민턴 등 매번 2시간, 3시간, 심지어 4시간씩 함께 스포츠를 하는 데 많은 시간을 가졌다. 그 후 나는 매우 뜨겁게 목욕하고 근육통으로 납작하게 누웠다. 그리고 그는 매번 발에서 목까지 헌신적으로 마사지했다. 어느 날 나는 발바닥에도 통증이 있었기 때문에 그에게 발 마사지를 가르쳤다. 어느 시점에서 그는 발 반사 요법에 관한 책을 집으로 가져왔고, 불평하지 않으며 책을 읽은 후에 나를 마사지했다.

나는 스포츠에 중독되어 있었다. 그러나 내가 그에게 부탁하면, 나와 함께 스포츠를 할 준비가 항상 되어 있었다. 하느님의 도움으로 나는 1992년 11월에 스포츠 중독에서 해방되었다. 나는 거기에 대해 나의 첫 번째 간증 자서전에서 자세히 보고했다. (이 자서전은 2014년에 독일어로 독일에서 발간됐고, 2023년에는 "시간의 물레"에서 한국어로 출판됐다. ISBN 978-89-6511-429-1)

임신 – 원하든! 원치 않던!

결혼하기 전까지 거의 2년 동안 크리스토프와 나는 같이 지냈다. 그때 나는 내가 음행하며 살고 있다는 것을 깨닫지 못했다. (나는 여기서 나에 대해 쓰고 있으며, 성경을 진지하게 받아들이고 정말로 그것에 따라 살고 싶다). 그러나 그 당시에 나는 하나님께서 저와 크리스토프를 부부로 맺어주셨다고 영적으로 보며 살았다. 즉, 세상처럼 혼인 신고서를 내고 결혼식 없어도 우리는 부부가 된 거로 생각했다.

나는 오랫동안 자궁내막증을 앓고 있었으며 호르몬 요법을 받고 있었다. 그 결과 임신할 수 없었다. 어느 날, 산부인과 전문의가 호르몬 요법 대신 임신으로 대신하라고 권장했다.

1986년 1월, 우리가 거의 9개월을 함께 지냈을 때, 나는 크리스토프에게 자녀의 소망에 관해 물었다. 그는 대답하지 않았다. 그것은 바로 거절 방식이었다. 그러나 나는 그가 "예"나 "아니오"라고, 표현하는 방법은 수년간의 결혼 생활과 힘든 과정을 통해서 배웠다.

두 번째 시도에서 나는 그가 크리스마스 아이를 원하는지 아니면 새해 아이를 원하는지 물었다. 그는 나를 비웃으며 "마치 네가 그것을 결정할 수 있는 것처럼!" 응답했다. 나는 "물론이지"라고 대답하고, 산부인과 의사의 추천에 대해 말했다. 나는 자궁내막증으로 인해 피임약을 복용할 수 없었고 생리는 규칙적으로 왔기에 배란 시기를 잘 알 수 있었다. 나는 세 명의 아이를 원했기에, 산부인과 의사의 권유에 만족했다. 몇 년만 더 있으면 아이를 갖기에는 너무 늙어버릴 것 같았기 때문이었다. 하지만 우리는 "현재"에 살았을 뿐, 특히 크리스토프는 미래의 계획에 관해 이야기한 적이 없었다.

3월 말에 생리가 없었고 가슴이 팽팽했다. 병원에서 실시한 임신 테스트는 양성이었고, 임신 6주라고 했다. 초음파에서 아기의 심장 박동을 들을 수 있었다. 크리스토프는 화를 내며 아이를 낙태하라고 요구했다. 나는 경악을 금치 못하며 살인이라고 말했다. 그는 더욱 화를 내며 '제거하는 게 살인이냐?'며 분노했다. 그는 그렇게밖에 볼 수 없었다. 나는 "기독교인으로서 아이를 낙태할 수도 없고 낙태하지도 않을 것이다."라고 단호하게 말했다. 그런 다음 그는 자기를 배신했다고 비난하며 내가 아이를 키울 수 있을 만큼 건강하다고 생각하느냐고 물었다. 그러더니 그는 아이를 키울 시간이 없고 아이를 원하지 않는다는 등 모든 논쟁을 모았다.

이번엔 내 요청대로 헤어짐

나는 질겁했고 매우 슬펐다. 낙태? 절대로 안 돼! 그래서 나는 세 번째 이별을 계획했고 이번에는 내 편에서 결정했다. 그래서 나는 그와 완전히 거리를 두었다. 아직 나의 아파트가 있어서 다행이었다. 안타깝게도 당시에는 다이얼 전화만 있었고 발신자 번호는 알아볼 수 없었기에 크리스토프의 전화를 받았다. 그리고 아이아버지로부터 내가 어리석고 분별력 없다는 말을 들어야 했다. 하지만 아이를 갖기로 한 내 결정은 바뀌지 않았다.

시간이 지나면서야 크리스토프와 친밀한 관계를 맺고 결혼 전에 임신한 것은 절대적으로 잘못된 일이며 하나님의 말씀에 어긋난다는 것을 깨달았다. 하지만 나는 "영적으로 결혼했다"고 느끼며 살았다. 하나님께서 내게 "이 사람이 너의 배우자다"라고 말씀하시지 않으셨던가? 그런데도 결혼 전 임신은 하나님의 말씀에 어긋나는 일이었기에, 나는 회개하고 하나님께 용서를 구했다.

나는 다시 혼자 살고 있었다. 어느 날, 크리스토프가 나에게 전화를 걸어 더 큰 아파트로 이사한다고 자연스럽게 알려주었다. 지금까지도 나는 남편이 왜 더 큰 아파트를 구했는지 모른다. 결혼 생활 10년 동안 남편은 그 얘기를 할 필요성을 느끼지 못했고 나도 남편에게 물어보지 않았다. 내가 그에게서 정직한 답변을 받았을지 누가 알겠는가? 나는 그가 언제 집을 찾기 시작했으며, 언제 집을 찾았는지도 알고 싶지도 않았고 더 이상 관심도 없었다. 그저 평온을 누리고 싶었다.

하지만 나는 짐 싸는 거며 이사하는 것을 도와주겠다고 제안했고, 그는 기꺼이 수락했다.

나의 작은 임마누엘

큰 이사 상자를 들어 올리다가 복부에 심한 통증을 느꼈다. 통증은 가라앉지 않았고 피가 나기 시작했다. 크리스토프는 나를 바로 병원으로 데려다주었다. 검사를 받았는데 의사가 슬픈 소식을 전해주었다. 유산이었다. 끔찍한 충격이었다! 8주밖에 안 되었는데 벌써 작별이라고?!

의사는 다음 임신에 위험이 없도록, 배아를 수술로 빨리 제거하는 등 신속하게 조처해야 한다고 조언했다. 오늘날에는 부드러운 방법으로 빨아드리는(Suction) 식인데, 그 당시에는 긁어내는 방식이었다.

아이를 잃은 슬픔은 이루 말할 수 없이 컸고, 마취에서 깨어났을 당시 나는 "아이가 떠났어, 아이가 떠났어, 떠났어"라며 흐느끼는 나의 소리를 내 귀로 들었다.

마취에서 깨어날 때까지 관찰을 위해 침대 옆 의자에 앉아 있던 학생 간호사가 내 손을 잡아주며 위로해 주었지만 나는 울고 또 울었다. 나는 '우리와 함께하시는 하나님'이라는 뜻의 "임마누엘"이란 이름을 처음부터 지어주었다. 영적으로 "아들"임도 직감하고 있었다. 이 상실의 아픔은 9년 후에야 치유됐다: 1995년, 소수의 미국인 기도팀들이 나의 유산 문제를 위해 기도해 주었다. 나는 내 간증 자서전 "마침내, 여자로다!- 성 정체성을 향한 나의 길"에서 이에 대해 자세히 기록했다.

일주일 동안 병원에 입원해 있었지만, 크리스토프의 방문이나 전화는 헛되게 기다렸다. 내 마음은 매우 아팠지만, 나는 그에게 헤어지자고 했기에 받아들일 수밖에 없었다. 그게 1986년 5월이었다. 그 사이에 크리스토프는 이사했다. 나는 새 주소도 새 전화번호도 몰랐다. 어느 날, 한국인 전을 통해 그의 주소를 알게 됐다. 그는 그런 식으로 내 친구들을 이용했기 때문에 나는 더욱 굴욕적으로 느껴졌다. 내가 그의 재치 없는 행동에 대해 불평하면 그는 질투라고 해석했다.

크리스토프는 자신이 나에게 무슨 짓을 하고 있는지 정말 몰랐던 것일 수도 있다. 한편으로 그는 내 호의를 다시 얻으려고 노력했고 가끔 나에게 전화를 걸어왔지만, 나는 그와 계속 이렇게 사는 것에 대한 기쁨을 모두 잃었다. 시간이 지남에 따라 미혼으로 함께 사는 것도 옳지 않다는 것을 깨달았다. 크리스토프는 그걸 협박으로 규정했다. 하지만 나는 신경 쓰지 않았고 더 이상 그에게 신경 쓰지 않았다.

향수 및 용제(Solvent) 알레르기

그 와중에 나는 검사실 근무 환경을 개선하기 위해 투쟁을 계속했다. 포기하지 않고 폼알데하이드 수치가 높은 것을 막기 위해 철두철미하게 노력한 덕분에 곧 예정된 검사실 수선 때 대형 검사실 작업대 위에 흡입기를 설치하겠다는 약속을 받았다.

그러나 이것은 "반창고"에 불과했고, 그것도 한심할 정도로 작은 반창고였다. 이 실험실에서 향기 오일이 든 로티히스톨(Rotihistol)을 병리학 연구소처럼 금지했어야 했었다! 그러나 담당자들이 이것을 깨닫지 못했다. 그리고 바닥 흡입 시스템은 물론 생분해성으로 추정된 이 악마의 물질을 적용하기 위해 규정된 안전 조치는 대학 병원에 큰 비용이 들었다.

최악은 세 번째이자 가장 작은 검사실 마지막 방이었다. 밤새 다양한 농도의 화학물질과 파라핀으로 온도 조절 장치를 작동시켜야 하기에, 끔찍하고 유독한 가스를 발생시켰지만, 유일한 작은 창문은 밤새 닫혀 있어야 했다. 그래서 우리는 화학물질에 영구적으로 노출되었다. 또한 본(Boon) 대학에서 유해 폐기물로 수거하여 처리하라는 지시가 내려올 때까지 모든 것을 하수구에 버렸다.

임신 전, 크리스토프가 본(Bonn) 대학과의 서신 교환에 많은 도움을 주었다. 그는 내가 폐에서 피와 점액을 토하는 것을 목격해야 했다. 그는 본에 보내는 편지를 잘 작성하기 위해 내 작업장을 직접 눈으로 보고 싶어 했다. 그는 공공 편지에 탁월했다! 내가 심한 기침이며 점액(담)과 피를 심하게 토해도 그는 혐오감이나 약점을 보이지 않는 점도 그의 장점이었다.

새로운 일자리

임마누엘이 떠난 지 얼마 지나지 않아 나는 소아 청소년과로 일자리를 옮겼다. 지금까진 정해진 근무시간(주 5일, 오전 8시~오후 4시, 주말 휴무) 이었지만, 로티히스톨(Rotihistol)을 사용해야 하는 한 그곳에 있을 수 없었다. 내가 떠난 후 조직 검사실 동료들은 나의 노력에 감사하며, 공동 투쟁에서 나를 뜨거운 감자처럼 버린 것에 대해 다소 부끄러워하며 사과했다.

내가 조식 검사실을 떠난 지 5년 후, 나를 위해 싸웠던 피부과 부원장이 1991년에 전화했다. 나와 검사원 학교에 다닌 동기 중 한 명에 대한 추천서를 받고 싶다고 했다. 그리고 지나가는 말로 검사실에서 Rotihistol를 더 이상 사용하지 않는다고 말했다. 자신도 로티히스톨로 인해 병에 걸렸고 뮌헨의 평가 의사한테 다녀왔다고 했다. 그녀는 진단하기 위해 로티히스톨로 준비된 조직 샘플을 매일 코 바로 밑에 현미경으로 봐야 했기 때문에, 놀랄 일은 아니었다. 그 이후로 그녀도 많은 것에 알레르기 한다고 했다. 그녀의 평가 의사는 운명으로 받아들여야 한다고 말했단다. 우리 둘은 보상을 받지도 못했고 직업병으로 인정받지도 못했다. 나의 두 차례 신청은 철저하게 거절당했다. 이것이 바로 화학 회사의 힘이다.

1990년대 중반부터 이러한 향기와 향수는 거의 모든 바디 케어(비누, 크림 등등), 세제 및 가정용품에 점점 더 많이 등장했으며, 이러한 물질은 피부 모공을 통해 체내로 들어가 지방 조직에 축적된다. 모유에서도 발견됐다. 알레르기가 해마다 급증하는 것은 놀라운 일이 아니다. 다중 화학 민감성(MCS)은 사람들을 실업자로 만들고 대인관계도 제한하게 만든다.

면도 후 바르는 로션(Aftershave), 겨드랑이 밑의 데오도란트, 옷에 묻은 섬유 유연제 등으로 인해 참을 수 없는 두통과 때로는 폐 및 뇌출혈, 전신 혈관 출혈 등 슈퍼 알레르기를 유발하는 다중 화학 물질 민감성(MCS)을 유발한다.

금지? 나한테 묻는다면: 네! 다. 그러나 화학 업계는 이익만 생각하고 최종 소비자는 냄새가 좋다는 이유로 만족할 뿐 아무것도 모르고 있다. 자세한 정보는 '인공 사향(Synthetics musk)' 및 'MCS(Multiple Chemical Sensitivity)' 검색을 통해 확인할 수 있으며, 무언가를 하고 싶은 분들은 이러한 물질이 포함된 제품을 지속해서 거부할 수 있다. 보건 및 사회 서비스, 환경 및 자연, 특히 많은 MCS 환자가 감사할 것이다. 나는 거의 20년 동안 매우 외딴 생활 하고 있으며, 사회활동도 매우 작아졌다. 방문객에게는 이날 샴푸, 샤워 젤, 크림, 데오도란트, 면도 후 바르는 로션 및 향수 사용을 자제하고 옷을 부드럽게 만드는 물질로 다룬 옷을 입지 말 것을 요청한다. 나는 발코니에 건조대 두 개를 설치했고, 신문, 책 등등 며칠간 통풍시킨 후 읽는다. 최근엔 종이돈도 그렇다. 나는 인터넷이나 TV를 통해 뉴스며 성경 방송을 접하며 주로 혼자 산책한다. 봄부터 가을까지는 작은 야채밭을 가꾸며 산다.

또한, 우리는 하나님의 창조 세계를 파괴하지 않고 보존해야 한다. 이러한 화학 물질 혼합물은 신이 창조한 것이 아니며, 자연에서 발생하더라도 훨씬 낮은 농도로 발생하지만, 향수 등에는 400개가 넘는 화학 물질이 포함되어 있다. 그리고 이 모든 것은 결국 하수도로 나간다!

크리스토프의 새로운 시도

유산 후 크리스토프는 내 호의를 되찾기 위해 노력했다. 우리는 전화로 연락을 주고받았지만, 이전처럼 그와 계속 함께 살고 싶은 욕망을 나는 잃었다.

음행 및 매춘

저는 철저한 기독교 신자였지만, 결혼 전에 성관계를 갖는 것은 하나님의 뜻이 아니라는 것을 그 당시에는 깨닫지 못했다. 결혼 전 성생활은 음행이다(성경에서는 기혼자의 '불륜'을 '간음'이라고 부른다). 많은 사람에게 이것은 매우 구식이거나 초조하게 들린다. 의식 있는 기독교인들에게 성생활은 결혼 생활에서만 당연히 이루어진다. 그리고 하나님께서 선지자 호세아를 통해 탄식하신 것이 나를 강타했다.

내 백성이 지식이 없으므로 망하도다. (호세아 4장 6절)

바울은 다음과 같이 긴급히 훈계한다.
음행을 피하라, 사람이 범하는 죄마다 몸 밖에 있거니와 음행하는 자는 자기 몸에 죄를 범하느니라 (고린도전서 6장 18절)

그리스어 원문에서 포르네아(porneia)는 '음행'을 의미하며, 음란물뿐만 아니라 결혼 이외의 모든 종류의 성행위, 즉 '단순한' 연애를 의미하기도 한다. 사도 바울은 다음과 같이 권장한다.

만일 절제할 수 없거든 결혼하라 정욕이 불같이 타는 것보다 결혼하는 것이 나으니라 (고린도전서 7장 9절)

그 나머지 사람들에게 내가 말하노니 (이는 주의 명령이 아니라) 만일 어떤 형제에게 믿지 아니하는 아내가 있어 남편과 함께 살기를 좋아하거든 그를 버리지 말며, 어떤 여자에게 믿지 아니하는 남편이 있어 아내와 함께 살기를 좋아하거든 그 남편을 버리지 말라, 믿지 아니하는 남편이 아내로 말미암아 거룩하게 되고 믿지 아니하는 아내가 남편으로 말미암아 거룩하게 되나니 그렇지 아니하면 너희 자녀도 깨끗하지 못하니라 그러나 이제 거룩하니라, 혹 믿지 아니하는 자가 갈리거든 갈리게 하라 형제나 자매나 이런 일에 구애될 것이 없느니라 그러나 하나님은 화평 중에서 너희를 부르셨느니라. (고린도전서 7장 12~15절)

손에 손을 잡고

나는 꾸준히 거리를 두고 전화를 끊었지만, 크리스토프는 특별한 이유 없이 가끔 전화를 걸어왔다. 어느 날, 부모님과 누나가 새 아파트를 방문하기 위해 프라이부르크에 온다고 알려주었다. 친절한 나는 한국 음식을 만들어 주겠다고 제안했고, 그는 흔쾌히 수락했다. 이 기회에 8월 초에 처음으로 그의 부모님과 누나뿐만 아니라 신선한 공기가 많은 도시 외곽의 아름다운 방 3개짜리 그의 아파트도 보았다. 여기서 사는 것을 상상할 수 있었다!
그의 아버지는 얇게 썬 소고기를 재우는 나를 보며 "난 날고기는 안 먹어요"라고 농담했다. 그는 그럴 필요가 없었다. 점심 식사 후 부모님과 산책했다. 크리스토프와 나는 부모 뒤를 따라갔다. 갑자기 크리스토프가 내 손을 잡고 빠른 걸음으로 나를 끌고 부모님을 추월했다. 이거 뭐야? 갑자기 우리가 손과 손을 잡고 부모님 앞에서 걷고 있다니? 말수가 적은 그는 그런 식으로 우리가 함께 있다고 부모님에게 말하는 방법이었다. "우리가 헤어진지 아직 6주도 안 되었지만! 이상하게도 그날 오후 나는 처음으로 그에게 인정받고 사랑받는다고 느꼈다.

그의 부모님이 나에 대해 알고 있었음을 나는 나중에 알았다. 부모님이 그의 방에서 우리들의 사진을 보았단다. 그 사진은 일 년전에 형과 형의 여자 친구가 방문 왔을 때 블랙 포레스트에서 블루베리 딸기를 따면서 찍은 사진이었다. 당시 나의 머리가 아주 짧아서 사진 속 나는 남자아이처럼 보였다. 그의 어머니는 사진을 보고 내가 소년이냐고 물었단다. 그날 이후, 나는 다시 침묵을 지켰다.

어느 날 그는 나에게 전화를 걸어, 여자는 남쪽에 살고 남자는 북쪽에 살면 좋을 것 같다고 자연스럽게 말했다. 나는 "말도 안돼!"라고 하고 전화를 끊었다. 나는 결혼 후에야 그의 발언이 얼마나 의미 있었는지 알게 되었다.

회사 이전

어느 날, 크리스토프가 전화로 지나가는 말로 회사와 아파트를 옮긴다고 말했다. 적당한 집을 찾았지만, 완전히 개조하고 재건축해야 할 것 같다고 했다. 1987년 1월, 그는 사업 파트너와 회사 이사하고 싶어 했다.

그렇다면 그는 왜 5월에 프라이부르크의 방 3개짜리 아파트로 이사했을까? 아이와 나를 이곳에 머물게 하고 주말에만 오려고 했나? 하지만 나는 이 질문을 하지 않았다. 그의 대답이 솔직했을지 누가 알까? 그의 오락가락하는 태도에 나는 불안한 마음이었고, 최소한 근거를 잡기 위해 내가 그 근처에 일자리를 구하고 싶다며, 나를 이곳저곳 병원에 데려다 줄 수 있느냐고 물었다.

이때 그는 미래의 집을 나한테 외부에서 보여주었다. 그러나 그는 내가 이 근처에 일자리를 찾는 것에 관심이 없다는 것을 느꼈다. 1986년 6월 말이었다.

내가 그의 부모님을 만났고, 그의 놀라운 친절함에도, 나의 마음은 바뀌지 않았다. 결혼하지 않고는 프라이부르크의 아름다운 도시에 있는 친구들을 떠나 슈바벤란트(Schwabenland)로 이사하고 싶지 않았기 때문이었다.

결혼 증명서 없이 함께 살자는 그의 제안을 나는 거절했다. 나는 영원히 헤어짐을 원했고, 그가 회사와 함께 프라이부르크를 떠나는 게 좋겠다고 분명히 말했다. 나는 계속 거리를 두었고, 회사가 이전함과 동시에 우리 관계는 확실히 끝난다고 선언했다. 그러나 그것은 그에게 완전히 잘못 인식되었다: 결혼 후, 남편은 내가 결혼하도록 압박했다고 계속 비난했다.

헤어짐, 네 번째 라운드

슈바벤란트(Schwabenland) 회사 근처에 내 일자리를 찾기 위해 크리스토프가 근처에 있는 병원으로 운전했다. 그러다 우리는 숲 근처에서 휴식을 취했다. 거기서 그는 내가 자신에게 맞지 않는 사람이라며, 우리 관계를 끝내자고 했다. 새로운 굴욕의 폭포였다. 그것은 내게 갑작스러웠다! 나는 완전히 헤어지는 것에 동의하는 것이 더 이상 어렵지 않았다.

직장에서의 성공

피부과 병원 검사실에서 소아과병원 검사실로 바뀐 것은 엄청난 안도였다. 여기에는 많은 화학물질도 없었고 따뜻한 날에는 창문을 열 수 있었다(프라이부르크에는 많은 날들이 따뜻하다). 그러나 나에게는 변화가 너무 늦었다. 폼알데하이드(Formaldehyd), 손 세정 로션, 알코올 함유 세정제 및 소독제 때문에 힘들었다. 추운 계절에는 난방을 켜고 창문을 닫아야 해서 이중고를 겪었다! 그러나 새로운 검사실 일은 나한테 매우 즐거웠다. 나는 또한 주말과 주중에 당직 근무도 맡았다.

약 3개월 후, 나의 교수는 나에게 새로운 업무로 연구할 것을 요청했다. 미국에서 가져온 연구용 기계였다. 나는 "누군가 이미 그걸로 일하지 않습니까?" 하고 물었다. 그러나 그는 나의 이의 제기를 무시하며 한번 시도해 보라고 했다. 기계가 바로 작동하자, 교수는 어린 소년처럼 환호하며 검사실을 왔다 갔다 하며, 내가 어떻게 했는지 알고 싶어했다. 그는 흥분하며 무척 기뻐했다!

나는 그렇게 새로운 연구 업무를 받았다. 사실 새 동료가 검사실 매니저가 되고 싶어 했기 때문에 나는 그녀에게 미안하고 난처했다. 하지만 담당 교수님의 뜻이라서 동료도 어쩔 수 없이 받아들여야 했다. 지금까지도 기계가 그녀의 손에서 왜 작동하지 않았는지 나는 모른다. 얼마 후, 그녀는 작별 인사도 없이 검사실에서 완전히 사라졌다.

대부분 동료가 실패하는 이유는 관리 및 청결 문제였다. 아주 가는 철사로 만든 작은 자석과 아주 작은 또 하나의 작은 자석 돌을 물로 응고된 혈소판을 완전히 제거한 다음, 멸균 식염수로 돌과 자석을 헹궈야 했다. 그런 후 보푸라기가 없는 (lint-free) 종이(특히 병원용)로 조심스럽게 두 손가락으로 조심스럽게 눌러 말려야 했다. 이 업무에 대해 교수님은 나를 맹목적으로 믿었고, 필요한 부속품을 주문하도록 전적으로 나에게 맡겼다(예: 기존 피펫(Pipette)은 너무 커서 거칠었다).

그래서 나는 어린 영아들을 더 쉽게 검사하고 치료하기 위해 혈소판의 기능을 연구했다. 어떤 날은 하루 종일 테스트하기 위해 동료들과 상의한 후 일상적인 업무에서 벗어나기도 했다. 하느님 아버지께서는 좋은 아이디어도 주셨다: **성인용 피!** 그래서 나는 아침에 혈액은행까지 5분을 걸어가 헌혈자들에게 10mℓ의 혈액을 부탁했고, 헌혈자들은 아주 기꺼이 혈액을 주었다. 그 덕분으로 3개월 안에 연구 프로젝트를 완료할 수 있었다. 그때 나는 점심시간 1시간을 최대한 활용했다. 공원을 걸어 병원 식당에서 여유롭게 식사하고, 차를 마시며 오후를 위한 재충전의 시간을 가졌다.

1987년 1월, 교수님은 독일 내 소아과 의사들과 프라이부르크에서 열린 독일 의학 학술대회에서 최초로 연구 결과를 발표했다. 그 사실은 내가 신혼 휴가에서 돌아온 2월에야 알았다. 그는 나에게 매우 자랑스럽게 사실을 말하며 고마워했다. 그러곤 A3 포스터에 내 결혼 전 이름이 적혀 있다며 사과했다 (그 당시 독일에선 결혼하면 남편의 성으로 바뀌었다). 그는 또 말했다: 독일에서 이 기계를 도입한 대학병원은 4곳에 불과하며, 2곳 병원은 이미 포기했고 한 대학에서는 여전히 연구가 진행 중이라고 말했다. 그래서 독일에서 우리가 가장 먼저 기계를 작동시켰고 연구를 완료했다! 그때야 나는 그가 이 성공을 왜 그렇게 자랑스러워하는지 이해했다. 작업은 내가 했지만, 연구 결과는 그가 썼고 결국은 그의 연구 프로젝트였다.

1월에 연구발표를 마친 후, 우리는 박사 과정 의대생들에게 교육할 수 있었으며, 영아들에게 일상적인 검진을 위해 사용할 수 있었다. 혈액이 아주 적은 양이 필요했기 때문에 유아들에게 큰 도움이 되었다! 교수님의 요청에 따라 나는 기계의 사용법을 아주 자세하게 적었으며 박사 과정 의대생들과 동료들에게 실습 방식으로 가르쳤지만, 손재주, 청결, 관리 부족으로 실패하는 경우가 많아 교수님은 절망에 빠지기도 했다.

9장: 놀라운 결혼

"서류를 보내주라!"

나는 크리스토프와 거리를 유지했고 더 이상 그와 함께하고 싶지 않았다. 1986년 가을, 크리스토프가 내 직장으로 전화를 걸어 서류를 요구했다. 나는 무슨 말인지 이해가 되지 않아서 무슨 뜻인지 물어봤다. 그는 "너 바보야!"라고 대답했다. 그는 시청에 들렀다며 우리의 공통성을 합의하기 위해 어느 날에 그곳에 가야 한다고 했다. 그러면서 서류를 서둘러 달라고 부탁했다.

나는 매우 놀랐고 눈치챈 직장 동료들은 기뻐했다. 하지만 나는 결혼 후 바로 이사할 계획은 없었다. 그래서 1986년 11월에 중고 아우디 80을 구입했다. 주말에 남편을 방문도 하고 그곳에서 새 직장을 찾으며 시간을 보낼 수 있도록. 크리스토프가 찻값을 내고 싶다고 했지만, 결혼 후 그럴 기회가 많을 거라며 고맙게 거절했다.

재산분리, 이름 및 기타 고려 사항

어느 날, 크리스토프가 결혼 전 재산분리에 관해 이야기했다. 나는 들어본 적이 없어서 설명을 요청했다. 간단한 설명을 들은 후, 나는 돈 때문에 결혼하지 않는다. 특히 그런 식으로 결혼하겠다면, 나는 결혼을 포기하겠다고 대답했다. 나는 그가 부자인지 가난한지 전혀 몰랐다. 나는 그를 하나님의 사랑으로 사랑했고, 그가 자신의 회사에서 소프트웨어 개발자로 일하고 있으며, 프라이부르크에 임대 아파트 한 개를 가지고 있는 것만 알고 있었다. 나에게는 부와 명성은 중요하지 않았다. 오직 인성, 특히 정직, 성실, 정의만이 중요했다. 어쨌든 재산분리보다, 내가 그에게 더 중요해야 했다. 그 결과 그는 재산분리를 포기했다.

37살인 나는 매우 순진했었다(지금도 마찬가지다).

나한테 가장 힘들었던 것은 나의 한국 성을 포기하는 것이었다. 처녀 시절 이름을 그대로 사용하고 싶었지만, 크리스토프한테 회사가 있었고, 그가 개명하는 데 복잡했을 뿐만 아니라, 유럽인이 이국적인 이름으로 불리는 것도 매우 이상했을 것이었다. 이 중 이름을 사용하면 더 복잡할 것 같아서 그의 성만 사용하기로 했다. 크리스토프한테도 나의 결정은 간단하지 않았다. 나는 시청 등기자(기록원) 앞에서 한참을 생각한 후 무거운 마음으로 서명했다.

인생에서 가장 아름다운 날?

"인생에서 가장 아름다운 날"에 대한 크리스토프의 생각은 청혼만큼이나 산문적이었다: 교회 결혼식은 물론 결혼식 잔치도 원하지 않았다.

크리스토프는 자신이 하나님을 믿지 않기에 교회에서 결혼하고 싶지 않다는 사실을 정당화했다. 그렇게 하면 하나님께 거짓말하는 것을 의미한다며 원하지 않았다. 그럴듯하고, 이해할 수 있었으며, 정직하고 논리적으로 들렸다. 나는 그것을 반쯤 수긍했다.

신랑 들러리는 피할 수 없었다. (독일은 결혼 시 신랑과 신부한테 결혼 증인이 있어야 한다). 그러나 한 사람도 없었다! 크리스토프는 처음부터 끝까지 외톨이였고 친구는 단 한 명도 없었다. 그래서 나는 그의 셋째 형에게 해달라고 제안했다. 형은 종종 그의 여자 친구와 우리를 방문했었다. 하지만 크리스토프는 그렇게 하고 싶지 않았다.

그래서 그는 1970년대 중반 민간인 복무 때부터 알고 지낸 사업 파트너 중 한 명을 선택했다. 1987년 초부터 이 남자는 지하층 아파트에서 크리스토프와 함께 살고 있었고, 오랫동안 나에게 골칫거리가 되었었다. 그는 종종 그의 친구들과 우리 부엌에서 요리했다. 주말에 내가 크리스토프를 방문했을 때 그릇과 수저가 없었다. 또 사용했던 모든 것은 씻지 않은 채 널려있었다. 분명히, 그는 식탁이 있고 공간이 넓은 우리 주방을 더 좋아했다. 게다가, 이 남자는 극도로 재치가 없었으며, 노크하지 않고 우리 거실에 뛰어들곤 했다. 기가 막힌 나는 어느 날 남편에게 너희들 부부냐고 물었고, 남편은 질색하며 부인했다.

나는 크리스토프에게 친구가 한 명도 없다는 사실에 대해 많이 생각했다. 우리 결혼식 잔치에 내 하객(직장 동료, 성경 친구, 한국 교회)이 150명인데 반해 그에게는 부모와 형제자매만 있다면 어떤 그림일까?!

그러나 그는 결혼 잔치도 원하지 않았다. 그래서 나는 무거운 마음으로 시청 예식으로 끝내고 큰 결혼식 파티도 하지 않기로 동의했다. 한인 교인과 축하 행사를 포기하는 것은 나한테 힘들었다. 또 시청 홀이 매우 작다며 시청에 오는 것조차 허용되지 않는다고 크리스토프가 말한 대로 교회에 알렸다.

교회의 형제자매들은 나의 멋진 결혼식 파티를 만들어 주려고 했고, 한국 요리와 성악을 공부하는 한국 대학생들이 나를 위해 할 수 있는 모든 일을 했을 것이다. 취소는 그들에게도 매우 아쉬웠다. 그러나 신랑을 배려하려면 무슨 짓을 못 할까! 나의 소망과 생각은 십자가에서 죽어야 했다.

크리스토프는 바닥에 닿은 내 한복의 긴 끈을 가지고 놀았다.

나는 또 자기 부모님도 시청에 참석하는 걸 원하지 않는다는 것을 알게 되었다! 다시 말하지만, 이것은 내 생각과 전혀 맞지 않았다. 나는 무거운 마음으로 받아들여야 했다.

시청에서 의식이 끝나면 결혼 증인들과 함께 식당에 가서 식사하는 게 전부였다.

나는 한국에 계시는 부모님께 결혼 날짜를 알려드렸다. 부모님은 나에게 큰 놀라운 선물을 보내주셨다. 세 가지 아름다운 한복과 고향의 특산품 진미도 보내주셨다. 한국 전통대로 신랑의 전통 의상을 빼놓을 수 없었기 때문에, 크리스토프를 위한 한복 웨딩 슈트도 보내주셨다. 크리스토프는 내가 옷을 입어보는 동안, 바닥을 기어다니며. 바닥까지 내려온 긴 저고리 리본을 만지작거리며 한복에 매료되었다. 그는 그런 것을 본 적이 없었기에….

눈보라

결혼식 전날에는 눈이 쉴 새 없이 내렸고, 폭풍우가 몰아쳤다. 크리스토프가 프라이부르크에 무사히 도착하길 바랐다!

그의 셋째 형은 이런 날씨에 가는 것은 미친 짓이라고 말렸고, 왜 평소처럼 금요일이 아닌 목요일에 가느냐며 반대했단다. 그는 막냇동생이 금요일 아침에 무엇을 해야 하는지 전혀 몰랐다. 모든 희망과 불안과 기도 끝에 크리스토프는 결혼식 날 새벽 4시에 무사히 도착했고, 나는 감사한 마음으로 안심했다. 1987년 2월 20일 금요일이었다.

논스톱 놀라움

2~3시간 수면 후 시청에 갈 시간이 되었다. 시청 정문에 도착한 우리는 놀랍게도 입구 앞에서 기다리는 한인교회 형제자매들을 발견했다! 추위에도 불구하고 같이 성경 공부하는 독일 자매들도 있었다. "내 인생에서 가장 아름다운 날"을 혼자 둘 수 없었단다. 나는 그것에 대해 매우 기뻤고 동시에 슬펐다: 모든 하객을 수용하기엔 너무 작다고 하지 않았던가?

그러다 우리들은 두 번째 놀랐다. 결혼식장은 컸다. 큰 도시에 어울리는 결혼식장! 그리고 나는 짜증을 내야 할지 행복해야 할

결혼반지 교환

신랑의 결혼 증인이 사인하고 있다.

지 몰랐다. 어쨌든, 내 형제자매들은 매우 기뻐했고, 크리스토프도 그들이 거기에 있다는 사실에, 눈에 띄게 즐겼다.

결혼식이 끝난 후 우리는 또 깜짝 놀랐다. 크리스토프와 나는 큰 대기실에서 축하와 선물을 받았고, 내가 사진작가로 선택한 형제가 사진을 찍었다. 내 친구들은 사복을 입고 온 것을 부끄러워하며 사과했지만 우리는 모두 매우 행복했다!

들뜬 기분으로 우리가 밖으로 나가서 아름다운 시청 안뜰을 가로질러 걸었을 때, 어디선가 펑 하는 소리가 들렸고, 나의 긴 검은색 코트에 샴페인 병마개가 튀는 것을 보았다. 앞을 보니 크리스토프의 동업자 몇 명이 샴페인과 잔을 들고 서 있었다!

우리가 결혼한다는 사실을 말하지 않았기 때문에 크리스토프도 당황했다. 수수께끼는 빨리 풀렸다: 그들 중 한 명이 크리스토프가 시청에 전화했을 때 사무실에서 들었단다.

그래서 그가 시청에 전화해 날짜와 시간을 파악했단다! 크리스토프는 그들의 박수를 받았고 우리는 행복하게 건배했다.

예상치 못한 손님을 어떻게 해야 하나? 신혼 남편은 사업 동업자들도 우리 결혼 증인들과 같이 식당으로 가자고 나에게 말했다. 그래서 나는 "내 친구들은?" 하고 물었다. 그는 나중에 그들과 함께 식사할 기회를 얻자고 했다. 거기에 나는 동의하고 형제자매들에게 알렸다. 그러나 나는 그들이 우리 없이 근처 식당에 가는 걸 보며 매우 안타까웠다. (한 달 후 우리는 그들 모두를 중국 식당에 초대했고, 모두가 매우 행복했으며 크리스토프도 늦은 파티를 즐겼다.)

크리스토프는 사업 동업자들한테 식당을 알려줬고, 우리는 결혼 증인들과 사진관에서 만나자고 한 후 차에 탔다. 그러나 크리스토프는 다른 방향으로 가고 있었다! 내가 어디로 가느냐고 물었을 때 그는 그저 웃기만 했다. 믿을 수 없었다!: 그는 자기 회사 앞에 멈췄다! 나는 "지금 회사에서 뭘 하려고? 손님들이 우리를 기다리고 있잖아.."

그는 미소 지으며 내 손을 잡고 사무실로 들어가 전화를 걸었다. 그는 지금 누구에게 전화하고 싶을까? 그는 수화기에 대고 간단하게 "샤우벨레(우리들의 성) 부인이 너와 이야기하고 싶어 한다"라고 말하고는 수화기를 내게 건넸다. 당황한 나는 그냥 "안녕하세요"라고 말했다. 반대편에는 크리스토프의 어머니였다. 그녀는 오전 기도 시간에 우리를 생각했다며, 결혼식을 축하했다. 그리고 "당신" 대신 "너"를 제안했다.

나는 전혀 생각하지 못했고, 그것을 공격적이라고 느꼈다. 이게 크리스토프다: 아무런 경고도 없고 연극도 없이 끝내는 것! 나는 몇 분 동안 무아지경에 빠졌다. 적어도 나는 그가 엉뚱하다고 말할 수 있었다. 그의 부모님은 우리 결혼식에 대해 알고 있었을까? 나는 절대로 묻지 않았다.

크리스토프는 부모님과의 논쟁을 피하고 싶어서 알리지 않았다고 나한테 나중에 알려줬다. 내가 아시아인이기 때문에, 부모님이 결혼을 반대할까 봐 그랬단다. 그는 맏형의 경우를 목격했다. 맏형이 훨씬 나이 많은 여자와 결혼하고 싶었지만, 그녀가 아카데미 커가 아니라고 반대했었단다. 아버지와 격렬한 논쟁을 벌인 후, 이 형은 하루가 바쁘게 집에서 쫓겨났고, 수년 동안 가족과 연락하지 않았었다. 그의 아버지는 고등학교 교장이었고, 아들 셋은 다 학자였다.

사진관에서 우리는 일화를 경험했다: 가여운 사진작가는 남편의 결혼 증인을 나의 신랑으로 생각하고 나와 함께 사진을 찍으려고 했기 때문이다! 우리 모두 당황했으나 웃음으로 넘겼다.

크리스토프한테는 내가 권한 결혼 양복에 저항한 것이 잘못이었음이 입증되고 말았다. 나는 그에게 나의 녹색 한복과 잘 어울리는 멋진 짙은 파란색 양복을 해주겠다고 했으나 그는 거절했었다. 그리고 갈색 양복을 택했었다. 그는 나중에 그것을 후회하며, 그의 양복이 내 옷에 맞지 않았다는 것을 인정했다.

사업 동업자들과 우리 결혼 증인들이 식당에서 식사를 마쳤다. 그런 후 나의 결혼 증인 부부, 사진 찍은 형제 부부와 크리스토프의 아파트에서 만났다. 거기에 다른 두 지인도 합류하여 저녁 늦게까지 고국의 진미를 먹으며 보냈다. 신랑은 어젯밤을 주로 고속도로에서 보냈기에 눈에 띄게 피곤해 보였다.

더욱 하이라이트 했던 건 다음 날 신혼여행 대신 크리스토프가 직접 운전하여 이사하는 거였다.

결혼 증인과 지인

신랑의 이사

크리스토프의 아파트에는 이삿짐 상자들로 가득했었다. 우리는 이틀 밤 동안 거의 잠을 못 잤지만 이사해야 했다. 완전히 미친 거였다! 하지만 내가 어찌하리오?

크리스토프의 새집에 도착한 나는 차고 문에서 이삿짐 트럭으로 납작해질 뻔했다. 나는 트럭 뒤에 서 있었고, 신혼인 남편은 나를 못 봤다. 나는 "멈춰, 멈춰!"라고 여러 번 소리쳤지만, 그는 나를 보지도 듣지도 못했다. 다행히 제시간에 멈춰 섰고, 크리스토프는 죽을 만큼 놀랐다.

우리는 충격을 받았고 소름이 끼쳤다. 창백해진 신랑은 다소 아  이러니하게도 "결혼하자마자 여자는 죽었다"고 신문에 실렸을 것이라고 말하여 우리는 웃었다. 그 이후로 그것을 기억할 때마다, 우리의 등골이 오싹했다.

결혼 증인과 지인

시아버지의 큰 칭찬

결혼식이 끝난 후 우리는 그의 부모를 방문했다. 시부모님은 나를 따뜻하게 맞아 주셨다. 우리 둘은 한복을 입고 즐겁게 보냈다.

어느 순간 크리스토프가 화장실에 가기 위해 일어섰는데, 그의 바지가 거실 문에서 미끄러져 내려갔다. 바지 끈이 느슨해졌던 거였다. 우리는 모두 눈물 나도록 웃었다!

크리스토프가 밖으로 나가자마자, 시아버지가 큰 손으로 내 오른쪽 허벅지를 치며 "네가 어떻게 했기에 크리스토프가 이렇게 느슨하게 변했니? 과거에는 우리와 한마디도 안 했지만, 최근에는 완전히 달라졌다. 그는 심지어 그의 회사 일에 관해서도 이야기한다."하며 웃으셨다. 예상치 못한 칭찬이었지만 나는 기뻤다. 영광을 하나님께 돌리지만, 나는 거의 3년 동안 그에게 부모를 멸시하지 말고 공경해야 한다고 이해시키느라 노력했었다. 이렇게 하나님의 사랑으로 성공했다는 것을 알게 되었다.

크리스토프는 내가 나의 부모님과 형제자매를 존경하며 사랑하는 걸 목격했다.

작별 인사로 시아버지는 아들에게 "크리스토프, 순녀가 시키는 대로 해!"라고 말했다. 시어머니는 그것이 맘에 들지 않은 것 같았다. 그녀는 "그걸 당신이 말하는 거예요!"하고 반박했다. 나는 그것을 이상하다고 생각했고 마음에 들지 않았다.

시아버지는 무자비한 콜레리커 (Choleric)임을 나는 이미 남편의 작은 정보에서 알아냈었다. 그리고 그것이 내가 그에 대해 아는 전부였다. 우리가 방문하는 동안, 나는 시아버지가 수학과 화학을 잘 알고 있는 것에 놀랐다.

몇 달 후, 크리스토프의 어머니도 나는 크리스토프에게 젊음의 샘이라고 칭찬했다. 실제로 크리스토프의 뺨에 깊고 기다란 주름은 사라졌고 몇 년 전보다 젊어 보였다. 그의 개인위생도 개선되었으며 흡연자의 치아도 하얗게 변했다.

한인교회의 형제자매들도 크리스토프의 변화에 크게 기여했다. 그들은 무조건 크리스토프를 사랑했다.

나와 친하게 지내는 전 언니가 어느 날 나에게 말했다: "네가 크리스토프를 사람으로 만들었다. 과거와 달리 그는 이제 머리를 들고 걷는다. 개방적이고, 재미있고, 외향적으로 변했다고 말했다."

크리스토프가 오면 테니스를 치러 오기 싫다고 했던 또 다른 한국 여자 친구는, 1989년에 그녀의 남편과 우리를 방문했다. 그녀는 믿기지 않는다고 했다. 부엌에서 나한테 속삭이듯 "이게 정말 우리가 같이 테니스했던 사람이니? 믿을 수 없다!" 그녀는 놀라움에서 헤어 나오지 못했다. 그럴 수밖에 없었다. 1970년 중반, 크리스토프랑 테니스한 적이 있다. 그런 후 크리스토프가 오면 안 가겠다고 했었다. 그래서 나는 그녀에게 물었었다: "말해봐, 남자 사귀려고 정구 치러 오니? 그를 네가 친구로 삼을 필요도 없고, 결혼할 필요도 없다!" 하며 놀렸었다.

주말 부부

일상생활이 나를 되찾았다. 우리는 거의 주말에만 프라이부르크에서 만났다. 나는 수리한 슈바벤란트(Schwabenland) 새집을 견딜 수 없었다. 마른기침에, 눈은 따가웠으며 염증을 일으켰다. 나는 폼알데하이드 냄새를 맡았다. 크리스토프는 내가 하이포콘더(Hypochonder)라고 말했다. 내 주장에 따라 그는 전문가를 오게 했고, 검사 결과로 폼알데하이드에 노출되었다는 것을 증명할 수 있었다. 나는 다종 화학 물질 민감증(MCS)에 걸린 이후, 화학물질 냄새며 곰팡냄새가 나는 걸 바로 알 수 있다.

동료들은 내가 언제 이사할지 알고 싶어 했다. 한 동료는 3월 말에 사표 내고 싶다고 했고, 규칙상 동시에 둘이 사표 낼 수 없었다. 그래서 나는 6월 말에 사표 내는 걸로 합의했다.

교수님은 나를 보내주려고 하지 않으셨다. 그래서 크리스토프와 상의한 후 동료를 우선시했다. 나는 또한 새 거주지에 일자리를 찾지 못했고, 집의 폼알데하이드 문제 때문에 6월로 미루는 게 어렵지 않았다.

직장에서는 봄에 휴가 일정을 제출해야 했다. 그래서 나는 크리스토프에게 신혼여행을 언제 갈 거냐고 물었고, 그가 조용히 선택할 수 있도록 여행 카탈로그를 계속 집으로 가져왔다. 그러나 나는 그에게서 확고한 대답을 듣지 못했다. 우리는 그란카나리아(Gran Canaria)로 결정했지만, 그는 매번 자영업자라서 정확한 날짜를 미리 알려줄 수 없다고 말했다. (나중에 나는 그가 계획을 세울 수 없다는 것을 알았다. 계획이 없는 사람이었다)

몇 주가 지났고, 병원은 알고 싶어 했으며 나는 압박감을 느꼈다. 어느 날 나는 6월 상반기에 2주 휴가를 보내기로 하고 크리스토프에게 알렸다.

결혼하기 전에도 나는 크리스토프에게 내가 언제 직장을 그만 두고 그와 함께 살도록 이사하는 게 좋은지 물었다. 이 질문에도 명확한 답을 얻지 못했기에 계속 질문했다.

한번은, 내가 근처에 일자리 찾을 때까지 몇 달 동안 실업해도 괜찮냐고 물었다. 그는 대부분 "네가 하고 싶은 대로 해"라고 대답했다. 이런 종류의 대답은 실제로 "아니요"를 의미한다는 사실을 결혼 생활 동안 매우 힘들게 배웠다.

나는 항상 명확한 관계와 잘 짜인 것을 선호했다. 그러나 남편은 장거리 관계를 진지하게 선호한다는 걸 결혼 초기에 아주 우연히 알았다. 그렇기 때문에 내가 프라이부르크에 머물면서 일하는 것이 그에게 괜찮았다. 그는 주말에 나한테 왔고, 내가 주말에 일할 수 있어서 편리했다. 그래서 격주로 토요일 오전 8시부터 오후 2시까지 정규 아침 근무를 맡았는데 동료들도 기뻐하며 고마워했다. 한 달에 한 번 정도는 야간 근무도 했다.

응급 근무는 "정규 근무 시간 외 근무"다. 어린이 병원의 검사실은 주 7일, 하루 24시간 항상 열려 있어야 했다. 일요일 하루 종일 근무할 때는(오전 9시부터 오후 7시까지), 내가 예배에 참석할 수 있도록 오후 2시까지 대리인을 찾았다. 그것은 어렵지 않았다: 동료 대부분은 오후에 쉬는 것을 좋아했다. 비록 그들도 나처럼 한 달에 두 번 일요일에 일해야 했다.

'Honey/Darling'을 한국어로 어떻게 부르나?

내성적이고 수줍음이 많은 크리스토프는 나를 독일어로 "Darling"이라고 부르지 못했다. 그래서 그는 그것을 한국어로 어떻게 부르는지 물었다. 남편이 아내에게 "여보"라고 부른다고 알려줬다. 그때부터 그는 항상 나를 그렇게 불렀다.

이것은 그에게 실행할 수 있는 옵션인 것 같았다. 그러나 한국 관습은 노인, 부모 또는 낯선 사람 앞에서 이런 애칭으로 부르는 것을 허용하지 않는다는 걸 그는 몰랐다. 그래서 크리스토프는 언제 어디서나 나를 그렇게 불렀다. 결혼 후 2년 만에 한국에 갔을 때, 세 살 어린 남동생이 남편의 "여보" 땜에 많이 웃었다. 크리스토프는 한국어를 읽고 쓸 수 있었기 때문에, 그가 나한테 메모를 남길 때 항상 "여보"를 한국어로 정확하게 썼다. 그는 그것을 인사말로도 사용했다.

첫 부부 싸움

결혼 후 3개월째인 1987년 5월 초, 나는 주말에 이사한 슈바벤란트(Schwabenland) 집으로 갔다. 다행히 날씨가 따뜻해서 모든 창문을 열어 둘 수 있었고 견딜 수 있었다.

저녁에 우리는 여전히 부엌에 앉아 있었고, 나는 그에게 내가 6월 말로 사표 냈다고 알렸다. 맙소사! 내가 말벌 집을 쑤셨나! 크리스토프는 소리를 질렀다: "내가 머리지 네가 아니다! 내가 말할 권리를 가졌고 너는 아니다!" 그러면서 그의 오른손이 위로 올라갔고, 나를 때리려 했다. 깜짝 놀란 나는 자발적으로 온 힘을 다해 외쳤다: "내려쳐라!" 그것은 분명히 하나님의 영감이었다!

나의 큰 목소리에 우리 중 누가 더 놀랐으며 겁을 먹었는지 내기할 수 없다. 비명을 지르는 것은 결코 내 스타일이 아니었다. 내 큰 비명에 놀란 그는 정신을 차린 후 자기 오른팔이 위로 뻗어 있는 것을 보았다. 부끄러움과 공포에 휩싸인 그는 팔을 다시 내리며 창백해졌다.

나는 낮은 어조로 그에게 분명히 말했다: "네가 나를 때리면, 너는 나를 다시는 보지 못할 것이다. 아내를 때리는 남자는 나에게 남자가 아니다. 광란에 걸레를 찢거나 등등은 할 수 있지만 내 몸엔 절대로 손대지 마라."

몹시 충격을 받고 부끄러워진 그는 부엌 벤치에 앉아서 **"하마터면 내가 널 때릴 뻔했다!"** 하고 중얼거렸다.

나는 그가 스포츠에서 실패하면 어린아이처럼 신경질 내며 욕하는 행동을 알고 있었다. 그러나 나는 그의 남성 우월주의적인 자세와 성경에 대한 오해에 상당히 충격을 받았다. 그의 뚜렷한 독단주의는 나를 벙어리로 만들고 싶은 거였다. 내 나이 38에 나의 독립적인 사고와 행동, 나의 자신감을 포기해야 하나? 그것이 신학에 대한 그의 이해였다. (아니면 단지 신학을 밀어붙이고 있는 걸까? 어쨌든, 그는 위선자처럼 느끼지 않았다.)

또 한 번은 나에게 성숙하라고 했다. 나는 이 모순에 대처할 수 없었다. 그리고 이것은 많은 것 중 하나일 뿐이다. 크리스토프는 나를 지배하며 통제하고 싶었고, 그가 틀릴수록 더 화를 냈다. 그의 분노는 끝이 없었다. 다행스럽게도 내 부탁에 따라 그는 폭발을 느끼면 밖에 나가 진정될 때까지 신선한 공기를 들이마시며 산책했다. 그는 그런 식으로 화를 내뿜는 법을 배웠다. 정말 다행이었다!

폭풍은 잦아들었지만, 나는 여전히 화가 나 있었고 혼란스러웠다. 나는 그를 결코 이해하지 못했다: 내가 그에게 무언가를 묻거나 무언가를 요구할 때 왜 그는 나에게 명확한 대답을 하지 못할까? 나는 그의 코에서 모든 것을 뽑아내야 하나? 아니면 추측해야 하나? 정상적이고 합리적인 의사소통이 불가능했다. 10년의 사막에 대한 하나님의 약속이 없었다면 나는 그 시점에서 이혼을 결심했을 것이다.

그날 밤 나는 거의 잠을 잘 수 없었다. 그러나 크리스토프는 마치 아무 일도 없었던 것처럼, 또 명령받은 것처럼 곧 잠이 들었다. 나는 사직을 철회하기로 했다. 문제는 교수님과 내가 검사원 학생의 실습 기간이 끝나면 내 직책을 맡을 것을 이미 합의했고 그녀는 이미 고용 계약서에 서명한 상태였다.

나를 거부하다

누구든지 내 제자가 되고자 하는 자는 자기를 부인하고 자기 십자가를 지고 나를 따를 것이니라. 누구든지 자기 목숨을 구하고자 하는 자는 잃을 것입니다. 그러나 누구든지 나를 위하여 그리고 복음을 위하여 자기 목숨을 잃는 사람은

그것을 구원할 것입니다. 사람이 온 세상을 얻고도 그 과정에서 목숨을 잃는다면 무슨 소용이 있겠습니까? 어떤 대가를 치르고 목숨을 살 수 있습니까? (막 8:34~37, 누가복음 9:23~27, 57~62; 요 12:24~26)

자아 거부의 교육은 계속되었다: 나는 나의 자존심을 버리고 교수님께 여쭈어야만 했다. 월요일에 나는 교수님께 대화를 구했고, 검사실에 머물고 싶다고 말했다. 그는 겁에 질린 채 무슨 일이 일어났느냐고 알고 싶어했다. 그러나 나는 아직 일자리를 찾지 못했고, 일자리가 없으면 나는 지루할 것이라고 말했다. 착한 그는 이제 곤경에 빠졌다. 그는 대답했다: "그것은 불가능하다. 당신의 동의하에, 우리는 새로운 동료를 고용했는데, 지금 어떤 이유로 그녀를 해고합니까? 내 손은 묶여 있습니다."

그의 대답은 매우 슬프고 동정심 어린 소리로 들렸다. 그는 나를 인간으로 좋아했고 나의 능력을 매우 높이 평가했었다. 나는 그 앞에서 애원하며 울었고, 그는 나와 함께 고통을 겪었다. 잠시 후, 그는 말했다: "당신의 능력과 당신의 헌신에 대한 감사한 마음으로, 당신의 시간제 근무를 노력해 보겠습니다. 이를 위해서는 대학병원 사무실에 신청서를 제출하고 특정 절차를 밟아야 합니다. 안타깝게도 사무실이 이에 동의할 것이라고 보장할 수는 없습니다. 하지만 당신이 파트 타임에 동의한다면 시도하겠습니다. 나는 정규직을 사무실로부터 승인을 받지 못할 것이라고 확신합니다."

말한 대로 그는 내가 건강상의 이유로 20시간으로 줄이고 싶다는 편지를 썼다. 일주일 후 나는 서명했고, 우리는 사무실의 결정을 기다리고 있었다. 크리스토프는 이 모든 것에 대해 전혀 몰랐다.

순종을 축복하시는 하나님

5월 말이 왔으나 남편은 6월에 휴가를 갈 수 있는지 여전히 말할 수 없어서 여행을 예약할 수 없었다. 나는 매우 화가 났다.

나는 크리스토프한테 주말에 프라이부르크에 올 필요 없다고 말하고, 하나님께 부르짖었다. 그런 후 나의 아버지 하나님께서는 한 한국인 남성을 생각하게 하셨다. 그의 아내가 최근에 그를 떠났다고 들었었다. 그녀는 아이와 함께 하루아침에 사라졌고, 그 이후로 그가 우울하다는 말을 들었었다. 그는 불신자였고, 한국인들 사이에서 괴짜로 여겨졌다.

하나님의 자비는 내 마음을 움직였고, 주말에 그를 위해 시간을 내어 그를 좀 돌보라는 조용한 충동을 주셨다. 내가 화가 나서 크리스토프에게 오지 말라고 한 바로 그 주말이었다.

하지만 어떻게 해야 할까? 그 남자는 매우 수줍어했다. 언젠가 그의 아내가 나를 초대했었고, 그녀는 "송어"를 준비했었다. 그것은 아주 맛있었다. 그때부터 내가 그것을 요리할 때마다, 나는 그녀를 생각한다. 요리하는 동안 그녀는 자기 남편이 나와 내 의견을 매우 높이 평가한다고 말했다. 그리고 다른 한국인들은 경멸한다고 했었다. 우리는 서로를 거의 알지 못했기에, 그녀의 신뢰와 개방성에 나는 놀랐었다. 나는 그와 몇 번 탁구를 함께 쳤을 뿐이다.

내가 그것에 대해 생각하며 아버지 하나님과 대화했다. 그때 이 에피소드가 내 마음에 떠 올랐고 아이디어를 얻었다: **탁구!** 그렇게 우리는 서로를 알게 되었었다. 그래서 나는 용기를 내어 그에게 전화를 걸어 그의 상태에 대해 주의 깊이 묻고, 그의 아내가 그를 떠난 것에 대해 진심으로 유감을 표했다. 그는 "네, 몸이 좋지 않습니다"라고, 부드럽게 말했다. 그래서 나는 그에게 탁구 게임하고 싶은지 물었다. 놀랍게도 그는 즉시 동의했다.

탁구하고 난 후, 나는 그를 집으로 데려다주고 싶었다. 그러나 하나님은 **"그를 점심 식사에 초대하라!"** 하셨다. 갑자기 무엇을 요리하나 생각했다. 그러다 중국 식당이 생각났다. 그래서 내가 그를 중국 식당에 초대하고 싶은데 시간이 있느냐고 물었다. 그는 기꺼이 받아들였고, 식당에서 우리는 "하나님과 세상에 관한" 이야기를 나눌 수 있었다. 그 후 나는 그를 집으로 데려다줬고, 도움이 필요하면 전화하라고 제안했다.

돌이켜 보면, 그가 나와 대화할 수 있게 해준 것에 나는 놀랐다. 나의 하느님 아버지께서 그를 긍휼히 여기셨던 것일까, 아니면 그저 자비로우신 것일까? 예수님은 연약함을 가진 모든 사람을 사랑하시신다, 특히 다루기 힘들고 상한 마음을 가진 사람을 사랑하신다. 그 후, 나는 그와 연락이 끊겼다. 그가 위기를 잘 극복하고 좋은 삶을 살고 있으며, 그의 아내와 아이도 잘 지내고 있기를 간절히 바란다.

> *내가 굶주릴 때 너희가 먹을 것을 주었고, 목마를 때에 마시게 하였고, 나그네 되었을 때 영접하였고, 헐벗었을 때 옷을 입혔고, 병들었을 때 돌보았고, 옥에 갇혔을 때 와서 보았느니라. (마태복음 25:35~36)*

하나님께서 원하신 나의 친절이 그 사람에게 어떤 영향을 미쳤는지 나는 모른다. 그러나 집에 돌아왔을 때 나는 기분이 좋았다: 나는 내 예수님께 순종했고 외로운 사람에게 선을 행했다.

우울한 상황에서 탁구하는 것은 우리 모두에게 좋은 일이다. 스포츠는 신체 혈액순환이 진행되고, 우울 호르몬이 몸에서 배출되며, 뇌에서 행복 호르몬 세로토닌을 분비한다.

내가 한국인을 돌본 후, 나의 하나님 아버지는 나를 위해 "선물"을 준비하셨다: 그날 저녁 나는 특별한 여행사에 가야 한다는 느낌을 받았다. 그래서 나는 다음 날 8시 반에 그 여행사에 도착하여 물었다: 다음 주와 그다음 주에 저렴한 여행이 가능하냐고.

여인은 "안타깝게도 우리는 그렇게 짧은 시간 내에 제공할 것이 없습니다." 대답했다. 그러더니 "잠깐, 누군가 오늘 아침에 취소했는데 보겠습니다" 했다. 기적이었다, 나의 휴가 때 그란카나리아에 두 사람을 위한 아파트가 취소되었단다! 이보다 더 좋을 수는 없었다. 그것은 정확히 내가 원했던 것이었다: 수영장과 해변이 가까웠다. 상상할 수 없었다! 게다가 할인까지!

기쁘고 들뜬 마음으로 하나님께 감사드린 후, 내가 남편에게 당장 전화해도 되냐고 종업원에게 물었다. 그 당시에는 휴대전화도 없었고 장거리 전화도 비쌌지만, 허락을 받았다. 그래서 나는 크리스토프에게 알렸고, 그도 감격하며 당장 예약하라고 했다. 하나님 아버지께 순종한 축복이었다. 주말에 외로운 사람을 돌본 순종.

신혼여행을 가다!

출발 당일, 우리 둘 사이에는 기분이 좋지 않았다. 크리스토프는 이번에도 너무 느려서 공항에 늦게 도착했다. 화기 난 나는 그를 달나라로 두 번 보내고 싶었다! 크리스토프는 원칙적으로 늦는 끔찍한 습관을 지니고 있었다. 하지만 가장 끔찍한 것은 도로에서 다른 운전자들과 전 세계에 대해 화를 내고 욕을 많이 하며 과속 운전 스타일이었다. 나에게는 항상 스트레스였다. 또 그가 가장 싫어하는 것은, 누군가가 그를 기다리게 했을 때였다.

우리 둘은 완전히 정반대였다: 나는 일찍 출발하여, 일찍 도착하는 것을 선호했다. 그러고 남은 시간에 산책한다. 나는 서류 정리도 정확했다: 불쾌한 서류는 빨리했고 평화롭게 생각할 시간을 갖는 것을 선호했다. 남편은 마지막 경고조차 무시했다. 그러나 그의 사무실은 내 사무실과 달리 항상 흠잡을 데 없이 깔끔했다. 그러나 나는 그의 업무에 전혀 간섭하지 않았다.

그란카나리아에서의 휴가는 훌륭하고 조화로웠다. 우리는 렌터카로 당일 여행하며 2주를 즐겼다. 유일한 단점은 바퀴벌레였다. 모든 곳에서 접하는 아주 큰 바퀴벌레. 아침엔 죽은 바퀴벌레가 길에 수북하게 늘어져 있었고, 지독한 살충제 냄새로 가득했다. 밤에 산책하면 걷는 동안 신발 밑에서 딱딱거리며 터지는 소리가 들렸다. 매우 불편했다.

어느 날 밤, 나는 크리스토프가 불을 켜고 뭔가를 찾고 있었기에 깨어났다. 내가 그에게 무엇을 하느냐고 물었고, 그는 바퀴벌레도 날 수 있는지 물었다. 나는 "물론이지." 하며 그를 안심시켰다. 그는 "뭔가 시끄럽게 펄럭이는 소리가 들려서 깨어났다"고 설명하며 말썽꾸러기를 계속 찾아다녔다. 헛된 일이었다! 갑자기 나는 그의 행동에 웃음이 터져 나왔고, 나의 폭풍 웃음에 크리스토프도 자기 행동에 대해 웃었다. 우리는 눈물을 흘리며 웃었다!

어느 날 우리는 폭우 때문에, 아파트에 머물러야 했다. 그래서 나는 어린 시절의 게임을 크리스토프에게 보여줬다. 나는 이런 경우를 위해 해변에서 작은 돌들을 모아 집에 두었었다. 공기놀이를 모르는 사람들을 위해 설명하련다. 다음과 같이 진행된다: 한 손으로 한 개의 돌을 공중에 올리고 그 손으로 땅에서 여러 개의 돌을 집어 든 후, 같은 손으로 공중에 올린 돌을 다시 잡는 거다. 이렇게 번갈아 가며 하고 가장 많이 모은 사람이 승리한다. 크리스토프는 시간을 벌기 위해 때때로 돌을 천장까지 던지거나 더 이상 잡을 수 없을 정도로 멀리 던졌다. 이 게임에서 우리는 다시 눈물을 흘리며 웃었고, 우리는 웃음으로 몸을 웅크렸다! 1990년, 나의 부모님이 방문하셨을 때 이 게임을 다시 했다. 이번에는 돌이 아닌 작은 견과류(헤이즐넛)를 가지고 했다. 매우 재미있었다.

파트타임 일자리

집에 돌아왔을 때, 검사실에서 계속 일할 수 있다는 반가운 통보를 접했다. 대학병원 사무실에서 우편으로 보냈고, 나는 휴가 때문에 조금 지연되었으나 기꺼이 서명했다!

교수님께서 나를 위해 시간제 자리를 마련했다. 나는 그에게 무한히 감사했고 동료들은 매우 놀랐다. 고용 계약은 2년 반으로 제한되어 있었지만, 나에게는 정말 불행 중 다행인 축복이었다.

10장: 부부생활의 일상이 시작되다

"정말 헌신적이다!"

나는 대학 병원의 작은 아파트에서 오래 살았다. 크리스토프가 살던 아파트는 세를 놓았는데, 1987년 7월 초에 그 집이 비게 되었다. 그렇게 나는 그 아파트로 이사할 수 있었다.

한인 교회의 형제자매들이 사심 없는 도움을 주었고, 남편은 다시 한번 말문이 막혔다.

누군가가 아무런 대가 없이 무료로 도와준다는 것이 그한테는 낯설었다. 나는 부엌에서 쓸 흰색 중고 장 한 개를 샀다. 독문학 교수와 작곡가 그의 아내가 장을 깨끗이 닦아줬다. 짐을 풀고 청소하는 일과 이사할 때 해야 할 많은 일을 며칠 동안 도와주었다. 한번은 크리스토프가 내게 와서 속삭였다: "있을 수 없는 일! 그들은 정말 헌신적이다!"

사실, 그는 자기 형제들이나 친척들로부터도 그런 경험을 한 적이 없다. 어차피 친구는 한 명도 없었다. 공짜로 뭔가를 주고 도와주는 것? 그에겐 낯선 단어였다.

하루는 우리가 식당(레스토랑)에서 식사했는데, 내가 그의 접시에서 한 조각을 먹어보려고 내 칼로 그의 고기 조각을 자르고 있었다. 그때 그는 자기 칼로 내 포크를 두드리며 말했다: "이것은 내 것이냐!" 나는 많이 놀랐고 겁에 질려서 숨을 돌린 후 "안녕하세요, 너도 내 음식을 맛볼 수 있다"라고 말했다. 물론 미리 물어봤어야 했는데 나에게는 당연한 일이었다. 고맙게도 시간이 지남에 따라 크리스토프도 서로 음식을 나누는 법을 배웠다.

문화적 차이도 중요한 역할을 했을 것이다. 나의 즉흥성은 때때로 그에게 과도했다. 그는 거의 외교적이고 신중하며 무미건조했다.

다시 이사 때로 돌아간다. 이사 당일, 12명의 형제자매가 문 앞에 서 있었다. 그것은 그에게는 너무 놀란 일이었고, 그는 방향을 잃었으며 좋아하지 않았다. 그래서 내가 1990년 1월에 프라이부르크를 완전히 떠나는 이사 때는, 형제자매 네 명만 오게 해달라고 그가 요청했다. 확실히 너무 적었다. 무거운 부엌 물건과 가구를 많이 가지고 있었기 때문에 그들이 너무 힘들게 하는 것을 나는 원하지 않았다. 그래서 여섯 명의 형제자매를 오게 했다. 모든 것을 옮긴 후, 사람들은 지쳐 있었다. 그런 후, 크리스토프는 내 살림을 과소평가했음을 인정했다.

더러운 영으로부터 해방

매주 성경 공부 모임을 하는 독일 자매들도 내 이사의 아파트에 기뻐했다. 더 큰 공간을 갖는 것이 좋았기 때문에. 얼마 전부터 병원 검사실 동료도 정기적으로 방문했다. 그녀는 항상 병원에서 나의 곁을 찾았다. 어느 시점에서 그녀는 내가 쉬는 날에 무엇을 하느냐고 물었다. 솔직히, 나는 기독교인이고 기독교인들과 많은 관계가 있다고 대답했다. 그리고 일주일에 한 번 내 집에서 그룹 모임을 한다고 했다. 그녀도 올 수 있느냐고 물었다. 나는 "물론이지!" 했다. 그렇게 해서 우리 모임에 오게 되었다.
시간이 지나면서 그녀는 성경 공부 모임에 편안함을 느꼈고 받아들였다. 그녀는 직장에서 우정을 매우 그리워했다. 놀랄 일이 아니었다. 그녀는 어려운 성격이었고, 그래서 동료들은 그녀를 피했다.
어느 날 저녁, 그 여자는 갑자기 붉어진 얼굴에 공격적인 어조로 나의 성서 해석을 반박했다: "말도 안 돼! 어떻게 그렇게 해석할 수 있니?" 모든 참석자는 놀라서 겁에 질려있었고, 나는 칼이 내 심장을 꿰뚫는 아픔을 느꼈다. 그룹의 누구도 반박할 엄두를 내지 못했고 모두 겁에 질려 있었다. 나는 잠시 멈췄다. 모두가 내가 무슨 말을 할지 기다렸다. 헛수고였다. 몇 분 후, 나는 아무런 코멘트 없이 주제를 이어갔다. 모두가 궁금해하고 놀랐다.
모임이 끝날 무렵, 나는 여전히 심장이 매우 아팠기 때문에, 베아테(Beat)에게 마무리 기도를 부탁했다. 우리의 모임은 항상 주기도문 아니면 우리 중 한 사람의 자유 기도로 끝냈다. 나는 그날 저녁에 주기도문을 할 수 없었다. 그래서 베아테가 마지막 기도를 드렸을 때 나는 그녀의 기도를 듣지 않고 하나님과 씨름했다. 그러다 **"더러움"**이라는 단어를 받았다. 하나님의 말씀을 받는 것을 성경에서 "지식의 말씀" 또는 "지혜의 말씀"이라고 부른다. (고린도전서 12:4~11; 12:28 참조).

*은사는 여러 가지나 성령은 같고, 직분은 여러 가지나 주는 같으며, 또 사역은 여러 가지나 모든 것을 모든 사람 가운데서 이루시는 하나님은 같으니, 각 사람에게 성령을 나타내심은 유익하게 하려 하심이라. 어떤 사람에게는 성령으로 말미암아 **지혜의 말씀을**, 어떤 사람에게는 같은 성령을 따라 **지식의 말씀을**, 다른 사람에게는 같은 성령으로 믿음을, 어떤 사람에게는 한 성령으로 병 고치는 은사를, 어떤 사람에게는 능력 행함을, 어떤 사람에게는 예언함을, 어떤 사람에게는 영들 분별함을, 다른 사람에게는 각종 방언 말함을, 어떤 사람에게는 방언들 통역함을 주시나니, 이 모든 일은 같은 한 성령이 행하사 그의 뜻대로 각 사람에게 나누어 주시는 것이니라. 하나님이 교회 중에 몇을 세우셨으니, 첫째는 사도요 둘째는 선지자요 셋째는 교사요 그다음은 능력을 행하는 자요 그다음은 병 고치는 은사와 서로 돕는 것과 다스리는 것과 각종 방언을 말하는 것이라. (고린도전서 12:4~11; 12:28 참조).*

그렇다면 그러한 정보로 무엇을 합니까? 그 자리에서 그녀에게 말하는 것은 분명히 현명하지 않았다. 그래서 나는 조용히 기도했다. "예수님, 그녀 안에 뭔가 **'더러운'** 것이 있습니다. 제발 제거해 주세요, 제거해 주세요, 제거해 주세요!"라고 세 번 한 후, 그녀가 흐느끼는 소리를 들었다. 그리고 그 순간 하나님의 사랑이 나에게 뜨겁게 임했다.

하나님의 사랑에 압도당한 나는 그녀에게 다가가서 그녀를 껴안으며 그녀를 위로했다. "울어도 괜찮아. 괜찮아, 괜찮아. 하나님이야, 괜찮아!" 했다. 잠시 후, 그녀는 진정되었다. 그리고 얼굴에 빛났다!

다른 자매들은 무슨 일이 일어나고 있는지 이해하지 못했다. 그들은 성령의 은사를 알지 못했기 때문에 감히 묻지도 못했다. 결국 쇼크 상태로 그들은 모두 조용히 떠났다. 나의 동료만 남았다. 모두가 이 여자는 항상 마지막으로 떠나는 것에 익숙했다. 그러는 동안 나의 심장 고통도 사라졌다.

모두가 떠난 후, 동료는 태양처럼 빛났고 나에게 물었다: "너도 경험한 적 있니?" 그래서 나는 모른 척하고 "뭐?"를 했다. 그녀는 "마치 '더러운 것이 내 머리를 통해 나가는 것 같았다."고 했다. 나는 "그런 것이 있다."라고 대답했다. 나는 그녀에게 충격을 주거나 압도하지 않기 위해, 악하고 더러운 영들에 대해 이야기하고 싶지 않았다. 그녀는 완전히 변신했고 그저 빛나고 있었다. 하나님께서 우리 가운데서 온유하고 사랑스럽게 역사하심을 보는 것은 매우 아름다웠다.

영적으로 짐을 지는 은사: 중보기도

1987년 가을, 나는 한숨과 함께 안절부절못하며 몹시 힘들었다. 세 배로 힘들었다. 무엇일까? 나는 남편에게 사업에 문제가 있는지 물었다. 그는 없다고 대답했다.

나는 시어머니에게 전화를 걸었다. 그리고 크리스토프의 둘째 형인 목사님이 이혼하게 됐다고 들었다. 그의 아내가 이혼을 원했다.

또한 고향에 있는 내 여동생 중 한 명이 30세의 나이에 과부가 되었고 경제적으로 힘들다는 소식을 들었다. 그녀에게는 돌봐야 할 세 명의 어린 자녀와 시어머니가 있었다. 내 요청에 따라 남편은 그녀에게 5000 DM을 송금했다.

끔찍한 불안의 세 번째 이유는 크리스토프와 관련이 있었다. 그때 남편이 두 여자와 바람을 피웠다는 사실을 8년이 지나서야 알게 되었다.

불안함과 육체적 고통으로 한숨을 쉬며 영적으로 우는 것 땜에 반년 후 남편과 함께 프라이부르크 한 목사님을 찾아가 조언을 구했다.

목사님은 내가 기도로 짐을 지는 성령의 은사를 받았다고 하시며, 모든 것을 기록하라고 권했다. 그리고 언젠가는 그것에 관한 책을 쓰라고 했다. 그런 다음 그는 남편에게 나를 억압하지 말고 나를 지원하라고 말했다.

그는 크리스토프가 하나님과 문제가 있다는 것을 몰랐다. 하지만 그는 남편이 내 영적 충동 때문에, 남편이 나를 압제하고 있다는 것을 깨달았다.

음란한 비디오 (동영상)

1988년 여름, 나는 오랜만에 주말에 크리스토프한테 갔다. 크리스토프는 나와 함께 비디오를 보고 싶어 했다.

그것은 불쾌한 놀라움이었다! 나는 구역질했다. 비디오는 섹스로 가득 차 있었다.: 그룹, 동성애자, 레즈비언, 모든 가능한 위치와 불가능한 위치에서의 섹스였다. 나는 역겨웠고 굴욕감을 느꼈다! 그래서 나는 일어섰고 우리에게 그런 것이 필요한지 물었다. 그런 다음 나는 그가 그룹 섹스를 원하는지 아니면 동성애자인지 알고 싶었다. 그는 모든 것을 부인하며 내가 그것에 대해 어떻게 생각하는지 알고 싶다고 말했다. 나는 아무런 문제가 없었다. 그가 원할 때마다 아무런 저항도 없이 그를 위해 준비되어 있었고, 결국 나는 우리가 함께 있는 것을 즐겼다. 이를 위해 상상이나 책의 도움이 필요하지 않았다. 다행스럽게도 이 비디오는 우리가 함께 본 처음이자 마지막이었다. 나는 더 이상 생각하지 않았다.

나는 사람들이 그러한 환상과 아이디어 속에 살고 있는지 알지 못했다. 남성이 그것에 더 많은 영향을 받거나 더 취약한 걸까?

기회를 준다?

1988년 크리스마스 직전에 우리는 크리스토프의 목사인 형을 방문했는데, 그 사이에 그는 이혼하고 대학 동료와 재혼한 상태였다. 남편의 형수는 우리에게 결혼한 이유를 물었다. 나는 크리스토프가 뭐라고 말할지 무척 궁금했다. 긴장감이 고조되자, 몇 분 후에 크리스토프는 마침내 "기회를 주고 싶었어요."라고 말했다. 그녀가: "기회? 누구를 위해?"하고 되물었을 때 그는 대답하지 않았다.

나는 이 대답을 통해 그가 나를 사랑해서 나와 결혼한 것이 아니라는 것을 알게 되었다. 불행하게도, 그는 자신의 덫과 하나님의 계획에 잡혀 있었다.

결혼 생활에서 그는 "나의 사랑하는 원수"였다. 나는 몇 년 후, 내적 치유를 위한 기독교 상담의 선구자인 Paula Sandford로부터 이 표현을 배웠다.

하나님은 나의 사랑하는 남편을 도구로 사용하셨다. 하나님은 그를 통해 나를 훈련하고, 연단하셨다. 나한테 모든 게 좋도록 최선을 다해 도전하셨다(롬 8:28).

> *여호와께서 나를 심히 경책하셨어도 죽음에는 넘기지 아니하셨도다. (시편 118장 18절)*
> *우리가 알거니와 하나님을 사랑하는 자 곧 그의 뜻대로 부르심을 입은 자들에게는 모든 것이 합력하여 선을 이루느니라 (로마서 8장 28절)*

그것은 매우 고통스러웠고 종종 나의 인내심이 부족했다. 나는 10년의 광야 기간이 순식간에 지나가기를 바랐다. 그러나 하나님은 자신의 속도대로 행하셨다. 내가 의식적으로 모든 것을 경험하고 그분이 나에게 하신 일을 이해할 수 있어야 했다. 자신이 경험한 것만이 다른 사람에게 전해질 수 있다.

두려움의 기본 형태

남편은 점점 낯설어졌고, 적어도 나를 대하는 행동이 낯설었다. 내 곁에 오래 있는 것을 참지 못했고 주말에도 혼자 있고 싶어 하는 경우가 많았다 (우리는 금요일 저녁부터 일요일까지만 만나는데도). 그는 나에게 무언가를 원할 때를 제외하고는 나를 멀리했다. 종종 나는 그의 가정부나 창녀처럼 느껴졌다. 내가 그것에 대해 불평했을 때 그는 결코 대답을 찾지 못했다. 그는 항상 "본인과는 아무 관련이 없고, 나의 첫 번째 남자 친구와의 과거에서 비롯된 것"이라고 했다. 왜 그렇게 냉정하고 접근하기 어려운지 이해가 되지 않았다! 또한 그는 종종 내 믿음에 대해 도발하고 논쟁을 시작하기 위해 종교적 질문을 던졌다. 나는 목사인 형한테 문의하라고 부탁했는데도 말이다.

결혼 후 1년 반이 지난 1988년 8월 말, 당시 의대생이었던 전 언니한테 상황을 털어놓았다. "그가 너에게 가학적(사디즘)인 거냐?"고 물었다. 사디즘? 그게 무슨 뜻인지 나는 전혀 몰랐다! 전은 내가 무슨 말 하는지 모른다는 것을 금방 알아차리고, 자리에서 일어나 책장을 살폈다. 원하는 책을 찾지 못하자 프리츠 리만(Fritz Rieman)의 **'두려움의 원인(불안의 기본 형태[3])'이라는 책**을 추천해 주었다.

나는 다음 날 오후 2시부터 당직이어서 아침에 시내에 나가서 책을 샀다. 나는 틈만 나면 그것을 읽고, 손에서 내려놓을 수 없었다. "원초적 신뢰"를 경험하지 않은 분열성 인격의 예 중에서 남편의 행동이 명백하다는 것을 알았다. 그가 왜 친밀감을 두려워하고, 많은 공간이 필요하며, 함께 지낸 후 희한하게 행동했는지 조금은 이해할 수 있었다. 그러나 이 책에는 치료법이 제시되어 있지 않았다. 책 한 권을 사서 목사님인 형한테 보냈고, 몇 주

---

3) 불안의 기본 형태: 심층 심리학 연구. 뮌헨, 바젤: 에른스트 라인하르트, 1987 (330. Tsd). - 프리츠 리만은 1979년 77세의 나이로 사망했다.

후에 전화를 걸어, 시간이 된다면 남편의 형제로서 자유롭게 대화할 수 있는지 물어보았다.

조현(분열): 프리츠 리만이 말하는 조현성 성격

1989년 3월, 형이 나를 찾아왔다. 소파에 앉으며 첫마디가 "우리 부모님의 자식들이 모두 조현성 인격을 가지고 있다." 고했다. 그는 또 우리 어머니가 아이들을 품에 안지 못했다고 말했다. 그들이 기본적인 신뢰감을 키울 수 없었던 것은 당연했다! 그러고는 그의 첫 결혼 때 이미 책을 선물로 받았지만, 아직 읽지 않았다고 말했다. 그의 외동 여동생은 중증 조현병을 앓고 있으며 부모와 함께 살고 있다고 했다. 그전에는 유치원 교사로 일했었다고 했다. 믿을 수가 없었다! 시어머니는 내가 방문할 때마다 나를 꼭 안아주셨다. 많은 독일 가정에서 매우 일반적이지만, 나만 안아주고 남편을 안아 준 적이 없었다. 이 집안에서는 다르게 한다고 항상 생각했는데, 우리의 대화를 통해 조금 더 이해하는 데 도움이 되었다.

그런 사람들은 어떻게 느끼고, 사랑하는 사람들을 대하는 방식을 더 잘 이해하기 위해 프리츠 리만의 책에서 몇 가지 구절을 인용하고자 한다:

그의 열망은 무엇보다도 가능한 한 독립적이고 자급자족하는 것입니다. [. . .] 그래서 그는 인간과 거리를 두는 이유입니다. [. . .] 이 거리를 넘으면 자신의 생활 공간에 대한 위협, 독립에 대한 욕구, 정직성에 대한 위협으로 느끼고, 갑작스럽게 저항합니다. (1961: 20)

그런 다음 개인적인 접촉을 피하고, 누구도 친밀한 방식으로 가까이 다가가지 못하게 합니다. 그는 개인, 파트너와의 만남을 피하고, 인간관계를 객관화하려고 합니다. (1961: 20)

주변 사람들에게 그런 사람들은 멀고, 차갑고, 냉담하고, 다가가기 어렵고, 비인격적이고, 차갑게 보입니다. (1961: 21)

오늘 우리가 그들과 좋은 관계를 유지했다면, 내일은 마치 우리를 본 적이 없는 것처럼 행동하고, 실제로 그들이 우리에게 가까이 다가올수록 공감하지 않고 갑자기 우리에게서 멀어지며, 종종 우리에게 상처를 주는 근거 없는 공격성이나 적대감으로 갑자기 외면합니다. (1961: 21)

드물지 않게 조형성(분열성) 파트너는 냉소주의를 통해 자신과 파트너의 모든 부드러운 감정을 파괴하여, 그들에게 사로잡히지 않도록 합니다. (1961: 27)

이 책에서 프리츠 리만은 자녀와 아내의 사랑이 너무 커졌을 때, 자신만을 위한 아파트를 도시에 마련한 한 남자의 이야기를 들려준다. 이 책을 통해 남편이 왜 내 곁에 오래 머물지 못했는지 조금 이해했다. 나는 크리스토프를 더욱 배려하며 많은 시간을 할애했고, 크리스토프가 중간에 혼자만의 주말을 보내고 싶다고 했을 때 이를 받아들였다.

생각해 보니, 결혼하기 전에 남편이 "남자는 북쪽에, 여자는 남쪽에 살면 좋을 것 같다"고 했던 말이 떠올랐다. 당시에 나는 무슨 뜻인지 물어보지도 않고 농담으로 받아들였다. 이 책은 또한 하나님께서 제게 말씀하신 것을 확인시켜 주었다. 크리스토프는 자신을 두껍고 높은 벽으로 둘러쌓았고, 그 벽은 거대한 얼음덩어리로 이루어져 있으며, 오직 사랑으로만 녹일 수 있다는 것이었다. 이 두꺼운 얼음벽을 녹이려면 사랑이 얼마나 크고, 얼마나 뜨거워야 할까요? 하나님의 도움으로 그것을 무너뜨릴 수 있을까요?

조현(분열)증 남자와 사랑에 대해 리만은 이렇게 말합니다:

절박한 욕망과 인간적 친밀감에 대한 두려움 사이의 갈등을 해결하려는 시도는 다르게 보일 수 있습니다. 종종 그는 구속력이 없고 해결하기 쉬운 것에만 의존해야 하는 방식으로 또는 선정성(Sexuality)과 감정적 경험을 분리하는 순전히 성적인 관계에만 관여합니다. (1961: 25)

내 경험에 따르면 이런 사람들은 두 가지 극단적인 방향으로 치닫는 경향이 있다: 마조히즘이거나 사디즘(Masochism or Sadism). 전형적인 조현병 환자는 마조히즘(고통이나 굴욕을 통해 흥분)을, 다른 유형은 가학성애(정서적, 언어적, 정신적, 신체적으로 상대방을 괴롭힘으로써, 흥분)를 지향하는 경향이 있다. 나는 슈바벤란트(Schwabenland)에서 키가 크고 예쁘고 똑똑한 한 여성을 만났는데, 그녀는 기독교 신자였으며 심한 조현병(정신분열증)으로 '마조히즘'을 앓고 있었다. 그녀는 정기적으로 바늘 등으로 자신을 찌르는 남성에게 고문을 당하며 만족을 느꼈다. 가장 놀라운 것은, 그녀는 이런 남자들을 예수님으로 본다는 것이다!

내 마음이 매우 아팠다. 그녀는 외로워서 종종 나에게 전화를 걸었는데, 하나님께서 그녀에게 정확히 무슨 말을 해야 할지 알려주지 않으셨기에 나는 무력했다. 프라이부르크 시절에는 직장에 연로한 동료가 있었는데, 약물 효과가 사라지면 환자를 부적절하게 애무했다. 제 시누이도 마찬가지였다.

이런 사람들을 이해하는 방법과, 하나님의 도움으로 어떻게 치유될 수 있는지에 대해서는 1991년에 Frank와 Ida Hammond가 쓴 『Pigs in the Parlor』라는 책에서 읽었다. 안타깝게도 이 책은 영어로만 나와 있다. 1980년대에 독일 한 목사가 이 책을 독일어로 번역했지만, 독일에서는 귀신이나 구원 사역 등과 관련이 있는 것을 꺼리는 분위기로 인해 출간되지 못했다. 여기에 대해 나중에 다시 설명하련다. (16장 '별거의 해: 기적 위에 기적', '응접실의 돼지'라는 책)

부부 상담: 천만에

남편에게 결혼 상담을 받으러 가자고 요청했지만, 남편은 단호하게 거절했다. 그래서 나는 혼자서 그룹 상담에 등록했다. 크리스토프는 내가 가는 것이 전혀 반갑지 않다고 말하면서 나에게 나오라고 요청했다. 나와 함께 부부 상담하겠다고 약속했다. 치료사는 그의 계략을 꿰뚫어 보고 내가 나가는 것을 원하지 않았다. 그가 옳았다. 크리스토프는 약속을 어겼고 나는 그룹 치료도 받지 못했다.

사업 동업자와의 문제

남편의 결혼 증인이자 크리스토프의 사업 파트너는 아내며 아들과 따로 살고 있었다. 이 남자는 매우 재치가 없어서 우리가 아직 자고 있을 때도 노크하지 않고 거실에 들어오곤 했다. 이것은 예외가 아니라 규칙이었다! 우리 아파트는 마치 시장처럼 누구나 자유롭게 드나들 수 있었다.

나는 내 집에서 완전히 불편함을 느꼈지만, 남편은 항상 사업 파트너 편을 들었다. 나에게는 예의는 물론 재치도 없고 사생활과 가족생활에 대한 배려를 전혀 모르는 두 남자와의 싸움은 힘든 일이었다. 나는 항의했지만 이해하지 못하겠다는 답변만 들었다. 크리스토프가 주말마다 내 집에 오는 대신 나는 10주 또는 12주에 한 번씩 크리스토프의 집에 갔는데 집 청소만 하러 온 청소부가 된 기분이 들었다. 그래서 내가 항의했다. 하지만 크리스토프는 청소부를 고용하고 싶지 않았다. 집에 낯선 사람을 두고 싶지 않다는 것이 그의 주장이었다.

그래서 내가 오기 전에 크리스토프가 집 안을 깨끗이 청소하고 주방 바닥과 욕실을 물걸레로 닦으라고 가르쳤다. 그렇지 않으면 그냥 프라이부르크에 머물겠다고 했다. 그는 내가 계속 재채기하며 먼지로 인해 문제가 있다는 것을 직접 경험했기 때문에 그것을 이해했다. 그때부터 그는 청소했다. 모서리와 스커트 보드 청소하는 방법과 책상과 가구의 먼지를 없애는 방법도 알려 줬다. 그리고 조금씩 배워가는 모습에 감사했다. 내 끈질긴 주장에 크리스토프는 현관에 잠금장치가 있는 문을 설치했고, 덕분에 사업 동업자는 자유롭게 출입할 수 없었다. 나는 사생활을 즐길 수 있었다. 마음이 편안해졌고 내 영혼에 많은 도움이 되었다.

11장: 건강에 불운. 기도 모임

쓸모없는 치료와 유용한 부작용

건강은 좋지 않았지만 나는 내 직장에서 성공했다. 겨울에는 창문을 닫고 난방이 작동했기에 병원 냄새가 더 심해져 고생했다. 그래서 나는 거의 반년 동안 심한 기관지염, 기침, 객혈 발작으로 아팠고, 결국 폐 전문의를 찾아갔지만, 그는 박테리아가 있는지 한 번도 검사하지 않은 채 항생제를 영구 약물로 주었을 뿐이었다! 끔찍한 상태였다. 의사들은 그것이 화학물질 때문이라는 것을 이해하지도 못했고 인정하지도 않았다.

1987년 11월, 나는 400킬로미터 떨어진 바트 소덴-알렌도르프(Bad Sooden-Allendorf)에 있는 요양지로 보내졌다. 어느 주말에는 남편이 주말 내내 나와 함께 지내면서 석류석으로 만든 목걸이, 팔찌, 반지 등 값비싼 선물을 사 주었다. 금속 알레르기에 보석을 좋아하지 않는 나는 그의 친절한 제스처에 감사했고 이 보석은 알레르기 없이 잘 견뎠다.

안타깝게도 안개가 자욱하고 급격히 추워진 11월의 날씨는 나에게 전혀 도움이 되지 않았다. 하지만 요양원 의사가 집에서 Chevaillier의 **'자가 폐 배출 호흡법'**을 배우라고 권유했다. 이 호흡법을 배우면 다른 사람이 등이나 갈비를 두드리지 않고도 폐에 쌓인 점액을 쉽게 기침으로 배출할 수 있었다. 결국은 요양원 의 덕을 본 것이다!

나의 폐 담당 의사는 이 기술을 가르쳐 줄 수 있는 사람을 수소문했고, 1988년 봄에 실제로 치료사를 찾았다. 그 이후로 나는 매일 점심 식사 후 무릎을 구부린 채 누워서 이 호흡운동을 한다. 흉골에서 시작하여 옆구리 위쪽에서 복식 호흡을 하면서 폐의 각 옆에 대해 개별적으로 수행해야 하므로 약 3/4 시간에서 한 시간이 걸린다. 이 모든 것을 누운 자세에서 수행해야 한다.

코로 숨을 천천히 들이마시고 입으로 천천히 내쉬며, 숨을 들이마시고 내쉬는 사이에서 몇 초간 숨을 참는다. 안타깝게도 현재 (2023)은, 이 기술을 아는 치료사가 거의 없다. 기관지에 쌓인 담을 뱉어낼 수 있으므로 효과적이면서도 부드럽다. 여행 시 나는 차 뒷좌석에 누워서 한다.

그래서 이 요양원의 권유로 1988년부터 지금까지 나에게 부작용 없이 도움이 되고 있다. 그런고로 나는 다른 폐환자보다 감염이 적다고 폐 전문의가 이를 확인해 주었다.

마요르카의 휴가

1988년 봄, 나의 건강은 다시 좋아졌고, 6월에 크리스토프와 마요르카로 2주간의 휴가를 갔다. 라 팔마(La Palma)의 도난을 제외하고는 매우 화목한 휴가였다. 우리는 한국 음식을 먹으러 갔는데 불행히도 나의 벨벳 재킷(Velvet jacket)을 차에 두고 갔다. 나는 벨벳 재킷을 포기할 수 있었다. 그러나 우리는 렌터카의 창문이 박살 났기 때문에 사고를 신고해야 했다. 경찰서 앞의 줄은 길었고 오래 걸렸다.

마요르카에서도 나를 괴롭혔던 것은 바퀴벌레와 소독약이며 수돗물의 강한 염소(Chlor) 냄새였다. 흡입으로 두통과 다른 불편함이 생겼다. 우리는 가게에서 마실 물을 사야 했다. 그 물로 요리하고, 과일, 야채 및 샐러드를 철저히 헹구었다. 샤워와 욕조에 대한 해결책은 찾을 수 없어서, 나는 그것을 사용해야 했다. 그 외에는 행복하고 유쾌한 여름을 보냈다.

한국인 기도 모임

1988년 봄, 하나님께서는 한인 교회를 좀 더 돌보라고 나에게 말씀하셨다. 무거운 마음으로 나는 독일 성경 공부 모임에 언젠가는 내가 그들을 떠나 한인 교회에 더 많이 참가할 거라고 말했다.

우리는 매우 가깝게 지냈기에 힘들었지만, 때가 되었을 때 우리는 헤어졌고 오랫동안 연락을 유지했다.

마요르카에서 휴가를 보낸 후, 한인교회와 블랙 포레스트(Schwarzwald) 기슭에 있는 Markgräflerland의 Betberg에서 주말을 보냈다. 그곳에서 한 자매가 주중에 기도 모임을 원하는 의사를 밝혔다. 모두가 좋다고 찬성했다. 그러나 어디에서 이루어져야 할까? 합의가 보이지 않았을 때 내 손이 올라갔고, 내 집에서 하기로, 만장일치로 결정했다.

기도 모임은 순조롭게 시작되었고 성장했다. 점점 더 열성적인 크리스천들이 참석했다. 나는 "오순절파"에 대해 들어본 적이 없었다. 나는 믿기 시작한 후 거의 10년 동안 오직 "개신교"와 "가톨릭"만을 알고 있었다. 이 열성적인 학생들은 믿지 않는 동료 대학생들을 데리고 왔고, 우리와 함께 믿음을 갖게 되었으며 성령 세례도 받았다.

나는 그들을 통해서 다름슈타트(Darmstadt)와 취리히(Zürich)에서 부흥 세미나가 있음을 알게 되었고 그곳에 갔다. 목요일 저녁에 시작했고, 주일까지였다. 그곳에서 구출 봉사가 행해졌으며 때로는 귀신들이 떠나기를 원하지 않고 난리를 치는 등 매우 강력하기도 했다. 그러나 어둠의 세력에서 해방된 얼굴들은 편안하고 명랑하며 주님의 기쁨으로 가득했다. 그들은 심지어 기쁨과 감사로 춤을 추기까지 했다! 거룩한 혼돈이었다.

우리 기도의 밤은 항상 간단한 "사랑의 음식"으로 시작되었으며, 우리는 찬송을 많이 불렀다. 그런 후 참가자들의 기도 용건을 모아 열렬히 기도했다.

하나님께서는 사도행전에서와 같이 우리 모임을 축복하시고 강력하게 일하셨다. 그러다 내 아파트가 너무 작은 데다 오후 10시 이후에는 이웃을 방해하고 싶지 않았다. 독일은 밤 10시면 취침 시간이다. 그래서 한인 교회 지도자들과 독일 목사님하고 상의한 후 독일 개신교 교회 지하에 있는 클럽 방으로 모임을 옮길 수 있었다. 인접한 주방 덕분에 우리는 계속 함께 식사할 수 있었다.

배신과 금지

일 년쯤 지났을 때, 새로운 한인교회 지도자가 나와 대화를 원했다. 그는 최선의 의도를 가진 것처럼 우리들의 저녁 모임이 어떻게 돌아가는지 물었다.

나는 기뻐하며 의심치 않았고, 하나님의 영이 우리와 함께 강하게 역사하신다고 말했다. 그런 다음 그는 형제자매들의 불평이 있다고 말했다. 그들은 밖에서 기도실 창문을 통해 우리를 지켜보고 있었단다.

그는 내가 젊은이들을 진정시킬 수 없느냐고 물었다.

"제가? 제가 어떻게 하나님의 사역을 멈출 수 있습니까? 나는 할 수 없고, 하고 싶지도 않다"고 대답했다. 그는 온화한 사람이었고 나한테 거역하지 않았지만 씁쓸한 대화였다. 우리의 기도 모임은 보수적인 형제자매들에게 의심의 대상이 되었다. 그가 내 아파트에서 나갈 때, 나는 하나님의 음성을 들었다: "예수님을 배반한 유다가 나간다. 그는 너를 배신할 것이다." 기쁜 소식은 아니었지만, 나는 경고를 받았다.

1989년 가을, 나는 다시 슈바르츠발트(Schwarzwald)에 있는 요양병원에 입원해야 했다. 10월 초, 나는 주말 외출 허락을 받고 프라이부르크에 갔다. 교회에 갔다. 형제자매들은 나를 보고 좋아했지만 뭔가 서먹한 분위기였다.

예배가 끝난 후 독일 목사님이 들어오셔서 나를 보고 매우 기뻐하셨다. 그런 다음 그는 나에게 잠시 시간이 있느냐고 물었다. 나는 좋은 느낌이 아니었고 무슨 일이 일어날지 알고 있었다. 그리고 당연히 그랬다: 그는 나에게 보수적인 한국 형제자매들의 의견에 동의하고, 교회의 요청을 받아들여야 한다고 말했다. 불행하게도, 전체 공동체는 이것으로 인해 스스로를 강탈했다. 나의 아버지이신 하나님께서는 교회 지도자들이 성령의 역사를 거부하기에, 교회 전체를 축복하며 역사할 수 없음을 받아들이셨다.

그것은 씁쓸했다. 그리고 우리는 오직 용인되고 있다는 느낌으로 그들과 함께 있어야 했다! 다행히 학생들은 다른 도시에서 공부를 계속하는 바람에, 고통의 기간은 짧았다. 나 또한 1990년 3월에 Freiburg를 떠나 남편 집으로 이사했다.

하지만 우리들의 기도 모임은 계속되었고, 우리는 여기저기서 만났다. 나중에 더 자세히 설명하련다.

병가 속에서 승리와 패배: 향기와 혼합물 알레르기

1988년의 평온한 여름은 우울하기도 했다: 인후통이나 기침 없이 반년 동안 쉰 목소리가 계속되었다. 10월에 피부과 의사를 찾아 상담했다. 그는 향수며 혼합물 (향수, 방향유(essential oils), 향료, 음식 등을 포함한 다양한 알레르기를 진단했다.

또한 선천성 소화 효소 결핍으로 인한 만성 췌장염에 10년 넘게 복용했던 소화 효소제 복용도 중단해야 했다. 하나님은 이 것도 1991년에 치유해 주셨다. 거기에 대해선 제 첫 번째 간증 책 "드디어 여자로다!(endlich Frau!)"에서 읽을 수 있다. 2023년 4월 "시간의 물레"에서 한국어로 출판했다 (ISBN 978-89-6511-429-1, e- Book 978-89-6511-432-1).

녹농균(Pseudomonas) 감염

1988년 1월, 심한 폐출혈 때문에 프라이부르크 폐병원에 갔었는데 기관지 내시경 검사를 받도록 협박하고 강요했다. 내시경 검사를 거절하면 더 이상 올 필요가 없다고 했다.

나는 울고 싶었다: 힘든 병원 공기와 전신 마취를 의미했다. 그들은 건강 보험 회사로부터 좋은 돈을 받지만 내 몸엔 해롭다는 것을 이해하지 못했거나 이해하고 싶어 하지 않았다.

결국 외래 진료소에서 검사를 마친 후, 내 상황은 더 나빠졌다: 매일 가래가 생기기 시작했고, 시간이 지남에 따라 심지어 녹색 가래로 변했다.

나의 폐 전문의는 가래에 균이 있는지 확인도 하지 않고 다양한 항생제를 처방했다. 이 약들은 효과가 없었다. 항생제의 부작용으로 마른기침과 기관지에 가려움증을 동반하는 세 가지의 곰팡이 감염이 생겼다! 끔찍했다. 항생제가 곰팡이 감염을 일으킬 수 있다는 것은 잘 알려져 있다. 그러나 폐 전문의는 그것을 심각하게 받아들이지 않았다.

1988년 12월 초, 나는 세균학과 동료에게 검사실 면봉으로 입안에서 채취하여 검사하도록 요청했다. 그 결과는 치명적이었다: Pseudomonades였다. 내가 1월에 전신 마취로 폐 내시경 검사 때 감염된 것 같았다. 아마도 깨끗하지 않은 튜브가 나에게 삽입되었을 것이다. 검사는 외래 진료소에서 했었다. 나에게 매우 씁쓸했다. 이 균은 싱크대, 땅 등 축축한 모든 곳에서 찾을 수 있다. 건강한 사람들은 문제가 없지만 면역 저하 또는 나처럼 낭포성 섬유증(기관지 확장증) 환자의 경우는 문제가 된다.

IgG 하위 클래스 결핍

그 당시 나는 정기적으로 실험실에 찾아오는 제약사 판매원과 대화를 나눴다. 나는 그에게 내 **녹농균(Pseudomonas)**감염으로 인한 건강 상태에 관해 이야기했다. 그는 IgG 하위 클래스("IgG" = 면역 글로불린 G), 특히 면역 하위 단위(하위 클래스)가 너무 낮을 수 있다고 의심했다. 하이델베르크(Heidelberg)에 있는 흉부병원 부원장과 상의하라고 조언했다. 그는 또 프라이부르크에는 이 검사를 시행하거나 치료하는 의사가 없다고 했다.

그래서 1989년 1월에 하이델베르크에 가서 의사의 진찰을 받았고, 두 달 후에는 혈액 검사를 받았다. 그 결과 제약사 판매원이 옳았다는 것이 입증되었다.

1989년 2월, 나는 프라이부르크 대학병원에 입원했고, 기대하며 2주 동안 항생제 혈관주사를 받았으나 효과가 없었다. 의사들은 나를 퇴원시키며 패혈증으로 변하지 않도록, 즉 **녹농균(Pseudomonas)**이 다른 기관에 옮겨지지 않도록 신경 쓸 것을 권고했다. 나는 절망적인 경우였다!

이때 나는 헤파린(Heparin)을 내 몸에서 더 이상 용납할 수 없다는 것을 깨달았다. 헤파린(Heparin)은 혈액 희석제로 주삿바늘과 주입 접근이 응고되는 것을 예방하는 거였다. 헤파린이 내 정맥에 주입될 때 나는 심한 따가움을 느꼈다. 그런 후 이틀 동안 팔을 만질 수 없이 아팠다. 3~4일 후, 상체의 절반이 파랗게 변했다. 헤파린이 내부 출혈을 일으킨 거였다! 1985년 화학물질 불내증 후로 생긴 거다. 1970년대에 네 번의 수술을 받았을 때는 그러지 않았다.

주삿바늘 생산 과정에서 헤파린을 뿌리기 때문에 오늘날까지도 나는 매우 조심하며 경계해야 한다. 혈액을 채취하거나 약물을 주입하기 위해 주삿바늘을 정맥에 삽입하기 전에 소독된 식염수로 세척해야 한다.

1989년 2월, 프라이부르크 병원에서의 항생제 치료에 실패한 후, 나는 하이델베르크의 부원장한테 다시 연락했고, 그를 통해 슈도모나스 감염과 IgG 하위 클래스 결핍이 밀접한 관련이 있음을 알게 되었다. 즉, 슈도모나스 감염이 없으면 IgG 하위 클래스가 정상이라는 것이다.

그는 4월 초에 IgG 하위 클래스 첫 번 치료를 처방했는데, 이는 인간의 헌혈에서 얻은 것이기 때문에 아주 비싸다. 나는 가능한 과민증에 대한 관찰을 위해 이틀 동안 입원해야 했다. 세 번째부터는 외래 환자로 치료받았다.

나는 1995년에 아버지 하나님이 나를 치유하실 때까지 7년 동안 매달 이 성가신 치료를 받았다.

안타깝게도 슈도모나스는 10년 후에 재발했고, 2010년부터는 매일 슈도모나스에 대한 특수 항생제를 흡입해야 한다(이 항생제에는 슈도모나스가 내성을 개발할 수 없단다).

2013년, 내 폐는 한꺼번에 여러 균과 곰팡이에 의해 감염을 받았다. 대학병원 의사는 내 목에서 거의 심장까지 튜브를 삽입하여 내가 집에서 항생제 주입과 다른 약물들을 직접 투여할 수 있기를 원했다. 그러나 그것은 불가능한 일이었다. 튜브가 막히는 것을 방지하기 위해 헤파린(Heparin)을 주입해야 하는데, 내게 내부 출혈을 일으키기 때문이었다. 그러나 다른 대안이 없었다. 어찌할까? 이 비참한 속에서 내게 남은 것은 오직 한 가지뿐이 었다: 영적으로 해결해야 했다. 즉, 영적 싸움에 나서야 했다: 예 수님의 이름으로, 나는 매일 균과 곰팡이를 죽으라 명령했고 내 몸에서 떠나라고 명령했다. 성공했다! 나의 폐 의사는 하나님을 믿지 않았다. 그러나 내가 그녀에게 말한 사실에, 그녀는 부인할 수 없었고 놀랐다.

그러나 나는 오늘날까지 슈도모나스에 대항하는 아무런 진전을 이루지 못했다. 그들은 무해하지만 강하기 때문에 나는 하루에 30분 동안 항생제를 흡입한다. 그런 다음 시스템을 끓인다. 소 독제를 견딜 수 없기 때문에.

거의 10년 동안 항생제를 흡입한 후, 2020년에 슈도모나스가 가 래에 나타나지 않아 2020~21년 겨울에 치료를 중단했다. 그러나 기대와 달리 4개월 후, 2021년 2월 가래 검사에서 슈도모나스가 다시 검출되었다. 나는 나의 아버지 하느님께서 왜 내가 이런 역 경을 겪도록 하시는지 설명할 수 없다. 다행히도 나는 이 진단을 받기 전에 이미 항생제를 다시 흡입하기 시작했다! 폐 전문의는 전신 기관지 확장증으로 슈도모나스 감염은 완전히 제거될 수 없 다고 말했다. 나의 아버지 하나님은 그것을 아시고 허락하신다.

음식 알레르기

결혼한 지 거의 2년이 되던 1989년 1월, 우리는 그리스 레스토 랑에서 내가 가장 좋아하는 요리로 토마토 밥과 양배추샐러드를 곁들인 고기(gyros)를 먹었다. 효소 알레르기 때문에 소화효소 약을 중단했기 때문에 고기를 조금만 먹었다.

나는 다음 날 11시까지 잠을 잤고, 일어나려 했으나 일어날 수 없었다. 몸이 부어 있었고 손가락도 매우 두꺼웠다. 크리스토프 는 이미 아침을 먹었고 부엌에서 신문을 읽고 있었다. 그리고 나 는 여전히 침대에 누워 있었다! 그러다 부끄러워서 억지로 일어 섰지만, 몸은 매우 무거웠고 앞으로 걸어갈 수 없었다. 몸 전체가 아팠다!

남편에게 사과하고 다시 잠자리에 들어갔고 곧바로 잠이 들었다. 오후 4시쯤에야 일어났다. 사흘이 지나서야 몸의 부기가 내려갔다.

나는 고기를 먹었기 때문에 그리됐다고 생각했다. 다시는 그런 일이 일어나지 않을 것이라고 결심했다. 몇 주 후 우리는 같은 식당에 갔었고 다시 내가 가장 좋아하는 요리를 먹었지만 고기는 더 적은 양을 먹었다. 그러나 반응은 지난번과 같았다.

그래서 1989년 2월에 피부과 의사한테 가서 식품 알레르기 검사를 받았다. 결과는 참담했다: 나는 오직 배추, 쌀, 가지 등만 먹을 수 있었다. 그리고 오직 소금으로만 양념해야 했다. 맙소사!!

히스타민(Histamin) 과민증

그 당시에는 히스타민(Histamin) 과민증에 대해 알려진 바가 없었다. 나는 2002년에야 알게 되었다. 거의 모든 야채, 유제품 및 과일에는 히스타민, 특히 너무 익은 유제품 및 발효 야채(예: 소금에 절인 양배추)와 너무 익은 과일이 포함되어 있다. 한 번은 설탕에 끓여 유리그릇에 담긴 매실과 요구르트를 먹은 후 손가락이 부어 불편함을 겪었다. 그래서 몇 년 동안 그걸 먹지 않았다. 어떤 사람들은 치즈나 자두와 같이 너무 익은 과일에서 히스타민쇼크를 받는다.

향료가 섞인 양념과 야채에 알레르기 때문에 향신료, 심지어 멘톨, 카밀러, 페퍼민트, 셀러리, 회향 등을 포기해야 했다. 다행스럽게도 이러한 재료는 한국 음식에 들어가지 않는다.

1991년, 예수님 이름으로 음식 알레르기를 극복할 수 있었던 방법은 첫 번째 간증 책에서도 자세히 설명했다. 그때 나는 우리가 예수님 이름으로 축복할 때 어떤 능력이 있는지 배웠다.

그러나 히스타민 과민증은 1985년 실험실에서 병이 난 이후로 생겼다. 내 몸에서 생산되는 디아민 산화 효소(Diaminoxidase)는 히스타민 식품에 충분하지 않았다. 나는 2002년이 되어서야 많은 다종 화학 물질 민감증 환자들을 치료하는 의사를 통해 이 점을 이해하게 되었다. 안타깝게도 그는 2015년에 세상을 떠났다.

2003년 이래로 내 음식은 다시 다양해졌다. 나는 식사 전이나 후에 또는 눈꺼풀이 땅기고 손가락이 부을 때 디아민 산화 효소를 복용한다. 불행히도 효소는 비싸고 건강 보험은 비용을 충당하지 않는다. 효소 락타아제(Laktase)가 부족한 유당 과민증 (Laktose-Intoleranz)도 보험 혜택을 못 받는다.)

12장: 고향 휴가 및 조기(EU) 연금

고향 휴가

1989년 5월과 6월, 크리스토프와 나는 비행기를 타고 한국으로 가고 싶지만, 이 모든 제한을 어떻게 극복할 수 있었을까? 고맙게도 유럽과 달리 한국 요리에는 향유 양념과 야채가 포함되어 있지 않다. 그래서 한국에서의 6주를 기대하고 있었고, 남편은 3주 후에 오기로 했다.

온갖 애정과 사랑을 듬뿍 받았다.

크리스토프가 서울에 도착하자, 프라이부르크에서 만나 인연을 맺은 한국인 교수님들이 따뜻하게 환영하며, 고급 레스토랑에서 대접받았다. 같은 날 밤 두 번째, 세 번째 장소로 이어졌다. 그들은 우리에게 서울을 보여줬고 남편은 한국의 밤 문화를 알게 되었다. 크리스토프는 나와 달리 시차에 개의치 않고 아무 문제가 없었다. 두 번째 장소로 바이에른 호프에서 맥주를 마시며

벽에 걸린 던들(독일 바이에른에서만 입는 여성 옷) 미녀들의 사진을 보며 웃었다. 한국인에게는 매우 이례적인 일이었다.

교수님들과 함께 식당에서

서울의 바이에른 맥줏집

간식 천막에서

장어구이 식당에서

그 후, 우리는 전형적인 한국 패스트푸드 천막으로 안내되었고, 그곳의 간이 천막에서 알코올 도수가 9%로 오늘날 독일 기준으로는 결코 청소년에게 적합하지 않은 막걸리를 마시며, 눈앞에서 밀가루로 만든 갓 뽑은 국수를 곁들인 홍합탕을 즐겼다.

우리 부부는 이렇게 멋진 환영을 받은 후, 부모님 댁에 가기 전 일주일간 여행하며 서울 근교의 설악산과 신혼여행지 제주도를 방문했다. 크리스토프는 산을 좋아하고 나는 바다와 해변을 좋아해서 우리는 산에서 이 박, 섬에서 이 박을 했다.

휴가 중간 지점에서 송 씨 가족이 우리를 장어 전문 식당으로 초대해 장어구이를 먹게 했다. 크리스토프가 한국의 다채로운 삶을 알게 된 계기가 되었다.

시골의 공기와 가족 축제

남은 2주는 부모님, 형제자매들과 함께 시골에서 즐겁게 지냈다. 남편은 소탈해서 관리가 매우 적었고 전혀 문제가 없었다. 그러나 나는 완두콩 위에 앉은 공주였다 (예민한 사람을 독일에서는 이렇게 표현한다). 남편은 번잡하고 스모그(Smog)가 심한 도시보다 시골의 평화롭고 깨끗한 공기를 훨씬 더 좋아했다. 나는 크리스토프에게 논과 밭 그리고 가족 산에 있는 무덤을 보여 줬다. 그는 항상 카메라를 들고 다녔으며 기념사진을 찍었고 새

36 컬러 필름도 가지고 있었다. 남편은 운명을 짐작이라도 한 듯 도살되기 전에 도망쳐 버린 돼지사냥까지 모든 것을 사진으로 기록했다.

도망친 돼지

짤막한 한국식 결혼식

부모님 집에서 특별한 놀라움이 우리를 기다리고 있었다. 둘째 삼촌이 안뜰에서 약식으로 우리의 전통 결혼식을 축하해 주셨다. 내 도움 없이 모든 친척이 초대되었기 때문에 우리는 그저 함께 기뻐하며 "감사합니다!"라고 말할 수밖에 없었다.
이날에 어머니의 생일을 늦게 축하했다. 어머니가 검사 후 마취에서 깨어나지 않아 생일을 놓치셨고 그때 돌아가실 뻔했단다. 그 때문에 생일잔치가 취소되었고, 그녀는 아쉬워했다.

전통 결혼식 의상

나의 부모님과 함께

젓가락 테스트

키가 크고 마른 창백한 유럽인이 모든 것을 제대로 하고 있는지 궁금해하는 친척들이 큰 관심을 가지고 행사를 지켜보았다. 다음 날 아침 우리들은 교대로 아침을 먹었다. 결혼식 주례를 맡았던 둘째 작은아버지한테 자리를 비켜달라고 했지만, 남편이 젓가락으로 먹는 것을 꼭 보고 싶다고 하셨다. 작은아버지는 크리스토프의 작품에 감탄한 후 아무 말 없이 활짝 웃으며 나가셨다. 우리가 사귈 때 나는 남편에게 그것을 가르쳐주었고, 남편은 젓가락으로 먹는 법을 완벽하게 마스터했다.

크리스토프는 한국식 아침 식사를 즐겼다. 매운맛에 전혀 신경 쓰지 않았고, 시간이 지나면서 하루에 세 번씩 한식을 먹었다. 독일로 돌아오는 길에 그는 치과에 가야겠다고 (농담으로) 말했

다. 아삭아삭한 생야채 음식 때문에 턱이 아프다고 했다. 반면에 나는 유럽식 아침 식사를 선호했고 저녁에는 간단한 국수 요리 나 한국식 만두를 자주 먹었다. 그건 내가 어릴 때부터 좋아했다.

젓가락 테스트 통과: 크리스토프는 밥, 국, 채소 반찬으로 구성된 한식 아침 식사를 즐겼다.

한국에서의 아침 식사: 6주 동안 잼을 곁들인 토스트!

교수님들과의 작별 모임

독일로 돌아가기 전, 권 법학 교수님 부부가 우리를 집으로 초대해 작별 식사를 나눴다. 다른 교수님들도 초대되었다. 우리는 이렇게 한국의 모든 규칙에 따른 애지중지한 큰 사랑을 받았다. 그날 저녁, 내가 김-2 목사님과 결혼하기를 그토록 보고 싶어 하셨던 다른 박 법학 교수님이 작별 노래를 불러주셨다.

인간은 살아남는 법. 나는 무사히 독일로 돌아왔다. 어머니와 모든 안주인의 요리 솜씨에, 나는 냄새를 맡으며 눈으로 먹었고, 눈에 띄지 않게 몇 가지를 먹었다. 6주 동안 하루 두 번씩 한국  음식을 먹어야 했는데, 내가 어떻게 평생을 거기서 견딜 수 있었을까요? 해는 지고, 행복하게 비행기를 탔을 때, 나는 끓인 사과와 먹는 독일 죽이 그리웠다!

박 법학 교수의 작별 노래

 여행 가방을 풀기도 전에 남편은 부엌에 들어가 침착하게 최고의 죽을 요리했다. 그는 나보다 훨씬 더 잘한다. 그 후 우리는 잠을 잤다. 한국에서의 생활은 매우 시끄러웠다. 특히 시골에 있는 부모님 집에서는 개가 짖었고, 돼지가 울었고, 수탉이 우는 등 잠을 잘 수가 없었다. 독일에서의 고요함은, 천국 그 자체였다.

독일로 돌아와 끓인 사과와
죽으로 행복

이 사진에는 내가 여전히 얼굴에 마스크, 즉 목에 마스크를 걸고 있다. 1985년 검사실의 화학품으로 병에 걸린 이후로, 자동차 배기가스, 향수, 담배 연기 등을 더 이상 견딜 수 없다. 마스크는 미세먼지에 대한 보호 기능을 제공한다. 한국에서는 계속 쓰고 다녔고, 식사할 때와 사진 찍을 때만 벗었다.

13장: 독일로 돌아와서

"당신의 건강이 최우선이니 생각해 보세요!"

아름다운 인상과, 폐와 코에 고향의 공기가 가득하고, 즐거운 추억으로 무장한 나는 프라이부르크 어린이 병원 직장으로 돌아갔다. 좋은 성과와 신뢰에도 불구하고 나는 거의 반년 동안 아팠기 때문에 겨울 동안 동료들과 교수님에게 짐이 되었다. 하지만 나는 그만둘 생각은 하지 않았다.

교수님도 나와 함께 고생했다. 어느 날 저녁, 내가 밤 7시까지 근무하며 혼자 있었는데, 교수님이 검사실로 들어오셨다. 그는 검사실 한가운데 놓인 대형 작업 4개의 테이블 주위를 서성거렸다. 나는 그가 무언가를 말하고 싶어서 시작점을 찾고 있다는 것을 알았다. 나는 그만큼 그를 잘 알고 있었다. 그는 내 동료들의 작업 결과에 불만이 있을 때 이런 식으로 나와 대화를 시도한 적이 여러 번 있었다. 고용 추천서(성적표)에 그는 나의 중립성을 칭찬했다.

나는 편견 없이 **"교수님, 무슨 문제라도 있나요?"**라고 물었다. 그는 나한테 "장애인 연금 신청하는 건 어떨까요?"라며 어렵게 대답했다. 나는 놀라서 그를 바라보았다. 그는 즉시 "당신이 생각하는 것과는 다릅니다."라고 대답했다. **"내가 당신을 잃는 게 얼마나 싫은지 당신은 잘 알고 있습니다. 그러나 당신의 건강이 최우선 순위입니다. 당신의 건강은 내게 더 중요해요. 생각해 봐요!"**하곤 문밖으로 나갔다. 내가 겨울이면 기침을 많이 하고 피를 토하면서도 여전히 일하고 있다는 것을 그도 알고 있었기에, 나에게 이런 진지한 제안을 하면서 매우 불편해했다.

나는 건강 이유로 조기 은퇴할 수 있는 장애 조기 연금에 대해서 처음 알았다(현재는 '근로 능력 감소 연금'이라고 함). 하지만 직업을 포기해야 하는 생각이 전혀 마음에 들지 않았다.

장애 조기 연금 (건강상)

직원 및 직장 협의회에 문의하여 장애 조기 연금에 대한 정보를 알아봤다. 1981년에 이미 내가 노년 금 보험(BfA)에 가입할 수 있도록 도와주었던 지인이 다시 한번 나를 도와주었다. 보험 내용을 확인하더니 내가 보험료를 많이 납부한 것 같다며, 계정 설명 요청을 신청해 주었다. 1989년 3월이었다. 8월, 무거운 마음으로 연금을 신청했고, 11월 말에 거부 통지서를 받았다. 항소했다. 그리고 기도하기 시작했다.

십일조

십일조 문제는 오랫동안 내 마음을 무겁게 짓누르고 있었다. 성경은, 우리 수입의 십분의 일은 하나님의 집, 즉 교회에 속한 것이라고 흑백으로 씌어있다. 부를 누리도록 축복해 주신 것에 대한 감사의 표시라고 말씀하고 있지만, 내 마음은 따라오지 않았다. 그래서 나는 하나님께 기도하며 내 마음을 움직여 주시고, 하나님의 교회(하나님의 집)에 십일조를 쉽게 낼 수 있도록 개인적으로 확신을 달라고 간구했다.

사람이 어찌 하나님의 것을 도둑질하겠느냐? 그러나 너희는 나의 것을 도둑질하고도 말하기를 우리가 어떻게 주의 것을 도둑질하였나이까 하도다 이는 곧 십일조와 봉헌물이라. 너희 곧 온 나라가 나의 것을 도둑질하였으므로 너희가 저주받았느니라. 만군의 여호와가 이르노라 너희의 온전한 십일조를 창고에 들여 내 집에 양식이 있게 하고 그것으로 나를 시험하여 내가 하늘 문을 열고 너희에게 복을 쌓을 곳이 없도록 붓지 아니하나 보라. 만군의 여호와가 이르노라 내가 너희를 위하여 메뚜기를 금하여 너희 토지 소간을 먹어 없애지 못하게 하며 너희 밭의 포도나무 열매가 기한 전에 떨어지지 않게 하리니. 너희 땅이 아름다워지므로

모든 이방인이 너희를 복되다 하리라 만군 여호와의 말이니라. (말 나기 3장 8~12절)

이때 스위스의 한 한국 목사님이 이 문제를 위해 함께 금식하고 기도하자고 나에게 제안했다. 건강상 금식한 적이 한 번도 없었기 때문에 그의 제안을 받아들여 며칠 동안 스위스에 있는 목회자 집을 찾아갔다. 사흘째 되던 날, 나는 교회에서 십일조를 낼 수 있는 자유로움을 얻었다.

쌍트 블라지엔(St. Blasien)으로 탈출

1989년 10월까지 월간 IgG 하위 클래스 치료는 합병증 없이 진행되었다. 4월 이후로 매월 "하이델베르크" 병원에 갔다. 그리고 11월이 왔다. 날씨가 추워져서 난방은 켜져 있었고 창문은 닫아야 했다. 이번에는 이틀 동안 거기서 참을 수 없었다. 세제와 소독제의 냄새는 빠져나갈 수 없었고, 방과 복도엔 모든 향기, 폼알데하이드 등 냄새가 아주 심했다.

시간이 지날수록 기침과 따가운 눈의 증상은 더욱 심해졌다. 의사들은 나를 믿지 않았고 증상이 눈에 띄게 악화하는 것을 지켜보기만 했다. 나는 퇴원을 요청했지만, 의사들은 동의하지 않았다. 둘째 날, 증상이 더 나빠졌다. 내 주장에 따라 부원장이 허락했다, 즉 프라이부르크에서 차로 한 시간 반 걸리는 슈바르츠발트(Schwarzwald) 쌍트 블라지엔(St. Blasien)에 있는 요양소로 이송되도록 도와줬다. 남편은 슈바벤란트(Schwabenland)에서 기차로 왔고, 하이델베르크의 병원 주차장에 주차된 내 차로 그곳으로 데려다주었다. 슈바르츠발트(Schwarzwald)의 병원에서 나는 안도의 숨을 쉬며 회복할 수 있었다.

주말이면 남편이 항상 방문 왔다. 한번은 집에서 직접 만든 요리를 가지고 왔다. 밥과 미역으로 만든 국이었다. 그는 나에게서 그것을 배우지 않았기에 나는 완전히 말문이 막혔다! (그 당시엔 인터넷도 없었고 한국 요리에 대한 비디오 클립도 없었다) 냉장

고에서 내가 만들어 둔 김치도 가지고 왔다.

요양원에는 하이델베르크 지역에서 온 한국 여성이 입원해 있었다. 그녀의 남편은 휴가를 받아 내내 아내와 함께 머물렀었다. 나는 그들을 초대했다. 그녀의 남편은 요리를 전혀 할 줄 모르기에 그 여자도 말을 찾지 못했다.

폐 이식 수술 - 아니요, 감사합니다!

St. Blasien에서 퇴원한 후 나는 오랫동안 병가를 냈다. 1989년 11월 말, 건강 보험 회사에서 나를 전문가한테 보냈다. 이 전문가는 내 폐로는 5년 이상 살 수 없다며 베를린의 폐 이식 센터에 문의하라고 권장했다. 집에 돌아왔을 때 나는 정신적으로나 도덕적으로 절망했다. 남편의 얼굴은 창백해졌고 의사와 직접 이야기하고 싶다며 찾아갔다. 그도 지쳐서 돌아왔다. 그는 두들겨 맞은 개처럼 앉아 있었다. 나는 그가 내 건강에 관해서 이런 반응을 보인 적을 보지 못했다.

나는 아버지 하나님께 말했다: "사랑하는 하나님, 나는 거기에 동조하지 않을 것입니다. 내가 5년, 10년, 20년을 사는 거는 당신에게 달려 있습니다."

나는 화학 물질로 인한 나의 문제를 알고 있었기에, 이런 결정을 합리적으로 내렸다. 이식 후, 병원의 영구적인 방문이며, 치료와 관찰이 따른다. 또한 반작용의 위험도 있다. 수술 자체도 사소한 문제가 아니었고, 그 후에는 평생 면역 체계를 억제하며, 모든 병원체를 조심해야 했고, 항생제나 코르티손을 먹어야 한다. 내가 가진 윤리적 문제 또한 말할 것도 없었다. 나는 폐 이식을 받느니, 차라리 죽어서 천국에 가 하나님과 함께 있겠다고 했다.

2023년 오늘, 33년이 지났다. 생활에 제한이 있고, 2008년 이후로 폐공기증이 추가되어 폐는 더욱 약화하였지만 나는 아직 살아 있다. 향수, 화학물질 문제가 없었다면 나는 은퇴 할 때까지 내 직업에서 매우 행복했을 것이다.

태어날 때부터 폐 정화에 문제가 있었다. 메커니즘이 너무 약해서 흡입 한 모든 이물질이 다 나오지 않고 염증을 유발한다. 다행히 2020년 6월부터는 액체 산소를 공급받고 있다. 몇 달 동안 매우 심한 폐 통증과 숨 가쁨이 있었고, 모든 손톱이 보라색~파란색으로 변했다. 산소는 또한 흡입된 자극 물질이 폐에서 빨리 나오도록 하고, 만성적 염증과 통증을 완화한다. 나는 20년 전부터 산소를 받으려고 노력했지만, 의사들은 이해하지 못했다. 산소 호흡으로 심한 폐 통증은 완화됐고 보라색~파란색 손톱도 정상으로 돌아왔다. 나의 폐 기능 검사는 산소 공급이 없어도 산소 수치가 거의 정상이었다 (1978년 수술 이후 오른쪽 하엽이 없는데도 불구하고. 나는 나의 매일 특수 호흡운동 덕이라 생각한다). 나를 위해 산소를 처방해 준 폐 전문의는 내가 의학적인 현상(medical phenomenon)이라고 한다.

자극제는 모든 곳에 숨어 있기 때문에, 나한테는 지속적인 폐 통증이 있다. 매일 하루 18~20시간 동안 산소를 호흡한다. 정상적인 산소 수치로는 처방되지 않기 때문에, 내가 건강보험의 혜택을 받는다는 것은 정말 기적이다.

2001년에야 인터넷을 통해 내가 화학 과민증, 즉 "MCS 증후군" 또는 화학물질 과민증 또는 "전체 혈관 시스템의 알레르기"라고 불린다는 것을 알게 되었다. 나만이 아니다. 다른 사람들도 나와 비슷하게 고통을 겪지만, 나처럼 심하지는 않다. 많은 의료 전문가는 여전히 이것에 대해 전혀 모른다. MCS 환자들이 시물래이션(Simulation) 한다며 정신과 의사에게 보내진다(나도 그랬다). 화학 물질이 우리에게 미치는 피해에 대해 더 자세히 알고 싶다면 "인공 사향 (artificial musk란?)"을 검색하면 된다.

미국과 스칸디나비아에서는 MCS가 직업병으로 간주하고 인정된다. 안타깝게도 독일에는 그것을 아는 의사가 거의 없다. 나의 직업병 신청은 두 번 거부되었다. 화학 산업은 권력이 강력하며 많은 감정평가사는 평가한 돈으로 생활한다.

거의 모든 가정용품, 개인위생 용품 및 세제, 섬유 유연제를 사용하기 때문에 우리들은 고립되어 살고 있으며, 소득 손실과 차별을 받아들여야 한다. 2000년 이후로 모든 아파트에서 향기 냄새가 나기 때문에 나는 자발적인 방문을 할 수 없다.

크리스마스(요양원이 아닌 집에서)와
첫 십일조를 한인교회에

1989년 12월, 나는 다시 쌍트블라지엔(St. Blasien) 요양원에 머물게 되었는데, 이번에는 오랫동안 머물렀다. 나는 크리스마스이브에 휴가를 신청하지 않았다. 그런데 크리스토프가 두 시간 반을 운전해 찾아왔고 나를 집으로 데려갔다. 그는 집을 청소하고, 쇼핑하여 요리도 해놓았다. 나는 그 모든 것을 큰 감사로 즐기며 매우 감동했다.

그런 다음 크리스마스는 골동품 가게에서 샀다며 조개껍질로 장

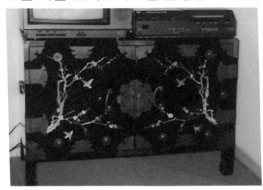

식된 골동품 한국 장롱을 선물하며 나를 놀라게 했다. 나를 매우 감동하게 했다! 다음날 그는 나를 요양원으로 데려다주었다. 다행스럽게도 내가 "휴가!" 갔다는 것을 아무도 눈치채지 못했다.

1989 성탄절 선물-장롱

요양원에 있는 동안 나는 1990년 1월 중순에 종료되는 고용계약서를 받았다. 내 직장은 임시직이었다. 그러나 병원은 법적으로 연장할 의무가 있었다.

좋은 상황이 아니었다! 나는 프라이부르크 변호사를 통해 계속 고용에 대한 이의를 제기했다. 이제 나는 고용주와 싸우는 거라 정말 불편했다. 남편이 서신을 인수하고 변호사와 처리했다.

시간이 지남에 따라 우리는 나의 직업을 포기하기로 동의했다. 조기 연금 결과는 아직 나오지 않은 상태였다. 하지만 우리는 프라이부르크에 있는 아파트를 해산하기로 했고, 연금 신청이 승인되든 안 되든 남편 쪽으로 이사하기로 했다. 나는 그 대신 병

원에서 퇴직금을 받았다.

퇴직금에서 나는 내 인생 처음으로 십일조를 한인교회에 드렸다. 1990년 3월 중순, 송별회에서 그것을 건넸다. 아름답고 따뜻한 날이었다. 우리는 독일 개신교의 클럽 방 뒤 잔디밭에 앉아 송별 음식으로 한국 음식을 먹었다. 작별 인사라서 우리들은 좀 아쉬웠다.

영 분별력의 은사

아름다운 프라이부르크를 떠나기 전에 프라이부르크에서 경험한 몇 가지를 말씀드리고 싶다.

영적 재생(영적으로 거듭남)과 환생

믿기 시작한 지 몇 년 후, 1983년 3월, 병리 검사원 교육이 끝날 무렵, 나는 "예언자의 내적 말씀을 통한 신성한 계시"라는 강의 포스터를 보았다. 호기심이 나를 자극했다. 주최자는 가톨릭 단체였다. "영적 재생"이라는 용어는 성경에서 나에게 잘 알려졌다(요한복음 3:1~7). 예수님은 "위로부터 태어난다." 또는 "거듭난다." 또는 "물과 성령으로" 태어난다고 했다.

나는 큰 관심을 가지고 거기에 갔다. 그러나 강연사는 "영적 재생"인 성서의 가르침과는 전혀 다른 의미로 이해하고 있었다! 나는 큰 충격을 받았다. 전에 그런 말을 들어 본 적이 없었다! 나는 오디오 카세트 하나를 샀다. 거기에는 "당신은 이 땅에 여러 번 왔었습니다"라고 적혀 있었다.

몇 년이 지나서야 나는 그가 환생, 즉 영혼의 중생에 대해 이야기하고 있다는 것을 이해했다. 이것은 힌두교의 기둥이다. (내가 1981년에서 1983년 사이에 읽은 종교사에서 힌두교를 읽지 않았기 때문에, 이러한 개념적 유사성을 인식하지 못했다) 나는 놀랐다: 이것이 어떻게 기독교를 가장하며 전파될 수 있을까? 강연사는 실제로 성서 구절인 요한 3:1~7을 언급했다. 그러나 거기에는 영혼이 아닌 영적인 재생에 대해 말하고 있다.

하나님께서는 우리에게 분별하는 영적 은사를 주셨다. 분별 영은 하나님의 영으로 "거짓된 복음"이 선포될 때 그것을 알 수 있다.

나는 1982년에 영적으로 거듭났고, 처음 10년은 그리스도인으로서 오직 성경만을 열정적으로 읽었다. 얼마나 행운인가! 이 시기에 나는 유일한 기독교책 한 권만 읽었다. Watchman Nee의 "영적 그리스도인(The Spiritual Christian)" 책이었다.: 이 책에서 나는 많은 것들 속에서 나 자신을 발견했다. 그는 내가 하나님과 경험했고 여전히 경험하고 있는 것을 묘사했다.

하나님을 찾는 못된 길들

나는 또한 프라이부르크에서 매우 유명한 물리학 교수의 강의에 참석했었다. 호기심에서 그곳에 갔고, 그가 귀신과 같은 초자연적인 모습, 물질적으로 설명할 수 없는 모든 종류의 것들에 관해 이야기한다는 사실을 알았다. 사실, 하나님의 영이 우리 안에 있지 않으면 구별하기 쉽지 않다.

나는 충격을 받았다. 그들은 하나님을 찾고 있었지만, 영적 분별력이 부족했기 때문에 모든 것을 하나로 묶었다.

자동 제안 (Autosuggestion)

1989년, 한국의 한 가톨릭 자매가 내게 조셉 머피(Joseph Murphy)의 책 한 권을 선물했다. 그 당시 나는 다시 심하게 아팠기 때문에 집에서 읽을 시간이 많았다. 나는 내 머리가 어찌된 건지 궁금했다. 나는 다섯 페이지를 한 번에 읽을 수 없었다. 저자가 의미하는 바를 이해하기 위해 내가 읽은 것을 끊임없이 반복해야 했다.

그러다 나는 그것이 "자동 제안"이라는 것을 깨달았다. 나는 저자의 무례함에 매우 화가 났다: 그는 성경을 오용하고 있었다!

거듭난 그리스도인으로서 하나님의 진리를 고백(선포)하는 것과, 그것을 자동 암시 기법으로 사용하는 것 사이에는 큰 차이가 있다.

안타깝게도, 나는 많은 기독교인들이 이 책에 대해 매우 열광적인 것을 경험했다. 그들에게는 분별 은사가 없거나 부족했다.

프라이부르크의 15년이 끝날 무렵, 불쾌한 경험에 대한 간략한 설명이다.

슈바벤란드(Schwabenland)로 이사한 후, 나는 사탄 숭배자들, 신비주의(Occultism), 밀교(Esotericism), 뉴에이지(New Age) 등 많은 종파가 있다는 것을 알았다.

14장: 새 고향에서

일주일 내내 한 지붕 아래

주말부부 생활 5년 만에 나는 남편이 사는 슈바벤란드로 이사했다. 고맙게도, 수리한 집에서 폼알데하이드(Formaldehyde) 냄새는 그동안 사라졌다. 그렇지 않았다면 나는 근처에 아파트를 찾아야 했을 것이다. 내 요청으로 프라이부르크 아파트는 한국인 학생 부부에게 임대되었다.

이제 우리는 일주일 내내 한 지붕 아래에서 살았다. 나는 최선을 다했다. 남편한테 정보를 알려주려고 노력했고, 식탁에서 가능하지 않으면, 그에게 메모를 남겼다. 불행하게도, 그것은 상호적이지 않았다. 크리스토프는 나한테 전혀 알려주지 않았다. 수리사가 종을 울리는 경우가 종종 있었는데, 나는 그들이 오는 것도 또 그들이 무엇을 해야 하는지도 전혀 몰랐다. 당황스럽고 민망했다.

우리는 종종 불충분한 의사소통에 관해 토론하고 논쟁했다. 남편은 그것을 천천히 배웠다.

영적 고향 찾기

1990년 3월, 아름다운 프라이부르크를 떠날 때, 나는 대학가에서 보낸 거의 15년을 되돌아볼 수 있었다. 이제 나한텐 큰 소망이 있었다: 성령 은사를 실천하는 교회에 속하고 싶었다.

나는 1979년 여름에 믿자마자 은사를 받았다. 그래서 나는 모든 크리스천이 가지고 있다고 생각했지만 그렇지 않았다. 그래서 나는 나팔을 불며 자랑하지 않았고 비밀리에 실행했다. 하지만 이제는 다른 성도들하고 같이할 수 있기를 원했다. 나는 영적으로 외로움을 느꼈기 때문에 하나님께서 나를 그런 교회로 인도해 달라고 기도했다.

이사 온 새집에서 나는 장로교회의 예배에 참석했지만 내가 찾고 있던 것을 찾지 못했다. 내가 살던 곳에는 복음주의 감리교교회도 있었다. 한동안 나는 그들의 예배와 주중 성경 모임에 참석했지만, 여기에서도 찾지 못했다. 그러나 그곳에서 나는 요셉과 마리아를 만났는데, 그들은 교회 장로였다. 내가 다른 교회로 떠난 후에도 우리는 여러 해 동안 매우 훌륭하고 사랑이 넘치는 교제를 가졌다.

소프라노 자매가 성령세례(방언)를 받았다.

우리 학생들의 기도 모임은 계속되었고, 우리에게는 너무 먼 거리가 없었다. 1990년 5월에는 내 새집에서 만났다. 기도 후 떠나기 전에 함께 먹을 수 있도록 나는 밥과 다진 고기로 큰 냄비에 미역국을 준비했다.

늘 그랬듯이 우리는 찬송 후 기도 제목을 모았다. 그런 다음 모든 사람은 방해받지 않고 기도할 수 있는 조용한 구석을 찾았다. 독일인의 귀에는 이것이 낯설게 들린다. 그러나 한국인에게는 당연한 일이다. 방해받지 않고 하나님께 집중적으로 기도 제목을 전할 수 있어 매우 효과적이다. 한국에서의 많은 교회는 독일인처럼 한 사람이 기도하면 나머지는 듣고 마지막에 "아멘"이라고 기도하지 않는다. 한국의 카리스마 공동체, 교회 또는 기도 서클에서는 이웃의 기도를 듣지 않고 열렬히 하나님께 기도한다. 박해 때문에 지하에서 모이는 중국 기독교인들 사이에서도 볼 수 있다. 그들은 기적에 기적을 경험한다.

성악 하는 미나의 기도 조건은 여섯 번째였다. 그녀는 성령 세례, 즉 방언 받기를 원했다. 나는 첫 번째 기도소원을 위해 기도하고 있었는데 성령님은 나를 미나의 기도소원으로 인도하셨다. 그래서 나는 "주님, 아직 그녀의 차례가 아닙니다." 하고 두 번째, 세 번째, 네 번째에 집중하려고 애썼다. 하지만 성공하지 못하고, 계속 미나의 소원으로 돌아갔다.

그러다 나는 국과 밥을 확인하기 위해 부엌에 갔다. 내가 부엌에서 거실로 들어가며 그녀를 지나쳤을 때, 하나님의 영에 의해 그녀에게로 다가갔다. 의도치 않게 내 오른손은 그녀의 머리를 만졌고 나는 그녀의 귀에 속삭였다: 지금 오는 것 받으세요!

동시에 그녀에게서 방언의 기도가 아주 큰 소리로 터져 나왔다. 멈출 수가 없었고 점점 더 커졌다. 미나는 가장 아름다운 소프라노로 방언했고, 온 집에 가득 찼다. 우리 중 한 명이 "남편이 뭐라고 할까요" 하며 걱정했다. 나는 "괜찮아, 놔둬, 제대로 터지게 방해하고 싶지 않다"며 반박했다. 그녀가 조금 진정될 때까지 약 30분이 걸렸다. 마침내 미나는 천사처럼 활짝 웃으며 부끄러워하고 사과했다. 그러나 나에게는 문제가 되지 않았다. 나중에 들은 건데, 크리스토프는 시끄러워지자 산책하러 나갔다고 말했다. 남편은 클래식 음악을 좋아했지만, 높은음을 견디지 못했기 때문에 나는 오페라와 오페레타를 친구들과 보러 가야 했다. 크리스토프는 내가 갑자기 크게 웃어도 놀라곤 한다.

침대에서…

한번은 한국인 한 젊은 부부가 아파트에서 뭔가 나쁜 것을 느끼지만 더 자세히 설명할 수 없다며 나한테 오라고 했다. 나는 거기에 가서 하룻밤을 머물렀다. 나는 한밤중에 잠에서 깨어났고, 호리호리한 청년이 문을 열고 걸어 나가는 것을 영적인 눈으로 보았다. 그는 내가 자고 있던 거실의 손님 침대에서 걸어 나갔다.

아침에 나는 부부에게 침대와 관련이 있다고 말하며 내가 본 것을 이야기했다. 그들은 침대를 중고로 샀는데, 한 젊은이가 거기서 스스로 목숨을 끊었다는 것을 나중에야 알게 되었다며 겁에 질렸다.

그래서 나는 침대에 기름을 바르고 예수님의 이름으로 죽음과 자살의 영에게 침대와 아파트를 떠나라고 명령했다. 그 후 우리는 기도하고 찬송을 불렀다. 그 이후로 부부는 평화를 누렸다. 하나님께 영광을 돌립니다!

15장: 슈바벤란드에서 우여곡절

시어머니의 수수께끼 같은 조언

크리스토프의 부모님을 방문했다. 그의 어머니가 우리들한테 각 방 쓰라고 갑자기 권했다. 그들도 그렇게 했다며, 그러면 평화스럽다고 했다. 나는 말문이 막힌 채 그곳에 서 있었다.

많이 당황했다! 그 말은 무슨 뜻일까? 생각하며 나는 크리스토프를 쳐다보았다. 그가 우리 침실에 대해 어머니와 이야기를 나누었을까? 그녀는 아들에 대해 무엇을 알고 있을까!

왜 그들이 별도의 침실을 사용했는지 묻지 않았다. 나는 또 크리스토프한테도 묻지 않았다.

마기트(Margit)와 해바라기 그림

나의 성서모임에서 더러운 영으로부터 해방된 동료 마기트와 나는 여전히 연락하고 있었다. 그녀는 까다로운 성격이었고 끊임없이 남자를 찾아다녔다.

그러던 그녀는 치료사의 조언에 따라 몇 년 전부터 그림을 그리기 시작했다. 어느 날 그녀는 모든 그림으로 무엇을 해야 하는지 나한테 물었다. 나는 시청에서 무료로 전시회를 할 수 있는지 물어볼 것을 그녀에게 제안했다. 그런 다음 마기트는 내가 그림 선택을 도와 줄 수 있는지 물었다.

그리고 그녀는 그림을 차에 싣고 주말에 200km를 운전해 찾아왔다. 오, 그녀는 크게 발전했다!

떠나기 전 일요일 오후, Margit은 내 남편이 나에게 진실하냐고 매우 진지하게 물었다. 나는 이 질문에 대한 준비가 되어 있지 않았다. 그러나 내가 아는 한 최선을 다해 "예"라고 대답했다. 그러자 그녀는 믿어서는 안 된다고 나에게 경고했다. 이상하다고 나는 생각했다. 나는 크리스토프를 맹목적으로 믿었다. 무엇보다도, 나는 그가 불륜을 저지를 거라고 믿지 않았다! 또한 그는 거의 항상 집에 있었다.

나는 마기트가 남편과 시시덕거리고 있다는 것을 분명히 알았고, 내 마음속의 불안을 심각하게 받아들이지 않았다. 다행스럽게도 그녀는 남편이 그녀에게 접근했다고 솔직하게 말한 것은 정직했다. 이것은 매우 굴욕적이었고 부끄러웠다. 나의 한 한국 친구처럼 나에게 정직한 그녀에게 감사했다.

그렇게 나는 하나님께서 내게 원하시는 것, 즉 성령 안에서의 중보기도를 어렵게 배웠다. 결국 불쾌하고 불안한 신호는 상처받은 내 영혼에서 나온 것이 아니었다. 그렇게 나는 나의 또 다른 영적 은사를 알게 되었다: 즉 내 안에서 불안하고 안절부절못하는 것을 느끼면, 주님으로부터 "지식의 말씀"을 받고 무엇을 해야 할지 알게 될 때까지 방언으로 기도해야 했다.

마기트가 떠난 후, 크리스토프는 거의 1미터 높이의 해바라기 그림이 든 액자를 나에게 보여주며 마기트한테 샀다고 했다. 나는 거기에 대해 전혀 몰라서 완전히 놀랐다. 나는 가격을 물었다. 그는 "500 DM이라며, 어머니 생일 선물."이라고 했다. 1980년대 말, 이 금액은 내가 이 주간 하프타임 일해야 했기에 엄청났다. 나는 배신감을 느꼈다. 나와 의논하지 않고 많은 돈을! 내가 시어머니한테 선물하는 게 싫어서가 아니었다. 그런데 실제로 시어머니에게 선물했을까?

40세에 장애인 조기 연금

1990년 3월 말, 연금 통지서를 받았다. 나는 40세였다. 신분증에 따르면 38세에 불과했다. 1989년 10월부터 소급하여 무기한 연금을 받게 되었다. 나는 꿈을 꾸고 있다고 생각했지만, 그것은 현실이었다: 무기한! 모든 괴로움 속에서 큰 기쁨이었다.

부모님을 여름에 3개월 초대했기 때문에 아주 잘 맞았다. 그러나 큰 집을 운영하기에는 건강이 좋지 않아 힘들었다. 그래서 나는 남편에게 청소부를 고용해 달라고 부탁했다. 나는 연금에서 그것을 지불할 수 있었다. 그는 집안에 낯선 사람을 원하지 않는다며 직접 도와주겠다면서 거절했다. 그러나 그가 실제로 도울 때까지는 많은 시간과 에너지며 부드러운 설득이 필요했다.

또 다른 좋은 놀라움

1985년에 한국 대학생에게 1만 마르크를 빌려줬는데, 1990년 5월에 이자와 함께 절반을 돌려주었다! 그래서 나는 부모님의 체류를 위해 충분한 돈이 있었고 접대, 여행 및 건강 보험료를 지불할 수 있었다. 그렇게 나는 아버지 하나님이 나를 축복하신다는 것을 다시 한번 경험했다.

독일 방문하신 부모님

1990년 6월 4일은 나에게 특별한 날이었다: 나의 부모님을 독일로 모실 수 있었기 때문이었다! 두 분은 71세와 70세의 나이에 큰 여행을 훌륭하게 대처하셨다. 그 당시 프랑크푸르트 암 마인 (Frankfurt am Main)까지의 비행은 21시간이 걸렸다(오늘은 11시간). 존경스러웠다! 부모님은 한국에서 일 년에 몇 번씩 비행기를 타셨지만, 이렇게 긴 비행은 처음이었다.

그들은 딸이 독일 남자와 어떻게 살고 있는지 보러 오셨고, 이를 위해 그들은 논과 밭일을 포기하셨다, 즉 1년 수입을 포기한 것이다. 나의 시아버지는 내 부모님의 용기를 존경하며 놀라셨다. 시부모님을 한국에 초대하고 싶었지만, 시아버지가 비행기를 타는 것에 두려워해 실행할 수 없었다.

부모님은 평생 빵을 먹지 않으셨지만, 아버지는 내가 독일에 처음 왔을 때와 마찬가지로 버터와 잼을 곁들인 독일식 아침 식사를 매우 좋아하셨다. 그는 사위가 칼을 다루는 것을 면밀히 지켜보시며 따라 하셨다. 나이프와 포크를 다루는 것도 부모님에게는 새로운 거였다. 우리 엄마는 빵에 버터와 잼을 싫어하셨다. 그래서 건조한 빵을 카바를 마시며 드셨다. 둘 다 소시지와 치즈를 즐기지 않으셨는데, 나도 독일 생활 처음에는 그랬다.

아버지는 아침 식사 전에 산책하셨다. 우리 어머니는 걷는 게 힘들어 침대에 누워계셨다. 한국에서 어머니는 가족 중 유일하게 일찍 일어나는 사람이었다. 나의 첫 번째 간증 자서전 "드디어 여자로다!(endlich Frau!)"에서 어머니의 바쁜 삶을 묘사했다.

처음 며칠은 나도 부모님과 동시에 일찍 일어났다. 하지만 하루 종일 버티기가 힘들었다. 그래서 나는 아침에 한 시간 더 자고 싶다고 제안했다. 배가 고프면 간식을 드시라고 부모님께 권했다. 그것은 아주 잘 통했다. 부모님은 내가 진종일 활발함을 보시고 놀라며 기뻐하셨다. 남편도 오래 잤기 때문에 나와 같은 기분이었다.

부모님은 점심 식사 후 평소와 같이 낮잠을 주무셨다. 이 시간 나는 폐의 점액을 뱉어내는 호흡운동을 누워서 했다. 우리가 외출했을 때는 내가 차 뒷좌석에 누워서 했다. 부모님은 앞좌석에서 쉬셨고 크리스토프는 그사이 산책했다.

이 3개월 동안 우리는 부모님과 함께 유럽으로 큰 여행을 가지 않고 독일과 스위스로 당일 여행했다. 우리는 격일로 여행했으며 남편은 사업 일을 하게 했다. 그의 사업계획에 따라 여기저기 친구들도 방문했다.

어느 주말, 내가 처음으로 도착한 도시 바덴바덴에 들렀다가 콘스탄츠(Konstanz) 호수 야간 축제에 갔다. 그런 후 우리는 프라이부르크에 있는 한국인 친구들과 하룻밤을 보냈고, 다음날 스위스의 유명한 융프라우요흐(Jungfraujoch)까지 갔다.

우리는 또 만이나우(Mainau) 섬, 슈투트가르트 동물원 "빌헬마(Wilhelma)", 슈바벤 알프스의 곰 동굴, 바이에른의 루드비히 2세 왕의(Königs Ludwig II) 성으로 당일 여행했다. 무더운 8월에 베를린과 포츠담으로 갔지만 하룻밤만 머물렀다.

포츠담(Potsdam) 여행은 대담한 경험이었다: 종종 그렇듯이 남편은 숙소를 사전에 예약하지 않았고, 그날의 출발도 늦었다. 우리는 오후 6시경에 포츠담에 도착했고, 숙박 대행업체를 찾아야 했다. 그러나 우리는 운이 좋았다: 폐점 시간 직전에 저렴한 개인 아파트를 찾았다.

당시 동독의 상당수의 시민은 아파트로 돈을 벌었는데, 여름에는 관광객들에게 아파트를 빌려주고 그들은 밭 정원 집에서 보냈다 (많은 독일인은 밭 정원에 조그만 집을 가지고 있다). 그래서 우리는 욕실, 주방, 거실 및 2개의 침실을 갖춘 매우 잘 갖춰진 아파트에서 3박 동안 매우 저렴하게 살았으며, 우리 자신을 위해 음식도 만들 수 있었다. 하늘에 계신 아버지 하나님께 큰 감사를 드렸다!

여기서 나는 마침내 부모님, 특히 아버지와 한국의 윤리, 정치, 사회 등에 대해 폭넓게 대화할 기회를 가졌다. 나는 어린 시절부터 한국의 사회와 전통에 대해 동의하지 않는다며 아버지를 자극했다. 또 우리는 민주주의와 공산주의에 대해 활발하게 토론했다. 남편은 무엇에 대한 대화냐고 물으며 가능한 한 많이 참여했다. 그것은 매우 활발했고 재미있었다. 매우 열띤 토론이었지만 우리는 몇 주 동안 그것에 대해 많이 웃었다.

그런 후 우리는 북프리스란트(Nordfriesland) 쌍 페터 오르딩(Sankt Peter-Ording)에서 일주일을 보냈다. 이번에는 내가 바닷가 후줌(Husum)에 아파트를 예약했기 때문에 막판의 스트레스가 없었다. 매우 조화로운 여행이었다. 나는 바다와 해변을 좋아하기에 고무장화를 신고 어린아이처럼 덩실덩실 걸어 다녔다. 어머니는 나를 보고 웃으시더니 내가 개처럼 뛰어다니고 있다고 말씀하셨다. 후줌(Husum)에서 우리는 동해로 당일치기 여행을 갔는데, 해변에서 예상치 못한 홍합을 발견하여 놀라고 기뻤다. 우리는 저녁 식사로 홍합을 즐겼다.

그렇게 우리는 독일 전역을 매우 즐겁게 여행했고, 1990년 8월 말, 부모님은 안심하시고 한국으로 돌아가셨다. 내가 독일에서 잘 지내고 있으며, 한국에서처럼 음식에 문제가 없다는 것을 스스로 확신할 수 있었다.

나는 한국 음식을 소화할 수 없었기에 한국에서는 매우 힘들었다. 어렸을 때부터 복통과 설사로 고생했고, 3년 전 휴가철 고향 집에서도 복통과 설사로 큰 고통을 겪었다. 부모님은 내가 독일 땅에서 잘 지내고 있음을 직접 눈으로 보고 경험하셨다.

부모님은 또한 남편과 내가 매우 조용하고 조화롭게 사는 것을 보셨다. 매일 아침 크리스토프는 빵집에 가서 신선한 빵을 사 왔고, 매일 장도 봐다 주며, 요리할 때도 많이 도와주는 걸 보셨다. 정말 나의 결혼 생활에서 가장 좋은 시간이었다. 부모님과 함께한 시간은 불행히도 너무 빨리 지나갔다.

동독에서 온 학생과 2주

부모님이 묵고 계셨던 방은 다시 사무실이 될 예정이었다. 그러나 내 요청에 따라 우리는 동독에서 온 젊은 여학생을 2주 동안 데리고 있었다. 시청에서 교환 학생을 위한 호스트 가정을 찾고 있었고, 우리 집이 딱 맞았다!

학생은 진종일 프로그램이 있었기에, 우리는 서로를 거의 못 봤다. 그러다 어느 날 우리는 시간을 가질 수 있었다. 나는 점심으로 튀긴 닭 다리를 요리했는데, 그녀는 매우 좋아했다. 이 기회에 그녀는 독일 남부의 음식이 맛이 없다며 채소에 "물기가 많다"고 했다. 나는 그녀를 잘 이해할 수 있었다. 우리가 그들의 고향을 갔을 때, 길에서 오이와 토마토를 살 수 있었다. 진짜 맛이 아주 좋았었다. 그녀는 내 음식에 대한 추억을 집으로 가져갔고, 늦가을에 나에게 편지를 썼다. 닭 다리 요리법을 보내달라고 했다. 나는 이 요청에 기꺼이 응했다. 안타깝게도 그 이후로 연락이 끊겼다.

어린아이처럼 상한 기분

내가 손님용 침대의 이불과 베게 등등을 벗기자마자, 남편은 내가 그를 소홀히 대했다고 불평했다. 항상 모든 사람에게 정의롭게 대하려고 나는 노력했기 때문에, 이 비난은 나를 놀라게 했다. 그가 그렇게 말하면 그는 그렇게 느꼈을 것이다. 부모님과 나는 그가 사업 일을 할 수 있도록, 우리들은 좋은 의도로 그를 자주 사무실로 보냈다. 그러나 나는 그를 소홀하게 대하지 않았다.

비밀스러운 행동

부모님과 함께한 시간은 너무 좋았다. 그러나 우리 둘 사이에 또 위기가 왔다. 남편은 봄에 그랬던 것처럼 다시 희한하게 행동했다. 그때부터 그의 비밀은 나한테 악몽이 시작되었다. 예를 들어, 그는 종종 점심 식사 직전에 신발을 신고 재킷을 들고 집에서 뛰쳐나가 차를 타고 사라졌다. 어디로? 나는 예상할 수 없었다. 얼마나 오래? 나는 그에게 묻지도 못했다.

종종 나는 그것을 평온하게 받아들인 다음 요리 한 점심을 혼자 먹었다. 그러나 때때로 나는 화가 났고, 마음이 매우 불안했으며 버림받았다고 느껴졌다. 나는 그를 이해하지 못했다. 어쩌면 그는 내 음식을 좋아하지 않았을까? 그래서 하루는 물었더니 "아니야. 너 요리 잘해"라고, 응답했다. 나도 다양한 음식을 먹게 가끔 데려가달라고 부탁했다. 그러나 그는 그것을 무시했다. 그는 그가 원하는 대로 살았다.

나는 매일 아침 식사 때 그에게 점심 메뉴를 알려줬고, 항상 정시에 음식을 식탁에 올렸지만, 크리스토프는 다시 한번 나갔다. 다행히도 부모님이 방문하시는 동안에는 큰 예외였다! 정말 기뻤었다.

내가 정말로 이상하다고 생각한 게 또 하나 있었다: 우체부가 오면, 그는 다락방에서 현관문으로 달려와 전체 우편을 사무실로 가져가서 분류한 다음 내 것은 나한테 주었다. 나는 그런 행동이 이상하고 유치하다고 생각했다. 나는 종종 그가 비밀을 가지고 있다는 느낌을 받았지만, 이 생각을 추구하지 않았다.

별거 희망과 합의

부모님이 귀국한 지 얼마 되지 않아 그는 갑자기 별거와 이혼을 원했다. 10년간의 사막 시간이 절반도 지나지 않았음에도 불구하고 나는 동의했다. 바로 1990년 9월이었다. 사도 바울은 불신자가 원한다면 우리가 헤어지도록 구체적으로 허락했다.

> *주님이 아니라 내가 나머지 사람들에게 말하노니, 만일 어떤 형제에게 믿지 아니하는 아내가 있는데 그 여자가 그와 계속 동거하기로 동의하면, 그는 그 여자를 쫓아내지 않을 것이다. 여자라 할지라도 믿지 않는 남편이 자기와 계속 동거하기로 동의한다면 부인해서는 안 됩니다. [...]*
> ***그러나 불신자가 헤어지기를 원한다면 그렇게 하십시오. 그러한 경우에 형제나 자매는 노예처럼 묶여 있지 않습니다. 하나님은 평화롭게 살도록 당신을 부르셨습니다.*** *여자여, 당신이 남자를 구할 수 있는지 어떻게 압니까? 아니면 여자를 구할 수 있는지 어떻게 알 수 있습니까? (고린도전서 7:12~13, 15~16)*

가정 물품 분할이 정해졌다. 나는 변호사를 찾아갔다. 변호사는 남편이 생활비로 한 달에 1600 DM(약 800유로)을 지불해야 한다고 말했다. 그것은 남편에게 상당한 충격이었다.

그래서 그는 유리한 해결책을 내놓았다: 내가 그 집에 계속 살면서 임대를 내고, 그가 아파트를 찾아서 나가겠다고 했다. 그렇게 그는 힘들지 않게 그의 사무실을 계속 사용할 수 있었다. 그는 계약서를 작성했고 나는 "평화를 위해" 서명했다. 임대료를 공제한 후 그는 나에게 950 DM(약 475유로)을 지불해야 했다. 그러나 아파트를 찾는 것은 생각만큼 쉽지 않았다. 그래서 우리는 계속 같은 집에서 살았다.

"말하거라!"

나는 일요일에 마을에 있는 감리교회에 다니며 주간 성경 가정 모임에도 참석했다. 그러나 토요일에는 가까운 한인 교회에 갔고, 그곳의 주중 성경 공부에도 참여했다. 나는 한인교회에서 3년 동안 어린이 주일예배를 인도했다.

크리스토프가 별거를 희망한 지 거의 4주 후인 10월 중순 어느 주일날, 감리교회에서 예배가 끝난 후 믿는 형제 랄프가 같이 집에 걸어갈 수 있는지 물었다. 그의 곁에는 친구가 있었는데 그는 침묵했다. 우리는 집으로 돌아오는 길에 온갖 이야기를 나누었고, 할 말이 너무 많아서 심지어 가톨릭교회 근처에 멈춰서서 대화했다. 그의 친구는 성경 공부 모임에서 가끔 본 적이 있는데, 그는 아무 말도 하지 않고 듣기만 했다. 일반적으로 그는 매우 조용했고 나는 그의 이름조차 몰랐다!

그날 오전, 집으로 돌아와 점심을 먹기 전에 하나님은 나에게 말씀하셨다: **"너의 현재 결혼 상황과 네가 아파트를 찾고 있다고 그에게 말하라!"** 나는 "주님, 나는 그를 거의 알지 못합니다!" 하며 반발했다. 나는 성경 공부를 통해서만 그를 알았다. 나는 또한 그가 조금 이상하다고 생각했다. 성경 공부할 때 내가 말하면 그는 종종 놀란 눈으로 나를 바라보았다.

매우 불편했지만, 하나님께서 말씀하셨기 때문에 나는 순종하고 싶었다. 그 남자의 전화번호나 그가 사는 곳을 몰랐기 때문에, 연로한 장로 부부인 요셉과 마리아에게 전화를 걸었다. 나는 최선을 다해 그 남자에 대해 설명했다. 그들은 오랫동안 생각할 필요가 없었다. 즉시 번호를 주었다. 그의 이름은 막스(Max)였다. 그는 나를 다음 주 수요일에 자기 집으로 오라고 했다.

그런 다음 나는 요셉과 마리아에게 다시 전화를 걸어 산책하기로 했다. 산책하며 나는 그들에게 내가 더 이상 그들의 교회에 가지 않겠다고 말했다. 그들은 매우 유감이라고 했다. 하지만 그 후에도 우리는 오랫동안 친구처럼 지냈다.

아파트가 보였다

수요일 오후가 되었다. 막스 형제가 문을 열었을 때, 나는 거의 숨을 쉴 수 없었다. 그는 좋은 의도로 향기로운 차를 준비하고 향기로운 촛불을 켜고 기다렸다. 그의 아파트는 오래된 가구로 세련되게 꾸몄고 잘 관리되어 깨끗하며 아주 잘 어울렸다. 나는 염치를 불고하고 내가 향수에 큰 문제가 있다고 말했더니 그는 매우 당혹스러워했다. 그는 이해했고 촛불을 껐으며 침실로 가져다 두었다. 그런 다음 우리는 창문을 연 채 앉았다.

나는 매우 쑥스러웠지만 말을 시작했다: 내가 지금 같은 집에서 살면서 별거하고 있다며 급히 아파트를 찾고 있다고 말했다. 막스는 큰 눈으로 나를 바라보며 심호흡했다. 그런 다음 말했다: 그는 연말에 사업의 주주로 합류하면 새로운 세입자를 찾아야 한다고 했다. 그때까지 10주가 남았다. 그는 생각할 시간이 필요하고, 주주로 참여해야 할지 안 할지 기도하고 싶다고 했다.

그런 다음 그는 시기는 잘 맞으나 집주인에게 물어봐야 한다고 했다. 집주인 또한 감리 교회에 속해 있었고, 우리는 교회에서 대면으로 알고 있었다. 막스가 나에게 아파트를 보여 줬다. 나는 매우 기뻤다. 우리가 작별 인사를 할 때, 그는 마음이 정해지는 대로 나에게 전화하겠다고 약속했다.

11월 초, 2주가 채 지나지 않아 그는 나에게 전화했다. 그는 주주로 가입하기로 했다며 새해에 아파트가 빈다고 했다. 그러나 그는 집주인에게 물어봐야 한다고 했다. 나는 인내해야 했다.

새해 되기 6주 전, 1991년 1월부터 아파트를 가질 수 있다는 반가운 소식을 받았다. 나는 하나님의 개입에 놀라웠고, 이 아파트에 대해 하나님께 감사했다. 나의 아버지-하나님은 나에게 그렇게 하신다!

집주인 자매는 아파트에 대해 기도할 때 항상 나를 보았다고 나중에 알려줬다. 돌이켜 보면서 나는 놀랐다: 정말로 축복받은 아파트였다!

이 아파트에서 경험한 모든 것은 다음 장에서.

16장: 별거의 해: 기적 위에 기적이!

돈 부족

돌이켜 보면, 결혼 직후에 경험한 것은 경고탄과도 같았다. 결혼 후 세금 등급 V에 속하며 이전보다 훨씬 더 많은 세금 공제를 받았는데, 이는 1월과 2월 것을 소급해 적용됐다!

1987년 3월, 나는 133 DM, 즉 70유로 미만으로 살아야 했다. 남편이 프라이부르크에 있는 두 번째 집의 임대를 내야 했을 뿐만 아니라, 3월의 나머지 비용, 즉 전화, 자동차 연료 등도 충당해야 했다. 갑자기 이상한 느낌이었다: 재정적으로 갑자기 의존해야 한다는 것! 그 대신 남편은 세금을 아주 작게 냈다. 그러나 그것은 나한테 충격이었다. 다행히도 그 한 달만 돈이 빡빡했다.

괴롭힘(수작)

나는 별거 동의서에 서명하였고, 1991년 1월 1일에 막스의 아파트에 새 세입자로 이사했다. 이제 남편은 나를 괴롭힐 수 있는 자유를 갖게 되었고, 그는 그것을 철저히 이용했다: 한 달에 1600 DM 대신, 500 DM에 대한 수표를 두 번 주었다; 그는 나에게 한 달에 1.000마르크 이상을 지불하지 않겠다고 했다. 내 변호사가 그에게 편지를 보냈다. 그런 후 수표도 잘렸다! 적으나마 내가 연금을 받을 수 있어서 다행이었다.

그는 또한 모든 것에 대해 나에게 청구하기 시작했다: 이사 때 그의 도움과 내가 빌려온 물건들; 그는 심지어 물건을 즉시 돌려달라며, 안 그러면 생활비를 삭감하겠다고 협박했다! 나는 그가 사실을 부인하거나 왜곡하며. 나를 거짓말쟁이나 과장자로 묘사하는 데 아주 능숙한 걸 알고 있기에, 우리의 서신을 잘 보관했다.

몇 년 후, 나는 남편이 두 개의 개인 계좌와 세 개의 사업 계좌를 가지고 있었다는 것을 알게 되었다. 나는 몰랐지만, 가난한 것 같지 않았다, 그러나 나는 전혀 개관하지 않았고, 그를 통제하고 싶지도 않았다. 그래서 나는 내 돈이 아닌 것은 그에게 자유롭게 맡겼다.

이사 후 내 연금으론 충분하지 않았고, 나는 정말로 어려움에 닥쳤다. 절망에 빠진 나는 결혼 증인이었던 한국 친구한테 연락했다. 그녀는 2월 말에 1.000 DM을 보냈고, 나는 그걸 5월 말까지 갚아야 했다. 다행스럽게도 3월 중순에 기쁜 소식을 받았다: 추가 연금 기관으로부터 1989년 10월부터 소급하여, 즉 1년 반 동안의 연금을 받게 되었다!

크리스토프의 두 번째 파산

하늘에 계신 나의 아버지 하나님께서 맨 처음에 선포하셨듯이, 나의 남편은 두 번째로 파산을 맞았다. 그가 나와 헤어지자고 한 후, 그는 더 이상 일감을 받지 못했다. 나의 아버지-하나님은 남편이 그것을 느끼게 하셨다. 그는 남편이 무엇을 하고 있는지 정확히 알고 계셨고, 내가 막스에게 내 사정을 이야기하게 하셨으며, 아파트를 찾게 하셨다. 정말 우리 주님은 그들의 자녀를 보호하고 인도하시는 방법에 있어서 독창적이지 않습니까? 내가 하나님의 음성을 듣는 은사를 가지고 있는 데 대해서도 많이 감사한다!

남편은 자기 변호사에게 1990년 가을에 큰 일감을 분명히 받는다고 기대했는데 받지 못했다며 저소득이라고 진술했다. 몇 년 후, 나는 그가 변함없이 월급을 그대로 계속 지불했다는 것을 알게 되었다. 회사 사장으로서 그는 급여를 조작할 수 있었다. 그러나 그때 그는 그런 일을 한 적이 없었다.

몇 년이 지나서야 그가 1990년 10월에 프라이부르크 아파트를 매물로 내놓았다는 사실을 나는 알게 되었다. 1991년 5월에 팔렸고, 그는 은행에 건축 대출을 갚을 수 있었다는 사실을 알게 되었다.

1991년 4월 말, 우리가 4개월 동안 헤어졌는데, 나는 영적으로 불안과 슬픔으로 울고 한숨을 쉬며 다시 고통을 받았다. 그러나 나는 그것이 어디에서 왔는지 몰랐다. 3년 후에야 그가 당시 다른 여성과 바람을 피우고 있었다고 나에게 말했다. 나는 스스로 이 생각을 하지 못했다.

다시 한번 "화해"

당시에 나는 그의 외도에 대해 전혀 몰랐고, 우리는 5월에 '화해' 했다. 그러나 계속 각기 다른 집에서 살았다. 추가 연금 덕분에 800 DM이면 충분히 생활할 수 있다고 판단하고 550 DM의 생활비를 포기했다. 그에게 불필요한 경제 부담을 주고 싶지 않았다.

남편은 내가 추가 연금을 받는다는 사실을 알게 되자마자, 연금 수급자인 나한테 필요하지 않은 내 생명 보험을 해지하고, 그 돈으로 주식을 사라고 압력을 가하기 시작했다. 그는 내가 실제로 그렇게 할 때까지 계속 나를 괴롭혔다!

생명 보험 해지 경우, 환급금만 받았기에 상당한 손실이었다. 이제 그는 자신의 회사에 8%의 이자로 단기 대출을 해달라고 매우 졸랐다(은행에서 3년 동안 6%를 받을 수 있었다). 내 새끼손가락을 내밀었더니 내 손 전체를 가지려는 격이었다. 내가 7월 중순, 대출 계약서에 서명했지만 좋은 느낌은 아니었다.

얼마 지나지 않아 오래된 내 차가 고장 나기 시작했다. 좋은 중고차를 구입하기로 했다. 단순히 금전적인 이유뿐만 아니라 '화학물질 냄새'가 가득한 새 차 안에서 나는 도저히 견딜 수 없었기 때문이었다. 이를 위해 회사 대출금을 다시 돌려달라고 했다. 자동차 구입 후 남은 돈은 내가 갑자기 한국으로 가야 할 경우를 대비해 남편한테 주식에 투자해 달라고 부탁하며 그에게 맡겼다. 그러나 나는 그 돈을 다시 보지 못했다! 일반 예금 계좌에 투자하는 것이 더 유리할 수 있었지만, 남편은 내가 예금 계좌를 개설하는 것을 원치 않았다. 나는 또 남편 몰래 계좌를 개설하고 싶지 않았다.

어려운 시기에 기적에 기적

어려움이 클수록 나는 하나님의 임재를 더욱 간절히 찾았고, 그분과 많은 시간을 보내며, 그분의 인도하심을 구했다. 결과적으로, 이 별거의 한 해 동안 아버지 하느님께서 나는 물론 다른 사람들을 위해 행하신 많은 표적과 기적을 경험했다. 전후에 일어난 몇 가지 개인 일도 설명하며 이제 이러한 표적과 기적에 대해 말씀을 전하고자 한다.

1) "이상한" 교회
1990년 11월, 독일의 "회개와 기도의 날"(당시 독일에서는 여전히 공휴일이었고 항상 수요일이었다), 믿는 형제 랄프가 "오늘 정오에 오니?"하고 물었다. 나는 전혀 몰라서 "어디로?" 물었다. 그는 "너 몰라? 막스 형제가 말하지 않았나?" 그런 다음 그는 그들의 그룹이 이상한 소리를 많이 들은 큰 도시의 한 교회를 방문하기로 했다고 말했다. 그래서 그들은 이단에 빠지거나 악의 세력에 영향을 받지 않도록 사전에 만나서 하나님의 보호를 구하는 기도 하려고 만나기로 했단다.
나에게 호기심이 생겼다. 그래서 나도 기도 모임에 참석했다. 나도 이 교회를 몰랐지만, 내 안에 있는 나의 영은 "살아계신 하나님께서 나의 형제 막스를 붙잡아 달라고" 간절히 기도했다. 그 당시 내 영혼이 왜 그렇게 기도했는지 나는 모른다. 그러나 우리는 종종 성령으로부터 기도할 올바른 말씀을 받는다는 것을 알고 있다.

성령께서 같은 시간에 당신이 말해야 할 것을 주실 것이기

때문입니다. 누가복음 12:12

한 시간 기도한 후 우리는 떠났다. 우리가 시작 30분 전에 도착했는데 이미 사람들이 붐비고 있었다. 우리 일행 6~7명은 왼쪽 블록 한가운데에 일렬로 앉아서 관찰하기로 했다. 우리는 이 교회 상황이 제대로 돌아가고 있는지 알고 싶었다. 나는 통로 바깥쪽에 앉았고, 내 왼쪽 옆에는 막스 형제가 앉았다.

사람들은 명랑하고 거리낌이 없었으며, 드럼, 기타, 키보드 등 모든 종류의 악기로 활기차고 큰 소리의 찬양 시간은 압도적이었다. 그 후, 몇 명의 사람들이 마이크 앞으로 가서 예언했다(일부 성경에서는 이것을 "예언의 말씀"이라고도 한다).

맘에 들었다! 그들은 성령의 은사를 최대한 발휘했고, 이게 바로 내가 찾던 교회였다! 그러나 나는 이 그룹에 나에 대해 많이 말한 적이 없고, 또 다른 사람들과 싸우고 싶지 않아 나를 자제했다.

예배가 끝나고, 마지막으로 기도를 원하는 사람은 앞으로 나오라고 했다. 그들과 함께 기도하는 사람들이 있었다. 중간에 목사님이 단상으로 뛰어 올라가더니 마이크에 대고 "손바닥이 따끔거리고 뜨거운 사람 있으면 앞으로 나오라고" 말한 다음, 다시 내려가 한 사람 한 사람을 위해 계속 기도했다.

잠시 후, 막스 형제가 내 팔을 톡톡 두드리며 내 귀에 속삭였다: 손바닥이 많이 따끔거리며 뜨겁다고 했다. 나는 조용히 하나님께 감사드리며 "앞으로 나가 네 손을 위해 축복의 기도를 받아라. 네가 치유의 은사를 받는다. 그러나 네가 순종하지 않으면 하나님은 그 은사를 도로 가져가신다. 앞으로 나가!" 그런 후 나는 눈을 감고 조용히 기도했다. 그것은 하나님께서 맥스를 위한 나의 기도에 응답하셨다는 신호였기 때문이었다.

그러나 그 형제는 감히 그러지 못하고 그대로 앉아 있었다. 예배가 끝난 후 복도에 사람들이 너무 많아서 같이 간 형제자매들을 볼 수 없었다. 그러다 랄프 형제를 만났을 때, 막스에 관해 물었다. 그는 목사님한테 갔다고 응답했다. 나는 속으로 "하느님께 감사!"했다.

막스가 우리한테 왔을 때 행복해 보였다. 우리는 집으로 가기 전 식당에 들어가 우리가 보고 경험한 모든 것에 관해 이야기를 나눴다. 나는 침묵하고 듣기만 했다. 그러나 그들은 방언으로 말하고 기도하는 것, 그것이 어떻게 될 수 있는지, 그것이 정말로 하나님에게서 온 것인지, 사탄에게서 온 것인지 등에 대해 논의했다. 이제야 내가 조심스럽게 끼어들었다: 이 모든 것이 성경에 있다. 그러나 나도 이 은사를 가지고 있다고 알리지 않고 간직했다. 형제 막스가 하나님으로부터 감동했고, 그들은 호기심이 생겼다. 그들은 또 그 교회에 대해 지인한테 물었다. 지인은 그들을 안심시켰다. 그래서 그들은 자주 그 교회에 갔다.

그러나 문제가 생긴 건, 막스 형제가 불과 열흘 전에 감리 교회 회원이 되었다는 점이었다. 그리고 얼마 후, "새로운" 교회를 방문하면서 마을의 감리 교회와 긴장이 고조되었다. 몇 차례의 대화 끝에 그들은 감리교회를 떠났다. 결국 그들은 정기적으로 큰 교회에 가면서 영적 고향을 찾게 되었다.

2) "너희들 가운데 있는 포도주가 맘에 안 든다!"

1990년 말까지 나는 토요일이나 일요일에 가끔 막스 형제의 그룹을 만났다. 그들은 자주 만났고 종종 함께 식사했는데 나도 환영했다.

어느 날, 나는 하나님의 우레와 같은 음성을 들었다. 그것은 화가 난 것처럼 들렸다: **"너희 가운데 포도주가 맘에 안 든다!"** 하셨다. "막스 그룹"을 언급하고 계셨다. 나는 그것을 이해하지 못했다. 나는 그들을 한동안 알고 지냈는데, 그들은 술꾼도 아니었으며 폭음도 없었기 때문에 "주님, 저는 이해하지 못하겠습니다, 그들은 술꾼이 아닙니다!" 그런 후 어느 날 내가 다시 그들과 함께 있었다. 훨씬 더 강력하고 거룩한 진노하신 하나님 음성을 들었다. "너희들 가운데 있는 포도주는 나한테 전혀 맘에 안 든다!"

"내 눈에는 가증한 것이로다!"

1991년 1월 초, 하나님께서는 내게 막스의 일행에게 **"너희 가**

정 모임은 내 눈에 가증한 존재다!"라고 전하라고 명령하셨다. 나는 이것이 무엇을 뜻하는지 전혀 이해할 수 없었다. 하나님께서는 이에 대한 어떤 설명이나 정당성도 주지 않으셨다. 그래서 나는 **"왜 제가 이 저주스러운 메시지를 그들에게 전해야 합니까?"** 자비롭고, 아름다운 것이라면 언제든 전하러 갔을 것이다. 그러나 나는 파괴적인 메시지와 함께 가고 싶지 않았다. 우리는 서로를 피상적으로만 알고 있었기 때문이었다. 더욱이 나는 나 자신을 바보로 만들거나 그들을 당황하게 하고 싶지 않았다. 지극히 인간적인 내 모습이었다. 나는 "주여, 제가 여기 있습니다, 제 형제를 보내소서"라며 거절했다. 그러나 하나님께서는 자신의 목적에서 단념하지 않으셨다. 그는 내가 숨 가쁨을 느낄 때까지 나를 더 세게 미셨다. 매주 내 가슴은 더 조여졌다. 나는 성경에 나오는 반항적인 요나처럼 행동했다. 다만 나는 물고기 배 속에 앉아 있지 않았다.

나는 머뭇거리다가 동의했지만, 사사기 6:36-40; 사사기 7:13에 나오는 기드온처럼 하나님께 확증의 표징을 구했다: 제가 진실로 이 명령을 이행해야 한다면, 한국인의 성경모임이 취소되게 해달라고 했다. 막스 그룹과 한인의 성경모임은 항상 같은 요일에 만났고, 하나님은 오래 기다리지 않으셨다.

무거운 마음으로 순종

2월 말이 되었다. 어느 화요일 오후, 한국인 목사님이 아프셔서 한인 성경모임이 취소된다는 소식을 전화로 받았다. 이제 나는 변명의 여지가 없었다. 그래서 나는 막스 형제에게 전화를 걸어 손님으로 참석해도 되겠느냐고 물었다. 그는 매우 기뻐했다. 그는 이미 여러 번 나를 초대했지만 같은 날 한인 가정 모임이 있다며 항상 거절했었다.

막스와 그의 친구들은 나를 따뜻하게 환영해 주었지만, 나는 긴장한 채 말없이 앉아 있었다. 나는 단지 적절한 때를 기다리고 있었다. 몇 곡의 찬송이 끝난 후, 이 모임을 계속 진행할지 아닌지에 대한 토론이 생겼다. 몇 분이 지났지만 아무도 한마디도 하지 않았다. 이제 나는 나의 때가 왔다는 것을 알았다: "사랑하는 형제자매들아, 나는 오늘 하나님의 사명을 가지고 왔다. 그리고 그것은 내게 매우 힘들다." 모두가 침묵하며 내가 말할 것을 기다리고 있었다. 그래서 나는 그들에게 나에게 아무런 질문도 하지 말고 나중에 의논도 하지 말며 오직 주님께 가서 여쭤보라고 했다. 이 서문이 끝난 후 나는 무거운 마음으로 입을 열었다: "주님이 말씀하신다: **"너의 가정 모임은 내 눈에 가증하다!!"**

내가 그 말을 끝내자마자, 나에게 깊은숨이 내쉬어졌고, 동시에 내 가슴의 압박감이 사라짐을 놀랍게 경험했다! 요나가 물고기 배 속에 갇혀 있다가 풀려났을 때도 틀림없이 그랬을 것이다. 그런 다음 나는 1990년 가을부터 주님한테서 들었던 것을 그들에게 말했다. **"너희 가운데 있는 포도주가 맘에 안 든다!"** 나는 또한 하나님께서 이 말씀을 하실 때 매우 진노하셨다고 말했다. 형제자매들은 침묵을 지켰고, 오직 랄프 형제만이 격분했다: **"우리는 술주정뱅이가 아니다, 그리고 왜 주님은 우리에게 그런 말씀을 하지 않으시고 너에게 그렇게 말씀하시지?"**
나는 그에게 진정하라고 말했다, "나는 너희들이 술주정뱅이가 아니라는 것을 안다. 제발 나한테 화도 내지 말고 질문도 하지 마라. 며칠 안에 주님께 나아가 여쭤보렴. 너희들에게 응답하실 것이다."
그렇게 나는 하나님의 사명, 즉 하나님의 말씀을 그들에게 전했다. 나머지는 하나님의 일이었다.

순종의 결과: 각성과 영적 성장
약 2주 후, 나는 직업병 진단을 받기 위해 6일 동안 바드 잘츠우플렌(Bad Salzuflen)에 가야 했다. 거기서 나는 하나님께서 이 가정 모임 안에서 무엇을 하시는지 전해 들었다: 하나님은 그들을 한 사람 한 사람 만나셨다.
그들 가운데는 음행하며 사는 과부가 있었다. 어느 날 아침, 그녀는 침대에서 일어날 수 없었다. 카리스마 교회의 한 신자가 그녀의 집에 와서 그녀를 어둠의 세력에서 구출했다. 나중에 나는 또한 이 가정 모임에 알코올 중독자와 동성애자 형제가 있다는 것도 알게 되었다. 동성애는 성경에서 가증한 일이라고 불린다 (레위기 18:22). 이 동성애 형제에 대해 그 원인과 그가 어떻게 동성애 감정에서 벗어나게 되었는지는 나중에 이야기하겠다.

그때부터 그 그룹은 영적 성장을 경험했다: 막스 형제는 영적으로 번성했으며 치유의 은사로 형제자매들을 섬겼다. 그는 기도 중 병든 부위를 영적 엑스레이 눈으로 보았으며 구체적으로 기도할 수 있었다. 그 그룹의 모든 사람은 영적으로 큰 발전을 이루며 성장했다.

일 년 반 후인 1992년 9월, 그들은 실내 수영장에서 성서에 따른 침례를 받았다. 그들이 감리 교회를 떠난 지 오래되었지만, 이 일로 그곳 형제자매들과 다시 열띤 논쟁을 불러일으켰다. 반면에 나는 그들이 성장하고 영적으로 성숙하는 것을 매우 기뻐했다. 그들은 모두 신실하고 헌신적인 그리스도인으로 성숙했다.

좋으나 어려운 은사

지금까지도 나는 하나님께서 왜 그렇게 하셨는지에 대해 설명할 수 없다. 하나님은 단지 나의 순종을 시험하신 것일까? 하나님께 순종하고 그분의 "책망"을 전달하는 것은 오늘날에도 나에게 여전히 큰 도전이다. 내 평판에 대해 많이 신경 쓰며, 성도들이 내가 전하는 하나님의 말을 믿지 않을지 두려워하는 자부심이 있다. 나는 이것을 반복해서 깨닫고 나 자신을 부정하는 법을 배워야 했다.

영적 은사를 갖는 것은 좋고 아름다우며, 목회에, 특히 컨설팅에 큰 도움이 된다. 하지만 쉽지 않은 일이다.

*주인의 뜻을 알고도 준비하지 아니하고 그 뜻대로 행하지 아니한 종은 많이 맞을 것이요. 알지 못하고 맞을 일을 행한 종은 적게 맞으리라. 무릇 많이 받은 자에게는 많이 요구할 것이요. **많이 맡은 자에게는 많이 달라고 할 것이니***

라 *(누가 12:47~48)*

"다시는 죄를 짓지 말라!"

하나님은 죄인을 사랑하시지만 죄는 미워하신다. 그는 심지어 동성애 (레위기 18:22; 20:13), 음행, 간음(예레미야 13:27) 과 같은 죄를 "가증한 것"이라고 부르며, 고의로 이성의 생물학적 성별에 속한 전형적인 방식으로 행동하는 경우(복장 도착 (Transvestitismus); 신명기 22:5)도 "가증한 죄"라고, 하신다. 하나님께서는 "창녀의 품삯"을 제물이나 헌금으로 받는 것을 원치 않으신다(신명기 23:19).

하나님은 우리가 즐기는 걸 방해하시나요? 아닙니다, 그분은 우리의 최선을 원하시고, 우리의 안녕을 추구하십니다: 그분은 이혼으로부터 그리고 일반적으로 영과 혼과 육체의 불행과 상처(예: 성병) 로부터 우리를 보호하기를 원하십니다.

술은 일부 사람들이 생활에 대처하는 데 도움이 되는 버팀목이 아닙니까? 하나님이 어찌 이것을 금지하시겠습니까? 하나님은 술을 마시는 것 자체를 금하지 않으시며, 또한 술에 취한 사람의 존엄성을 보호하십니다.

노아의 아들 함은 술에 취한 아버지가 벌거벗은 채 누워 있는 것을 보고 나팔을 불었습니다. 그것은 그에게 전혀 도움이 되지 않았습니다(창세기 9:20-27).

그러나 우리는 취하지 말아야 합니다, 대신에 성령으로 "충만해야" 합니다" (에베소서 5:18). 이것은 훨씬 더 좋은 "삶의 도움" 입니다.

하느님은 자비로우십니다(창세기 4:15 참조: 하나님은 형제를 살인한 가인을 피의 복수로부터 보호하셨다). 그러나 하나님의 큰 소망은 우리가 거룩하게 살고, 약점을 발견하면 하나님 앞으로 나오기를 바라십니다(마태복음 11:28). 불행하게도, 하나님께서 우리에게 주시는 성화와 치유보다는, 욕구 충족에 더 많은 가치를 둡니다. 그러나 성경에는 갈등이 발생할 경우 욕구 충족을 우선시하는 사람은, 하나님의 나라를 상속받지 못할 것이라고 분명히 적혀있다(고전 6:9~10; 유다 7; 요한계시록 21:8).

갈등이 발생했을 때? 이 점을 주의하면서 나는 분명히 말하고 싶다: 하나님은 사디스트가 아니다. 인간이 필요한 욕구를 창조하시고 그걸 금지하지 않으신다. 섹스는 하나님의 아이디어다. 그분은 인간의 몸과 영혼에 해를 끼치지 않도록 보호하기 위해 일부일처제를 제정하셨다(창 2:21~24).
경건하지 않은 우리의 사회에는 사랑, 관용, 자유에 대한 잘못된 개념이 있다. 하나님이 우리를 속박하기를 원하신다고 생각하지만, 우리는 그 결과를 무겁게 짊어지게 됩니다: 우리가 심은 대로 거두고 바람을 뿌리는 자는 폭풍을 거두리라(호 8:7). 그래서 우리는 불행에 빠지게 됩니다.
그러나 예수님은 병자들을 치유하시고, 죄가 원인이면 더 이상 죄를 짓지 말라고 하십니다(요 5:14, 8:11).

3) 무명의 간호사
1990년 여름, 나는 면역글로불린(IgG-Subclasses) 주사를 맞으러 대학병원에 가야 했다. 그날 아침 나는 성경을 가지고 가라는 느낌을 받았다. 그래서 나는 작은 성경을 가지고 갔고, 기다리는 동안 복도에서 읽었다.
정오쯤, 나는 소파에 누워 수액 주사를 맞고 있었는데, 한 간호사가 나에게 다가왔다. 나는 그곳에서 그녀를 본 적이 없었다. 그녀는 나한테 믿느냐고 물었다. "네, 아주 많이요"라고 나는 대답했다. "당신이 성경을 읽는 걸 봤습니다."라고 말하고는 "어디가 아프신가요?" 하고 물었다. 내가 짧게 설명한 후 그녀는 "당신을 위해 기도해도 될까요?" 하고 물었다. 기쁨으로 가득 찬 나는 "예, 기꺼이"라고, 대답했다.
기도가 끝난 후, 그녀는 내 건강 상태가 조상과 관련이 있다는 인상을 받았다며 "혹시 한 세미나에 참석할 관심이 있으신가요?" 하고 물었다. 나는 기독교 세미나에 대해 들어본 적이 없어서 "글쎄요" 하며 망설였다. 그러다 그녀가 나에게 정보 편지를 보낼 수 있도록 내 주소를 가져가도록 허락했다.

나는 그녀를 다음 달에 다시 볼 것이라고 확신했다. 그래서 나는 그녀의 이름이나 그녀가 다니는 교회에 관해 묻지 않았다. 그러나 그것은 나의 큰 착각이었다. 나는 그녀를 다시는 볼 수 없었다. 세미나에서도 못 만났다. 심지어 몇 달과 몇 년이 지나도 못 만났다. 그녀가 하나님의 천사였을까?

9월, 10월, 11월이었지만 세미나에 대한 편지가 오지 않았다! 그녀가 나를 잊은 것일까? 어쩌면 주소를 잘못 적었었을 수도 있고, 어쩌면 그 세미나가 이미 끝났을 수도 있었다.

그러다 1990년 12월 초, 편지가 도착했다. 그러나 발신자 없이 왔다. 세미나는 크리스마스 직전에 열렸다. 나는 시간이 잘 맞지 않다는 것을 알았고, 나 없이 진행되어야 한다고 결정했다.

그 후, 나는 또 편지를 받았다. 역시 발신자 없이 왔다. 거기엔 크리스마스 전의 세미나가 취소되고, 대신 1991년 3월에 다른 세미나가 있다는 내용이었다. 생각한 후 참가자 신청서를 보냈다. 나는 별거 중이었기에 남편과 의논할 필요가 없었다.

프로그램은 아주 유망하게 들렸다: 기본 신뢰, 우리가 하나님을 보는 방법, 태아의 상처와 죄/치유, 성공 마인드, 돌 같은 마음과 내면의 맹세, 부모 및 대리 배우자, 쓴 뿌리, 사랑의 식별, 조상의 죄, 잠든 영 및 갇힌 영, 용서 및 올바른 방법으로 짐을 짊어지기 등이었다.

기본 신뢰가 결여 되었을 때: 나는 그것을 알고 있었다.

강연사는 내적 치유의 선구자인 John과 Paula Sandford의 동료인 Charles Fink였다. 첫 번째 강의는 아주 매혹적이었다. 강연사도 기본적인 신뢰 없이 성장했기에 그로 인해 큰 고통을 겪었단다. 그리고 그는 그 아픈 지점에서 어떻게 치유되었는지 설명했다. 치유된 후 그는 목회적 돌봄에 적극적이었고, 다른 사람들의 영혼이 치유되도록 도왔단다(때로는 영혼 치유로 몸도 치유된다고).

기본적인 신뢰가 없는 사람들은 거리감, 차가움, 뻣뻣함, 흔들림 등의 증상을 보인다고 그는 설명했다. 나는 그런 증상을, 남편을 통해 잘 알고 있었다. 그럼, 남편에게 희망이 있다고 생각했다. 나는 이 세미나에서 나의 죄도 깨닫게 되었다. 믿는 한 자매 앞에서 죄를 고백하고 하나님의 용서를 받아야 하는 죄였다. 대부분의 경우 자기 잘못을 하나님께 고백하는 것으로 충분하다. 그러나 이 경우는 신자 앞에서 고백하고 용서를 받아야 했다. 이점은 샌드포드 부부도 강조했다.

그러나 누구 앞에서? 마음을 털어놓을 수 있는 사람이 아무도 없었다. 세미나가 끝난 후, 나는 하나님께 누군가를 보내달라고 부르짖었다. 그것에 대한 소망은 점점 더 강해졌다. 이 고민 속에서 나는 막스가 누군가를 알고 있겠다고 생각하고 물었다. 그리고 그는 실제로 이웃 마을에 사는 부부의 전화번호를 나에게 주었다.

4) 결혼 확인, 스포츠 중독 인정

나는 이 부부를 "아담과 하와"라고 부르겠다. 이 부부는 나를 위해 시간을 빨리 찾았다. 나는 그들에게 세미나를 통해 알게 된 나의 죄를 고백하고 싶었고, 하나님의 용서를 확신하고 싶었다. 1991년 4월 중순, 그들은 나를 사랑스럽게 맞아 주었다. 사실, 나는 단 한 번의 기도를 받기 위해 왔지만, 하나님은 경험 많은 이 그리스도인을 통해 나에게 훨씬 더 많은 것을 주셨다. 먼저, 그들은 내 결혼 생활이 어떻게 이루어졌는지 말해달라고 요청했다. 나는 시작했다, 그러던 중 둘은 서로를 쳐다보았고, 하와(Eva)는 그에게 고개를 끄덕였다. 나는 그것이 무엇을 의미하는지 몰랐고, 그냥 계속 이야기했다. (나중에 그들은, 내가 믿지 않는 남편이라고 말했을 때, 하와가 성령의 신호를 받았다고 설명했다. 그들은 그렇게 말로 표현하지 않고 서로에게 전달한다고 설명했다. 두 사람의 영적 유대가 부러웠다!).

아담은 신자가 불신자를 부부로 만나게 하는 것은 매우 드문 일이지만, 내 결혼은 실제로 하나님이 정해 주신 것이라고 확인시켜 주었다. 정말 안심이 되었다! 그런 다음 아담은 성경에서 하나님의 명령으로 창녀와 결혼해야 했던 사람을 알고 있는지 물었다. "아니요, 당장 생각이 안 난다"고 나는 응답했다. "호세아"라고 그는 말했고, 나는 동의했다. 구약성경에 나오는 선지자 호세아는 창녀와 결혼하라는 하나님의 지시를 받았다. 여기에서 창녀는 이스라엘이 하나님을 외면하고 이방 신들을 따르던 이스라엘에 대한 비유였고, 회개하면 하나님께서 다시 받아들인다는 의미다.

마침내 영적 은사를 가진 형제자매들이 내 결혼을 확인해 줘서 나는 정말 기뻤다. 이 대화가 끝난 후, 내가 실제로 온 이유를 설명할 수 있었다. 무거운 마음으로 내 죄를 고백하고, 하나님과 그들 앞에서 회개하며 용서를 받았다. 이것으로 내 마음의 무거운 짐이 내려졌다. 나는 정말로 가벼워졌다! 이제 사탄은 나를 비난 할 권리를 잃었다.

> *그러므로 너희 죄를 서로 고백하며 병이 낫기를 위하여 서로 기도하라 의인의 간구는 역사하는 힘이 큼이니라. (야고보서 5:16~18)*

> *만일 우리가 죄가 없다고 말하면 스스로 속이고 또 진리가 우리 속에 있지 아니할 것이요. 만일 우리가 우리 죄를 자백하면 그는 미쁘시고 의로우사 우리 죄를 사하시며 우리를 모든 불의에서 깨끗하게 하실 것이요. (요한1서 1:8~9)*

우리는 신자 앞에서 모든 죄를 고백할 필요는 없지만, 어떤 경우에는 그것이 필요하다. 예를 들어, 우리가 이미 하나님께 실수를 고백했음에도 불구하고 끊임없이 죄책감을 느끼게 하며, 악마가 우리를 괴롭히기 위해 사용하는 몇 가지 실수들이 있다. 필요를 느끼는 사람은 반드시 기독교 목사님이나 성직자나 성숙한 신자에게 가서 고백해야 한다. 이것은 적의 공격에 문을 닫는 것이다.

마지막으로 아담은 내게 특별한 기도 제목이 있는지 물었다. 나는 즉시 "고관절 골관절 염"이라고 대답했다. 두 사람은 나를 위해 기도해 주었다. 잠시 후 Adam은 "스포츠"라는 단어가 나와 관련이 있는지 물었다. 내 얼굴은 작고 좁았기에 그는 이 말이 무슨 뜻인지 상상할 수 없었다. 하지만 그 말을 들었을 때 나의 두 팔이 올라갔고 스포츠가 나에게 우상이 되었음을 알았다. 오직 하나님만이 나에게 주실 수 있는 것(성취)을 대신한 것이었다.

아담은 성령으로부터 지식의 말씀을 받았다(요 4:18; 고린도전서 12:8; 14, 6; (사도행전 8:23) 그리고 나는 내가 스포츠에 중독되었다는 것을 깨달았다. 이듬해인 1992년에 나는 중독에서 해방되었다. 어떻게 해방되었는지 첫 번째 간증 자서전에서(드디어 여자로다! ISBN 978-89-6511-429-1) 자세히 보고했다.

5) 영적 고향 발견

기도 후 헤어질 때, 아담과 하와는 나를 그들의 가정 모임에 초대했다. 나는 큰 기쁨으로 잠깐 그곳을 방문했다. 그리고 기적에 기적을 경험했다. 일부는 내 몸의 기적이었다. 아담과 하와가 1990년 가을에 막스와 그의 친구들과 함께 갔던 큰 교회에 속해 있다는 것도 깨달았다. 여기서 나는 또한 나의 영적 고향을 발견했다. 그리고 어느 시점에서 나는 아담과 하와를 나의 영적 부모라고 부르기 시작했다.

그 부부는 또 나를 다른 기독교 행사에도 데리고 갔다. 그래서 나는 "직업인 크리스천들"을 알게 되었다. 초교파적인 복음 사역이었다. 그들은 중립적인 장소에서, 주로 식당에서, 매월 저녁 모임을 가졌다. 강연사는 하나님과의 삶에 대한 간증을 전했다(또는 강의했다). 마지막으로 예수님을 자기 삶에 영접하고 싶은 사람들을 위해 기도했다.

6) 내 침실엔 유령이 없다

1991년 4월인가 5월에 막스가 찾아와 나한테 "아파트에서 잘 자니?" 하고 물었다. "네, 왜?" 내가 물었다. 그는 "정말 방해받지 않고 잘 수 있니?" 하고 재차 물었다. 나는 그것이 이상하다고 생각하며 "왜 그런 질문을 하는 거냐?"고 반문했다.

당황한 그는 침실에서 어둠의 세력과 밤마다 싸웠던 이야기를 들려줬다. 그는 나보다 먼저 여기서 일 년 정도 살았었다. 그는 종종 팔이 긁혀졌고 아침에 완전히 지친 채 깨었단다.

그는 내가 유령으로부터 방해를 받지 않는다는 것에 매우 신기해했다. 나는 놀라지 않았다. 내 생각에 그는 그 당시 요한복음 3장대로 "성령으로 거듭나지" 않았고, 아직 성령세례(방언, 기도)도 받지 않았었다. 또 나중에야 그가 동성애자로 죄 가운데 살고 있다는 것도 알게 되었다. 그래서 그는 유령의 공격에 문을 활짝 열어둔 상태였다.

어둠의 세력에 대한 권위를 갖는 것은 또 다른 권위 중 하나다. 사실, 모든(거듭난) 그리스도인들은 예수님의 성령이 그들 안에 거하시기에, 이 권위를 가져야 한다. 그러나 많은 사람이 이것을 인식하지 못하거나, 사용하지 않는다. 막스가 거듭나고, 성령세례를 받으며 마침내 죄에서 해방된 후, 그는 더 이상 유령의 대상이 되지 않았다.

이런 식으로 볼 수 있거나 다른 식으로 볼 수 있겠지만, 나는 그리스도인이 영적으로 거듭났는지 또 성령 세례(방언)를 받았는지에 따라 차이가 있다고 생각한다. 영적으로 거듭나고 성령세례를 받은 그리스도인들은 하나님의 권세를 지니고 있다. 즉 하나님의 영이 우리 안에 거하시기 때문이다(롬 8:9; 디모데후서 1:14); 오직 가르침이 부족하기 때문에, 많은 사람이 모르고 불안감을 느낀다.

> *자녀들아, 너희는 하나님께 속하였고 또 그들(유령)을 이겼느냐니, 이는 너희 안에 계신 이가 세상에 있는 자(유령)보다 크심이라. (요한1서 4:4)*

아파트 집주인의 부모님도 그 침실에서 잤다. 어머니는 믿는 여인이었지만, 아버지는 집안에서 주술을 행하였다. 내가 그곳에서 사는 동안 집주인과 자녀들이 다락방에서 마법의 책을 발견하고 그것을 불에 다 태워버렸다. 만민의 주님을 찬양!

7) "그는 동성애자이다."

내가 하나님의 훈계를 막스의 가정 모임에 전했다는 걸로 나의 명성은 떨어지지 않았다: 그 이후로 막스 형제는 영적인 문제들에 관해 이야기하기 위해 나를 자주 방문했다.

어느 날 그는 내 아파트에 왔고, 우리는 맞은편에 앉아 이야기를 나누고 있었는데 예상치 않게 하나님의 음성이 들렸다: **"그는 동성애자이다."** 나는 "아니요, 주님! 절대 그렇지 않습니다."라고 대답했다. 그런 후 이 형제에 대한 하나님의 사랑이 나에 강력하게 임했고, 동성애 감정으로 사는 사람들이나 동성애자로 사는 사람들에 대한 나의 정죄가 즉시 사라졌다.

그러나 나는 막스가 동성애자라는 게 믿기지 않았다. 그리고 나는 그가 스스로 동성애자라고 말할 때까지 비밀을 간직했다.

어느 날 저녁, 나는 막스 집에서 저녁을 먹었다. 마주 앉은 막스가 갑자기: "순녀야, 나 호모야."라고 했다.

그 순간, 마치 누군가가 나에게 따뜻한 물을 붓는 것처럼 하나님의 아가페 사랑이 다시 내게 임했다. 나는 하나님의 사랑으로 그를 바라보며 부드럽게 "알고 있어."라고, 말했다. 막스는 깜짝 놀라며 눈을 크게 뜨고 물었다. "어떻게?"

"주님께서 몇 주 전에 말씀하셨다."라고 나는 대답했다. 그런 다음 나는 하나님의 사랑으로 일어나, 탁자 주위를 돌아 그를 그가 앉아 있는 의자까지 꼭 껴안으며 "네 비밀을 알려줘서 고맙다"라고 말했다.

하나님께서 나를 준비시켜 주신 것이 얼마나 기쁜지 모른다! 그래서 나는 이 형제한테 상처 주지 않고 하나님의 사랑으로 만날 수 있었다. 그는 자기 결혼 생활이 그로 인해 파탄됐다고 말했다. 동성애 감정을 느끼는 이유는 여러 가지 원인이 있을 수 있다. 이런 사람들의 성별이 거부되었거나, 아들(또는 딸)로 인정받지 못했다거나, 어린 시절에 성적 학대 또는 부모나 친척이 아들을 원했지만, 딸이 태어났을 때(또 그 반대의 경우), 자궁에서 경험 한 자신의 성별에 대한 거부 등이 원인일 수 있다. 거기에 대해 일부는 내 첫 번째 책에서 더 자세히 설명했다. 나는 또한 Leanne Payne의 책 The Broken Image, You Can Heal, Crisis of Masculinity를 추천한다.

막스의 경우는 그의 어머니에 의한 정서적 남용이었다. 그녀는 그녀가 무엇을 하고 있는지 모른 채 그를 대체 파트너로 사용했다. 그녀는 남편이 일찍 사망한 후 어린 아들을 부부 침대에서 자게 하며 정서적 근친상간을 저질렀다. 불행히도, 정서적 남용은 한 부모가 배우자에게 불만을 느끼고 자녀를 대리 파트너로 만들 때도 발생한다. 내 첫 번째 책에는 신체적, 영적, 지적 남용에 관한 정보와 치유 방법에 관해서도 썼다.

아들이 태어난 후 막스는 더 이상 아내와 잘 수 없었단다. 그는 어머니와 자고 있다고 느꼈단다. 주님은 이런 것을 나에게 계시해 주셨고, 막스는 그것을 확인해 주며, 내가 이 모든 것을 어떻게 알았는지 알고 싶어했다. 그렇게 그는 나를 영적으로 점점 더 잘 알게 되었고, 그리스도인으로서 어떤 성령의 은사를 가질 수 있는지도 배웠다. 우리는 영적으로 "친한 친구"가 되었다.

1991년 봄, 막스는 그의 어머니를 방문하기를 원했다. 그녀는 수년간 혼수 상태로 요양원에 있었다. 그곳에서 그녀는 위 튜브를 통해 영양분을 공급받았고 수액주사를 맞았다. 막스는 한 형제가 나를 데리고 가라고 충언했다며 나한테 같이 가겠느냐고 물었다. 그래서 같이 갔다. 나는 침대 발치에 서 있었고, 막스는 그의 어머니 옆에 서 있었다. 그러자 그녀는 갑자기 눈을 뜨고 거의 화가 난 상태로 나를 꼬아보았다. 차가운 전율이 내 몸 전체를 타고 내려갔다. 오랜만에 처음으로 그녀가 눈을 떴기 때문에 막스는 매우 놀랐다! 그 후 얼마 지나지 않아 그녀는 세상을 떠났다.

어느 날 나는, 그 그룹의 한 자매에게 막스가 곧 재혼할 것이라고 말했고, 그녀는 "너 미쳤어!"라고 대답했다. 같은 해, 막스와 다른 두 형제자매는 금식기도의 시간을 가졌다. 금식기도 시간이 끝날 무렵 막스는 큰 소리로 **"나는 여자를 원해요!"** 하고 외쳤단다. 막스가 다시 이성애 감정을 갖기 시작했고, 독일 북부에서 미혼 자매를 만났으며, 일 년 후 그 자매와 결혼했다. 그의 결혼식을 위해 나는 남편과 독일 북부까지 갔었다.

그의 영혼 치유 과정은 결혼 생활을 하면서 계속되었고, 그의 상처받은 영혼은 하나님의 사랑 안에서 안식을 얻었다. 그 후 그는 다른 동성애 희생자들을 돌보는 사역을 했다.

이렇게 나는 우리가 창조주께 우리 자신을 열고 그분이 우리를 변화시키시도록 허용한다면, 동성애 감정이 평생의 운명이 아니라는 사실을 확인하게 되었다.

TV를 제거하라!

막스의 결혼식 후 어느 날, 막스는 내게 다가와 TV를 지하실에 두었다고 말했다. 그제야 나는 주님께서 몇 주 전에 내게 말씀하신 것을 기억했다: "막스에게 TV를 아파트에서 제거하라고 해라!". 그 당시 나는 그것을 전혀 이해하지 못했다. 약 3년 후에야 나는 텔레비전에 모든 것이 제공되고 있음을 힘들게 배웠다.

8) "응접실의 돼지"라는 책과 조현병 배후에 있는 세력

10장에서 이미 언급했듯이, 나는 프리츠 리만(Fritz Riemann)의 기본적인 신뢰 부족으로 조현병(분열성) 성격에 대한 치료 제안이 없다는 사실에 매우 실망했었다. 그런데 뜻밖에도 나는 "조현병" 뒤에 숨겨진 영적 차원을 기록한 책을 발견했다. 이를 위해 나는 다름슈타트(Darmstadt)에 가야 했다.

부활절 다음 주, 1991년 4월 초, 한 한국인 교회에 세미나가 열렸었다. 나는 1980년대 말에 다름슈타트와 스위스에서 열린 두 번의 세미나에서 한국인 설교자를 이미 알고 있었다. 그는 미국에서 왔고 처음에는 의학을 공부했으나 하나님의 부르심에 따라 신학을 공부한 사람이었다. 사실, 하느님께서는 그의 형을 사역자로 부르셨지만, 그는 거절했다. 그래서 하나님은 둘째 아들을 부르셨다.

그의 초점은 축기 사역과 그에 따른 "속사람의 치유와 갱신"이었다. 그는 매우 침착하고 말이 거의 없었으며 엄청난 영적 권위를 가지고 있었다. 그는 연단에서 사역했다. 그의 아내와 직원들은 모든 것이 순조롭게 진행되도록 사람들을 돌보며 지원했다. 영적 치유가 여기저기 일어났고, 우는 사람도 있었으며, 어둠의 세력이 다양한 방식으로 나타났다. 때로는 매우 폭력적으로 나타났다.

심지어 약 20명의 한국인이 치유와 구원을 받기 위해 한국에서 왔다. 이 그룹은 내 바로 옆에 앉았었다. 나는 그들의 구토물을 치우며(팁: 양동이와 종이수건 준비) 기도로 구출 사역을 지원하느라 바빴었다. 하나님의 임재가 강력하게 역사했다.

폐회 예배 일요일 오전, 나는 목사님의 아내가 이리저리 돌아다니며 수색하는 것을 보았다. 그녀는 나를 보자 서둘러 내게 다가와 종이에 싸인 선물을 건네며 "이건 당신을 위한 것!"하고 내 손에 쥐여주었다. 그리고 그녀는 급하게 사라졌다.

그 전날, 우리 기도 모임이 그녀의 남편과 그녀에게 점심을 대접하는 임무를 맡았기에 우리는 함께 점심을 먹으면서 잠깐 만났을 뿐이었다. 나는 매우 영광스럽게 생각하며 선물을 가슴에 꽉 눌렀다. 나만이 그들에게서 선물을 받았기 때문이었다. 나중에 나는 깨달았다: 성령님이 나에게 이 책을 주시도록 그녀를 인도한 게 틀림없다고.

집에서 선물 포장을 풀고 보니 모국어로 된 책이었다. 이 책은 미국인 부부 Frank와 Ida Mae Hammond가 Pigs in the Parlor(거실의 돼지)라는 제목으로, 영어로 출판된 책이었다. 한국인 초청 목사님이 한국어로 번역하여 1990년에 한국어로 출판됐다. 그 당시에는 인터넷이 없었고 한국에서 판매되는 줄도 몰랐다. 그리고 출판된 지 1년도 채 지나지 않았는데 내가 선물로 받았다! **"운이 좋은 아이"**라고 세상은 논평할 것이다. 나는 하나님께서 하나님의 자녀를 위해 하시는 일에 감동했다.

이 책에서 나는 조현병을 앓고 있는 12세 소녀에 대한 축기 사업을 흥미롭게 읽었다. 나에게 큰 관심을 불러일으켰다. 남편의 유일한 누나가 이 장애를 앓고 있었기 때문이었다. 그녀는 약물 치료를 받으며 부모와 함께 살았다.

나는 나의 영적 아버지 아담에게 전화를 걸어 그 책에 관해 이야기했다. 나는 그가 이 책을 알고 있다고 확신했다. 아담은 사실 이 책이 독일인 목사에 의해 독일어로 번역되었다는 것을 알고 있었다. 그러나 독일에서는 출판되지 않았다. 독일에서는 "축기 봉사"와 "어둠의 세력"(영적 은사뿐만 아니라)이라는 주제에 여전히 적대적이고 무력했다.

하나님의 은혜와 그 책을 독일어로 번역한 친절한 목사님 덕분에, 나는 타자기로 친 번역본을 읽을 수 있었고, 필요하다면 그것을 복제할 수 있는 허락까지 받았다. 안타깝게도 나는 그의 이름을 모른다. 이 책에는 다섯 개의 손가락이 있는 두 손의 그림이 있다. 거기엔 조현병의 모든 어둠의 세력이 기록되어 있다. 나에게 이것은 매우 계몽적이었다.

얼마나 큰 특권입니까! 나는 너무나 기뻤다. 나는 친애하는 독일 목사님의 관대함을 빌어 다음 페이지에 두 손의 그래픽을 첨부한다. 고맙습니다, 목사님!

(또한 그래픽을 한국어로 만들어준 내 한 여조카한테 진심으로 감사한다. 글꼴이 너무 작아서 못 읽으면 스캔 파일을 메일로 기꺼이 보내 드리겠습니다. ejyang90@gmail.com)

조현병 어둠의 세력

조현병 장애를 가진 사람의 경우, **"진정한 자아"**는 불행히도 매우 작다. 반면에 어둠의 세력은 규모가 크고 많기 때문에, 이 사람들은 "외부적으로 통제"되고 편집증적인 어둠 세력의 지휘 아래 삶을 산다.

조현병 (Schizophrenia)

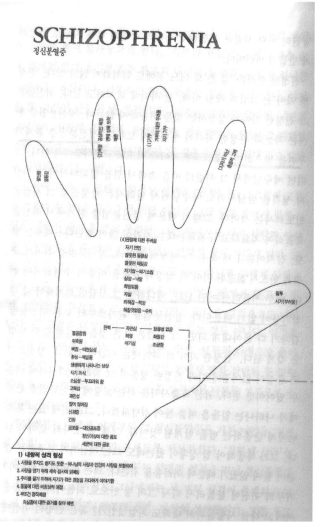

오른손에 있는 유령들

- 엄지손가락: 불신으로 인해 다른 사람과 대면하려는 강박, 보복의 필요성, 두려움
- 집게손가락: 반란
- 가운뎃손가락: 자기 의지, 이기심, 반항
- 새끼손가락: 자기기만
- 손바닥: 증오와 쓴 뿌리, 감수성, 폭력, 용서하지 않음, 살인, 분노, 복수 등

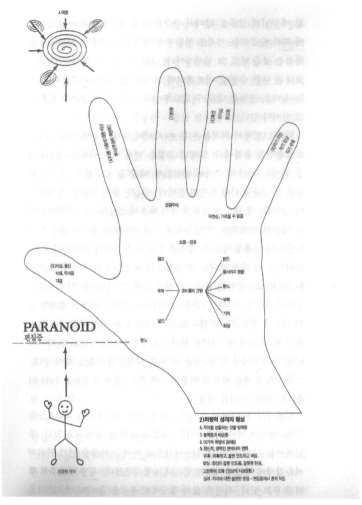

왼손에 있는 유령들

- 손 가락질: 자기 비난, 강박, 죄의 고백
- 가운뎃손가락: 거부, 거절에 대한 두려움, 자기 거부
- 약지: 정욕, 정욕, 환상, 음행, 곡해
- 새끼손가락: 불안, 열등감 감정을
- 손바닥: 자기 연민, 정죄에 대한 두려움, 거짓 동정, 거짓 책임
  의식; 우울증, 낙담, 절망, 낙담, 절망; 저주에 대한 두려움, 무
  가치한 느낌, 수치심, 외로움, 감수성.

나의 첫 번째 기쁨은 사라지고 환멸이 찾아왔다: 나의 남편은 신자가 아니었고, 그는 확실히 이런 것들에 관해 마음을 열지 않았다. 이제 나는 무력감과 무한한 외로움을 느꼈다. 원고를 통해 영적인 이해를 얻게 되어 기뻤지만, 나는 완전히 무력했고, 모든 것을 하나님께 맡길 수밖에 없었다.

기독교인이든 아니든, 그런 사람들에게서 발견할 수 있는 유령의 힘은 나를 꽤 흔들었다. 게라 사의 귀신 들린 자처럼(누가 8:26~39; 마가복음 5:1~20; 마태복음 8:28~34).

오늘날 그리스도인들은 심한 성격장애를 가진 사람들을 돕기 위해 예수님의 능력(권위), 성령 은사, 하나님의 사랑이 필요하다. 그러나 하나님의 구체적인 지시와 사명과 인도하심이 없이는 아무 일도 할 수 없다! (그리고 당사자가 원하지 않는다면 당연히 안된다.)

오직 하느님의 인도하심과 자비와 은혜 덕분에 우리는 해방과 정화를 경험할 수 있고, 또한 예수님의 이름으로 내적 치유를 경험할 수 있다. 치유된 사람은 영원히 치유를 유지할 수 있고 또 이전보다 더 악화하지 않도록 절제하고 거룩한 삶을 살아야 한다. (마태복음 12:45; 누가복음 11:26; 베드로후서 2:20).

그러나 누구든 하나님의 도움을 거절하면 전능하신 하나님께서는 그것을 존중하시고 우리의 손은 묶이게 된다.

독일의 영적 상태

1990년대 초, 축기 서비스(그것을 한 사람들을 포함하여)는 독일에서, 종종 오순절 카리스마 서클에서도 강하게 눈살을 찌푸리고 거부당했다. 그런데도 일부 용감한 독일 기독교인들은 1990년대에 세미나를 주저하지 않았고, 눈에 띄거나 배척당하지 않도록 매우 조심스럽게 세미나를 행했다.

나는 이 기독교인들을 통해 1993년 영국에서 온 존 에드워드(John Edward)도 만났다. 그는 축기 봉사를 위해 강력한 기름 부음을 받았다. 그 당시 많은 독일인이 악마에게서 벗어나기 위해 영국까지 갔다. 나는 그런 믿음의 한 자매를 개인적으로 알게 되었는데, 그녀의 책을 통해 연락이 이루어졌다. 그 자매도 영국으로 건너가 그곳에서 해방되었다.

한 용감한 형제가 프랑크푸르트에서 존 에드워드(John Edward)와 세미나를 주최했는데, 나는 운 좋게도 그를 만날 수 있었다. 한국인 목사님과 마찬가지로 그도 강단에서 낮은 목소리로 섬겼는데, 유령이 사람들을 떠날 때 비명과 다른 신체적 반응도 보였다. 한 가지 사건이 내 머리에 남아있다. 존 에드워드가 과부의 돈으로 자신을 부유하게 한 남자가 있다고 말하자, 내뒤에서 한 젊은이가 큰 소리로 외쳤다. 그렇게 그는 해방되었다. 주님께 찬양!

9) 몸과 마음의 치유

내가 1990년까지 동행할 수 있었던 한국 기도 모임에서와 마찬가지로 아담과 하와의 가정 모임에서 많은 기적과 치유가 일어났다.

이 부부는 하나님께서 내게 주신 것처럼 많은 영적 은사를 가지고 있었다. 나는 1979년 여름에 거듭난 후, 모든 그리스도인이 그러한 영적 은사를 가지고 있다고 생각했다. 그래서 나는 교만하거나 자랑하며 나팔을 불고 싶은 유혹도 받지 않았다; 차츰차츰 나는 그렇지 않다는 것을 알게 되었다. 독일 개신교 교회와 제가 프라이부르크에 속해있던 한인 교회에서는 영적 은사를 가르치거나 실천하지 않았다. 오히려 거리를 두었다. 그래서 나는 이러한 은사를 비밀리에 실천했으며, 좋은 통합에도 불구하고 영적으로 외로웠다. 얼마나 안타까운 일인가!

그동안 마음을 연 형제자매들에 대해 나는 기뻐할 이유가 많다는 것을 알게 됐다. 개신교 교회를 포함한 많은 가정 모임에서 하나님의 영적 은사가 현재 실행되고 있다.

내가 직접 경험한 치유를 여기에 간략하게 나열해 보련다. 그중 상당 부분이 별거의 해인 1991년에 일어났다.

나는 그것에 대해 첫 번째 자서전 간증 책에서 자세히 썼다.

- 방광에 박테리아 슈도모나스 감염과 기적 (1991)
- 한국에 있는 어머니와 자매들에 대한 정서적 애착으로부터의 해방 (1991)
- 건강한 분리를 위한 **십자가의 힘:** 부모와 전 파트너와의 분리며 성적 유혹 방어 (1991+94)
- 췌장 기능 저하 및 음식 알레르기 치유 (1991)
- 페미니즘(Feminismus)을 떠나다 (1991)
- 우울증에서 해방 (1988)
- 스포츠 중독으로부터의 해방 (1992)
- 21년 후 자궁 내막증 치유 (1995), 이것은 첫 번째 간증 책에서 이 주제에 대해 다뤘기에 할애했다.

10) 나의 결혼에 대한 3번의 확인

나의 결혼이 하나님의 뜻에 따라 이루어졌다는 첫 번째 확인은 1991년 4월 중순에 아담과 하와로부터 받았다.

이해심이 부족한 많은 형제자매는 내가 비그리스도인과 결혼했다는 이유로 큰 문제를 가지고 있었고, 나를 힘들게 했다. 영적인 은사가 없는 오순절 카리스마 그룹의 형제자매들조차 바리새인들처럼 나를 압박하며 연락도 끊었다. 그게 나에게 가장 큰 상처였다.

1994년에 나는 내 결혼 때문에 몇몇 자매들에게 또다시 심한 공격을 받았다. 그 당시 나는 두 자매(티나와 룻)로부터 각각 두 번째 확인을 받았다.

세 번째 확인은 1996년에 한 가정 모임을 인도하는 부부로부터 받았다. 내가 여성으로서의 성 정체성을 치유하는 길을 기도하며 동행했던 부부다(첫 번째 책에 자세히 보고했다.).

17장: 다시 한 지붕 아래

우리가 화해한 지 반년 후, 남편과 그의 회사는 이사해야 했다. 계약 5년 후, 집주인은 1991년 말에 계약 해지하는 통지를 보냈다. 그들은 집을 팔고 그 돈을 옛 동독에 투자하기를 원했다. 그것은 남편에게 매우 씁쓸했다. 그는 오래된 집에 많은 돈과 에너지를 쏟아부어 개조하고 현대화했었다. 그의 교훈은 다시는 오래된 집을 임대하지 않겠다!

남편은 다른 지역에서 사무실과 사업 회사를 위한 충분한 공간이 있는 임대 주택을 찾았다. 그러나 나는 더 이상 그의 사업 동업자와 한집에서 같이 살고 싶지 않았다. 남편은 동의했다.

나는 집수리에 도울 수 없었다. 페인트와 다른 재료의 용제를 견딜 수 없었기 때문에. 남편은 1991년 11월과 12월에 혼자 집을 수리했다. 이 기간에 나는 오래된 노래를 부르고 또 부르고 끊임없이 불러야 했다.

주님, 주님의 피로 저는 깨끗합니다.
당신의 피로 저는 해방되었나이다.
주님, 당신의 보혈이 저를 위해 증보하셨습니다
그리고 대가를 치르셨습니다.
그것은 나를 눈보다 더 하얗고 하얗게 씻습니다.
나의 예수님, 우리 주님의 소중한 희생!

1992년 1월, 우리는 두 가정과 회사로 크게 이사했다. 이 집에서는 우리가 각자의 침실을 가졌다. 내 침실은 평평한 지붕에 2개의 지붕 창문을 겸한 채 매우 컸다. 옷장 2개, 서랍장 2개, 커다란 프랑스 침대 1개, 책상 3개를 L-자형으로 둘 수 있었다. 방은 밝았고 많은 공간을 제공했다. 우리는 함께 가구들을 조립하고 옷장도 설치했다. 그 과정에서 우리는 많이 웃으며 즐거웠다.

"금식하라!"

새집에서 보낸 첫 4주는 정말 좋았다. 그 후 다시 우리 결혼 생활에 먹구름이 찾아왔다. 2월, 하나님께서 금식하라고 하셨다. 그것도 남편의 생일날부터! 사실 나는 건강상의 이유로 금식할 수 없었다. 어린 시절부터 나는 규칙적으로 먹어야 했고, 그렇지 않으면 위경련과 쇠약에 시달렸다. 그러나 아버지 하느님께서 나에게 그렇게 하라고 요구하시면, 그분은 나를 지켜주실 것으로 생각하고 순종했다.

그러나 남편에게 생일 요리를 해주고 그와 함께 식사하지 않는 것은 매우 민망했다. 그는 자신만을 위해 차려진 식탁을 보고 슬프게 물었다. "뭐? 나 혼자 먹으라고?" 나는 그를 안심시키며 금식하고 싶다고 말했다. 내가 그의 생일날에 시작하는 것을 반기지 않았지만 받아들였다.

금식은 사흘 동안 계속되었고, 하나님의 도움으로 나는 잘 버틸 수 있었다. 셋째 날, 주님은 내게 성경 구절로 교훈을 주셨다.

악에서 지지 말고 선으로 악을 이기라 (로마서 12:21)

이 교훈은 나한테 전혀 마음에 들지 않았다. 그래서 추가 지시를 원했다. 그리고 나는 금식을 계속했지만, 효과가 없었다. 나는 실신으로 시달렸다. 하나님의 이 교훈은 다음 4년 동안 절실히 필요한 것 이상임을 해마다 더 분명하게 깨달았다.

"네 남편이 납치됐다!"

4주가 채 지나지 않아 나는 이상한 꿈을 꾸었다: 나는 나의 전직 상사인 피부과 부원장 의사가 아들과 함께 있는 것을 보았다. 그녀는 내가 검사실 검사원으로 그녀 밑에서 일할 때 나를 친구처럼 좋아하며 대했었다.

설명: 남편은 열정적인 등산가였다. 그는 산을 볼 때마다 정상

에 오르고 싶은 충동을 느꼈지만 결혼 생활에서 모든 자유가 있었음에도 더 이상 이 취미를 가꾸지 않았다. 반면에 나는 바다와 넓고 확 트인 수평선, 특히 해변을 좋아했다. 이런 것들이 이 꿈에 반영되었다.

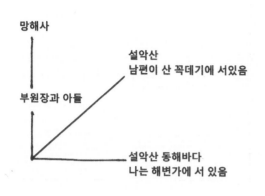

꿈속에서 남편과 나는 한국에 있었다. 나의 부원장 의사도 그녀의 아들과 함께 그곳에 있었다. 그들은 망해사(新法寺)가 있는 북쪽을 향하고 서 있었다. 남편은 북동쪽에 위치한 설악산 꼭대기에 서 있었다. (우리는 1989년 한국 방문 시 이 산에서 1박2일을 보냈었다) 나는 설악산 기슭의 동쪽 해변에 서있었다.

내 어머니는 내 오른쪽에 계셨다. 그녀는 내게 가까이 다가와 내 귀에 속삭였다: "순녀야, 네 남편이 납치되었단다!" "뭐, 납치? 그건 안돼! 나는 기도하며, 예수님을 찬양해야 해, 그분께 노래를 불러야 해." 대답하곤 즉시 기도하기 시작했다. 내가 꿈에서 방언으로 기도하는 동안, 나는 두 손에 공을 들고 있음을 깨달았다. 공은 테니스공처럼 컸고 빨갛게 달궈져 있었다. 그러나 그것은 나를 아프게 하지 않았다.

나는 영으로(방언으로) 기도하고 주님을 찬양하면서 잠에서 깼었다.

꿈에서 본 부원장 의사와는 아무것도 연결할 수 없었다. 하지만: 납치? "주님, 그게 무슨 뜻입니까?" 나는 주님으로부터 어떤 응답도 받지 못했다. 그러나 2년 후 하나님은 나에게 이것을 상기시켜 주셨고 나는 내가 해야 할 일을 이해했다(21장에…).

3월 말, 나는 케네스 해긴(Kenneth Hagin)의 "기름 부음(Die

Salbung)"이란 책을 읽었다. 거기서 "불덩어리"에 관한 내용을 발견했다. 내가 이해됨을 느꼈다.

생존의 두 번째 원칙은 "불덩어리를 받아들여야 한다"는 것이다. 저는 한 젊은이가 꾼 꿈에서 이런 표현을 얻었습니다. 그는 나에게 와서 그에게 꿈을 해석해달라고 부탁했다. 꿈에서 주님 예수 그리스도께서 그에게 나타나 **농구공만 한 불덩이**를 건네주셨습니다. 그는 그에게 공을 꽉 붙잡으라고 지시했다. 그 젊은이는 순종했고 끔찍한 고통을 겪었습니다. 그러나 이 고통에는 굉장히 좋은 점도 있었습니다. 나는 주님께서 그를 고통 속으로 인도하실 것임을 알았다. 그는 이 고통과 싸우는 것이 아니라 그것을 받아들여야 했는데, 그것은 정화 효과가 있을 것이기 때문이었다. (케네스 해긴, 기름 부으심. Die Salbung. Augsburg: Durchbruch 1989.)

왜 내 손에 빨간 공이 나한테 아프지 않았는지 나는 설명 할 수 없다.

남편의 나쁜 습관이 다시 본격적으로 돌아왔다: 그는 나에게 차가운 어깨를 내밀었고, 예고 없이 혼자 외식하러 나갔다. 나는 그것을 견뎌냈다. 하나님께서 금식기도 기간에 악에 지지 말고 선으로 이기라고 가르치셨기 때문이었다 (롬 12:21). 하지만 쉽지는 않았다!

또 다른 꿈

4월 말, 나는 다시 남편에 대한 꿈을 꾸었다.

키가 작고 뚱뚱한 유럽 여성이 남편과 내 앞에서 한 장면을 만들었다. (꿈에서 남편은 그녀와 연인 사이였다) 그녀는 울면서 매우 정력적으로 남편을 촉구했다: "오,

이혼하고 나와 결혼해!" 그녀는 더 이상 다른 남자들에게 관심도 없고, 지금 같이 사는 남자에게도 관심이 없다고 했다. 남편은 그녀의 요청을 부드럽게 거절하고 나에게 와서 나의 두 손을 잡았다.

나는 아주 침착하게 거기에 서 있었고, 동요하지도 않았다.

이 꿈은 내 마음에 수수께끼가 아니었다. 남편은 최근에 점점 더 거리를 두며 다른 여성들과 바람을 피웠는데, 그것도 나에게 새로운 것이 아니었다. 특히 내 앞에서 그는 당시 우리 집 밑 아파트에 사는 미국 여성과 시시덕거렸다. (Flirted). 나는 그를 대신하여 부끄러웠고 굴욕감을 느꼈지만, 그가 낯선 여자와 진지한 연애한다는 의심은 조금도 없었다. 나는 그가 그렇게 할 것이라고 믿지 않았다.

하나님과 상담

남편의 끊임없는 비판! 내가 의존적이고, 돈을 제대로 다룰 수 없다는 등의 비판은 작용했고, 어느 순간 나는 그가 한 말을 믿기 시작했다. 내 자존감은 바닥이었다. 나는 거기에 반박하지 않았고 한계를 설정하지 않았다. 하나님께서 선으로 악을 이기라고 가르치지 않았던가? 그렇다고 해서 정말 모든 것을 허락하며 견뎌야 하나?

5월 어느 날 밤, 나는 하나님과 상담했다. 나의 이상한 결혼 생활 속에서 어린 시절의 질문이 계속 떠올랐다. 왜 남자들은 사랑할 줄 모를까? 그리고 나는 아버지 하느님께 물었다. "남편이 나에게 그렇게 하도록 나한테 열린 문이 있나요? 내가 나의 아버지를 제대로 용서하지 못했나요?"

하나님께서는 내가 더 이상 걱정할 필요가 없다며 내가 나의 아버지를 완전히 용서했다고 대답하셨다. 나는 또 남편의 성질과 성격에 대해 결백하다고 하셨다. 그것은 내 영혼에 많은 도움이 되었다. (하나님이 나의 어린 시절의 질문을 어떻게 응답하셨는지 첫 번째 간증 책에 썼다.)

이사 한 후에도 나는 형제 막스와 긴밀한 연락을 취했다. 종종 우리는 나의 결혼 생활에 필요한 힘과 하나님의 사랑을 위해 함께 기도했다. 우리는 같은 교회에 속했으며 우리 집에서 차로 약 20분 거리에 살았기 때문이었다. 5월 말, 막스는 기도 중에 내 남편에 관한 두 개의 성경 구절을 받았다.

사람의 마음은 만물보다 더 교활하여 치유될 가망이 없으니, 누가 그 마음을 알리오? 내가 바로 마음을 살피고 속을 떠보는 주님이다. 나는 사람마다 제 길에 따라, 제 행실의 결과에 따라 갚는다. 올바르지 못한 방법으로 재산을 모은 자는 제가 낳지도 않은 알을 품는 자고새와 같다. 한창때에 그는 재산을 잃고 끝내는 어리석은 자로 드러나리라. (예레미야 17:9~11)

여호와의 말씀이 또 내게 임하여 이르시되, 인자야 가령 어떤 나라가 불법을 행하여 내게 죄를 범하기로 내가 손을 그 위에 펴서 그 의지하는 양식을 끊어 기근을 내려 사람과 짐승을 그 나라에서 끊는다 하자. 비록 노아, 다니엘, 욥, 이 세 사람이 거기에 있을지라도 그들은 자기의 공의로 자기의 생명만 건지리라 나 주 여호와의 말이니라. (에스겔 14:12~14)

이 성경 구절은 내가 나의 의를 통해 살겠지만, 남편은 그렇지 않을 거란 거였다. 매우 씁쓸했고 인정하고 싶지 않았지만, 거기에 대해 나는 아무거나 할 일이 없었다.

1992년 7월 초, 나는 화장실에서 갑자기 진 교수와 그의 아내에 대한 큰 그리움을 느꼈다. 그들은 1980년대 중반에 공부를 마치고 한국으로 돌아간 후 연락이 두절되었다. 그는 이제 40대 초반이 되었을 것이다. 나는 하나님께 말했다: "주님, 그들이 보고 싶습니다. 그들은 어떻게 지내고 있습니까?"

하루 후, 교수님의 부인으로부터 전화가 왔다! 나는 기뻐서 어디 있느냐고 물었고, 그녀는 "프라이부르크에 있다"고 대답했다. 나는 매우 기뻤고 거의 믿을 수 없었다. 나는 그녀에게 내가 화장실에서 경험한 것과 열정적으로 하나님께 보고 싶다고 기도했다고 말했다. 그러곤 남편과 나는 바젤(Basel) 근처에 사는 내 친구를 방문하기 전에 프라이부르크에 들러서 신발을 살 계획이었다며, 만나서 같이 커피 마시자고 건의했다. 그리고 주말에 한번 우리를 방문하도록 요청했다. 우리는 또 프라이부르크에 사는 또 다른 한국인 부부도 초대했다.

1992년 7월 말, 우리 집에서 다시 한번 한국인들을 만나게 되었고, 우리는 모두 형언할 수 없을 정도로 기쁜 재회를 가졌다. 한 부부는 21번 세염색체증(다운증후군)을 가진 딸(옌)이 있었는데, 이 아이는 특별한 축복이었다: 그 당시 나는 기독교 어린이 찬송을 계속 들었다. 차를 운전할 때나 남편이 집에 없을 때 즐겼다. 그리고 어린 "옌"은 주말 내내 이 카세트를 듣고 싶어 했다. 남편은 그것에 대해 무력했고 나는 옌 덕분에 그것을 최대한 즐겼다.

시편 22편은 하나님께서는 자녀들의 찬양 아래 거하시며 기적을 행하신다고 쓰여있다. 그리고 주님은 주말에 여러 번 기적을 행하셨다.

하나님의 대변자

금요일 저녁, 남자들은 큰 발코니에서 이야기를 나누었고, 우리 여자들은 새벽 4시까지 거실에 앉아서 생각을 교환했다. 즉, 나는 저녁 내내 **"기본적인 신뢰"**에 대해서만 이야기했다. 나는 그것을 전혀 의도하지 않았기에 하나님이 그렇게 인도하셨음을 나중에 알았다. 그렇게 나는 그날 저녁 하나님의 대변자였다.

토요일 점심 식사 후 우리는 산책 갔다. 옌의 어머니는 임신 중이었고 집에 머무는 것을 선호했다. 우리는 집에서 조금 떨어진 로이틀링엔(Reutlingen) 근처에 있는 산으로 가기로 했다. 진 교수님의 아내는 눈에 띄게 느리게 걸었다. 우리 남성들이 시야에서 벗어났을 때 나는 그녀의 눈에 눈물이 고이는 것을 보았다. 깜짝 놀란 나는 이유를 물었다. "있잖아, 어젯밤, 정말 좋았어. 당신은 전혀 몰랐지만, 당신은 남편과 나에 대한 나의 아픈 부분을 정확히 지적해 줬어요. 그동안 내가 남편에게 했던 행동에 대해 정말 미안해."

하나님의 긍휼과 아가페 사랑이 내게 번개처럼 임했고, 나를 통해 이 여인을 사랑했다. 내가 원하지도 않았고, 알지도 못한 사이에, 나는 하나님의 대변인이 되었고, 그녀는 듣는 동안 자신의 죄책감을 깨닫게 되었다. 우리가 실수(죄)를 고백하고 용서를 구하면 우리 하나님은 사랑이 많으시고 용서하시는 하나님이시다.

> *만일 우리가 죄가 없다고 말하면 스스로 속이고 또 진리가 우리 속에 있지 아니할 것이요. 만일 우리가 우리 죄를 자백하면 그는 미쁘시고 의로우사 우리 죄를 사하시며 우리를 모든 불의에서 깨끗하게 하실 것이요. (요한일서 1:8~9)*

> *여호와께서 말씀하시되, 오라 우리가 서로 변론하자, 너희의 죄가 주홍 같을지라도 눈과 같이 하얘질 것이요, 진홍같이 붉을지라도 양털같이 희게 되리라. (이사야 1:18)*

하나님의 아가페 사랑으로 나는 그녀에게 우리가 여기서 기도해도 되는지 물었다. 그녀는 갈망하고 있었다. 나는 그녀의 손을 내 손으로 잡았고, 그녀는 자신의 행위를 죄라고 고백했다. 마지막으로, 나는 그녀에게 예수님의 이름으로 하나님께 용서를 구하고 용서를 받아들일 것을 조언했다.

이 모든 일은 짧고 간결하게 끝났다. 그 후 그녀는 완전히 안심하고 자유로워졌다. 하나님께서는 그녀의 슬픈 마음을 기쁨으로 바꾸신 게 분명했다. 그 후 우리는 정상에서 기다리고 있는 우리 남편들을 향해 행복하게 걸어갔다.

진 교수를 향한 하나님의 아가페 사랑

집으로 돌아오는 길에 진 교수님을 향한 하나님의 강한 사랑이 나한테 임했다. 우리가 차에 탔을 때, 그의 아내는 나를 뒷좌석 중간으로 밀어 넣어 그들 사이에 앉게 했다. 나는 그것을 원하지 않았지만, 그녀가 고집을 부렸다.

차 안에서, 나는 교수님을 향한 하나님의 강력한 사랑에 맞서 싸웠다. 나는 어찌해야 할지 몰랐다. 나는 그를 항상 편견 없이 만났지만, 지금은 매우 어색했다. 어느 시점에서 나는 우리의 장딴지가 서로 약간 닿아 있다는 것을 알아차렸다. 나는 내 것을 그의 장딴지에 살짝 눌렀고 그도 살짝 눌렀다. 어쩌면 그는 내가 예전처럼 장난한다고 생각하는 것 같았다. 우리는 1980년대 초반부터 알고 지냈고 좋은 친구였었다. 나는 종종 그들 집에서 저녁 식사했다. 우리는 서로를 매우 좋아했고, 테니스와 함께 탁구했다.

집으로 돌아와, 우리는 아름답게 차려진 커피 테이블에 앉았다. 고마워요, 임! 작곡가 임은 아름다운 음악을 쓰는 것보다 훨씬 더 많은 것도 할 수 있었다. 그런데 진 교수가 보이지 않아 그의 아내한테 조용히 물었다. 그녀도 조용히 **"화장실에서 토하고 있어요"**라고, 대답했다. 나는 주님께 "할렐루야! 주님, 어두운 영이 나가게 하소서!"라고, 조용히 기도하며 속으로 환호했다. 나는 그에게서 어둠의 세력이 떠나고 있음을 알았다.

그의 내면에 있는 어둠의 세력은 하나님의 사랑을 견딜 수 없었다. 내 안에서 부글부글 끓어오르는 하나님의 아가페 사랑이 그의 장다리에 닿는 것으로 충분했다.

하나님이 왜 그렇게 하시는지 나는 전혀 모른다. 하나님은 그분의 사랑으로 그들을 직접 만지실 수도 있었다. 나는 또한 이 부부에게 심각한 문제가 있다는 것을 전혀 몰랐다. 그러나 하나님은 아셨고 그분의 사랑이 나를 통해 흐르도록 하셨다. 나는 이런 것을 자주 경험했다.

나는 특정 사람에 대한 하나님의 사랑을 느끼고, 그 사람을 만지거나 손을 얹을 때 그 사람에게 변화가 생긴다. 어떤 사람들은 내 손 외에는 아무것도 느끼지 못하지만, 그들의 변화는 숨겨져 있지 않았다.

얼마 후 나는 Aglow 강연사로부터 비슷한 것을 경험했다: 저녁 강연사가 내가 서 있는 책 테이블 쪽으로 오고 있었다. 그녀는 3미터쯤 내 앞에서 멈춰서더니 말했다: **"당신은 사랑입니다. 믿을 수 없어! 당신의 몸 전체가 사랑입니다. 놀랐습니다! 정말 믿기지 않습니다! 이런 건 처음 봐요!"** 나는 그냥 서 있었다. 내가 무엇을 말해야 할지도 몰라서 그냥 웃기만 했다. 우리는 그날 처음으로 본 거다!

다시 나의 손님으로 돌아간다. 저녁에 우리는 이것저것에 대해 대화했다. 교수님의 아내는 내가 그들에게 준 이인용 이불로 전혀 잘 수 없었다고 했다. (한국에서는 부부가 하나의 큰 이불을 덮고 잔다) 독일 생활 이후로 그들은 각자 자신의 이불을 사용하는 것에 익숙하다고 했다. 그래서 나는 "괜찮으면 우리 이불과 바꾸자고 제안했고" 그들은 동의했다.

그날 저녁, 나는 매우 피곤했기 때문에 사과하고 일찍 잠자리에 들어갔다. 내가 막 누우려고 할 때, 성령님은 나에게 바울의 수건을 생각하게 하셨다. 그러나 나는 너무 피곤해서 주님께 **"예수님, 제 이불이 그 부부방에 있습니다. 그들을 만져주세요!"**라고 말하고는 곧바로 잠이 들었다.

하나님이 바울의 손으로 놀라운 능력을 행하게 하시니, 심지어 사람들이 바울의 몸에서 손수건이나 앞치마를 가져다가 병든 사람에게 얹으면 그 병이 떠나고 악귀도 나가더라. (사도행전 19:11~12)

우울증에서 해방

일요일 아침에 나는 놀랐다. 아침상이 차려져 있었다. 그리고 부엌에 누군가가 있다는 것을 들을 수 있었다. 그래서 나는 조심스럽게 부엌으로 들어갔다. 그리고 교수님의 아내를 보았다. 그녀는 눈물을 흘리고 있었다. 나는 "무슨 일이야? 다시 잠을 못 잤나요?" 하고 물었다.

그녀는 **"내 남편에게 가봐 줘요!"** 부드럽게 대답했다. "왜? 무슨 일이야?" 그녀는 아무 말도 하지 않았고, 단지 부드럽게 남편에게 가라고만 촉구했다. 무엇을 볼 수 있을까? 나는 조심스럽게 문을 두드리고 열었다. 그리고 그는 의자에 앉아 있었다. 그는 팬티만 입고, 어깨에 수건을 걸치고 있었다. 나는 문을 빨리 닫고 싶었지만, 그는 활짝 웃으며 나를 안으로 들어오라고 손짓했다.

긴장한 나는 그가 앉아 있는 의자 앞 바닥에 앉아서 무슨 일이냐고 물었다. 그는 **"나는 당신에게 오고 싶지 않았지만, 마누라가 치유되기 위해서 가야만 한다고"** 했다며 "정말로 나는 부끄러움 때문에 당신에게 오고 싶지 않았지만 내 아내가 고집을 부리며 우리가 치유를 받으려면 당신에게 가야 한다고 주장했다."고 말했다. 그 말의 의미를 나는 전혀 이해하지 못했다. 나는 여전히 바닥에 앉아 있었고 무슨 일이 일어나고 있는지 몰랐다.

그런 다음 그는 말하기 시작했다. **"예수님이 밤새도록 여기에 계셨습니다.** 그는 나의 죄를 하나씩 보여주셨습니다. 가장 큰 죄는 과학자로서 자존심이었습니다. 밤새도록 나는 마치 누군가가 MRT 찍는 것처럼 머리에서 발까지 겹겹이 땀을 흘리고 있었습니다. 땀이 너무 많이 나서 계속 샤워해야 했고 한숨도 잘 수 없었습니다. 그러나 나는 전혀 피곤하지 않습니다.

예수님이 나의 우울증을 6년 만에 치료해 주셨습니다! 내 머리는 이제 매우 맑고 자유로워졌습니다. 나는 한국에서 다양한 교회의 치유 서비스를 받았지만 성공하지 못했습니다. 당신은 내가 꽤 무뚝뚝하다는 것을 눈치챘을 것입니다. 그 이유는 내가 모든 독일어 단어를 기억할 수 없었지만, 이제는 모든 것이 돌아왔습니다.

아시나요? 당신의 남편이 믿기 얼마나 어려운지? 그는 과학자이고, 나는 그를 너무 잘 이해합니다. 오늘 오후에 제게 시간을 주세요, 저는 그와 이야기하고 싶습니다. 과학자 대 과학자로" 그러면서 그는 여전히 환하게 웃고 있었다. 차츰차츰 나는 이해했다. 나는 그와 그의 아내와 함께 기뻐하며 주님께 매우 감사했다.

나는 기쁨의 눈물을 흘리며 그를 품에 안고, 나쁜 영들이 땀을 통해 사라졌다고 말했다. 그리고 이제야 나는 그가 왜 그토록 침묵을 지키며 나를 멀리 느끼게 했는지 이해할 수 있었다. 그것은 나를 좀 서운하게 했다. 교수님이 더 이상 아무하고 대화하지 않는다고 생각했는데, 그의 설명이 훨씬 좋았다!

내 남편은 여전히 깊이 잠들어 있었고, 우리와 어린 옌의 부모님은 큰 소리로 환호하며 주님께 감사했다. 아침 식사 후, 우리 셋은 카리스마가 넘치는 나의 교회에서 예배를 드리기 위해 차를 몰고 갔다. 치유된 교수는 계속 웃으며 춤을 추었다. 그는 완전히 변화된 모습을 보였다. 예배가 끝나고, 누군가가 주님을 주로 영접하고 싶은 사람은 앞으로 나와 기도 받으라고 했을 때, 그는 앞으로 나아갔다. 우리의 기쁨과 감사는 끝이 없었다.

멋진 주말의 아름다운 마무리였다!

그 이후로 두 사람은 대학에서 학생들 사이에 기독교인으로 봉사했으며, 지역 사회에서도 외국인 학생들을 위한 사역도 하고 있다. 그들의 마음은 주님과 사람들을 위해 불타올랐다.

우리 집에 고요가 돌아왔을 때, 하나님께서 나한테 1980년대 중반 때를 상기시켜 주셨다. 그때 이 부부는 하나님과의 관계가 미지근해져서 나의 문제아였다. 나는 두 사람을 사랑하고 좋아했으며, 그들은 매우 단순하고 자연스럽고 겸손하다. 그러나 그들의 예배 참석의 관심은 줄어들었고, 나는 걱정했었다.

어느 날 나는 그녀에게 적어도 나를 위해 일요일에 교회에 오라고 부탁했다. 그러나 그 여인은 나의 부탁이 부담스럽다고 했다. 나는 거기에 사과하고 그녀에 대한 나와 하나님의 사랑을 그녀에게 설명하려고 노력했다: 그것은 스파게티와 같았고, 나는 그것이 너무 맛있다는 것을 알았기에, 그들에게 맛보라고 제안했던 것이었다. 그렇게 그들은 내가 악의로 그들에게 압력을 가하지 않았다는 것을 이해했다. 우리의 신실하신 아버지 하나님은 그들과 나에게 인내를 가지고 인도하셨다.

그런지 7년 후, 예수님은 그들을 독일 땅으로 인도하여, 우리 집에서 그분의 아가페 사랑으로 치유하시고 축복함으로써 내 소원을 이뤄주셨다. 이제 하나님과 그들과 나 사이의 사랑은 새로워졌고 더 깊고 친밀해졌다. 이에 대해 우리는 아버지 하나님께 무한히 감사합니다.

> *내가 확신하노니 사망이나 생명이나 천사들이나 권세들도 현재 일이나 장래 일이나 능력이나, 높음이나 깊음이나 다른 어떤 피조물이라도 우리를 우리 주, 그리스도 예수 안에 있는 하나님의 사랑에서 끊을 수 없으리라, (로마서 8:38~39)*

그 이후로 진 교수님은 1997년과 2008년 여름에 독일에 오셨을 때 나를 찾아주셨다. 그때 그는 예수님이 그를 만나준 집과 방을 방문하고 싶어 했다. 불행하게도, 나는 거절해야 했다. 그 동안 다른 사람들이 그 집에 살고 있었고, 우리는 예고 없이 찾아갈 수 없었다. 그래서 그는 나에게 그 당시의 기적 경험을 적어 달라고 부탁했다. 그는 한국에서 그것을 간증하기를 원했다.

나는 기적의 일을 글로 써서 이메일로 보내드렸고 그의 소원을 들어줬다.

2013년, 그는 교수 동료, 조수 및 기자와 함께 독일에 왔었다. 그들은 독일에서 매우 바빴지만 나를 깜짝 방문했다. 독일 형제자매들의 도움으로 세 명의 손님을 모실 수 있었던 것에 대해 하나님께 감사드린다.

2015년에 나는 마침내 그에게 "기적의 집"을 보여주며 그의 소원을 들어줄 수 있었다. 그는 60세로 환갑이었고 안식년을 가졌다. 그의 장성한 두 자녀는 부모에게 스페인 여행을 선물했다. 그런 후 독일 땅에서 두 자녀와 만나 함께 독일을 여행했다. 그들 네 명은 우리 집에서 나와 함께 마지막 밤을 보냈다. 아침 일찍, 아이들은 공항으로 가야 했다. 아들은 한국에서 일하기 위해 비행기를 탔고, 딸은 미국으로 돌아갔다. 그리고 우리 셋은 "기적의 집"으로 차를 몰았다.

그런 후 우리는 며칠 더 함께 지냈고, 오랜 지인들과의 추억을 회상하며 즐겁게 보냈다.

19장: 어려운 개념: "거실에서의 음행"

우편함(사서함) 및 기타 경고 신호

1991년 별거 당시를 완전히 잊고 지냈는데, 다시 한 지붕 아래에서 6개월 정도 살게 되자 남편이 우편함을 설치하는 것이 이상했다. 나보다 편지를 덜 받기에 이해가 되지 않았다. 왜 우편함이 필요하냐고 물었더니 그는 그저 웃기만 했다. 나는 짜증 내며 "완전한 낭비!"라고 했다.

내가 물리치료를 받고 집에 오면 남편이 집에 없는 경우가 점점 많아져서 짜증이 났지만 참았다. 한 번은 혼자 밥을 먹어야 할지, 기다려야 할지 알려주지도 않고 오후 5시까지 들어오지 않은 적도 있었다. 그는 오후에 사업 동업자와 함께 있었다고 해명했다. 그건 거짓말이었다. 사업 동업자가 한 시간 전에 전화를 걸어 남편과 통화하고 싶다고 했으며 약속을 잡지 않았음을 알 수 있었다.

이 모든 것이 나한테 상처를 줬고, 점차 나는 더 이상 그에게 친절할 수 없었다. 매우 화가 났을 때도 소리를 지르지 않고 중립적인 태도를 유지했다. 하지만 이번에는 크리스마스와 연말연시에 평소처럼 음식 준비하여 호강시켜 주고 싶지 않았다. 혼자 사는 믿는 자매 집에 가서 일주일 머물렀다. 선으로 악을 이길 수 없는 비참한 상황이었지만 나는 견뎌냈다. 집에 돌아가는 것이 두려웠다. 남편이 어떻게 반응할지 몰라 믿는 자매한테 함께 가자고 부탁했다. 그녀는 내가 남편과 말다툼했다는 것만 알고 있었을 뿐 그 이상은 알지 못했다.

양심 없는 행동

그러나 나는 이 자매가 친절한 마음으로 나를 동행한 것이 아니고 남편을 유혹하기 위해 동행한다는 것을 몰랐다. 두 사람은 부끄러움 없이 시시덕거렸고, 참을 수 없었다. 정말 미쳤다고 생각했다. 이들을 내버려두고 가정 모임에 가야 하나 말아야 하나? 아니야, 가정예배를 취소해. 아니야, 가야 해하고 갔다. 정말 끔찍한 가정 모임 저녁이었다! 마음이 매우 불안했고 안절부절못하며 주제에 집중할 수가 없었다. 방언으로 기도하며 하나님의 인도하심을 듣기 위해 물러날 수만 있었다면….

며칠 후 나는 이 자매를 방문하였다. 그녀는 부끄러워하거나 얼굴을 붉히지 않고 내 남편을 유혹하려 했다고 고백했다. 그러나 내 남편이 거절했다고 말했다. 하지만 나는 그녀에게 우리 침실에 대한 이야기를 단 한마디도 하지 않았었다! 그녀는 또 내 남편이 **"안 돼요. 아내가 질투해요."**라고 했다고 알려줬다.

그러더니 그녀는 자기 남편의 성적 욕구를 충족시키고 남편을 행복하게 해주기 위해 결혼 생활에서 모든 짓을 다 했다고 이야기했다. 나는 속이 메스껍고 현기증이 났다. 그렇다고 내 남편을 유혹하여 간통을 범할 이유는 없었다!

간음과 음행, 간통에 대해 하나님의 말씀에 뭐라고 쓰여 있느냐고 그녀한테 물었지만, 그녀는 이해하지도 않고 이해하려는 태도도 보이지 않았다. 완전히 눈이 멀었었다! 양심이 완전히 죽은 자매라 생각하고 작별 인사했다. 그리고 연락을 끊었다. 그러나 그녀는 전혀 이해하지 못했고, 오히려 나에게 화를 냈다. 나는 그녀를 실명에서 해방하라는 하나님의 인도도 받지 못했다. 아마도 내 남편은 그녀가 노인이었고 꼽추였기 때문에 그녀를 거부했을 거라고 나는 생각했다.

내가 왜 이런 모든 일을 겪어야 하나? 영적으로 불안하고 신음하는 모든 것이 무엇을 의미하는지 서서히 깨달았다. 남편이 다른 여자와 간음할 때 하나님께서는 나에게 어둠의 역사를 인식하고 그에 따라 기도하도록 훈련을 시키고 계셨다.

힘든 훈련

남편이 다른 여성과 바람을 피우거나 갑자기 사라질 때마다 끔찍한 불안감을 분류하는 법을 점차 배웠다. 하지만 나는 너무 순진하고 어리석어서 남편을 맹목적으로 믿었기 때문에 훈련이 어려웠다! 하지만 하나님은 큰 인내로 나한테 어려운 상황을 통해 훈련하셨다.

어느 순간 나는 중보기도의 은사와 영을 분별하는 은사가 있다는 것을 알았고, 유혹, 섹스 중독, 음행 등의 영을 알아볼 수 있다. 이런 은사를 받는 것은 전혀 즐겁지 않지만, 컨설팅(상담)에 큰 도움이 된다. 하나님은 누구도 폭로하기를 원하지 않으시고, 사람들을 돕고 그들이 원한다면 어둠의 세력으로부터 그들을 해방하기를 원하신다.

나는 또한 내가 영적인 짐을 지는 사람이라는 것을 배웠다. 1979년 믿기 시작한 이후 하나님께서는 나를 중보자로 만들어 주셨다. 나는 영이 불안할 때마다 내가 어떻게 해야 할지 하나님의 지시를 받을 때까지 방언으로 기도해야 했지만, 남편에 관해서는 한순간도 남편이 부정한 짓을 안 한다고 믿었기에 아주 오랜 시간이 걸렸다.

남편과 내 친구들

이미 설명했듯이 남편은 시종일관 외톨이였다. 친구도 지인도 없었고, 여자 친구나 남자 친구도 없었다. 돌이켜보면 여성들은 그에게 정욕의 대상일 뿐 그 이상도 이하도 아니었다는 것을 깨달았다. 나의 여자 친구와 여성 지인들에게 그의 무례함은 항상 나에게 수치스럽고 굴욕적이었다. 여성과의 평범한 우정이 없다. 나와는 정반대였다.

남편은 여자가 친절하거나 잘해 주면 오해한다는 것을 내가 깨닫기까지 오랜 시간이 걸렸다. 남편의 눈에는, 여자가 섹스를 원하기 때문에 친절하게 대하는 것으로 보았다. 여자의 사소한 신호만으로 그를 유혹하기에 충분했다. 어느 날 그는 내가 내 남자 친구들과 같이 잤다고 화를 내면서, 그들은 내가 도움이 필요할 때 무조건 도와주지 않았다고 비난했다. 나는 할 말을 잃었다. 어떻게 그런 아이디어를 생각해 냈을까? 그는 정확히 그렇게 살았다.

1980년대 초와 말에 나를 도와주었던 독일 연금(BfA) 공무원이 추가 교육을 받기 위해 슈투트가르트에 갔고, 내 남편을 방문할 기회가 생겼었다. 크리스토프는 그 공무원한테 나를 어디서 알았는지, 언제부터 알고 지냈는지 등 여러 가지 질문을 던졌단다. 공무원 게랄드는 내게 그 이야기를 하면서 네 남편이 매우 질투한다고 했다. 그래서 나는 남자 친구들이 나에게 친절하게 대하는 것을 내 남편은 참지 못한다며 맞는다고 했다.

한번은 남편과 내가 게랄드 부부를 방문한 적이 있다. 나는 게랄드와 함께 걸으며 대화했고, 남편은 게랄드의 아내와 함께 걸으며 대화를 나누며 즐겁게 지냈다. 그러다 갑자기 남편이 와서 내 손을 잡고 나를 급하게 앞으로 끌어당겼다. 그것도 대화 중에!

1991년, 전 남자 친구 헤닝이 예고 없이 찾아왔었다. (헤닝은 나의 첫 독일 남자 친구였고, 수년간 사귀었었다.) 크리스토프는 어린아이처럼 반응했고, 뻣뻣한 표정을 지으며 우리와 함께 산책하러 가기를 원하지 않았다. 남자 친구가 떠난 후 그는 아이러니하고 냉소적으로 물었다: 그렇게 잘 어울리고 함께 많이 웃는데 왜 결혼하지 않았니? 헤닝은 크리스토프와 달리 유머러스한 매력의 소유자였다! 게랄드 역시 유머 감각이 뛰어났다.

새로운 이혼 요구

1993년, 일주일밖에 되지 않은 새해에 남편이 이혼을 원한다고 했다. 나는 이 제안을 무시하고 더 이상 그의 말을 진지하게 받아들이지 않았다. 이유도 묻지 않았다. 내가 크리스마스와 새해에 그를 혼자 내버려둬서 기분이 상한 걸까?

하나님 아버지가 나를 위로하시다

그로부터 2주 후, 여성 모임인 한 애글로우(Aglow) 지역 모임에서 하나님께서 나를 위로해 주셨다. 나는 최근에 애글로우(Aglow) 멤버로 가입했고, 이번이 나의 첫 번째 세미나였다. 나의 임무는 컴퓨터로 매월의 초청장(전단)을 작성하고 도서 주문 등 도서 테이블을 관리하는 것이었다.

강사는 예언자이자 컨썰팅 자로 알려진 미국의 폴라 쉴드(Paula Shield)였다. 그녀는 교육 강사가 끝난 후, 마지막에 강단에서 하나님께서 보여주시는 사람들을 대상으로 예언 사역했다. 놀랍게도 그녀는 나에게로 향했다:

"당신은 많은 거절을 당했지만, 이제 오래 걸리지 않을 것이다."

아주 짧았지만 정확했다! 하나님은 내 상황을 정확히 말씀해 주셨다. 나는 매우 감동했고, 희망과 자신감이 생겼다. 이제 결혼 생활이 곧 나아질 거라고 스스로 생각했다. 하지만 안타깝게도 가장 힘든 시기는 여전히 내 앞에 있었고, 나는 2년을 더 견뎌야 했었다.

다음 날은 일요일이어서, 평소처럼 내 교회 예배에 가고 싶었다. 그러나 성령의 영감을 받아 폴라 쉴드 강사가 설교하는 예배에 참석했다. 그날 아침 나는 전날과 같은 옷을 입어야 한다는 느낌을 받았다. 설교 후 폴라 쉴드가 다시 개인적으로 우리에게 사역했는데, 하나님은 그녀를 통해 다시 나에게 말씀하셨다.

나는 눈을 감고 앉아 있었기에 그녀가 나를 보고 있다는 사실조차 몰랐다. 그녀가 내 옷을 설명할 때야 눈을 떴다. "The Lady from Yesterday…. 어제 초록색 셔츠를 입은 여인…."

내가 손을 들자, 그녀가 말하기 시작했다:

네가 새로운 기름 부음을 요청했다, 주님께서 말씀하시기를 내가 너에게 주노라. 너는 더 많은 것을 원했다:주님, 더 많은 힘이 필요해요. 그리고 그분은 이렇게 말씀하십니다. 나는 너를 어려운 시기를 통과하게 하겠다, 하지만 신선함은 바로 거기서 나온다.

최근 너는 문의했다. 정말 제가 깨어 있나요? 그리고 그분은 이렇게 말씀하십니다.
그렇다, 내가 너의 삶에서 깊은 일을 하고 있기 때문이다.

그리고 그분은 당신에게 무언가를 보여 주셨습니다, 하지만 그분은 이렇게 말씀하십니다. 이것은 깊은 작업(deep Work)이며 성장이다.

그것은 너한테 굴욕감을 줬지만,
거기에서 신선함이 생긴다. 네가 봉사하면 더 많은 힘을 얻을 것이다.

나는 하나님에 대한 경외심으로 몸을 떨며 조용히 울었다. 하늘에 계신 아버지 하나님만큼 내 현재 상황을 잘 아는 사람은 아무도 없었기 때문이었다. 가장 아름다웠던 것은 **"주님, 제가 아직도 영적으로 깨어 있습니까?"**라는 절박한 질문에 하나님의 응답이었다. 그 당시 나는 주님이 아주 멀리 계시고 그분의 말씀에 귀머거리가 되어 버렸다고 느꼈다. 배우자로부터의 모든 굴욕과 거절은 나의 영적 은사를 억누르도록 위협했지만, 아버지 하나님께서는 적절한 때에 나를 격려해 주셨다. 이 모든 것은 남은 사막의 시간을 견디는 데 도움이 되었다. 제 믿음과 희망이 다시 한번 강해졌다.
그러나 나는 '**어려운 시기**'가 무엇을 의미하는지, '**깊은 일**'이 무엇인지, '**성장**'과 '**신선함**'이 무엇을 의미하는지 전혀 몰랐다. 그러나 이것은 내가 사막에서 보낸 10년의 마지막 2년 동안에 나에게 분명해졌다: 남편을 통해 나의 영적 은사가 성숙했고, 여성으로서의 나의 성 정체성이 치유됐다. 그렇게 나의 책 "마침내 여자! 나의 성 정체성 찾는 길"이 나왔다.

나의 힘든 결혼 생활의 내용은 내 첫 번째 책의 주제와 맞지 않았다. 그래서 나는 이렇게 1995년에 하나님이 나에게 보여주신 대로 두 번째 책을 썼다. 하나님께 감사하게도 모든 것을 카세트에 녹음하고 기도 일기책에 기록했기에, 모든 것을 사실대로 보고할 수 있다.

"네가 섬길 때": 사실, 결혼 생활의 마지막을 장식했던 가장 힘든 2년 동안에도 나는 다른 자매들을 위해 기도하며 섬길 수 있었다. 그 과정에서 하나님의 영광을 위한 기적을 경험했다. 이후에도 이 사역은 계속했다.

거실에서의 음행

1992년 가을, 예배 전 찬양 시간에 하나님께서 **"순녀야, 네가 예배를 드리는 동안 네 남편은 거실에서 음행하고 있다"**라고 말씀하셨다. 나는 그게 무슨 뜻인지 상상할 수 없어서 그냥 무시해 버렸다.

하지만 하나님은 끈질기셨고, 몇 주 후 1993년 1월, 주일 예배 전 찬양 시간에 다시 한번 나에게 말씀하셨다. 하지만 너무 이상하게 들렸기 때문에 다시 무시해 버렸다. 지금도 그렇지만, 나는 매우 순진하고 그 당시에는 훨씬 더 순진했지만, 하나님은 포기하지 않으셨다.

끔찍함

그로부터 얼마 지나지 않아 일요일 오후에 TV를 보다가, 비디오 리코더에 눈이 갔다. 카세트가 좀 나와 있는 게 보였다! 그것을 밀어 넣고 '재생'을 눌렀더니 한 여인이 쇠사슬에 묶인 채 한 남자로부터 채찍질을 당하는 게 보였다. 그녀의 눈은 검은 리본으로 묶여 있었다. 내 나이 40대 중반이었지만, 평생 그런 것을 보기는커녕 듣거나 읽은 적도 없다! 2년 후에야 그것이 가학성애(Sadomasochism)라는 것을 알았다.

공포에 휩싸인 나는 그 자리에 박힌 것처럼 앉아서, 하나님께서 예배 때 내게 말씀하신 것을 기억했다. 어느 순간 남편이 들어왔다. 내가 이 비디오를 보고 있는 것을 보았다. 그는 아무 말도 없이 먼저 사무실로 돌아갔다. 몇 분 후 다시 돌아와 얼굴이 빨개진 채로 "네가 그런 걸 보고 있어"라고 말했다. 나는 공포를 숨기려고 애쓰며 침착하게 그에게 물었다. "여자가 저렇게 고문당하는 게 마음에 드니? 너 저런 것 보는 거야?"하고 물었다. "물론 아니지, 영화에 대한 기사를 읽어서 빌린 거야."

나는 더 이상 논쟁하고 싶지 않아 토론은 거기서 끝냈다. 더 이상 영상을 보고 싶지 않아 비디오도 껐다.

그리고 앞으로는 하나님의 음성에, 특히 부드럽게 말씀하실 때, 더 주의를 기울이기로 결심했다. 새집에서 남편이 밤늦게까지, 특히 주말에, TV를 시청하는 바람에 종종 의견 충돌이 있었다. 나는 소음 때문에 잠을 잘 수 없었고, 일요일에는 일찍 일어나 7시에 믿는 형제자매 부부와 함께 교회에 가곤 했다. 내 항의에 그는 거실의 밤중 TV를 줄이고, 사무실에 있는 컴퓨터에 텔레비전 카드로 프로그램을 깔고 수신할 수 있다는 사실을 나중에 알았다. TV와 비디오로 그런 오물을 거실로 가져올 수 있다는 것은 나에게 완전히 새로운 사실이었다.

반쯤 잠든 상태에서…

그로부터 얼마 지나지 않은 일요일 밤, 나는 침대에 누워 잠들기 전에 책을 조금 읽다가 잠들었다. 그날 밤 남편은 자정 무렵 침실로 들어갔다. 잠들었던 나는 얼마 지나지 않아 낯선 사람의 조종에 이끌린 듯 일어나 거실로 들어가 어둠 속에서 나도 모르는 비디오 리코더의 버튼 한 개를 눌렀다. 그리고 다시 잠자리에 들어가 바로 잠들었다. 이상하게도 시간을 기억하고 있었는데 00:20이었다. 내가 기독교 동영상을 보기 위해 레코드를 구입했지만, 어떻게 사용하는지 전혀 몰랐다.

일주일이 지나서야, 내가 반쯤 잠든 상태에서 무슨 짓을 했는지 깨달았다. 남편이 포르노 프로그램을 녹화하길 원했으나, 내가 그걸 망친 셈이다. 하지만 내가 교회 갔을 때 남편은 이 영상을 보고 있다는 것을 상상하기에는 내 논리가 너무 부족했다.

영화는 **"훈련된 여자"**라고 불렸고, 금요일 밤의 반복이었다. 주말에 TV에 이런 영화가 있는지도 나는 몰랐다!

주중에 남편에게 비디오 레코드 사용 방법을 물었다. 무엇이 켜져 있는지, 확인하는 방법, 녹화 방법 등을 물어봤다. 그는 나에게 이것저것 아주 간략하게 설명하면서 **"너 멍청하다"**라고 했다.

그런 후, 나는 지난주의 TV 프로그램 책자를 읽고서야, 남편이 무엇을 녹화하도록 프로그램했는지 알았다. 내가 반쯤 잠든 상태에서 꺼놓은 것이 모두 포르노였다!

또 반쯤 잠든 상태에서…

일주일 후 토요일 밤, 남편은 일찍 잠자리에 들어갔다. 나도 잠이 들었다. 다시 잠에서 깨어나 거실로 갔다. 이번에는 녹음기 앞에 앉았다. 그럴 생각도 없었고, 하고 싶지도 않았는데 그냥 일어난 일이다. 나는 개처럼 피곤했지만 조금 깨어 있으려고 노력했다. 그때야 하나님의 영이 나를 인도하고 있다는 것을 깨달았다.

어둠 속에서 나는 비디오 리코더 시계를 보았다. 00:30 시였다. 나는 불을 켜고 비디오 장치가 작동하는 것을 보았다. 어떻게 작동하지? 남편이 이번 주에 나에게 뭐라고 설명했지? 아, 맞아! 나는 TV를 무음으로 내리고 TV를 켰다. 피곤한 눈으로 섹스 장면을 보았다. 나는 비참하고 더럽다고 느꼈다. 나는 TV를 끈 채 녹음은 진행하게 했다. 이제 나는 맑은 머리가 필요했다! 하나님께서 남편이 거실에서 음행을 저지르고 있다고 하신 것이 무엇을 의미하셨는지 이제야 분명해졌다.

새벽 4시가 되었는데 녹화는 계속되고 있었다. 이제야 에로틱 영화가 밤 11시부터 아침까지 쉬지 않고 방영되는 것을 TV 프로그램 책자에서 보았다. **"화려한 소녀들의 여관"**은 2시 반에 반복되었다.

"주님, 이제 제가 무엇을 해야 합니까?" **"끄거라!"** 하셨다. 그래서 나는 비디오를 끈 후 "이제는요?"하고 물었다. **"치워라!"** 하셨다. 그래서 나는 녹음기에서 카세트를 꺼내 내 방으로 가져갔다. 그날 밤 나는 오직 두 시간밖에 못 잤다.

아침에 나는 혼자 아침을 먹었고 남편은 여전히 자고 있었다. 그는 그날 밤 내가 무엇을 했는지 전혀 몰랐다. 나는 카세트를 큰 봉투에 넣고 매주 일요일 예배를 위해 나를 데리러 온 부부의 차에 탔다. 집으로 돌아오는 길에 나는 그들에게 내가 그것을 가져갈 때까지 트렁크에 안전하게 보관해 달라고 부탁했다. 나는 그들에게 안에 무엇이 들어 있는지 말하지 않았다.

죽음에 대한 두려움과 기꺼이 죽겠다는 의지

집 앞에서 남편이 산책을 마치고 돌아오는 걸 보았다. 나는 여전히 차 안에 있었는데 무릎이 두려움으로 떨리기 시작했다. 남편은 너무 화가 나 창백해 보였다. 그는 집 안으로 들어가면서 내 면전에서 문을 쾅 닫았다. 나는 안으로 들어가서 내 방으로 빨리 달려가 양쪽 문을 잠갔다(내 방엔 화장실로 가는 문과 거실로 가는 문이 있었다.).

내 온몸이 두려움으로 떨렸다. 나는 작기 때문에 그가 폭력을 하면 나 자신을 방어할 수 없었다. 나는 침대에 앉아서, 그가 부엌에서 부엌의 도구들을 큰 소리로 만지작거리며 분노를 표출하는 것을 들었다. 그때 나는 맞아 죽을까 봐 두려워서 "주님, 저는 과실치사나 불구가 될까 봐 두렵습니다. 나는 불구자로 살고 싶지 않습니다."

이 기도 후, 나는 남편이 나를 때려죽이거나 불구로 만든 후에 내 남편이 믿을 수 있는 유일한 방법이라면, 그렇게 할 준비가 되어 있었다. 처음부터 약속한 대로, 나는 그를 개종시키려고 한 번도 시도한 적이 없었고, 그것을 주님께 맡겼다. 그래서 나는 기도도 하지 않았다. 어쩌면 그것이 실수였을까?

나는 침대에 등을 대고 누웠다 **"주님, 크리스토프를 위한 유일한 길이라면 저는 오늘 여기서 죽을 준비가 되어 있습니다"**라고 기도했다. 갑자기 하나님의 평화가 임했고 내 눈에서 눈물이 흘러내렸다. 나는 하나님의 평안이 내 방을 가득 채우는 것을 느꼈고, 그 평안은 거실과 식당으로 퍼져 부엌과 집 전체를 가득 채우는 것을 느꼈다. 두려움이 사라졌다. 오직 하나님의 평안과 평화만이 내 몸 전체와 집 전체에서 느꼈다.

그리고 부엌에서 시끄럽게 일하던 소리가 멈췄다! 공기가 맑았다. 나는 내 방에서 나왔다. 남편은 탁자에 앉아 커피를 마시고 있었다. 나는 그의 맞은편에 앉아서 그가 더 이상 화를 내지 않고 있음을 보았다. 그는 완전히 편안하게 앉아 있었다. 그러다 그가 일어나더니 부엌에서 커피를 가져 와 나한테 대접하기까지 했다. 우리는 조용히 커피를 마셨다. 그런 다음 그는 침착하게 **"비디오를 줘!"**라고 말했다. "아니, 너는 그것을 받지 못할 것이다."라고 나는 조용히 대답했다.

"왜 안 돼?" 그가 물었다. **"아이에게 좋지 않기 때문에"**라고 내 입에서 나왔고, 그것은 나 자신도 놀라게 했다. 그러자 그는 갑자기 진심으로 웃기 시작했고 나도 웃어야 했다. 우리는 웃음으로 눈물을 흘렸다. 해방된 우리 둘은 그렇게 웃었다. 우리 하나님은 유머 감각이 많은 하나님 아니신가요? 그 문장은 틀림없이 하나님의 영이 나에게 준 것이었다!

그 이후로 남편은 몇 번이고 비디오를 달라고 요구했다. 여러 번 구두와 서면으로 나를 협박까지 했다. 그러나 나는 굳건히 돌려주지 않았다.

우리 관계가 시작될 때 하나님이 나에게 말씀하신 것이 여기서 이뤄졌다: 나는 진심으로 죽을 준비가 되어 있었다.

무리와 제자들을 불러 이르시되, 누구든지 나를 따라오려

거든 자기를 부인하고 자기 십자가를 지고 나를 따를 것이니라. 누구든지 자기 목숨을 구원하고자 하면 잃을 것이요. **누구든지 나와 복음을 위하여 자기 목숨을 잃으면 구원하리라.** 사람이 만일 온 천하를 얻고도 자기 목숨을 잃으면 무엇이 유익하리오. 사람이 무엇을 주고 자기 목숨과 바꾸겠느냐. 누구든지 이 음란하고 죄 많은 세대에서 나와 내 말을 부끄러워하면 인자도 아버지의 영광으로 거룩한 천사들과 함께 올 때에 그 사람을 부끄러워하리라. (마가복음 8:34~37; 누가복음 9:23~27, 57~62; 요한복음 12:24~26)

갈수록 차가움

시간이 지남에 따라 크리스토프는 내 친구와 지인에 대한 관심이 눈에 띄게 줄어들었고, 모든 것에 무관심을 보였다. 나는 그를 내버려두고, 아내로서 나의 역활을 하며 내 믿음으로 내 길을 갔다. 세상의 어떤 권세도 나를 하나님의 사랑에서 끊을 수 없었다.

내가 확신하노니 사망이나 생명이나 천사들이나 권세들현재 일이나 장래 일이나 능력이나 높음이나 깊음이나 다른 어떤 피조물이라도, 우리를 우리 주, 그리스도 예수 안에 있는 하나님의 사랑에서 끊을 수 없으리라. (로마서 8:38~39)

남편이 나를 많이 소홀히 했지만, 나는 남편의 생활 방식에 대해 절대로 비난하지 않았다. 나는 형제자매들에게 남편에 대한 하나님의 아가페 사랑을 받을 수 있도록 기도해 달라고 부탁했고, 나는 10년의 사막에서 승리를 거두고 살아남기로 결심했다. 대부분의 시간은 이미 완료되었다.

이 기간에, 나는 1985년 4월의 꿈의 의미를 이해했다, 내가 나의 하나님께 우리 결합에 대해 나의 "예"를 드린 후 크리스토프에게 편지를 썼었다. 그리고 임신의 꿈에서 행복하게 웃는 남자아이는 크리스토프였다. 하나님은 나한테 이런 아이를 맡기셨고, 많은 사랑과 나의 개방적인 성격으로 그를 상냥한 사람으로 만들게 하셨다. 마치 내가 아이를 양육하고 키운 것 같은 느낌이었다. 그러나 지금은 그 아이가 나한테 반항하고 있는 것 같았다!

컨설팅(상담) 사역

나의 이런 연약함 속에서 하나님은 나를 사용하셨다. 1993년 여름, 예배 직전에 한 자매가 나에게 말했다: **"문제가 있는데 너한테 전화해도 되겠니?"** 나는 "그렇게 해." 말하고는 자리를 찾기 위해 홀로 들어갔다.

그녀가 연락하기까지는 몇 주가 지났다. 나는 그녀에게 전화를 걸 수 없었고 전화번호도 몰랐다. 어느 날 그녀는 울며 전화를 걸었다. 그 순간, 나는 큰 권위를 가지고 그녀에게 즉시 나에게 오라고 명령했다. 나는 그녀에게 오는 길을 설명했다. 그리고 내가 전화를 끊었을 때, 나는 나의 어조에 놀랐다. 나중에 나는 깨달았다: 이것은 내 안의 성령이었음을. 그녀는 그런 나의 행동에 상처받지 않았다.

나는 남편에게 곧 손님이 올 것이라고 말하면서 "커피포트를 사무실로 가져가고 우리를 방해하지 말라고" 당부했다.

그녀는 울며 도착했다. 그녀는 자신의 간통 실수에 관해 이야기했다. 그 순간 하나님의 사랑이 내게 임하여 이 자매를 사랑했다. 그때 나는 하나님께서 그녀를 내게 보내셨다는 것을 확인할 수 있었다.

그녀가 키스한 남자는 같은 사무실에서 일했다. 그러나 그녀는 가정과 자녀를 잃고 싶지 않다고 했다. 나는 그녀에게 가정생활에 대해 진지한지 물었고 그녀는 그렇다고 대답했다. 그래서 나는 그녀에게 우리가 실수를 고백하고 용서를 구할 때 우리 하나님은 용서하신다고 설명했다. 그런 다음 성서를 펴서 읽어 주었다.

> *만일 우리가 우리 죄를 자백하면 그는 미쁘시고 의로우사 우리 죄를 사하시며 우리를 모든 불의에서 깨끗하게 하실 것이요. (요한일서 1:9)*

그런 다음 나는 그녀의 손을 내 손으로 잡고 그녀에게 하나님 앞에서 그 남자와의 실수를 고백하고 용서를 구하라고 요청했다. 그녀는 그렇게 했다.

영혼의 분리

그런 다음 그녀는 직업을 바꿔야 하는지 알고 싶어했다. 그녀의 직업에서는 그렇게 쉬운 일이 아니었다. 나는 그렇게 할 필요가 없다고 대답했고, 그녀가 유혹을 느낄 때마다 사탄과 유혹의 영들이 들을 수 있도록 소리 내어 기도할 것을 권하며 기도를 알려 줬다. 이 기도는 나 개인적으로뿐만 아니라 그러한 문제로 나에게 도움을 구하는 사람들에게도 도움이 되었다.
기도하고 싶거나 다른 사람들에게 추천하고 싶은 모든 사람을 위해 기도를 여기에 기록한다.

> *"예수님의 이름으로, 나는 나와 이 사람 사이에 예수 그리스도의 십자가[4]를 세운다. 그리고 나는 나의 정신, 나의 몸, 나의 영혼을 그/(그녀)에서 분리한다. 아멘."*

---

4) 이에 대한 성경적 근거는 갈라디아서 6:14입니다: "그러나 나는 다만 우리 주 예수 그리스도의 십자가를 자랑하리니 이로써 세상은 나를 대하여 십자가에 못 박히고 나는 세상에 대하여 십자가에 못 박혔느니라".

아주 짧고 너무 단순하여 거의 우스꽝스럽게 들린다. 그러나 유혹이 두드릴 때마다 진지하게 즉시 기도하면 효과가 있다. 이 기도는(유혹이 완전히 사라질 때까지) 자신이 말하는 것을 들을 수 있도록 반복해서 기도해야 한다. 어둠의 세력은 우리의 생각을 읽을 수 없지만 들을 수 있다. 그러므로 소리 내어 기도해야 한다!

몸과 영혼과 보이지 않는 영의 유대는 분리되어야 한다. 이 기도로 부모나 전 파트너, 전 남자/여자 친구 및 자녀와 건강하지 않은 영혼의 유대관계도 끊을 수 있다. 그러면 우리는 불필요하게 정신적으로 고통을 받지 않는다. 결국 우리는 하나님께서 우리에게 주시는 짐, 즉 영적 짐만 짊어지게 된다.

어떤 사람들은 이 기도를 오해하고 있다. 이 기도로 부모와 자녀 사이의 근본적으로 올바른 관계가 깨질 것으로 생각하지만 그렇지 않다. 건강하지 않은 유대만 끊어지고, 관계는 온전하고 건강해질 수 있으며, 고통으로 인한 울음에서 벗어날 수 있다.

이렇게 하나님 앞에서 기도로 불건전한 유대가 끊어지면, 이전 파트너, 여친, 남친에 대한 매력이 사라진다. 성적 결합은 정서적, 성적, 영적, 정신적 유대를 형성하기에(몸과 영혼이 하나가 됨), 결혼 밖에서는 항상 건강하지 않으며, 우리에게 아무런 유익이 되지 않는다. 자유로워지기 위해서 이런 유대를 끊어야 한다. 나는 예수 그리스도의 십자가로 이러한 관계를 끊는 것 외에는 다른 방법을 모르기 때문에 이 기도만을 추천할 수 있다.

예수 그리스도의 십자가에서, 즉 골고다 십자가에서, 예수님의 구원 사역을 통해, 마귀는 전투에서 영원히 패배했다는 사실을 우리는 알아야 한다. 결국 십자가는 인쇄물이나 물질적인 상징이 아니라, 우리 주 예수님이 십자가에서의 죽음과 부활을 통해 이루신 구원이다. 옛것은 죽고 새것이 살아나는 것이다. 예수 그리스도께서는 십자가에서 우리의 죄를 위해 돌아가셨을 뿐만 아니라, 적을 영원히 물리치셨다! 가톨릭 신자들이 퇴마의식(축기 사업)을 할 때, 손에 십자가를 들고 한 것은 괜한 일이 아니었다. 성적 유혹인 "도둑과 강도"를 이 "십자가"로 문 앞에서 즉시 돌려보내야 한다, 즉 유혹을 느끼는 순간에.

> *도둑이 오는 것은, 도둑질하고 죽이고 멸망시키려는 것뿐*
> *이요. 내가 온 것은 양으로 생명을 얻게 하고 더 풍성히 얻*
> *게 하려는 것이라. (요한복음 10:10)*

유혹을 이길 때까지 며칠, 심지어 몇 주 동안, 이 기도를 해야 할
수도 있다. 예수님의 이름은 더 강하고 힘이 있다. 예수 그리스
도께서는 사흘 만에 죽은 자 가운데서 부활하셨고, 아버지 하나
님 우편에 앉아 계시며, 약속하신 대로 성령을 통해 우리와 함께
통치하고 계신다. 나는 첫 번째 간증 책에서 이 **"십자가의 능력"**
에 대해 더 자세히 썼다.

모유 수유 경험 없음

한동안 이 자매가 매주 찾아왔는데, 문을 열어 줄 때마다 나는
영적인 눈으로 보았다: 젖가슴 사이에서 머리를 좌우로 움직이
며 맹렬히 찾는 아기를 보았다. 이걸 세 번 본 후에 내가 그녀에
게 말했더니 그녀는 울기 시작했다. 그런 다음 그녀의 어머니가
질병으로 인해 모유를 수유할 수 없었고, 아이인 자신이 많은 고
통을 받았다고 말했다.
아하, 이 결핍 때문에 그녀는 여전히 찾고 있었다! 그래서 나는
하나님께 그녀를 하나님의 사랑으로 채워달라고 기도했다. 매주
그녀는 기분이 좋아졌다고 여러 번 강조했다. 그녀가 나한테 왔
다 가면 일주일 내내 천국에 있는 것처럼 "날고 있는" 기분이라
고 했다. 그녀는 40일간의 금식도 잘 견뎌냈고, 하나님의 사랑
덕분에 점점 더 강해져서, 금식 때문에 약해진 기색이 전혀 없었
다.
예수님 외에도 성경에서 40일 동안 금식한 하나님의 사람이 두
명이 있다. 모세는 두 번이나 먹지도 마시지도 않고 금식했으며
(출 34:28, 신 9:18), 엘리야도 40일 동안 행군하는 동안 먹지

도 마시지도 않았다(열왕기상 19:8).

컨설팅에서의 우상 숭배

어느 날, 하나님께서는 그녀가 하나님 대신 나에게 너무 집착하고 있음을 알려 주셨다, 즉 내가 그녀의 우상이 되었다. 그때 나는 그녀를 보내줄 때가 되었다는 것을 알았고, 그녀에게 나의 사역이 곧 끝날 것이라고 알렸다. 그녀는 이해하지 못했다. 그녀는 나의 영적인 애무가 영원히 계속될 수 있다고 생각했다.

하지만 내 기도 사역은 누구에게도 3개월을 넘기지 않았다. 늦어도 그때까지 하나님은 기적을 행하셨다. 하나님은 어떤 상황에서도 우리가 하나님의 자리에 서지 않도록 하신다. 일부 기독교인들이 왜 몇 년 동안 상담을 받는지 나는 이해할 수 없었고 지금도 이해할 수 없다. 그 대신 나와의 한번 기도 상담 시간은 약 두 시간 진행되며, 주님한테서 더 이상 지시나 충동을 받지 않으면 끝난다.

하지만, 이 자매는 '우상'이 무슨 뜻인지 이해하지 못했고, 내 설명에도 "끝!"을 받아들이지 못했다. 그래서 내가 우리 하나님은 질투하시는 하나님이라는 성경 구절을 읽었지만, 그녀는 이해하지 못했다. 그녀는 나의 철회에 분개했다.

십계명 중 첫 번째 계명에는 이렇게 적혀 있다.

*너는 나 외에는 다른 신들을 네게 두지 말라, 너를 위하여 새긴 우상을 만들지 말고 또 위로 하늘에 있는 것이나, 아래로 땅에 있는 것이나, 땅 아래 물속에 있는 것의 어떤 형상도 만들지 말며, 그들에게 절하지 말며, 그것들을 섬기지 말라. 나, 네 하나님 여호와는 **질투하는 하나님인즉** 나를 미워하는 자의 죄를 갚되 아버지로부터 아들에게로 삼사 대까지 이르게 하거니와, 나를 사랑하고 내 계명을 지키는 자에게는 천 대까지 은혜를 베푸느니라. (출애굽기 20:3-6)*

안타깝게도, 담쟁이덩굴처럼 내게 달라붙으며, 본인의 역할을 하지 않으려는 성도들이 있다는 것을 나는 몇 번 경험해야 했다. 나는 너무 예민해서 그런 것을 허용하지 않았고, 이해할 수 없다는 오해를 받았다. 주님께서 더 이상 지시하지 않으시고, 더 이상 인도하지 않으시면, 내 기도 사역은 끝나는 것이어서 받아들여야 한다.

다행히 이 자매는 성적 유혹을 이겨냈고, 결혼 생활이 유지됐으며. 직장을 지킬 수 있게 되었다. 주님께 영광을!

당시 나는 Aglow에서 일했는데, 그녀도 매월 이 모임에 참석했고, 그리고 내 후임자가 되었다. 처음에는 컴퓨터로 초청장을 만드는 일을 맡았고, 2년 후에는 책 테이블도 맡았다. 이 또한 주님께 모든 영광을 돌린다!

경고하고 싶은 슬픈 이야기

성경에는 흑백으로 기록되어 있다. 그런데 믿음의 한 자매가 부모, 특히 어머니를 용서하고 싶지 않다며 슬프게 이야기했다. 대신 그녀는 나한테 매우 달라붙었다. 나는 그것을 허용할 수 없었다. 그녀는 나에게 달라붙어 인간적인 애무만을 구했고 나는 그걸 허락하지 않았다. 나는 그녀에게 그녀의 영혼이 치유될 수 있는 길은 단 하나: **"용서"라고**, 말했다: 그녀는 그럴 준비가 전혀 없었고, 나는 귀중한 시간을 낭비하며 어머니의 역할을 대신할 준비가 되어 있지 않았다. 그녀는 여기에 매우 분개했고, 좋지 않은 방식으로 나와 헤어졌다. 몇 년 후 그녀는 호수에서 스스로 목숨을 끊었다. 용서하지 않으면 괴로움이 생기고, 괴로움은 우리의 영혼을 갉아먹으며, 심지어 증오와 살인으로 이어질 수 있다는 것을 우리는 알고 있어야 한다. 미움은 살인이다(요한일서 3:15: 형제를 미워하는 자는 살인자). 성경은 다른 사람의 실수를 원망하는 것에 대해 경고한다!

20장: 아름다운 고국 휴가

1993년 여름, 나는 생각지도 않았던 건축 저축 계약사에서 통지받았다. 대기 기간이 충족되었으니, 돈을 지급받을 수 있다는 것이었다. 나는 매우 기뻐서 주님께 부모님을 뵈러 가도 되는지 물었고, 주님은 분명하게 "예"라고 대답하셨다.

그러던 중 1980년 중반에 학비를 빌려줬던 한 한국 여성으로부터 전화를 받았다. 그 여성이 나머지 돈을 내 통장에 송금했다고 알려줬다. 그래서 이번 귀국 여행 경비는 남편과 상관없이 내가 직접 감당할 수 있었다. 만약 내가 고국 방문을 하지 않았다면 남편이 다시 돈을 가져가려고 했을 것이다. 그는 항상 주식으로 더 많은 돈을 벌기를 원했으나, 나는 안정성을 원했고 연방 재무부 채권과 같은 이자가 있는 정기 예금을 원했다.

이번에는 비행기 표를 내가 선물하겠다고 했으나 남편은 안가겠다고 했다. 내가 여행용 옷을 몇 개 샀더니 남편은 아이러니하게도 본인이 같이 안 가니까 내가 옷을 차려입는다고 했다. 그래서 나는 "내가 누더기 차림으로 내 가족들 앞에 서면 네가 창피할 텐데" 대답하며, 언제든 오라고 했다.

하나님의 지시

하나님께서 여행을 허락하신 후, 나에게 세 가지 지시를 주셨다.
1. 기름을 가지고 가거라!
2. 항상 부모님 곁에만 머무르라!
3. 이번에는 조상 숭배의 음식을 먹지 마라! 만지지도 마라!

나는 순종하는 것을 배웠다. 그래서 나는 기름을 준비했다.(올리브기름에 세인트존스워트꽃을 넣고(독일어:Johanniskraut-Blüte).

프라이부르크에서 사는 동안 잘 알고 지냈던 한국 교수들을 만나는 계획은 포기해야 했다. 남편은 나를 프랑크푸르트 공항으로 데려다주었고, 한국에서는 공항에서 부모님과 여덟 살 연하의 여동생이 따뜻하게 맞이해 주었다. 우리는 이 여동생 집에서 첫날밤을 보냈다.

기름이 사용되다

밤에 주님께서 나를 깨우셨다. 나는 즉시 깨어났다. 그럴 때 기도해야 한다는 것을 나는 배웠다. 그래서 나는 조용히 침실에서 나와 복도에 있는 소파에 앉아 방언으로 기도하기 시작했다.

약 한 시간 후, 문과 창문에 기름을 바르고 밀봉하라는 주님의 지시를 들었다. 그 후 나는 차가운 전율을 느꼈다. 그래서 어둠의 세력이 작용함을 알았다.

나는 망설임 없이 핸드백에서 기름을 꺼냈다. 먼저 나는 예수 그리스도의 피로 나를 보호함을 예수님의 이름으로 선포하며 그가 모든 어둠의 세력을 이겼다고 선포했다. 그 후, 나는 동생의 시부모님 가족의 공개적이고 숨겨진 죄를 하나님께 고백하며 하나님께 용서를 구했다('대리 회개'). 그런 후 "예수 그리스도의 이름으로 모든 어둠의 세력에 대항하며 십자가의 표시로 문과 창문을 봉인하고 어둠의 세력이 들어오지 못하게 했다."

그런 후 나는 하나님의 평안이 왔음을 내 영 안에서 느꼈다. 이제 모든 것이 괜찮다는 느낌을 받았다. 그리고 나는 피로에 압도되었다. 그래서 방으로 돌아가 즉시 잠이 들었다. 하느님께서 오직 이것 때문에 기름을 가지고 가라고 하셨다. 7주 동안 더 이상 사용되지 않았다.

당시 여동생의 나이 36세였다. 그녀는 30세에 남편과 사별했고, 남편이 스스로 목숨을 끊었을 때 그녀는 셋째를 임신 중이었다. 그녀는 또 혼자 세 명의 어린 자녀를 키워야 했을 뿐만 아니라 시어머니도 돌봐야 했다. 무엇보다 제 여동생은 매우 가난했었다.

남편이 죽은 후 그녀는 믿음을 갖게 되었다. 그녀는 할 수 있는 한 열심히 일했지만 매주 일요일에는 교회에 가서 하나님으로부터 위로를 받았다. 그녀가 나중에 안 건데, 며느리가 어디로 가나 궁금해서 시어머니가 미행했다는 것을 알았다. 그 결과로 시어머니도 믿음을 갖게 되었고, 신비한 힘에서 해방되었다. 그녀는 집의 제단을 허물고 기도자가 되었다: 매일 아침 일찍 일어나, 교회에서 새벽 기도를 드리는 기도의 전사가 되었다. 주님 찬양!

조상 숭배 갈등

동생과 나는 항상 친밀한 관계를 유지해 왔다. 나는 그녀보다 여덟 살 연상이었고 그녀가 어렸을 때 나는 그녀의 대리모 같았다. 35년 전(1987년), 그녀는 더 이상 조상 숭배(죽은 자의 숭배)에 참여하고 싶지 않다며 나에게 조언을 구했다. 이 조상 숭배는 유교와 함께 중국에서 한국으로 들어왔다.

한국에서는 가족의 장남 또는 외아들이 이 의무를 맡는다. 의식은 자정에 거행된다(살아있는 사람이 먹기 전에 고인이 음식을 먼저 먹어야 한다며). 거기엔 매운 음식은 금했는데 그 이유를 나는 모른다. 조상 숭배의 날에는 친척들이 와서 고인을 추모한다. 자정에 바닥까지 구부려 절한 후 함께 식사하는 의식이 거행된다.

여동생은 그 가족의 외아들과 결혼했기 때문에 조상 숭배를 계속하는 것이 그녀의 의무였다. 그러나 이제 그녀는 더 이상 그것을 하고 싶지 않다고 했다. 내 조언에 따라, 그녀는 시어머니에게 그것에 대해 이야기하고 성경이 말하는 것을 그녀에게 말했다. (십계명 중 첫 번째, 출애굽기 20 : 1-6; 고린도전서 10:14-11:1); 그리고 주님과 시어머니의 도움으로 그녀는 조상을 위한 제사 의식을 폐지할 수 있었다.

처음에 친척들은 당황하며 어리벙벙하게 반응했다. 그러나 시어머니는 가정의 권위주의적인 사람이었고, 내 여동생을 지지했기 때문에, 그들은 그것을 받아들여야 했다. 시어머니는 100세 (2022년)에 사망했다. 마지막에 그녀는 양로원에서 살았고 노환으로 인해 더 이상 새벽기도에는 가지 못했다.

1990년대 초, 내 여동생은 조용하고 매우 착한 남자를 만나 재혼했다. 이들은 다음날 나의 부모와 나를 부모 집으로 데려다주었고 우리와 함께 며칠을 같이 보냈다.

1993년 9월: 고속도로 휴게소(이 장의 모든 사진은 1993년 사진)

아버지와의 밤 대화

부모님 집에서 나는 부모님과 같은 방에서 잤다. 그리고 나는 무의식적으로 그리고 예기치 않게 아버지에게 나의 믿음이며 내가 하나님과 경험한 것에 관해 이야기하기 시작했다. 하느님께서 나의 병을 고쳐 주셨다는 말을 들으시고 아버지는 깊은 감명을 받으셨다.

나는 태어날 때부터 폐가 약했고, 췌장은 지방 소화 효소를 너무 적게 생산했으며, 엉덩이는 내부 회전이 부족했다. 나는 다리를 안쪽으로 돌릴 수 없었기 때문에 무릎을 꿇고 앉을 수 없었다. 그래서 나는 항상 양반다리로 앉았다. 효소 결핍으로 인해 어렸을 때 지방이 많은 음식을 먹은 후 복통과 경련에 설사했다. 한국 의사들은 수수께끼에 직면했고, 1979년에야 독일에서 정확한 진단이 내려졌다.

이 여행 2년 전, 나는 육체적 치유를 경험했다. 특히 췌장의 효소 결핍을 1991년에 하나님이 어떻게 치유하셨는지 나는 첫 번째 간증 전기에 자세히 썼다. 1992년, Billy Smith 목사의 기도로 순환기 질병과 엉덩이 고관절의 치유도 받았다.

마지막으로 나는 하나님께서 내가 집을 방문하는 것을 허락하셨지만, 조상 숭배에서 아무것도 먹지 말고, 음식에 손도 대지 말라는 지시를 내렸다고 아버지에게 말했다. 나는 치유를 유지하기 위해 하나님께 순종하고 싶다고 강조했다.

아버지는 주의 깊게 들으셨고, 그의 결론은 "모든 사람이 너처럼 믿고 살 수 있다면 얼마나 좋을까!", 그리고 어머니를 교회에 데리고 가라고 허락하셨다. 나중에 나는 그녀가 결혼식 전에 교회에 갔다는 것을 알았다. 하지만 결혼 후에 아버지는 아내가 교회에 가는 것을 금하셨다. 어렸을 때 나도 근처 교회에 가고 싶었으나 엄격히 금지하셨다. 나는 우리 마을 여자들과 함께 그곳에 가고 싶었었다. 참으로 놀라운 변화다! 기독교인에 대해 좋은 견해를 가지지 않으셨던 아버지는 딸의 기독교를 받아들이셨다! **전형적인 아버지의 모습?** 자녀에 대한 부모의 사랑은 무한하다! 대화를 마쳤을 때는 새벽 4시였다. 어머니는 아무것도 모른 채 잠들어 계셨다. 그녀는 우리 가족 중 유일한 사람으로 일찍 일어났으며, 그 대신 일찍 잠자리에 드셨다.

아버지가 나를 지켜 주시다

다음 날 아침, 우리는 풍성하게 차려진 아침 식탁에 앉았다. 아버지가 젓가락으로 그릇과 접시를 두드리며 어머니에게 치우라고 지시하셨다. 깜짝 놀란 어머니는 "왜?"하며 그를 바라보셨다. "순녀는 더 이상 이것을 먹으면 안 돼."라고, 대답하셨다. 어머니는 슬프게 대답하셨다: "순녀를 위해 모든 것을 아껴 두었는데!" 아버지는 그녀에게 그 이유를 간단히 설명하셨다. 그와 긴 밤의 대화를 나누게 된 데 대해 나는 얼마나 기뻤는지 모른다!

나는 부모님이 친척들로부터 조상 숭배 음식을 선물로 받았다는 사실을 전혀 몰랐다. 그들은 그곳에 직접 참석하진 않았다. 그러나 제사 음식을 이웃이며 친척들과 나누는 것이 관례다. 물론 어머니는 나를 위해 최선을 다해 보관하셨다. 나는 하나님께서 모든 것을 얼마나 훌륭하고 신중하게 계획하시고 지시하시는지 다시 한번 깨달았다. 하늘에 계신 나의 아버지는 내가 아침 식사로 무엇을 먹을지 이미 알고 계셨다.

7주 동안 머무는 동안 부모님 댁에서 제사도 있었다. 어머니는 내게 이틀 동안 어디에서 보내고 싶은지 물으셨고, 하나님께서는 해결책을 준비해 두셨다: 나보다 아홉 살 어린 막내 여동생이 그 소식을 알고, 자기 집에서 보내라고 했다. 막내 남동생이 나를 그곳으로 데려다주고 다음 날 다시 집으로 데려다주었다.

1976년 한국에 갔을 때 나는 신자가 아니었고, 물론 어머니가 조상의 음식 준비하시는 것을 도왔으며 함께 먹었다. 1979년 여름에 나는 예수님을 믿게 되었다. 1981년과 1989년에 부모님을 뵈러 갔을 때도, 하나님께서는 내게 아무런 지시를 하지 않으셨지만, 이번에는 지시하셨다. 어쩌면 그 당시에 육체적 치유를 경험하지 않았기 때문일까? 이러한 치유는 1991년부터 일어났다! 모든 것에는 때가 있다고 전도서(전도서) 3장에서 읽는다.

아버지가 나를 위해 뒷마당에서 담배를 피우신다.

맛있는 간식을 위해 절구질하시는 어머니

14년 후: 나의 아버지가 예수님을 영접하시고 침례를 받으시다

아버지는 모범적인 유교 신자였다. 그러나 2007년 87세의 나이로 예수님을 받아들이시고 88세에 세례를 받으셨으며 2008년 오순절 주일에 89세의 나이로 이 세상을 떠나시어 주님 앞으로 가셨다. 나의 아버지가 살아생전에 예수님을 영접하시길 바란 내 마음의 소원을 하나님께서 이렇게 이루어주셨다.

아버지가 그 나이에 하나님과 화해하신 것은, 하나님께서 나에게 주신 큰 선물이자 가장 아름다운 선물이었다. 또 아버지가 병원에 계실 때, 외국에서 수시로 전화를 걸 수 있었던 것도 특권이다: 내 요청에 따라 막내 여동생이 병동에 휴대전화를 맡겨 두었기 때문에 언제든지 전화할 수 있었다. 간호사들은 매우 친절했고, 내가 전화했을 때마다 그들은 휴대전화를 들고 달려가서 아버지에게 휴대전화를 주었다. 그러나 내가 아버지를 방문할 수 없었다는 것은 나를 엄청나게 슬프고 마음을 아프게 했다. 내가 외국에 산다는 것뿐만이 아니었다; 나는 모든 향기며 향수 알레르기 때문에 여행할 수 없었다. 또 아버지 하나님도 허락하지 않으셨다. 나한테는 매우 힘든 시간이었다!

어느 날, 전화 통화 중 나는 아버지가 (세상과) 작별 인사를 할 때가 왔다고 느꼈다. 전화로 집에 가고 싶냐고 물었을 때 그는 당장 "응" 대답하셨다. 그래서 나는 목사가 올 때까지 조금 더 기다려 달라고 요청했고, 그는 "응"하고 대답하셨다. 나는 남동생에게 전화를 걸어 아버지에게 세례를 준 목사님과 함께 병원에 가서 마지막 여정에 동행해 달라고 부탁했다. 그리고 동생은 그리했다. 약 3시간 후, 우리 아버지는 아내와 아이들이 지켜보는 가운데 평화롭게 예수님 앞으로 가셨다. 2008년 6월 오순절이었다.

그 후, 어머니는 독일에 있는 나를 방문하고 싶어 하셨다. 나는 정말 기뻤고, 반년 동안 함께 있고 싶었다. 어머니가 독일에서 한국 방송(TV)을 볼 수 있도록 디지털 수신기를 사서 설치하고 준비했다. 그 당시에는 "기독교 TV"와 KBS-World 2 두 개의 한국 채널을 수신할 수 있었다. 그러나 여행은 실행할 수 없었다. 어머니는 갑자기 아프셨고 2009년 1월 동방박사 날에 돌아가셨다. 그녀 또한 아버지처럼 89세로 돌아가셨다.

종종 우리는 하나님이 왜 그렇게 하시는지 알지 못한다. 그분의 생각은 우리의 생각이 아니라고 성경은 말한다.

> *내 생각이 너희의 생각과 다르며 내 길은 너희의 길과 다름이니라 여호와의 말씀이니라. (이사야 55:8)*

우상 숭배와 우상에게 제사하는 것에 대해 성경은 이렇게 말한다:

> *내 사랑하는 자들아, 우상 숭배하는 일을 피하라. 나는 지혜 있는 자들에게 말함과 같이 하노니 너희는 내가 이르는 말을 스스로 판단하라. 우리가 축복하는바 축복의 잔은 그리스도의 피에 참여함이 아니며 우리가 떼는 떡은 그리스도의 몸에 참여함이 아니냐. 떡이 하나요 많은 우리가 한 몸이니 이는 우리가 다 한 떡에 참여함이라. 육신을 따라난 이스라엘을 보라 제물을 먹는 자들이 제단에 참여하는 자들이 아니냐. 그런즉 내가 무엇을 말하느냐 우상의 제물은 무엇이며 우상은 무엇이냐. 무릇 이방인이 제사하는 것은 귀신에게 하는 것이요 하나님께 제사하는 것이 아니니 나는 너희가 귀신과 교제하는 자가 되기를 원하지 아니하노라. 너희가 주의 잔과 귀신의 잔을 겸하여 마시지 못하고 주의 식탁과 귀신의 식탁에 겸하여 참여하지 못하리라. 그러면 우리가 주를 노여워하시게 하겠느냐 우리가 주보다 강한 자냐. …….*
> *(고린도 전서 10:14ff)*

나는 또한 다른 성경 구절도 알고 있는데, 구약에 있다: 이스라엘에 한 하나님의 사람이 있었는데, 그는 하나님의 사명을 받고 우상 숭배하는 왕 여로보암 1 세(1 Kings 13 : 1~6)한테 가야 했다. 그리고 그는 그 나라에서 먹거나 마시지 말라고 하셨다. (열왕기상 13:7~10)". 불행히도 그는 순종하지 않았다. 그는 거짓 예언자에 의해 저녁 식사에 초대를 받아들였다. 그는 멀리 떨어진 집으로 돌아가는 길에 죽었다. 그래서 그는 친척들과 함께 매장 공동체에서 제외되었다 (1 Kings 13 : 11~30).

성경을 잘 아는 것뿐만 아니라 하나님의 말씀에 민감하고 순종하며 그에 따라 행동하는 것은 좋다. 하나님의 말씀을 깨닫지 못하는 사람은, 하나님의 말씀(성경)과 양심에 따라 자기 내면에 평안히 있는지 없는지를 스스로 느끼며 행동해야 한다.
어쨌든, 우리가 먹고 마시기 전에 예수의 이름으로 음식과 음료를 소리 내 축복하고, 예수의 이름으로 어둠의 세력을 묶어 예수님이 원하는 곳(또는 예수 그리스도의 발아래)으로 보내는 것이 좋다. 우리는 음식이 어디에서 왔는지, 그것이 어둠의 세력으로 오염돼 있는지 알지 못한다. 옷과 신발, 가정용품 등도 똑같이 할 수 있다.
"축복"이란 단어는 큰 힘을 가지고 있음을 나는 1991년에 개인적으로 경험했다. 체르노빌 원자력 사고 이후 소련의 한 농부의 보고서에서도 읽었다. 여기에 대해 내 첫 자서전에 더 자세히 보고했다.
나를 힘들게 하는 히스타민 불내증과 향기 알레르기에 대해 주님으로부터 아직 어떤 지시를 받지 못했다.

부모님 집 재건

이제 나는 아름다웠던 집안일로 돌아간다. 하나님께서는 나에게 7주간 오직 부모님과만 보내라는 지시를 주셨다. 나는 왜 그래야 하는지 전혀 몰랐다. 그래서 나는, 그들은 70대 중반이었고 오래 살지 못할 것으로 생각했다. 그러고 이 짧은 시간에 그들의 집 재건과 연관됨을 나는 꿈에서도 생각하지 못했다!

나는 부모님 집을 둘러봤다. 내부가 상당히 낡아 보였고 매우 비참해 보였다. 나는 "아버지, 집을 수리해야 하겠네요"라고 말했다. 아버지는 아무 대답도 하지 않으셨다. 그 후 3일이나 4일째 되던 날, 아버지는 갑자기 한 공간을 비우기 시작하셨다. 그곳은 예전에 부모님의 침실이었지만 지금은 저장실로 사용되고 있었다.

깜짝 놀란 나는 "아버지, 제가 집을 수리한다고 말하지 않았어요"라고 말했다. 그는 그저 웃으면서 일을 계속했다. 모든 질문은 필요 없었다. 그는 집을 수리하고 싶었다. 아버지가 저장실을 열심히 비우는 것을 보고 있을 때, 나는 집을 개조하고 싶은 욕망과 기쁨을 느꼈다. 나는 거기에 "네"도 느꼈다. 또 내가 왜 부모님과만 7주를 보내야 하는지도 이해했다.: 여행은 물론, 친척 및 친구들과의 만남, 교수들과의 만남을 할 수 없었다.

부모님의 옛집 (1989)

나는 부모님의 소원을 여쭈었다. 어머니는 시골 생활을 끝내고 도시로 이사하기를 원했지만, 아버지는 그렇지 않았다. 많은 고민 끝에 부모님의 집을 재건하기로 했다. 옛집은 진흙 벽돌과 비뚤어지고 두꺼운 통나무로 들보를 만들어 개인적으로 아름답고 목가적이라고 생각했다. 문제는 집이 너무 낮게 지어져서 개조가 불가능하다는 것이었다: 전문가는 오래된 집을 재건할 가치가 없다고 말했다. 하지만 옆집 창고는 가능하다고 했다. 부모님, 특히 어머니는 기뻐하지 않으셨다. 예전 창고에서 사는 것은 상상할 수 없다고 하셨다.

1960년대 말까지만 해도 우리 가족은 부유한 가정으로 여겨졌

개조 전의 창고

다. 밭과 논을 경작하는 두 명의 하인도 우리와 함께 살았다. 그들은 창고에 달린 방에서 살았다.

또한 거기엔 소를 위한 마구간이 있었고, 방앗간 운영을 위한 큰 홀도 있었다(방앗간은 우리와 함께 살았던 미혼 삼촌 두 명이 운영했다). 거기엔 화장실도 있었다. 어렸을 때 나는 종종 황소 앞에 앉아서 짚과 곡물을 먹는 것을 지켜보았는데, 아주 맛있게 먹어서 식욕을 돋우었다.

1970년대 중반에 창고 건물은 재건되었다: 마구간과 방앗간은

부모님 집 옆에 콘크리트 담이 있는 큰 밭

거대한 창고로 바뀌고 다른 방이 추가되었다.

내 아버지의 조카가 우리를 큰 빚에 빠뜨리지 않았다면, 나는 결코 인간의 기준으로 독일에 오지 않았을 것이다. 그러나 내가 독일에 온 것은 하나님의 계획이었다. 우리 아버지는 공무원이었고, 우리 집에서 약 350m 떨어진 곳에 사무실 건물이 있었다. 그는 모든 사무를 그 조카에게 맡겼다. 키가 크고 잘생긴 그 젊은이는 아버지의 공식 인장을 남용하고, 마음대로 국가의 돈을 남용했다. 나중에 우리는 그가 온갖 종류의 여자들과 사치스럽게 살았다는 것을 알게 되었다. 그는 국가의 독촉 명령을 냉정하게 철저히 제거했다. 집행관이 구금통지서와 세 개의 트럭을 몰고 우리 집 앞에 나타났을 때 우리는 매우 놀랐다! 그래서 나는

법학의 꿈을 포기하고, 부모님이랑 형제자매들과 고통과 슬픔을 나누어야 했다.

나는 형제들에게 전화를 걸어 의견을 물었다. 모두가 열정적으로 동의했다. 특히 오빠가 가장 기뻐했다. 그는 내가 이 일을 맡게 된 것에 대해 매우 고마워했다. 나는 건축 계획부터 자료 구매까지 모든 것을 정리하기 시작했다. 비용은 우리 여섯 자녀가 함께 부담했다.

나는 A4 용지에 구조를 그렸다: 방 2개, 욕조가 있는 욕실, 서양과 같은 화장실, 기름 탱크가 있는 보일러실, 주방 등. 나는 불과 화염 같은 기쁨으로 가득 찼다.

나는 재료를 주문하기 위해 작은 도시로 가 주변을 둘러보았다. 오, 오, 한국어로 이것저것 이름이 뭐지? 젊은 가게 주인은 그런 나를 보고 즐겼다. 내가 20년 넘게 해외에서 살았다는 것을 그

가 어찌 알리요? 게다가 1971년 독일에 오기 전까지는 이런 물건들에 대해 전혀 몰랐다. 그는 막내 남동생과 친구였는데 내가 한국어를 못하느냐고 물었단다. 이것은 우리 모두를 유쾌하고 짜릿하게 웃겼다.

집을 리모델링하면서 나는 놀랐다: 우리 친척 중에는 벽돌공에서 목수에 이르기까지 전문직 종사자들이 우리 가족과 결혼했다. 그리고 그들은 심지어 우리를 도울 시간도 있었다.

뒷마당 콘크리트 바닥에 있는 장독

지붕의 굴뚝이 해체되었다. 왼쪽부터: 아버지, 조카, 막냇 동생, 지붕 위에 있는 사촌 처남

모두가 참여했다: 나의 형제들, 할아버지, 처남 그리고 맨 오른쪽에 우리 아버지

아버지의 여덟 명의 손자 중 한 명과

창고의 3분의 1은 창고로 유지되었고 나머지는 아파트로 바뀌었다. 한국 재래식의 화장실은 여러 세대에 걸쳐 사용됐으나 이젠 그 시대가 끝났다. 막내 남동생은 모든 전기 배선을 담당했다. 그는 기술자였으며, 번창하는 자영업 전기 사업을 운영했다.

중간에 우리는 휴식을 취했다. 나보다 8살 어린 여동생과 그녀의 남편, 그리고 막내 남동생과 함께 우리는 낚시하러 갔다. 그것은 아버지와 막내 남동생이 즐기는 취미였다.

낚시하다 배고픔을 달래기 위해 포도를 먹으며 우유를 마셨다.

막내 남동생

해가 더 높이 떠오르자 나는 피곤해서 지프차에서 낮잠을 잤다. 내가 일어났을 때 그들은 생선과 소스를 먹어 치워버려서 내 몫은 없었다. 오, 얼마나 안타까운가! 나는 갓 잡은 생선을 먹는 것을 너무 좋아하기에 매우 아쉬웠다. 날생선은 오직 한국에서만 먹지 독일에서는 안 먹는다!
그런 다음 나보고 지프를 몰고 가야 한다고 했다. 남자들은 물고기와 술을 마셔서 안 된다고 했다. 좋은 유머였다! 나는 말도 안 되는 유머라며 항의했다: 운전 면허증을 가지고 가지 않았을 뿐만 아니라, 내 인생에서 처음으로 지프를 운전하는 거였다!
가는 길에 남동생이 "오래 운전 경험이 있다는 것을 알 수 있다."고 칭찬했다. "그걸 어떻게 아니?", 알고 싶었다. "부드러운 클러치."라고 그가 대답했다. "그래? 네가 그렇게 말한다면….!"
아무튼, 무사히 집에 도착해서 나는 기뻤다.
어느 날, 부모님은 10월에 친구들과 3일간의 여행을 예약했다고 말씀하셨다. 그들은 매년 두세 번 그렇게 하신다. 이번에는

여덟 살 연하인 여동생과 그녀의 남편:
내가 운전대를 잡는 것을 허용

제주도에서 부모님

실내 도비 사와 목수

국제적으로 유명한 신혼 관광 섬으로 알려진 유명한 제주도였다. 내가 혼자 집에 있지 않도록 그들은 나를 위해 예약했단다. 그러나 나는 완전히 어울리지 않는다고 느꼈다. 그러나 내가 사진사로서 나 자신을 유용하게 만들었다.

집으로 돌아와 집 재건은 계속되었다. 방과 부엌 사이의 미닫이문은 가족의 행사 때 방을 확장할 수 있었다. 그들은 쉽게 제거하고 다시 삽입할 수 있었다.

아버지는 방에서 켜고 끌 수 있는 방식으로 바닥 난방을 설치하셨는데, 지속해서 사용하지 않는 방은 끌 수 있어 매우 실용적이었다. 아버지는 기술적으로 재능이 많으셔서 모든 기계를 수리하신다. 그는 또 한국 전통 노래(시조)를 잘 불렀고, 많은 상을 받았다.

내가 독일로 돌아가야 했을 때, 욕실과 외관은 완성되지 않았다. 하지만 나는 연로한 부모님이 안락하게 생활하실 수 있도록 해준 것에 대해 기분이 좋았고 감사했다. 특히 어머니에게 새로운 부엌에, 적당한 테이블 높이와 식기 세척기, 서랍 등으로 훨씬 편했기 때문에 무척 기뻤다.

여름이나 겨울에, 어머니는 우물과 강에서 빨래하는 걸 선호하셨다. 1970년대 중반에 내가 세탁기를 선물했다. 그러나 그것은 창고에 있었고, 아버지가 작동시키셨다. 기술이 너무 낯설어 어머니는 감히 그것을 사용할 엄두를 내지 못하셨다.

집 재건 이후 세탁기는 욕실에 놓았고, 어머니는 버튼과 스위치를 서서히 터득하셨다. 그러나 그녀는 여전히 수돗물에서 나오

는 지하수(우물에서)는 강물보다 연분이 많아 옷의 오물 제거가 쉽지 않기 때문에, 강가에서 빨래하는 것을 좋아하셨다. 강물의 빗물은 부드럽고 마른 세탁물도 훨씬 부드럽다. 섬유 유연제가 필요 없었다!

맞춤 제작된 주방: 막내 여동생 남편과 그녀의 막내딸

예수의 이름의 권세

7주간 집에 머무는 동안 막내 여동생과 딸이 독감에 걸렸다. 나는 그들을 위해 기도했고 예수님의 이름으로 사라지라고 명령했다. 그래서 둘 다 빨리 회복했다. 동생은 깜짝 놀랐다. 감기에 걸리면 몇 주 동안 고생한다고 말했다.

몇 달 전부터 막내 여동생은 아이들과 함께 교회에 다녔다. 불행하게도, 그녀의 남편이 금지했다. 그는 불교였다. 하지만 13년 후, 그 당시의 성경 이야기가 맏딸의 기억에 남아 있다는 것을

알게 되어 기뻤다. 그녀가 2016년에 내 두 자매와 독일로 나를 벼락 방문했을 때 알았다.

우리 어머니도 독감에 걸렸고 열과 두통으로 고생하셨다. 내가 기도하고 싶을 때, 나의 아버지 하나님은 아주 분명히 **"아니다!"** 라고, 말씀하셨다. 놀란 나는 한동안 거기에 앉아 있었다. 그런 다음 어머니한테 어머니를 위해 기도해도 되는지 여쭈었다. 그녀는 아무런 대답을 하지 않았다.

어머니를 위해 기도하는 것이 허락되지 않아 마음이 몹시 아팠다. 침묵 속에서 나는 울었다. 내가 할 수 있는 일이라곤 그녀의 등을 쓰다듬으며 곧 나아질 것이라고 위로하는 것뿐이었다. 지금까지도 나는 아버지 하나님께서 왜 내가 어머니를 위해 기도하는 것을 반대하셨는지 모른다.

불과 1년 전, 하나님께서 내게 "순녀야, 이건(감기) 내가 보낸 것이 아니다. 저항하라!" 하셨다. (우리는 하나님의 원수인 마귀와 그의 악마에게 대적해야 한다. 야고보 4:7)

그때까지 나는 감기와 독감에 매우 취약했고 몇 주 동안 심하게 고통받았으며 기침이 아주 심했었다. 그러나 1992년 11월 이래로 예수님의 이름으로 독감을 물리치는 권한을 갖게 된 것은 나에게 큰 축복이다. 남편이 감기에 걸려도 바이러스는 나를 해칠 수 없었다. 목이 아플 때 목에 손을 대고 예수 이름으로 사라지라고 명령하기 때문이다. 모든 영광은 주님께!

1993년 9월과 10월, 나의 아버지 하나님은 나에게 7주 동안 가장 아름다운 고향 휴가를 선물하셨다. 그때 나는 이번 휴가가 마지막 휴가가 될 줄은 몰랐다.

1990년대 중반부터 세제, 개인위생 등에 향수가 상당히 들어있어 나는 제한해야 한다. 누군가가 나를 방문하는 날엔 탈취제와 향수를 피하고 향기 없는 세제로 샤워하고 머리를 감아야 하며, 크림을 바르지 않고, 갓 세탁한 옷을 입지 않아야 맞이할 수 있다. 다행히도 1993년에는 향기가 심하게 침입 되지 않아 큰 문제 없이 여행하고 사람들을 방문할 수 있었다.

2년 후(1975), 동생들이 완성된 집의 모습을 사진으로 보내줬

다. 어머니의 75세 생일 파티에서 찍은 거였다.

2년 후: (왼쪽) 쌀자루와 신발장; (오른쪽) 부엌, 그 뒤에는 욕실, 화장실 및 보일러실이 있다. 왼쪽에는 거실이 있고 그 뒤에 침실이 있다.

어머니의 75세 생일

남성 친척

아이들과 여성들

21장: 다시 독일로

1993년 10월 23일, 나는 행복했지만, 몹시 피곤한 상태로 독일로 돌아왔다. 한국에서의 시간은 강렬했고 지쳤었다. 그곳의 삶은 시끄럽고 활기찼다. 7주 동안 잠을 거의 못 자고, 많은 대화를 나누며, 리모델링 일로 나는 완전히 지쳐 있었다.

남편은 프랑크푸르트 공항에서 나를 기다리고 있었다. 집에 돌아왔을 때, 나는 먼저 잠을 많이 자야 했고, 시차에 적응해야 했다. 한국에서는 시간이 앞당겨 간다: 겨울에는 8시간, 여름에는 7시간이다.

불순한 영

그러나 무엇일까? 나는 집 전체에 이상한 분위기를 느꼈다. 무엇을 해야 할지 잘 몰랐다. 그래서 나는 방언으로 기도했고, 집 안에 더러운 영들이 있다는 것을 깨달았다. 그야말로 사악한 세력과의 싸움이었다. 이상하다고 생각한 나는 집이 다시 깨끗해졌다는 것을 느낄 때까지 오랫동안 방언으로 계속 기도했다.

방언에 대해 더 알고 싶다면 성경의 다음 장들을 주의 깊게 읽을 것을 권한다: 요한복음 14장; 사도행전 2장; 고린도전서 14장; 로마서 8장; 유다서 1:20과 이사야 28.

남편은 눈에 띄게 나를 멀리했지만, 나는 그것을 심각하게 받아들이지 않고 한국에서 경험한 것을 이야기했다. 나는 그에게 자주 전화를 걸었고 그는 잘 알고 있었지만, 한국에서의 경험에 대해 광범위하게 이야기했다.

4년 후, 나는 당시 이웃들로부터 내가 집에 없는 동안 가벼운 옷을 입은 여성들이 우리 집에 드나드는 것을 목격했다고 전해줬다. 부끄러운 일이었다! 내가 고국에 있는 동안 남편이 콜걸을 집으로 불러들인 것 같았다. 그래서 이러한 불순하고 매혹적인 영이 집에 들어왔을 가능성이 높았으며, 내가 돌아온 후 고군분투해야 했었다.

어느 날, 남편은 내가 돈을 다 어디에 썼는지 물었다. 그는 자기의 장을 잠그는 동안 나의 은행 거래 내용은 언제든지 볼 수 있었다. "형제자매들과 함께 부모님 집을 리모델링하는 데 썼다"고 짧게 대답했다.

영국에서 온 에드워드 목사와 미망인

나는 처음 며칠 동안 모락셀라(Moraxella)균 폐 감염에 열로 아팠다. 그러나 월말에 프랑크푸르트에서 열리는 축기 세미나에 참석하는 것을 막지는 못했다. 강연사는 영국에서 온 존 에드워드(John Edward) 목사였다. 1990년대에 축기 사역은 독일에서 거부감이 컸고 기독교 공동체에 의해 강력하게 반대했다. 따라서 이 세미나는 유스 호스텔(Jugendherberge)에서 열렸다.

1991년 미국에서 온 한국인 목사님처럼 에드워드 목사님도 강단에서 사역했다. 한 가지 사건이 아직도 내 기억이 생생하다. 그는 강단에서 "우리 중에는 과부의 돈으로 부자 된 사람이 있습니다"라고 말했다. 즉시 내 뒤에서 몇 줄 떨어진 곳에서 한 젊은 형제가 고함쳤다. 그리고 하나님의 은혜로 그는 돈에 대한 탐욕에서 해방되었다.

성경에 따르면, 하나님의 백성 가운데 있는 과부들은 그분의 특별한 보호 아래 있다. 하나님께서는 여러 차례에 걸쳐 과부들을 압제하는 것을 금하셨고, 친히 그들에게 공의를 베푸실 것이라고 강조하셨다(출애굽기 22:21~22; 신명기 10:18; 24:17; 27:19; 잠언 15:25).

"주님, 하지만 이렇게는 안 됩니다?"

한국에서 휴가를 보낼 동안에도 신경 쓰였기 때문에 여기에 추가하고 싶은 게 있다.

1993년 3월, 독일에서 첫 번째 실행됐던 "그리스도를 위한(Pro Christ)" 캠페인에서 나는 에쓰링엔(Esslingen) 지역의 한 목사를 알게 되었다. 그는 종종 러시아에 있는 동료들을 방문했고 그의 동료 중 한 명으로부터 비디오를 받았다. 한국어로 되어 있어서 이해 못 한다며 같이 보면서 통역해 달라고 했다.

이 비디오에는 내가 얼마 전에 열정적으로 읽은 책의 주인공 여성이 나타났다. 그 책에서 나는 그녀의 희생적인 정성에 크게 감동하였다. 나는 특별히 한 부분에 매료되었다: 정신병을 앓고 있는 소년을 그녀의 기도 집으로 데리고 갔다. 그리고 그가 도망가지 못하도록 그녀는 자기의 발목에 소년의 발목을 묶었다. 독일에서는 그런 것을 상상할 수 없다! 그녀는 소녀가 나을 때까지 금식하고 기도한 다음 그를 집으로 돌려보냈다. 독일에서 나는 그토록 헌신적으로 봉사한 그리스도인을 본 적이 없다. 그러나 한국에는 하나님을 위해 모든 것을 바치는 기독교인들이 많다.

나는 목사와 그의 아들 의대생과 비디오를 보며 통역했다. 그런데 이 여성은 맨손으로 무대에서 수술했다: 가망이 없다고 의사들한테 버려진 환자들이었다, 즉 허리 디스크, 협착증 및 모든 종류의 암; 갑상샘, 코, 뼈, 위, 유방, 간, 피부, 폐, 림프샘; 모든 종류의 신부전, 혈전 혈관염 (염증성 혈전증) 등등.

중증 환자들이 혈관 약 주입 스탠드며 소변 주머니를 들고 떼를 지어 그녀에게 왔다. 그녀는 한 손에는 마이크를 들고 끊임없이 주님을 찬양했다. 다른 한 손으로는 붕대와 튜브를 제거한 다음 수술칼(메스) 없이 병든 부위가 열릴 때까지 손으로 두드렸다. 그런 다음 그녀는 암이나 병든 조직을 꺼내 무대에서 걸어 다니며 청중에게 보여주었다. 그러면서 그녀는 계속 설교했다. 그녀의 팀은 바닥에서 피와 다른 것들을 닦아내느라 바빴다. 나는 그것을 영 볼 수 없었다!

이 여인을 통한 하나님의 사역에 열광하는 기독교인들로 홀을 가득 채운 방문객들은 예수님을 찬양하고 환호하며 손뼉을 치면서 그녀를 지지했다. 우리 하나님은 찬양 속에 거하시며 기적을 행하신다는 것은 이미 18장에서 보고한 바 있다. 그러나 나는 전혀 편안하지 않았다. 그녀가 하는 일을 받아들일 수 없었고, 하나님께서 왜 이렇게 하시는지, 심지어 그런 일이 일어나도록 내버려두시는지 이해할 수 없었다. 나는 소름이 끼쳤다! 절망에 빠진 나는 주님께 조용히 물었다. "주님, 우리의 믿음이 너무 작아서 이렇게 보여주셔야 하나요?" 독일 목사님과 그의 아들은 전혀 개의치 않았다. 그들은 놀라지도 않았고 나중에 그것에 대해 논평하지도 않았다.

성경에 예수님을 믿는 자는 그보다 훨씬 더 큰 일을 할 것이라고 말씀하셨다 (요한복음 14:12-13). 하지만 저렇게 끔찍해야 하나? "주님, 제발 그렇게 하지 마세요!" 나는 공포에 질려 주님과 논쟁했다.

> *내가 진실로 진실로 너희에게 이르노니 나를 믿는 자는 내가 하는 일을 그도 할 것이요 또한 그보다 큰일도 하리니 이는 내가 아버지께로 감이라. 너희가 내 이름으로 무엇을 구하든지 내가 행하리니 이는 아버지로 하여금 아들로 말미암아 영광을 받으시게 하려 함이라. (요한복음 14:12-13)*

예수님은 흙과 본인의 침으로 만든 반죽으로 맹인을 고쳐 주신 적이 있는데(요한복음 9:6), 그것이 내가 인정할 수 있는 것의 극치였다.

이 여인한테는 자신이 섬기는 기도원이 많았다. 그녀 자신은 어떤 교회에도 속하지 않았다. 그녀는 많이 금식하며 거의 매일 병자들을 보살폈다. 그녀는 병원에서 치료받을 수 있는 사람들은 그녀에게 오지 말라고 간청했다. 또 누군가 그녀의 사역을 원한다면, 그녀에게로 오기 전에 먼저 기독교 교회에 가입하고 일상생활에서 기독교인으로 살도록 요청했다. 따라서 그녀는 중병을 앓고 있는 사람들을 그녀의 "할렐루야 기도원"에 입원시키며 그들을 돌봐줄 친척도 입원시켰다.

그녀의 책을 읽었고 비디오를 본지 반년 후 나는 한국에 갔었다. 그때 나보다 세 살 어린 남동생에게 이 여자와 그녀의 일을 아느냐고 물었다. 그도 그녀에 대해 들었다고 했다. 그리고 내 요청에 따라 그는 나를 그녀의 행사 중 하나에 동행했다. 믿을 수 없을 정도로 많은 사람들이 그곳에 모여 하루 종일 무료로 음식을 제공받았다. 그들은 큰 소리로 예수님 찬양 노래를 부르고 손뼉을 치며 "만민의 주, 예수"를 찬양했다. 나는 찬양에 참여하지 않았고, 단지 지켜보며 놀랐다. 저녁이 늦었지만, 이 문제에 대해 나는 주님으로부터 응답을 받지 못했다.

자정이 되자 신자들이 계속해서 큰 소리로 주님을 찬양하고 손뼉을 치고 춤을 추며 노래했고 그녀는(언제나처럼) 흰옷을 입고 무대에 나왔다. 그녀도 무대에서 주님을 위해 노래하고 춤을 추기 시작했다. 그때 나는 갑자기 깨달았다: **"샤머니즘의 영 (무당 영)!"** 그날은 무대에서 수술하지 않아 나는 하나님께 감사드리며, 그날 밤 그녀의 설교에 만족했다. 그리고 안도하며 아버지 하나님께서 감사했다. 그러나 나는 말문이 막혔고 우울해졌으며, 집으로 돌아오는 길에도 그랬다. 나는 거기에 대해 동생에게 이야기하지 않았고 그도 묻지 않았다. 이러한 **"할렐루야 기도의 집"**은 여러 나라와 한국의 주요 도시에 존재했다. 직원들은 기독교인과 치유자가 기부한 헌금과 기부금으로 생활했다. 기독교인들은 매일 왔고 무료로 먹고 마실 수 있도록 주님께 감사의 헌금을 했다. 사실 돈을 주고받는 곳은 어디에도 없었기 때문에 동생과 나도 돈을 내지 않고 먹고 마셨다. 나는 상상도 할 수 없는 일이었다! 이 여성이나 그런 방법에 대한 이야기가 나오면, 그것이 실제로 존재한다는 것을 보여줄 수 있도록 나는 두 개의 비디오 카세트를 사서 독일로 가져왔다.

"그를 막지 마라!"

그러나 나는 쉴 수 없었다. 독일로 돌아온 후 나는 신음하며 이 질문에 대해 간절히 기도했다. 3주 후, 하나님은 마가복음 9장의 한 구절을 통해 나에게 응답하셨다.

> **요한이 예수께 여쭙되 선생님, 우리를 따르지 않는 어떤 자가 주의 이름으로 귀신을 내쫓는 것을 우리가 보고 우리를 따르지 아니하므로 금하였나이다. 예수께서 이르시되 금하지 말라 내 이름을 의탁하여 능한 일을 행하고 즉시로 나를 비방할 자가 없느니라. 우리를 반대하지 않는 자는 우리를 위하는 자니라. 누구든지 너희가 그리스도에게 속한 자라 하여 물 한 그릇이라도 주면 내가 진실로 너희에게 이르노니 그가 결코 상을 잃지 않으리라. (마가복음 9:38~41)**

이 응답에 나는 전혀 만족스럽지 않았지만, 묻기를 멈췄다. 우리의 실수에도 불구하고 또는 우리한테 아직 죄가 있어도 하나님이 우리를 사용하신다는 결론에 도달했다.

늦은 확인

거의 25년 후인 2016년 가을, 나는 이 여자가 1992년에 매우 유명한 무당과 계약을 맺었다는 것을 인터넷에서 알게 되었다. 마침내 나는 안도하게 되었다. 내가 "샤머니즘 영"을 인식했을 때 그것이 맞았음을 인식했기에 나에게 많은 도움이 되었다:. 그녀의 사역은 한국의 많은 교회에 의해 이단으로 분류되었다. 그러나 도움이 필요한 사람들은 그녀에게 가서 도움을 받았다. 병원과 다른 교회들은 이런 일을 할 수 없었다.

내가 인터넷에서 이런 정보를 접하게 된 것은, 어떤 한국 여성이 프랑크푸르트에서 축기 사역하는 동안 한 한국 여성을 살해했다는 뉴스를 독일 텔레비전에서 들었기 때문이었다. 비성경적이고 이상할 뿐만 아니라 잔인하고 어리석은 방법이었다. 어둠의 세력은 손바닥으로 가볍게 두들겨도 사람을 떠나는 일이 발생하지만, 죽도록 때리는 것은 전혀 아니다.

내 백성이 지식이 없으므로 망하도다. 네가 지식을 버렸으니 나도 너를 버려 내 제사장이 되지 못하게 할 것이요 네가 네 하나님의 율법을 잊었으니 나도 네 자녀들을 잊어버리리라. (호세아 4:6)

개에 대한 세 번의 꿈

이제 내 이야기로 돌아간다: 1993년 12월, 나는 나를 두렵게 하는 개에 대한 꿈을 두 번 꾸었다. 그 후 나는 하나님의 말씀을 두 번 들었다: "어두운 영의 공격에 대항하기 위해 기름 부음을 받아라!"

그 당시 나는 내 교회에서 카세트 복사를 담당하고 있었다. 그러나 나는 이 문제에 대해서 부끄러워하며 순종하지 않았다. 아무도 이 걱정을 진지하게 받아들이지 않을 것이라고 나는 생각했었다. 내가 매주 보는 여비서한테 갈 수 있었지만, 감히 그러지 못했다.

이 당시 하복부에 심한 통증이 있었고 소변에 혈액이 섞인 방광 감염이 발생하여 항생제로 치료했었다.

1994년 1월 초, 나는 세 번째로 개에 대한 꿈을 꾸었고, 하나님의 세 번째 훈계를 받았다. "나쁜 영의 공격을 막기 위해 여비서에게 당신과 카세트 실에 있는 장비에 기름을 바르라고" 말씀하셨다. 그러나 나는 지나치게 사람들을 의식하며 여전히 순종하지 못했다. 그리고 나는 그 공격이 우리 카세트 실과 관련이 있다는 것을 느꼈다. 일주일 후, 목요일에 나는 비서와 이야기하고 싶었지만, 용기가 나지 않았다. 나는 그녀가 나의 인상을 오해하지 않도록 설명하는 방법을 몰랐다. 나는 또 내가 아주 중요한 사람처럼 보이고 싶지 않았다. 게다가 교회에는 예언의 은사를 가진 목사, 장로, 형제들이 많은데 왜 내가 이런 말을 전해야 할까?

나는 요나처럼 행동했고, 나의 불순종은 나에게 비싼 대가를 치르게 했다. 네 번의 공격을 당했다.

적의 첫 번 공격: 고열

일요일에 오한을 동반한 고열이 나서 다음날 병원에 입원해야 했다. 혈액이나 소변에는 감염의 징후가 없었다. 그러나 나는 고열로 집에 갈 수 없었다. 일주일 동안 나는 열과 오한으로 시달렸고, 또한, 병원 공기를 전혀 견딜 수 없었다. 병원 공기로 나는 심한 두통과 피로감에 속이 메스꺼웠다.

나는 열이 있음에도 정신을 차리고 병동 테라스로 몰래 나가 간절히 기도했다. 7 일째 되던 날, 1월 24일, 나는 다시 한번 추위에 앉아 있었다. 나는 몹시 울면서 하나님께 부르짖었다. 눈물을 흘리며 성경을 읽었다. 그때 한 성경 구절이 눈에 들어왔고, 나는 큰 기쁨과 퇴원할 것이라는 확고한 믿음에 사로잡혔다. 나는 그러한 초자연적인 믿음을 자주 받았다. 그러나 나는 그것이 가능할지 설명할 수 없었다.

여호와의 손이 짧아 구원하지 못하심도 아니요 귀가 둔하여 듣지 못하심도 아니라 (이사야 59:1)

이 초자연적인 믿음으로 나는 점심시간이라 내 방으로 돌아갔다. 무슨 일인지 방이 바쁘게 움직였다! 응급 환자가 발생했고 추가 침대가 내 방으로 들어왔지만, 그것만으로는 충분하지 않았다. 그리고 보라, 열이 있음에도 불구하고 퇴원해도 된다며 갑자기 의사가 허락했다! 남편이 나를 데리러 올 때까지 4시간이 걸렸지만, 나는 살아남았다.

그러나 열은 이틀 동안 계속 있었다. 그때 가정 모임 리더가 우리 집에 와서 기름을 바르자 열이 사라졌다.

나는 나의 불순종으로 인한 첫 번째 공격에서 살아남았지만, 하나님의 교육은 계속되었다. 그리고 그것은 더 힘들었다 (또 나도 꽤 힘든 사람이었다): 나의 불순종으로 세 번의 공격이 뒤따랐다. 마침내 내가 굴복하고 회개할 때까지 지속됐다. 이에 대해서는 이 장의 마지막 부분에서 설명한다.

삼각관계를 꿈꾸다

1994년 1월 말과 2월 초에 나는 삼각관계를 3번 연속으로 꿈꿨다. 꿈은 내 마음을 몹시 불편하게 했다. 나는 또 그것들이 내 마음에서 나온 것인지 아니면 하나님이 나에게 무언가를 말하고 싶어 하시는지 확신하지 않았다.

2월 초, 나는 남편에게 꿈에 관해 이야기하고 혹시 여자 친구가 있는지 아니면 나한테 할 말이 있는지 물었다. 남편은 이 꿈들이 자기와 아무 상관이 없다며 내 과거를 반영한 것이라고 말했다. 나는 그의 말을 믿고 그를 내버려두었다. 약 일주일 후, 나는 그에게 물었다: 우리가 어떻게 계속 살 것인지. 그는 이별에 관해 이야기할 적절한 시간을 찾고 있다고 말했다.

이제 나는 지난 8년 동안 그와 함께한 경험을 편지 형태로 기록하여 그에게 전하고 싶은 강한 충동을 느꼈다. 그래서 나는 그에게 편지처럼 두 번에 나누어 주었고, 그도 서면으로 답장을 보냈다. 그의 대답은 무례하고 조잡했다.

배신과 배반

1994년 1월, 프라이부르크에 사는 한국인 학생 부부는 대학을 마치고 한국으로 돌아갔다. 그래서 임대 아파트가 비었다. 이제 가구를 치우고 아파트를 정리하여 주인에게 넘겨야 했다. 남편은 나를 데리고 가고 싶어 하지 않았다. 나는 그것을 받아들였다.

당시 나와 가깝게 지내는 믿는 독일 형제가 그 당시 프라이부르크에서 추가 교육을 받고 있었는데, 크리스토프도 그를 알고 있었다. 나는 그 형제에게 전화를 걸었고, 그는 내 제안에 동의했다: 그에게 남편을 돕고 함께 저녁을 먹으러 가라고 부탁했다. 형제는 매우 기뻐했다. 그는 오래전부터 남편을 더 알고 싶어했었다. 그런 다음 나는 프라이부르크에 사는 한 한국 언니에게 두 사람을 위해 요리할 필요가 없다고 알렸다. 하지만 그 여자는 내 뜻과 반대로 남자들을 자기 집으로 초대했다고 나중에 알려줬다. 그 때문에 나와 형제는 몹시 속상해했다. 나는 이 형제가 오래전부터 남편을 더 알고 싶어 해 왔다고 분명하게 말하며, 지금 이야말로 좋은 기회라고 강조했었다.

그러나 달라진 상황에 배신감을 느꼈다. 나는 화가 났고 배반감을 느꼈다! 언니가 왜 내 소원과 명시적인 요청에 반하여 이렇게 행동 할 수 있었을까?! 나는 이런 종류의 "우정"은 재치도 없고, 흉하고 무례하다고 생각한다. 또 남편이 이런 식으로 게임하고 있다는 사실이 나를 더욱 짜증 나게 했다. 내 형제 역시 몹시 실망하고 화가 났다.

크리스토프가 이혼을 원했다 - 사막 시간의 9년과 10년

1994년 2월 중순, 남편은 적절한 때를 찾았다. 그는 더 이상 나와 함께 살 수 없다며 이혼을 원했다. 나는 이혼에 동의했으나 그는 이혼 소송을 제기하지 않았다. 그는 할 수도 없었다. 자신도 모르게 그는 내 사막에서 10년을 갇히게 되었고, 2년을 더 견뎌야 했다.

바로 이 2년 동안 나의 아버지 하느님께서는 나의 성 정체성을 치유하기 시작하셨다. 그 결과로 나의 첫 번째 간증 자서전 **"드디어 여자로다! 성 정체성을 찾아가는 길"**이 나왔다. 한국에서는 2023년 3월에 한국어로 나왔다. (시간의 물레: ISBN: 978-89-6511-429-1, e-ISBN 978-89-6511-432-1)

동시에, 하나님께서는 남편에게 무엇이 잘못되었는지 보여주기 시작하셨다. 제가 잠시 후에 설명하겠지만, 매우 모험적이고 정말 어려운 시간이었다고 말하고 싶다.

내 인생의 충격, 1부

2월 23일, 남편은 프라이부르크에 두 번째로 아파트를 정리하러 갔는데 이번에도 혼자 갔다. 나는 그의 사무실에서 기독교 서적을 복사하는 데 시간을 사용했다.

어느 날 일요일 밤처럼, 즉 거실에서 비디오 리코더를 껐던 것처럼, 나는 사무실 문에서 곧장 중간 서류 장으로 갔고, 그곳에서 내 오른손은 한 폴더를 잡아 올렸다. 마치 내가 무아지경에 빠진 것처럼 순식간에 일어났다. 그렇다, 하나님은 우리를 영으로 아주 먼 곳으로 인도하실 수도 있다: 바울은 셋째 하늘로 올라 간 사람을 언급했다 (고후 12:1-5).

복사기는 문 바로 오른쪽 옆 책상 위에 있었다. 그래서 나는 그의 사무실 서류 장을 뒤질 이유가 전혀 없었다. 나는 폴더에서 무엇을 발견했나? 한 여인에게 보내는 미완성 연애편지였다. 나는 그녀를 "이어리스"라고 부르겠다. 또 거기엔 이상한 기사가 담긴 포르노 카탈로그도 있었다. 나는 반쯤 완성 된 편지를 읽고 떨기 시작했다. 편지지에는 길고 얇은 치마를 입은 한 여성이 엉덩이를 드러내고 있었다. 나는 이제 무릎만 떨리는 게 아니었다! 나는 그 폴더를 다시 걸어 놓고 주님께 여쭈었다. "무슨 뜻입니까?" 대답이 없었다. 크리스토프의 냉담함과 점점 더 많은 거절에도 불구하고, 나는 그가 불륜을 저지른다는 의심을 한 번도 해본 적이 없었기 때문에, 그 어떤 징후도 찾아본 적이 없다. 그러나 성령님의 인도하심에 따라 나는 곧장 서류 장으로 갔고, 그 많은 폴더에서 딱 맞는 것을 손으로 잡았었다!

나는 누군가가 망치로 내 머리를 때린 것 같은 느낌에 마비되었다. 여전히 떨고 있는 나는 프라이부르크에 있는 한국 언니에게 전화를 걸었다. 울면서 내가 발견한 것을 말했다. 갑자기 그의 이상한 행동, 그의 거짓말, 그의 모든 부정과 왜곡이 선명하게 보였다. 그날은 나를 위해 망가졌지만, 모든 힘을 모아 하고자 했던 복사를 끝냈다. 복사가 끝났을 때, 나는 전날 밤 그의 행동을 기억했다. 그는 손에 포도주잔을 들고 가끔 내 방으로 왔다. 그리고 그는 섬뜩하게 웃었다. 나는 그가 조금 너무 많이 마셨나 보다고 생각했다. 그날 밤, 잠자리에 들기 전에, 내가 그의 사무실에 갔다. 그는 갑자기 무언가를 사라지게 했지만, 나는 거기에 대해 신경을 쓰지 않았다. 그가 이 편지를 쓰고 있을 때 내가 사무실로 갔고, 그는 그것을 끝내지 않은 채 잠자리에 갔었다.

크리스토프는 가끔 빨간 포도주를 마시는 것을 좋아했지만 알코올 중독자도 아니었고 술을 지나치게 마시지도 않았으며 부적절하게 행동도 한 적이 없었다. 그러나 최근에는 그가 좀 마시면, 나를 짓꾼 미소로 보는 게 느껴졌다. 그리고 그것은 나에게 소름과 매우 불편한 느낌을 주었다. 그래서 한번은 그가 정말로 술에 취한 것을 보고 싶다고 말했다. 하지만 그는 나에게 그런 호의를 베풀지 않았다.

그날 그가 늦게 집에 돌아왔을 때, 나는 어떤 질문도 안 하고 가능한 한 중립적으로 그를 대했다. 나는 적당한 시간을 찾고 있었다. 다음 날 아침 그는 나에게 무엇을 그렇게 많이 복사했느냐고 물었다. 그는 내가 자주 기독교 서적을 복사하는 것을 알고 있었다.

"무슨 이어리스(Iris)?"

나흘 후 2월 말, 일요일이 되자 나는 그의 거짓말, 부정과 왜곡, 모든 변명과 굴욕을 더 이상 견딜 수 없었다. 나를 바보로 만들고 싶어 하는 그에게 '이어리스'가 누구냐고 물었다. 그는 얼굴도 붉히지 않고 "무슨 이어리스?"냐고 순진한 아이처럼 되물었다. 그때 내가 미완성 연애편지에 관해 이야기하자, 그때야 매우 창백해진 얼굴로 주저앉더니 결국 얼굴이 빨개졌다.

나는 내 자신을 잘 관리하며, 그를 앉혀둔 채 일어나 사라졌다. 몇 달 동안 그는 내가 어떻게 알았는지 계속 물었지만, 나는 주님을 진흙탕에 뭉개는 것을 보고 싶지 않았기 때문에 나는 오늘까지도 알리지 않았다. 3월 초, 크리스토프는 변호사를 찾아갔다. 그 후 다시 조용해졌다.

내 인생의 충격, 2부

같은 주 3월 4일 금요일, 남편은 쇼핑하러 나갔다. 언제부턴가 내가 함께 가면 비용이 너무 많이 든다며 혼자 하고 싶어 했다.

나는 수락했다. 그날도 복사해야 할 일이 있어서 사무실에 갔는데 2월 23일과 같은 일이 벌어졌다. 다시 한번 나는 성령의 완전한 통제를 받았지만, 이번에는 훨씬 더 큰 충격이었다. 남편과 여성들의 나체 사진을 발견했다.

이번에는 더 심하게 떨었다. **"주님, 이게 무슨 뜻입니까?" "이 모든 것을 왜 지금 보여주시는 겁니까?"**라고 외쳤다. 충격에도 불구하고 나는 사진 속 크리스토프가 비참해 보였다. 이상하게도 그의 모습은 내 연민을 불러일으켰고, 그의 비참한 영혼에 울고 울었다. 이 끔찍한 사진들은 1991년 별거하기 전 집에서 찍은 것이었다. 나는 그것들을 큰 갈색 봉투에 담아 그의 사무실에서 가져갔다.

나는 오늘날까지도 그가 실수로 아니면 일부러 나를 모욕하기 위해 그곳에 보관했는지 모른다. 지하실에 한 벽장은 항상 잠겨 있었기 때문에, 그곳에 재정 관련 서류를 보관할 거라고 나는 생각했다. 몇 달 동안 그는 사진을 돌려달라고 요구하고 협박까지 했지만, 아무 소용이 없었다.

오후에 낙담한 채 여전히 떨고 있는 나는 카세트 업무를 하기 위해 차를 몰고 교회사무실로 향했다. 너무 비참했다! 갈색 봉투도 가져갔다. 일이 끝나자, 여비서가 나에게 와서 어떻게 지내느냐고 물었다. 나는 비서와 이야기를 나누며 지난주와 그날 아침에 발견한 내용을 이야기했다. 그녀는 매우 걱정스러워하며, 한동안 뭔가 의심스러웠다고 말했다. 그녀는 나를 위로하고 기도해 준 후 우리는 작별했다.

적의 두 번째 공격: 차에 끼었음

사무실에서 나왔을 때는 어둡고 추웠으며 이슬비가 내리고 있었다. 남편의 악행에 여전히 충격을 받은 나는 안전벨트를 매고 주변을 둘러본 후 차를 몰았다. 차선을 왼쪽으로 틀고 가속 페달을 밟았다. 그때 다른 차가 갑자기 내 운전석 문을 쾅쾅 들이받았다. 완전 손실이었다!

나는 숨을 거의 쉴 수 없었다. 사무실에서 멀지 않은 큰길에 주차했기에, 교회 여비서가 "쾅" 하는 소리를 들었다. 그녀가 와서 차에 갇힌 나를 발견했다. 나는 숨이 가빴고 말할 수 없었다. 그녀는 사무실로 돌아가 구급차와 경찰을 부른 다음 목사님께 이 사실을 알리고 중보기도자들을 동원해 기도 지원을 요청했다. 그리고 그녀는 다시 나한테 왔다. 그녀는 내 안부를 물으며 구급차가 도착할 때까지 기도하기 시작했다. 숨을 쉴 때마다 너무 아파서 얕게 숨을 쉬고 말을 거의 할 수 없었다.

운전석 문은 깊게 찌그러져 열 수 없었고, 상대 차량이 한 손 넓이만 더 뒤에서 들이받았다면 나는 살아남을 수 없었을 것이다. 누군가가 나를 자리에서 빼줄 때까지 기다려야 했다. 조수석 문을 통해 나와야 했다. 그런 다음 나는 구급차 소파에 누웠고, 상대 여자는 앉은 채 병원으로 이송됐다. 가는 동안 나는 그녀의 더듬거리는 소리를 들었다. 그녀 또한 충격에 빠졌음을 그녀의 호흡에서 들을 수 있었다. 그녀는 혼잣말로 중얼거렸고, 나는 "미안해"라는 문장이 마음속에서 울려 퍼지는 것을 느꼈다. 그런 상황에서 그런 말을 하면 죄를 인정하는 것으로 간주하기 때문에 절대로 해서는 안 된다. 하지만, 나는 그 여자가 여전히 매우 무력하고 두려움에 떨며 중얼거리는 소리를 들었고, 주님께서는 내게 "말하라!"고, 말씀하시려는 것처럼 내 안에 있는 "미안해"라는 문장이 점점 더 강해졌다: 몇 분 후 나는 조용히 "죄송합니다. "라고, 말했다.

즉시 여성의 떨림과 더듬거림이 멈추고 하나님의 평화와 평온이 구급차 안을 가득 채웠다. 이 여성은 내 목숨이 위험할까 봐 두려워했고, 그래서 내 목소리를 듣자마자 그렇게 안도했던 걸까요? 병원에서 우리는 검사받았는데 다행히도 우리 중 누구도 부러진 곳은 없었다. 그녀는 관찰을 위해 하룻밤 머물렀고, 나는 병원 공기를 견딜 수 없어 남편이 와서 집으로 데려갔다. 그 후 몇 주 동안 멍이 든 통증에 시달렸고 어떻게 누워야 할지 몰랐다. 몸을 뒤집고 일어날 때 너무너무 아팠다. 오랫동안 웃지도 못하고 기침도 할 수 없었으며, 기관지에서 나오는 담을 뱉어내는 폐 운동

은커녕 제대로 숨조차 쉴 수 없었다. 나는 아무런 치료 없이 집에서 이 모든 것을 견뎌냈다.

어느 날, 상대방에게 전화를 걸어 안부를 묻고 싶은 충동을 느꼈다. 그녀는 놀라며 매우 반가워했다. 그녀는 매우 친절한 여성이었으며, 다음날 바로 집에 돌아와서 잘 있고 괜찮다고 말했다. 그녀의 차는 정비소에 있다고 했다. 정확한 사고 경위를 증언할 수 있는 목격자가 없었기 때문에, 결국 내가 주요 도로로 좌회전한 것이 사고의 원인이라는 유죄 판결을 받았다. 하지만 상대방이 카폰을 사용하고 있었을 것이 분명했고, 그녀는 차량에 대한 정비 보상도 요구하지 않았다. 사고의 책임이 그녀에게 있다는 것을 확인했지만, 목격자가 없어서 어쩔 수 없었다.

나는 완전 보험에 가입되어 있었기 때문에 차의 가치를 현금화할 수 있었다. 그 돈으로 잘 관리된 3년 된 실버 금속성 르노 19(Renault)를 구입하고도 돈이 남았다.

끝없는 고집

이제 사고 차를 팔아야 했다. 나는 열심히 전화를 걸어 정보를 얻었고, 감마 라디오(Gammaradio)만 빼고 나머지는 최고 입찰자에게 팔고 싶었다. 여기서 나는 남편이 얼마나 고집스러울 수 있는지 경험했다. 나와 상의하지 않고 이미 견인 회사에 전화를 걸었다. 그것은 그의 좋은 의도였고 나를 돕고 싶었지만, 언제나 그랬듯이 그는 혼자서 그렇게 처리했다.

하지만 이번에는 참지 않았다. 우리는 말다툼했고 결국 그는 견인 서비스에 전화를 걸어 주문을 철회해야 했다. 내가 그에게 굴복했다면, 나는 많은 돈을 선물했을 뿐만 아니라 견인 비용도 지불해야 했다.

도와달라는 나의 외침은 허무하게

사고 난지 거의 3주가 지났지만, 갈비뼈는 여전히 아팠기에, 말하지 않아도 되는 것이 감사했다. 그러나 나는 누군가와 이야기를 나누고 싶었다. 그래서 나는 목사님이자 남편의 두 번째 형의 부인한테 전화를 걸었다. 그녀는 형의 대학 동기이며 두 번째 부인이었다. 나는 그녀에게 남편에게 무슨 문제가 있는지 알렸지만, 곧 깨달았다: 그녀는 압도당하며 불편해했다. 그래서 나는 그녀를 내버려두었다. 나는 아무 소리도 내지 않고 그냥 참기로 결심했다. 내게 선포된 10년의 사막 기간은 아직 끝나지 않았다.

적의 세 번째 공격: 카세트 방을 통해….

나는 계속 불순종했고, 하나님께서 내게 명하신 대로 기름 부음을 받지 못한 상태였다. 이것은 공격을 계속하는 적에게 문을 열어주는 거였다: 도적은 물건을 훔칠 때마다 내가 근무하는 카세트 방을 통해 세 번이나 침입했다.

적의 4번째 공격: 여비서의 교통사고

결국, 교회의 여비서가 교통사고를 당했다. 그녀의 차량도 완전히 손실되었다. 나는 비참하고 끔찍하게 죄책감을 느꼈다. 그것은 모두 나의 불순종에서 비롯된 것이었다!

"너희는 하나님의 선하심이 너희를 회개로 인도하심을 알지 못하느냐?"

사람에 대한 나의 두려움은 하나님에 대한 두려움보다 더 강했다. 사고 후 조금 나아졌을 때, 나는 교회에 갔다. 찬양 시간이 끝난 후, 담임목사님이 누군가를 찾고 있었다. 그는 나를 보자마자 손을 내밀어 예언했다: "주님께서 말씀하신다, **"악마가 너를 죽이려 하였으나, 내가 너를 보호하였다. 나는 너를 항상 보호하리라!"**

나의 불순종에도 불구하고, 하나님의 압도적인 사랑에 감동되어 나는 눈물을 흘렸다! 이 예배에서 세 차례의 강도 사건을 처음으로 자세히 보고했고, 우리는 도적질한 자를 위해 기도했다. 나의 양심은 나를 크게 괴롭혔고, 하나님의 선하심은 마침내 나를 회개로 인도하셨다(로마서 2:4). 예배 직후, 나는 한 자매에게 나의 불순종과 모든 결과에 관해 이야기했다: 이유 없이 열병으로 입원한 것이며, 나와 여비서의 차 사고, 그리고 보험 회사와의 문제를 포함하여 큰 재정적 손해를 입은 세 번의 강도 사건.

그 자매는 내 손을 잡고 곧장 교회의 한 장로에게로 데리고 갔는데, 그 장로는 내가 카세트 작업을 할 때 매주 보았던 분이었다. 그는 나를 사랑스럽게 바라보며 불순종과 그 결과에 대한 나의 모든 이야기를 들은 다음, 나를 용서하며 예수님의 이름으로 기름을 바르고 기도했다.

다음 카세트 근무 때 나는 이 장로 앞에서 나 자신을 조금 작게 만들며 나의 불순종에 대해 다시 사과했다. 그는 "괜찮아, 순녀야."하고 떠났지만, 곧바로 돌아오더니, 그것 때문에 여전히 양심의 가책이 있느냐고 나에게 물었다. 나는 "네"라고 대답했다. 그는 다시 나에게 매우 친절하게 말했고 앞으로 순종하라고 조언했다. 언제야 이 인간의 두려움을 없앨 수 있을까?!

전능하신 하나님의 교육은 끝나지 않았다.

사고가 있은 지 10주 후인 5월 중순, 나의 건강이 아주 좋아져서 아담과 하와에게 전화를 걸었다. 그사이 나는 그들을 영적 부모라 불렀다. 내게 처한 결혼 문제에 관해 이야기했다. 그들은 당장 나한테 왔고, 나를 한 부부의 집으로 데리고 갔다. 그들은 나에게서 멀지 않은 곳에 살고 있었고, 그들 또한 같은 교회에 속해 있었으며, 그들도 집에서 가정 모임을 이끌었다. 나는 그들을 **잉그리드와 발터라고** 부를 것이다. 나는 그들에게 나의 현재 결혼 생활의 문제들에 대해 말했다. 그들 네 명은 나를 위해 기도했다.

그때부터 나는 잉그리드와 발터를 정기적으로 만났고 그들의 가정 모임에 참석했다. 나의 아버지 하나님께서는 성령의 은사로 그들을 강력하게 사용하셨다(고전 12 : 1~18; 마가복음 16:17~18). 그들은 나의 여성으로서의 성 정체성의 치유 과정을 거의 2년 동안 사랑과 헌신으로 기도하며 동행했다. 게다가, 나는 힘든 결혼 생활에 많은 사랑과 지혜와 힘이 필요했기 때문에, 많은 기독교 서적을 읽었다. 또 Aglow 직원들에게도 많은 기도 지원을 구했다.

"납치!" - 남편을 사탄의 권세로부터 회수하라

나는 1994년 5월 중순부터 6월 초까지의 기도 중에, 1992년 3월의 꿈이 여러 번 떠올랐다. 그때 남편은 산꼭대기에 홀로 서 있었고, 나의 어머니가 내게 네 남편이 납치되었다고 속삭이셨다. 그 당시 나는 그 꿈을 이해할 수 없었다. 이제 내가 그를 사탄의 권세에서 되찾아야 할 느낌을 받았다. 나는 나의 영적 부모인 아담과 하와를 찾아가 그 사실을 이야기했다. 우리는 함께 기도했고, 나는 예수 그리스도의 이름으로 남편을 돌려내라고 사탄한테 명령했다(고전 7:14). 나는 하나님의 평안을 느낄 때까지 아담과 하와 앞에서 이 기도를 반복했다.

나는 그 결과에 기분 좋게 놀랐다: 내가 집에 돌아왔을 때, 크리스토프가 나를 매우 친절하게 반겼다. 그는 180도 변한 것 같았고, 기분도 좋았으며, 심지어 농담하며, "네가 집을 나가면 나는 혼자야"라며 어린아이처럼 불평했다.

5개월 동안 거리를 두고 차갑게 대하던 그는 저녁에 내 침실에 와서 나와 함께 밤을 보냈다. 이것은 며칠, 심지어 몇 주 동안 반복되었다.

이 시기에, 연단에 있던 우리 목사님은, 주님께서 외국인 형제자매들을 위해 우리가 기도하기를 원하신다고 말씀하셨다. 내 곁에 있던 몇몇 자매들이 내 주위에 서서 나를 위해 기도했다. 한 자매가 "며칠 안에 네가 초자연적인 기쁨을 누리게 될 것이다"

라는 말을 주님으로부터 받았다며 나한테 전했다. 나는 진심으로 웃으며 이미 가지고 있다고 대답했다.

내가 계속 그런 식으로 기도해서 남편을 사탄의 굴에서 구해내야 했을까? 나는 모른다. 그때 이후로 지금까지 이런 식으로 기도하라는 하나님의 지시를 받은 적이 없다.

"아주 먼 곳에" 아파트 찾기

남편의 좋은 변화에도 불구하고, 또 아직 그의 변호사로부터 편지를 받지 않았지만, 나는 아파트를 찾기 시작했다. 로텐부르크 옵 데어 타우버(Rothenburg ob der Tauber) 근처에 한 아파트가 흥미롭게 들렸다. 나는 생각했다: 그곳은 내 남편과 150km 떨어진 곳이다. 그는 나를 그렇게 쉽게 괴롭힐 수 없을 것이다.

아파트 관람 약속은 6월 중순 토요일이었다. 내 요청에 따라 남편이 나와 함께 갔다. 그는 조수석에 슬프게 앉아 있었다. 내가 아파트를 보는 동안 그는 차 안에 머물렀다. 내가 함께 보자고 했으나 그는 거절했다.

우리가 집에 돌아왔을 때, 그는 계속해서 친절하고 착했다. 그러나 내가 임대 계약서에 서명하기 위해 그곳으로 가려 할 때, 그는 화를 내며 "왜 그렇게 먼 곳으로 가야 하느냐고!" 고함쳤다. 나는 그에게 대답하지 않았다.

남편의 격렬한 반대 의사며, 아직 이사할 때가 되지 않았다는 내 형제자매들의 기도 인상에 의해 나는 그 아파트를 취소했다. 내 마음속 깊은 곳에서도 사막에서의 10년이 아직 끝나지 않았기에, 하나님께서 나를 놓아주지 않으시리라는 것도 알고 있었다.

주문한 것처럼 방광염 연속?

남편은 계속 친절하고 상냥했으며 종종 내 침실에 왔다. 그런데 콘돔 없이 밤을 보낼 때마다 장내 구균과 클레시엘라 옥시토카(Enterokokken und Klesiella oxytoca)에 의한 방광염에 구독

권을 가지고 있는 것 같았다. 그래서 나는 남편에게 여성들과 항문 성교한 적이 있느냐고 물었지만, 그는 겁에 질린 채 부인했다. 또한 나한테 14일 간격으로 생리가 왔다.

내가 가지고 있는 산부인과 책에서 읽었다. 많은 남성이 질병 증상 없이 장내 박테리아를 가지고 있으며, 사정 시 여성에게 방광염을 유발하여 따가운 통증과 소변에 혈액이 보인다고 쓰여 있었다. 창조주 하느님은 참으로 얼마나 헤아릴 수 없는 분인가요! 여성들은 건강한 아이를 낳아야 하므로 이렇게 민감하게 반응하게 하셨다.

나는 치아 수복 전에 알레르기 검사를 받기 위해 피부과 의사한테 가야 했다. 그때 남편의 사정 물질을 검사해 줄 수 있느냐고 물었다. 의사는 문제없다고 말했다. 그러나 남편이 그렇게 하도록 설득하는 일은 또 엄청난 일이었다. 나는 남편에게 그 이유를 말하고 의학적으로 설명했다. 그런 후, 그에게 책을 직접 읽어 보라고 요청했다. 그때야 그는 준비가 되었다. 그 결과는 끔찍했다. 그는 이 두 가지 장내 박테리아 수치가 아주 높았고, 내 소변에서와 똑같은 균이었다. 그는 결국 항생제 치료를 받아야 했고, 그로 인해 나의 방광염과 14일간의 생리도 멈췄다.

나중에 내가 여자들과 항문 관계하느냐고 다시 물었을 때, 그는 격렬하게 부인했다.

물론, 많은 여성이 이러한 박테리아로 인해 어느 시점에서 방광염을 앓는다. 이것은 또한 단순히 질과 항문이 매우 가깝기 때문일 수 있지만, 성관계 후에 염증이 지속해서 반복된다면, 파트너의 사정을, 검사를 받도록 권장하고 싶다.

"그녀의 배야!"

1986년 유산 이후, 나는 정기적인 월경 중에 항상 많은 피를 흘렸기 때문에, 산부인과 의사가 심리 치료를 권했다. 그러나 치료사는 남편과 꼭 이야기해야 한다고 했다. 그것은 또 나한테 거대한 프로젝트였다. 크리스토프는 모든 심리치료사도 환자라는 이유로 거절했다. 하지만 남편과 대화를 나누지 않고는 치료를 받을 수 없었기 때문에, 남편은 마지못해 같이 갔다.

치료사는 남편에게 아이를 갖고 싶은 소망이 있느냐고 물었다. 남편은 **"그녀의 배예요. 그녀가 원하는 것은 무엇이든 할 수 있습니다."**라고 대답했다. 치료사는 말문이 막혔고 입을 벌린 채 앉아서 남편을 쳐다보았다. 그는 아마도 지금까지 이런 경험을 한 적이 없는 것 같았다.

그런 후 치료사는 **"당신은 아내를 항상 그렇게 대합니까?"**라고 물었지만, 남편은 대답하지 않았다. 치료사는 주제를 바꾸어 1993/94년 새해 전야의 사건을 언급했다: 우리는 연말 연초에 (섣달그믐 날) 크리스토프의 사업 동료 한 명에게 초대를 받았다. 동료는 우리 모두를 환대해 대접하는데, 동료의 연인은 전혀 돕지 않고 오히려 자신을 섬기게 했다.

그녀는 말도 하지 않았다. 그러나 나는 그녀가 종종 내 남편과 눈을 마주치고 있다는 것을 알아차렸다. 자정에 독일에선 샴페인을 마시고 서로에게 새해 복 많이 받으라는 인사를 나눈다. 크리스토프는 발코니에 서서 불꽃놀이를 보았고, 우리 여성들은 안에 머물면서 창밖을 내다보았다(폭죽의 유황 악취는 내 폐뿐만 아니라 내 몸 전체에 해를 끼친다). 크리스토프는 유리창을 통해 샴페인 잔으로 여자와 건배했다. 내가 바로 그녀 옆에 서 있었음에도 불구하고 그는 나를 무시했다. 다시 한번 나는 굴욕감과 부끄러움을 느꼈다.

그래서 나는 유황 악취에도 불구하고 발코니로 나갔다. 남편을 향해 갔지만 그는 나를 피했다. 그것 또한 매우 굴욕적이었다.

집으로 돌아가는 길에 우리 사이에 충돌이 생겼다. 크리스토프는 운전대를 잡은 채 차가 흔들릴 정도로 분노하며 어린아이처럼 반응했다. 그는 나보고 질투한다고 주장했다. 남편은 자신의 부적절한 행동에 항상 나를 비난했다. 그는 또한 재치 없는 행동으로 나를 종종 불쾌한 상황에 빠뜨렸다.

나는 치료사한테 남편이 나를 어떻게 다루는지에 대해 하나의 예로 이 섣달그믐날에 관해 이야기했었다.

치료사가 남편한테 문제의 저녁에 관해 물었을 때 크리스토프는 얼굴을 붉히며 대답하지 않았다. 그런 다음 치료사는 이런 일이 일어나서는 안 된다고 말하면서 다시 물었다: **"당신은 당신의 아내를 항상 이렇게 대합니까?"** 하고 다시 물었지만, 남편은 대답하지 않았다. 이걸로 우리의 하루는 끝났다. 크리스토프는 눈에 띄게 화를 내며 "도대체 치료사에게 뭐라고 말했냐?!" 며 나를 비난했다.

항상 점심 식사 직전

그의 옛 삶이 다시 돌아왔다: 점점 더 자주 그는 점심 식사 직전에 집을 떠났고, 나한테 점심 식사를 기다리게 했다. 시간이 지남에 따라 이것은 끊임없는 논쟁의 주제가 되었다. 나는 사람들이 따뜻한 음식을 기다리게 하는 것을 참을 수 없었다. 나는 그가 그의 부모와 연락을 유지하는 것을 선호했다. 하루는 그가 토요일 오후 4시까지 점심 식사를 기다리게 했다. 나는 점심을 기다리며 짜증이 났다.
어느 시점에서 우리는 주말에 점심을 먹기 위해 서로를 기다리지 않기로 동의했다. 그는 이 약속을 최대한 활용했다. 결국 나는 그에게 백지 위임장을 준 것이 됐다. 그렇게 우리는 다시 남남처럼 살았다.

힘없이 울다

10월 말의 어느 주말, 이미 자정이 넘었고, 나는 시편 38편을 읽으며 이유도 모른 채 서럽게 울었다.

다윗의 시 (아픈 사람의 애도)

여호와여 주의 노하심으로 나를 책망하지 마시고 주의 분노하심으로 나를 징계하지 마소서, 주의 화살이 나를 찌르

고 주의 손이 나를 심히 누르시나이다. 주의 진노로 말미암아 내 살에 성한 곳이 없사오며 나의 죄로 말미암아 내 뼈에 평안함이 없나이다. 내 죄악이 내 머리에 넘쳐서 무거운 짐 같으니 내가 감당할 수 없나이다. 내 상처가 썩어 악취가 나오니 내가 우매한 까닭이로소이다. 내가 아프고 심히 구부러졌으며 종일토록 슬픔 중에 다니나이다. 내 허리에 열기로 가득하고 내 살에 성한 곳이 없나이다. 내가 피곤하고 심히 상하였으매 마음이 불안하여 신음하나이다. 주여, 나의 모든 소원이 주 앞에 있사오며 나의 탄식이 주 앞에 감추지 아니하나이다. 내 심장이 뛰고 내 기력이 쇠하여 내 눈의 빛도 나를 떠났나이다. 내가 사랑하는 자와 내 친구들이 내 상처를 멀리하고 내 친척들도 멀리 섰나이다. 내 생명을 찾는 자가 올무를 놓고 나를 해하려는 자가 괴악한 일을 말하여 종일토록 음모를 꾸미오나. 나는 못 듣는 자 같이 듣지 아니하고 말 못 하는 자 같이 입을 열지 아니하오니. 나는 듣지 못하는 자 같아서 내 입에는 반박할 말이 없나이다. 여호와여 내가 주를 바랐사오니 내 주 하나님이 내게 응답하시리다. 내가 말하기를 두렵건 대 그들이 나 때문에 기뻐하며 내가 실족할 때 나를 향하여 스스로 교만할까 하였나이다. 내가 넘어지게 되었고 나의 근심이 항상 내 앞에 있사오니. 내 죄악을 아뢰고 내 죄를 슬퍼함이나이다. 내 원수가 활발하며 강하고 부당하게 나를 미워하는 자가 많으며. 또 악으로 선을 대신하는 자들이 내가 선을 따른다는 것 때문에 나를 대적하나이다. 여호와여 나를 버리지 마소서 나의 하나님이여 나를 멀리하지 마소서. 속히 나를 도우소서 주 나의 구원이시여.

크리스토프의 고백

남편이 갑자기 말수가 생겼고 이야기했다. 한 달 넘게 금요일에 여자를 만나지 않았다고 고백했다. 그러나 나는 그에게 전혀 묻지도 않았었다. 금요일, 오, 맞아, 나와 쇼핑하면 비싸다며 혼자 쇼핑하러 갔었지! 그리고 그 당시 나는 금요일마다 치료받으러 갔었다.

그런 다음 다시 초자연적인 일이 일어났다.

1994년 11월 초, 주님은 나를 아침 8시 반에 깨우시고 탈의실로 인도하셨다. 나는 옷장을 열고 크리스토프의 재킷 안주머니에 손을 넣어 접힌 종이 한 장을 꺼냈다. 이것은 내가 계획하거나 원하지 않은 채 일어났다. 나는 종이를 열어 읽었다: 그가 만난 여성들의 이름과 요약문 같은 것을 컴퓨터로 쓴 거였다. 이번에는 놀라지 않았지만, 오후에 3시간 동안 끊임없이 울었다.

12월 중순, 남편은 그해에 적어도 12번 마조히스틴/헌신 (Masochistin/ Devote) 여자들을 만났다고 시인했다. 그러나 그는 쪽지에 쓰여 있는 여자들에 대해서는 한마디도 하지 않았다.

그 해의 마지막 날, 나는 그가 전날 우편으로 받은 CD-ROM과 섹스 카탈로그를 발견했다. 내가 1995년 1월에 둘 다 제거했지만, 남편은 거기에 대해 전혀 묻지 않았다.

그는 거의 집에 있었는데 이런 정보를 어디서 얻으며, 어떻게 여성들과 연락을 취했을까? 어느 날 나는 그의 사무실에서 "부피가 큰 쓰레기 신문 더미와 (Sperrmüll"-Zeitungen)" 무료 광고지를 발견했다. 그 안에서 나는 모든 종류의 개인 광고를 발견했다. 그때 나는 또 그가 구독했던 "슈피겔(Spiegel)" 잡지 더미를 보았다. 거기에서 남편이 모든 종류의 CD와 카탈로그에 대해 정보를 얻을 수 있었다. 그것들이 정보 출처였다.

그 당시 나는 인터넷이나 텔레비전에서 무엇을 제공하는지 전혀 몰랐다. 남편이 우리 시대 초에 신문에 광고 낸 걸 이미 보여 주었는데, 사실 나는 완전히 잊어 버렸었다.

오늘날, 신문과 인터넷에서 이러한 종류의 광고, 연락처 제안 및 검색이 훨씬 더 일반화되고 정상이 되었다. 기독교인들도 이 기회를 이용하고 있으며, 이미 많은 행복한 결혼 생활이 생겨났다.

1995년 2월 중순, 집안 분위기가 좋았다. 그래서 나는 그에게 왜 그렇게 내 엉덩이에 집착했는지, 어떻게 사도마조히즘 (Sadomasochismus)에 이르렀는지 물어볼 기회를 가졌다. 그가 어렸을 때 어머니가 긴 스타킹 멜빵(Suspenders)을 만지작거리는 것을 보았다고 침착하게 말했다. 그것으로 엉덩이는 그에게 가학적(Fetish)으로 되었다. 그래서 엉덩이 포스터 "배"는 크리스토프의 침대 맞은편 벽에 있었다.

그의 어머니가 다섯 자녀를 품에 안을 수 없었던 데는 분명히 이유가 있다. 이 아이들은 자신들에게 안전과 기본적인 신뢰와 보호를 주어야 할 어머니의 친밀함과 포옹에 얼마나 굶주려 있었겠는가! 생각만 해도 눈물이 난다.

피해자는 가해자가 된다. 피해자가 하나님의 사랑으로 치유되지 않으면 이러한 연쇄 반응이 오랫동안 지속되는 경우가 많다.

성인 남성이 페티시즘에 사로잡힐 수 있는 이유를, 나는 첫 번째 간증 전기에서 설명했다. 여기에 한 예로 트랜스젠더(성전환자) 경향을 가진 한 남자의 이야기를 전한다.

그가 어렸을 때, 그는 어머니의 품에 누워 젖을 빨았는데, 병적으로 질투심에 사로잡힌 아버지가 와서 아이를 어머니에게서 폭력적으로 떼어냈다. 아버지의 폭력 행위로 그의 손에는 찢어진 엄마의 브래지어 한 조각만 남았었다. 성인이 된 그는 어머니의 품에서 경험했던 안정감을 자신이 브래지어를 착용하며 얻고 있었다.

긴 스타킹 멜빵(Suspenders)을 만지작거리는 어머니를 봤다는 이야기를 한 후 남편은 1981년부터 1983년까지 슈투트가르트에 사는 지배자(Dominates)와 관계했다고 말했다.

이 여성은 간호사로 일했고 그녀의 부업은 지배자 사업이었다. 이를 위해 그녀는 한 아파트에 가학적인 사도마조히즘적 (sadomasochistic) 장치를 갖추고 있었으며, 자신의 사업에 참여할 사업 동반자를 찾고 있었단다. 그래서 그는 산부인과 의자며 모든 장비를 처음으로 봤다고 했다. 그러나 그는 상업적으로 참여하고 싶지 않았기 때문에 그녀와의 관계를 끝냈다고 했다. 그런 다음 1983/84 년에 "Adelheid"를 만났지만, 그녀가 너무 많은 남성을 바꿔가며 만나서, 그녀에 대한 관심을 잃었었다고 했다. 그러다가 1985년에 나를 만났다고 했다.

이제 나는 왜 그가 우리 시대 초기에 내 손을 밧줄로 묶었는지 알았다. 밧줄로 묶으며 **"여자는 이렇게 다뤄야 해!"**라고, 뱉은 그의 말은 나를 끔찍하게 했었다. 그의 여자와의 애증의 관계는 기본적으로 어머니에 대한 것이었다. 그가 아기였을 때 그토록 갈망했던 그를 그녀가 안아주지 않았기 때문이다, 즉 기본적 신뢰를 경험하지 못하고 자랐다. 그 결과 그는 여성을 사랑하며 증오하는 사디스트(Sadist)가 되었다. 나의 첫 번째 책에서 여성혐오에 대해 광범위하게 썼다.

그는 사디스트이자 여성 혐오자였으며, 자신의 성욕을 얻기 위해 여성을 아프게 해야 했다. 그는 나한테서 그것을 얻지 못했기 때문에 헌신자(Masochist)를 찾았다.

반면에, 나는 어떤 형태로든 여성을 짓밟는 사람을 결코 참을 수 없었다. 나는 아마도 내 어머니의 힘든 생활에 의해 그것에 민감해졌을 수도 있다: 어머니는 밤낮으로 일했고, 아버지는 더운 여름날 그늘에 앉아 노래 경연 대회를 위해 연습했다. 아마도 그래서 남편이 나에게 무례하면 이중으로 고통을 겪은 이유일 수도 있다.

남편은 이중생활을 했다. 그는 이런 여성들과 진정한 사랑의 관계가 없었고, 그저 쾌락의 대상일 뿐이었다.

어쩌면 그것이 그가 나에게 마사지를 기꺼이 해준 이유일 수도 있다! 나는 오랜 운동 후 근육통 예방으로 뜨겁게 샤워하고 침대에 누웠고, 그는 나를 헌신적으로 마사지했는데, 때때로 나를 아프게 했다. 그럼 나는 항의했다. 그것이 바로 그가 필요했던 것이었다!

그래서 그는 우리가 커플이었을 때부터 이중생활을 하고 있었다. 나한테는 세상의 종말이었다! 이제 나는 마침내 그가 왜 그렇게 비밀스러운 사람이었는지 이해할 수 있었고, 심지어 자신에게 사서함을 허용했는지 알았다. 그러나 나는 그가 그런 일을 할 수 있다고 한순간도 생각하지 않았다! 나는 남편을 맹목적으로 믿었다.

이런 걸 안 이후에도, 나는 크리스토프와의 결혼 생활을 계속 견뎌야 했다. 내게 선포된 10년간의 사막 생활이 아직 끝나지 않았다.

영적 분류

아기가 어머니의 품에 신뢰를 쌓는 안정감을 경험한 적이 없어, 기본적인 신뢰가 부족한 배우자와 함께 사는 것은 결코 쉬운 일이 아니다. 특히 하나님의 사랑에 대한 의심은 말할 것도 없고, 파트너의 사랑에 대해 의심하는 사람과 말이다.

하나님 아버지와의 관계도 마찬가지다. 친 아버지를 엄하게 경험한 사람은, 하나님 아버지도 엄하다고 생각한다. 하나님의 형상에 관한 문제는 대개 부모의 가정에서 비롯된다. 폴라와 존 샌드포드(Paula and John Sandford)는 **"우리가 하느님을 보는 방법"**이라는 주제 아래 이러한 상황을 묘사했다.

나는 많은 것을 배웠다. 그러나 종종 나한테 힘이 부족했다. 내 곁에서 내 짐을 지며, 지혜와 힘을 주고, 나를 향한 하나님의 사랑을 구하는 몇 명의 형제자매가 있었다는 것에 대해 하나님께 감사한다.

이런 남편을 마조히스트(Masochists)가 되지 않고 몇 번이나 용서할 수 있을까? 바로 이 부분에서 영의 분별 은사가 필요한데, 그것은 오직 창조주 하나님으로부터 받을 수 있다.

그때 베드로가 나아와 이르되 주여, 형제가 내게 죄를 범하면 몇 번이나 용서하여 주리니까 일곱 번까지 하오리까. 예수께서 이르시되 네게 이르노니 일곱 번뿐 아니라 일곱 번을 일흔 번까지라도 할지니라. 마태복음 18:21~22

22장: 이혼의 서곡

장애 소년을 꿈꾸다

1994년 여름, 나는 장애를 가진 소년에 대한 꿈을 두 번 꿨는데, 그 소년은 서너 살처럼 보였고, 다리 대신 허리부터 이상한 나무 다리만 가지고 있었다.

어느 날, 나는 남편에게 다른 여자에게서 아이가 있는지 물었고 남편은 아니라고 대답했다.

나의 아버지 하나님은 이 꿈을 통해 내게 또 다른 것을 말해주고 싶었다: 하나님은 이 꿈을 통해 나의 성 정체성을 치유하기 시작했다: 그 장애 소년은 바로 나였다. 치유는 1995년 10월까지 지속되었으며 거의 1년 반의 집중적인 과정이었다. 이 치유를 위해 하나님께서는 내가 필요로 할 때마다 경이로운 전문의들, 즉 믿음의 형제자매들을 만나게 하셨다!

트랜스젠더와 동성애 감정에서 벗어나게 될 수 있다. 나는 그것을 증언할 수 있다, 나는 그것을 직접 경험했고, 심지어 동성애자였던 맥스와 함께 경험했다. 동성애 감정에서 해방되어 가족과 자녀를 가진 사람들의 간증도 많이 읽었다. 이 중에는 Simone Schmidt의 책, I Wanted to Fly Away Like a Bird도 있었다. 그러나 배경 정보, 교육 단위 등이 전혀 없었다. 마리오 베르그너 (Mario Bergner)의 저서 **"사랑의 반전(Umkehr der Liebe)"**과 완전히 다르다. 그는 자신의 통찰력과 교육 단위에 대해 자세히 썼다.

나는 트랜스 섹슈얼의 감정과 욕망에서 벗어나는 길에 대해 원인, 교육 단위 및 기도에 대한 설명과 함께 나의 간증 자서전 "마침내 여자! 성 정체성에 대한 나의 길"(2014)에 자세히 기록했다; 재미있게도 내 책은 에로틱 가게에서도 판매되었다!

정리 정돈에 대한 강박증에서 해방

우울한 감정의 혼란 속에서도 재미있는 희망의 햇빛이 있었다. 나는 결혼 초기에 질서와 청결에 대한 감각이 얼마나 힘들었는지 첫 번째 책에서 설명했다. 내가 성인이 된 후 오빠가 나한테 말했었다: 너는 눈을 감고도 물건을 찾을 수 있을 정도로 정리 정돈 하였다고. 나의 결혼 생활에서 나의 질서 감각은 부담이 되었다. 그래서 나는 하나님께 나를 거기서 해방해 달라고 간구했다. 1995년 어느 날, 남편은 Aglow 책 상자를 발로 슬쩍 옆으로 걷어차면서, "넌 이제 내가 결혼했던 여자가 아니야."라고, 말했다. 또 한 번은 "네 책상은 산만한 교수의 책상처럼 보인다. 네 번째 책상도 쉽게 채울 수 있다." 사실, 세 개의 책상은 항상 메모, 서류, 책으로 가득 차 있었다. 기독교인으로서 나는 항상 활동적이었고 전혀 지루하지 않았다.

그제야 나는 과장된 질서와 청결감에서 벗어났다는 것을 깨달았다. 혼돈은 더 이상 나를 전혀 괴롭히지 않았다! 조용히, 그러나 내 마음 깊은 곳에서 하나님께 감사하며 마음속으로 웃고 웃었다. 문제는 좀 다른 쪽으로 바뀌었다: 이제는 방문객들이 불편해할 상태로 바뀌었다. 내 아파트는 항상 의료, 서류, 옷, 메모, 책 등으로 가득 차 있다.

재발

남편과 조화로운 삶은 불행히도 지속되지 않았다. 내가 성 정체성의 치유 과정을 거치는 동안 그는 예전의 삶으로 돌아갔다. 1995년 6월부터 남편은 또다시 나를 소홀히 하기 시작했다. 그는 어디로 가는지, 언제 돌아올 것인지 알려주지 않았다. 그는 심지어 내가 그 이유를 알고 있다며 정당화했다. 과거에는 자신의 성향을 숨겨야 했지만, 더는 아니라고 강조했다.

10년의 사막 중 아직 일 년이 남았다. 나는 하나님의 개입을 계속 기다려야 했다.

비디오 리코더 박살

나는 주말에 그의 야간 텔레비전에 신경이 쓰였다. 집안에 울려 퍼졌고 나는 잠들 수 없었다. 나는 일요일에 일찍 일어나 교회에 가야 했다. 여러 번 그에게 간청하고 간청했지만 변하지 않았다. 10월 초, 내 성 정체성 치유 완료되기 이틀 전, 나는 침대에서 일어나 거실로 가 리코더를 집어 문에 던졌다. 내가 리코더를 샀지만 거의 사용하지 않았고 산 것을 후회했다.

남편이 나와 함께 살면서 분노 반응을 경험한 것은 그때가 처음이었다. 나도 인간이고 감정이 있다는 것을 차분하게 경험할 수 있었다! 그때부터 밤에 조용하고 평화로웠다. 그 이후로 남편이 TV 소프트웨어를 사서 사무실 컴퓨터에 설치했는데, 손상된 문은 내가 교체해야 했다.

애글로우(Aglow)에 작별 인사

1995년 11월이었다. 감정적 혼란 속에서 나는 조심하며 하나님이 나에게 원하시는 것과 그렇지 않은 것에 세심한 주의를 기울여야 했다. 즐거움으로, 또 적극적으로 봉사하던 Aglow도 좌절감으로 바뀌었다. 그래서 **"주님, 어떻게 생각하시나요?"**하고 물었다. 하나님의 응답은 생각보다 빠르게 왔다: **"사역을 내려놓아라!"** 하셨다. 거의 3년 동안 소속되어 있던 그룹과 형제자매들을 떠나게 되어 마음이 아팠지만 때가 된 것 같았다.

심사숙고 끝에 다음 날 사직서를 썼다. 그 후 나는 침대에 누워 마음을 정리하고 이별의 아픔을 정리했다. 그때 하나님께서 **"너희는 서로 물고 먹을 때 조심하라….**"라는 성경의 말씀이 들렸다. 경외심에 가득 찬 나는 침대에서 일어나 성경 구절을 읽었다. 하나님께서는 이 성경 구절을 그룹에 전하라고 하셨다. 또 한 번 아주 불편한 지시였다!

형제들, 너희가 자유를 위하여 부르심을 입었으나 그 자유

로 육체의 기회로 삼지 말고 오직 사랑으로 서로 종노릇 하라. 온 율법은 네 이웃 사랑하기를 너 자신과 하라 하신 한 말씀에서 이루어졌느냐니. **만일 서로 물고 뜯으면 피차 멸망할까 조심하라.** 내가 이르노니 너희는 성령을 따라 행하라 그리하면 육체의 욕심을 이루지 아니하리라. 육체의 원하는 바는 성령을 거스르고 성령은 육체를 거스르나니 이 둘이 서로 대적함으로 너희가 원하는 것을 하지 못하게 하려 함이니라. 너희가 만일 성량의 인도하시는 바가 되면 율법 아래에 있지 아니하리라, 육체의 일은 분명하니 곧 음행과 더러운 것과 호색과 우상 숭배와 주술과 원수 맺는 것과 분쟁과 시기와 분 냄과 당 짓는 것과 분열함과 이단과 투기와 술에 취함과 방탕함과 또 그와 같은 것들이라 전에 너희에게 경계한 것 같이 경계하노니 이런 일을 하는 자들은 하나님의 나라를 유업으로 받지 못할 것이요. *(갈라디아서 5:13~21)*

나의 사직으로 그룹 지도자가 많은 어려움을 겪으리라는 것을 알고 있었기 때문에 나의 사직이 힘들었는데, 이 성경 구절까지 전하라 하여 용기가 필요했다.

다음 회의까지 아직 5일이 남았지만, 사직을 발표하고 성경 구절을 읽을 용기가 없었다. 그래서 나는 끝까지 기다렸다가 사직서와 성경 구절을 지도자에게 넘겨주었다. 내가 이미 후임자를 데려온 것은 좋은 일이었다. 그녀는 한때 컨설팅(상담) 기도 봉사를 받기 위해 나에게 왔었다. 그녀는 월간 행사 초청장 쓰는 것과 책 테이블 일을 담당했다.

나는 직원들이 분열되어 있다는 것을 전혀 몰랐다. 이틀 후에야 그 소식을 듣고 이 성경 구절이 얼마나 적중했는지 알게 되었다. 이미 새로운 그룹이 형성돼 있었으며 컨설턴트와 봉사원도 있었고 오직 독일 본사의 승인을 기다리고 있다는 것을 알았다. 나는 이런 것을 전혀 몰랐기에 놀랐다. 그리고 내가 전해야 했던 성경 말씀이 맞았다는 사실에 기뻤다.

나는 1년 전부터 여러 번 받은 인상을 그룹 인도자 자매한테 전했다: 어떤 직원이 그룹을 떠난다는 인상을 받았다며 심지어 이름까지 알려줬었다. 그러나 그녀는 그러지 않을 거라고 격렬하게 동의하지 않았다. 그녀는 그 자매가 그녀의 옆에서 일할 것이라고 몇 번의 예언을 받았단다. 그러나 나는 여러 번 인상을 받았기에 그때마다 지도자한테 말했다. 그러나 그녀는 절대로 받아들일 수 없었고 받아들이고 싶지도 않았다. 당시 나는 지도자와 매우 가까웠다. 그러나 그녀는 그룹에서 뭔가 잘못되었다는 말을 전혀 언급한 적이 없었다.

예언을 해석하는 것은 그렇고 그런 것 중 하나다. 예측은 정확했다. 즉 두 사람은 Aglow에서 계속 일하나 같은 그룹에 속하지는 않았다. **"그녀의 옆에서라는…."** 것은 아주 작은 오해였다. 돌이켜 보면, 하나님께서 왜 나에게 이 성경 구절을 주셨는지 이해할 수 있었다.

반년 후, 나는 또한 누가 새로운 그룹을 인도할 것인지를 알게 되었다. 하나님께서 나에게 보여 주셨던 바로 그 자매가 원래의 집단에서 분리될 것이라고 말씀하셨던 대로였다.

나는 그녀를 루트(Ruth)라고 부른다. 나는 1995년에 나의 꿈 때문에 루트에 접근했고, 그녀를 더 잘 알게 되었다. 그녀는 내 꿈이 무엇을 뜻하는지 즉시 알아차렸고 나에게 설명했다(자세한 내용은 내 첫 번째 책에서). 그렇게 우리는 더 가까워졌고 지금은 자주 만나지 못하지만, 오늘날까지 연락을 유지하고 있다.

1995년 늦가을, 루트는 기도 중 비전(Vision)으로 내가 왕궁에서 왕의 종들이 신는 것과 같은 신발을 신고 있는 것을 보았고, 내가 하나님의 왕국, 즉 그의 왕국에서 봉사하는 사명과 직분을 가졌다고 말했다. 그 당시에는 내가 1997년 봄에 새 거주지에서 주님으로부터 특별한 임무를 받게 될 줄은 우리 둘 다 몰랐다. 이에 대해서는 다음 장에서 자세히 설명한다.

그렇게 Ruth는 지금까지의 Aglow 그룹에서 사역을 끝내고 새로운 그룹을 이끌었다. 그들의 첫 번째 행사는 1996년 9월 말 식당에서 열렸고 1년 후 방문객 수가 증가했기에 스포츠 홀로 옮겼다.

이제 내 결혼 생활로 돌아갑니다.

새로운 전술

남편은 점심을 먹으면서 주가를 알아보았다. 그는 아무 말도 없이 TV를 식탁 옆에 놓았다. 결과적으로 나는 식사 때 방해되지 않도록 입을 다물고 있어야 했다. 나와 대화하지 않기 위한 영리한 전술이었다. 저녁에는 사무실이나 TV 앞에 앉아 있었다. 매일 그랬다. 나는 이 어려운 시기를 이겨낼 수 있는 유일한 방법은 "예수님, 예수님, 예수님"을 부르는 것뿐이었다.

나의 처음이자 마지막 가짜 분노: 의자 던지기

남편은 이제 자기 여성들과의 관계를 아주 대놓고 살았다. 어느 날 저녁 그는 와인을 마시며 거실로 들어와 매우 우울해 보였다. 무슨 일이냐고 물었더니, 한 젊은 여자가 휠체어를 타고 있다고 대답했다. "어떤 여자?"냐고 나는 물었다. "오랫동안 인터넷으로 이야기를 나눴던 여자"라고 대답했다. 그제야 나는 그가 저녁에 사무실에서 일하지 않고 인터넷으로 여성들을 접촉하고 있다는 것을 깨달았다. 그 여자의 질병이 내 남편에게 눈에 띄게 영향을 미쳤다.

어느 날 저녁, 나는 두 사람이 어떻게 또 무엇에 대해 대화를 나누는지 알고 싶었기 때문에 사무실에 가서 조금 지켜보았다. 그러나 불은 꺼져 있었고 어둠 속에서 또 멀리서 나는 한 줄도 읽을 수 없었다. 잠시 후, 나는 그것을 바꾸고 싶었고, 맹목적으로 키보드를 장난삼아 눌렀다. 뒤죽박죽된 알파벳 샐러드가 되었다! 남편은 그런 나를 막으려고 오른팔 팔꿈치로 반격하다 내 얼굴을 세게 부딪쳤다.

그는 나를 때리고 싶지 않았다. 단지 문자의 뒤죽박죽을 막기 위한 순간의 행동일 뿐이었다. 그러나 나는 이제 충분하다고 결정했다: 나는 거실로 가서, 식당의 의자를 들어 모든 힘을 다해 바닥에 던졌다(물론 크게 깨지지 않도록 조정하며⋯.). 그에게 나도 피와 살을 가진 인간이며 감정이 있고 공격적으로 반응할 수 있다는 것을 보여주고 싶었다.

그러자 그는 겁을 먹었다. 그는 내 뒤에서 나를 붙잡고 진정하라고 간청했다. 나는 그의 맘대로 하지 않았다. 나도 큰 목소리로 말할 수 있다며 큰 소리로 말했다. 나는 고함과 욕을 저질로 생각하기에 자제한다고 했다. 그러나 내가 원하면 나도 그럴 수 있다고 했다.

그날 저녁, 10년 만에, 처음으로, 그는 내가 매우 화나게 행동하는 것을 경험했다. 나는 10년간의 사막 기간이 언젠가는 끝날 것임을 알았기에 그 모든 것을 견뎌내며, 하나님의 개입으로 남편이 바울처럼 회개하기를 바랐다. 불행히도 헛된 것이었다! 나의 인내심이 바닥났다. 우리가 이렇게 함께 살 수 없다는 것이 분명했다.

이번엔 진짜로: 남편이 이혼을 원한다

1996년 봄, 남편은 마침내 이혼 의사를 밝혔다. 1995년 10월, 하나님께서 나의 성 정체성을 치유하신 후, 나는 하나님께서 나와 내 남편에게 무엇을 하실지 기대했다. 그리고 나는 이혼의 준비가 되어 있지 않았다.

나는 남편에게 이혼 소송을 제기해달라고 요청했지만, 남편은 그러지 않았다. 성서의 표준에 의해서도 나야 이혼 소송을 제기할 타당한 이유가 많았지만, 그가 그의 생활 방식에서 돌아선다면 나는 화해할 의향이 항상 있었다. 물론 그에게 그렇게 말하지는 않았다. 그는 자신이 그렇게 태어났기에 그렇게 살고 싶다고 주장했지만, 나는 그렇게 같이 살고 싶지 않았다.

그러나 불신자가 헤어지기를 원한다면 그렇게 하십시오.

형제나 자매는 그러한 경우에 노예처럼 묶여 있지 않습니다. 하나님께서는 당신을 평화의 삶으로 부르셨습니다. *(고린도 전서 7 : 15)*

예수님 또한 이혼과 간음에 대해서도 말씀하셨다.

그러나 내가 너희에게 이르노니, 누구든지 자기 아내와 이혼하는 자는 음행이 없을지라도 간음하는 것이니라. 이혼한 여자와 결혼하는 사람은 간음하는 것입니다. *(마태복음 5:32; 누가복음 16:18)*
내가 말하노니, 누구든지 자기 아내를 버리고 음행의 경우가 없을지라도 다른 사람과 결혼하는 사람은 간음하는 것입니다. *(마태복음 19:9)*

"누구든지 자기 아내와 이혼하고 다른 여자와 결혼하는 자는 그 여자를 대적하여 간음하는 것이니라." *(마가복음 10:11-12)*

그러나 내가 너희에게 이르노니 여자를 음탕하게 바라보는 자는 마음으로 이미 그 여자와 간음하였느니라. *(마태복음 5:28)*

이것은 반대의 경우에도 적용된다. 남편이 간통죄를 범할 경우 이혼이 허용된다. 나는 나의 아버지 하느님께서 다마스쿠스에서 사울처럼 내 남편을 만나 주실 것이라는 기대 속에서 이 모든 시간을 살았고, 그를 주님께 맡겼다. 그러나 이제 나는 이것으로 충분했다. 나는 그의 요청에 동의했지만, 진짜의 이혼은 기대하지 않았다. 우리는 이미 네 번이나 헤어졌다 다시 만났고, 그는 이혼을 세 번 명시했었다.

비싼 전화 요금

1990년대에는 인터넷 사용이 비쌌으며 분당 지불했다. 남편이 여자들과 인터넷으로 채팅한 것이 전화 요금 청구서에 나와 있었는데, 1996년 1월에는 300마르크, 4월에는 775마르크, 5월에는 932마르크였다.

헤어지기 위해 다시 아파트 찾았다

나는 숨을 쉴 공간이 절실히 필요했다. 그래서 아파트를 찾기 시작했다. 그러나 그것은 어려웠다. 그래서 남편과 나는 아파트를 찾을 때까지 같은 집에서 별거 생활을 시작하기로 동의했다. 당시 이혼 소송은 별거 1년을 했어야 가능했다. 그는 나에게 집세의 절반을 요구했다. 그러나 우리는 변호사와 위자료를 정하지 않았기에, 나는 그것에 동의하지 않았다.

내가 그의 비밀을 알게 된 이후로 그는 사무실을 잠그고 밤낮으로 항상 열쇠를 가지고 다녔다. 지하실의 금고도 계속 잠근 채로 두었다. 나는 그곳에 유가증권 등이 있는 곳이라고 생각했다. 남편은 내가 돈을 잘 다루지 못하고 다 선물한다고 종종 꾸짖었기에 모든 것을 그에게 맡겼다. 나는 개인 전화 요금, 옷, 신발, 책, 자동차 비용, 의약품 등 모든 비용을 연금으로 충당하며 살았다. 의료보험도 나의 장애 연금에서 공제되었다.

나중에 누군가가 그가 모든 것을 지불하지 않으면 왜 우리가 결혼했느냐고 물었다. 그래서 나는 남편이 우리를 위해 저축하는 한 어느 계좌에서 인출되든 상관없다고 대답했다. 내가 순진했나? 사실 나는 저축하는 것을 전적으로 남편에게 맡겼다. 그는 나의 장애인 신분 덕으로 TV와 라디오 방송료도 내지 않았다. 또한 그는 나의 중증 장애인 신분증으로 세금 감면 혜택도 누렸다.

오랫동안 아파트를 찾으며 남편과 많은 흥정 끝에 마침내 적합한 아파트를 찾았다. 사막 시간의 끝이 보였다! 나는 현재 사는 마을을 제외한 모든 곳을 수색했다. 그러나 나의 아버지 하나님은 내가 이곳에 있기를 원하셨다. 어떤 목적과 이유로 그랬는지 이 장과 다음 장에서 말씀드린다. 이상했던 것은 하나님이 내게 이 지역을 보라고 한 번도 말씀하지 않았다는 것.

몇 주 후, 1996년 6월 중순, 나는 새집으로 이사했다. 공항이며 여기저기 좋은 지역 교통도 좋았다(그 당시 나는 감히 비행기를 타지 않았지만). 남편은 새 세탁기와 이사 비용을 지불하는 데 동의했고, 심지어 월세까지 조건 없이 지불하겠다고 했다.

새 아파트는 아주 오랫동안 비어있었기 때문에 해가 갈수록 집세가 1200에서 800 DM까지 저렴해졌다고 현지 자매로부터 나중에 들었다! 내 요청에 따라 집주인은 주방도 설치해 주었고, 나는 오직 식기 세척기만 사서 설치하는 걸로 했다.

하나님께서 남편이 반성하도록 인도하시고 우리의 부부 생활을 치유해 주실 것이라고 기대하면서도, 나는 내가 아주 오랫동안 거기에서 살 계획이라고 집주인과 구두로 동의했다. 그는 개인적인 용도로 임대 계약 해지되는 일은 없을 것이라며, 걱정 없이 이 아파트에서 평화롭게 늙을 수 있다고 말했다.

전화 연결에 의한 공포

1992년, 내 이름으로 등록한 우리들의 개인 전화의 수수료는 내 계좌에서 인출되었다. 그래서 나는 그걸 해지하고 미래의 아파트에 새로운 번호를 신청했다. 텔레콤(Telekom)에서 취소할 수 없다고 연락이 왔다. 그 번호는 회사 소속이고 나는 그렇게 할 권리가 없다는 거였다. 깜짝 놀랐다!

남편이 1992년에 이사할 때, 회사 번호는 종료했지만, 새 주소로 번호를 신청하지 않았던 것이었다. 그는 나에게 묻지 않고 우리 개인 전화를 그의 회사 전화로 등록했다. 나중에 그는 사업상의 전화와 번호를 받았지만, 내 이름의 개인 전화번호를 돌려놓지 않았다. 그 문제가 해결될 때까지 나는 Telekom과 남편과 강하게 논쟁했다.

이혼 전 별거 시작

때가 되어 나는 남편과 교회 형제자매들의 적극적인 도움으로 이사할 수 있었다. 남편이 나를 도왔고, 우리 사이에 뚜렷한 긴장감이 없어 보이는 사실에, 형제자매들은 이상히 여겼다. 나는 그저 감사할 뿐이었다.

첫날 밤 열쇠가 보이지 않았다. 사라진 열쇠 다발 땜에 나는 새 집에서 6주를 두려움 속에서 보냈다. 남편이 가지고 갔나?

남편은 내가 자기 돈을 원하면 총을 사서 나를 쏘겠다고 여러 번 협박했었다. 나는 그에게 전화를 걸어 그가 실수로 내 열쇠 뭉치를 가지고 갔는지 아니면 내가 그의 집에 두고 왔는지 물었다. 그는 아니라고 대답했다.

다행히 나는 예비 열쇠를 가지고 있었다. 6 주 후, 열쇠 뭉치를 발견했을 때 나는 얼마나 기쁘고 행복했는지! 나의 많은 책상 서랍 중 하나에 안전하고 건전하게 놓여있었다!

이사를 도와준 것에 대한 감사의 표시로 남편과 모든 도우미를 식사에 초대하여 멋진 저녁을 보냈다. 나중에 교회 형제들은 우리가 너무 잘 어울리고 서로를 잘 이해하는데 왜 헤어지느냐고 물었다. 그들이 그 이유를 어떻게 알 수 있을까요? 사실, 남편과 나는 남편의 성향을 제외하고는 잘 어울린다.

새 거주지에 어둠의 세력

이사 오자마자 영적인 불안한 기운을 느꼈다. 처음에 나는 그것을 무시했고, 아파트를 정리하는 데 완전히 몰두했다. 그러나 매주 불안감은 더 강해졌다. 침실의 채광창에서 이상한 소음을 느꼈고, 나에게 차가운 닭살을 느끼게 했다. 어둠 세력의 징표였다. 마음의 불안은 더 강해졌고, 이제 나는 육체적으로도 느꼈다. 불안의 아픔이었다. 그래서 나는 잉그리드에게 전화를 걸었다. 그녀는 내가 그녀에게 새 아파트에 관해 이야기했을 때 그것을 즉시 느꼈다고 말했다. 그러나 내가 걱정하지 않도록 아무 말을 하지 않았단다. 나는 하느님께 인도를 구하기로 결심하고 그녀에게 기도를 부탁했다: 그녀는 그녀 집에서 나는 내 집에서. 나는 아파트의 큰 복도를 오르락내리락하며 방언으로 기도했다. 약 한 시간 후, **"너와 이웃의 아파트에 십자가를 세워라!"**라고 하나님의 지시를 들었다. 나는 힘차게 기도했다. 이웃의 집에 들어가지 않고 상징적으로 십자가를 세우며 평안을 느낄 때까지 방언으로 계속 기도했다. 그로부터 유령은 떠났고 나는 평화를 누렸다.

설명: 이전 집 주인이 그 건물에서 미신 행위(occult practices)를 했었다.

아버지 하나님은 오직 이 목적을 위해서 나를 이 아파트로 이사하도록 허락하신 게 분명했다. 일 년 후, 나는 이 아파트를 떠나야 했다(자세한 내용은 나중에 설명). 물론 하나님은 나를 먼 곳에서 사용하실 수도 있었다. 그러나 우리는 안다, 성령께서 우리 안에 계신다는 것을. 그래서 우리의 육체적 존재가 상당한 영향을 미치기에 본질적인 효력을 가진다. 하나님의 생각은 우리의 생각이 아니며, 그분의 행동은 종종 수수께끼 같다. 그러므로 우리는 이해하지 못하더라도 그분께 순종해야 한다.

> *내 생각은 너희 생각과 다르며 너희 길은 내 길과 다르다고 주님은 선언하십니다. 하늘이 땅보다 높음 같이 내 길도 너희 길보다 높으며 내 생각이 너희 생각보다 높으니라. (이사야 55:8~9 새 번역)*

안도의 숨

혼자 있는 것이 나에게 큰 축복이고 너무 좋았다: 마침내 안도의 숨을 쉴 수 있었고, 평화와 고요함을 누렸으며, 예배 후에 형제자매들과 함께 커피나 점심을 먹으러 갔다. 그땐 나한테 TV가 없었다. 나는 울기도 하고 하나님과 단둘이 있는 것을 번갈아 가며 즐겼다. 나는 하나님께서 남편과 친구처럼 나를 돌봐 달라고 진심으로 간구했다. 나는 또 끊임없이 영적인 노래를 불렀다: 방언으로나[5] 또는 교회나 가정 모임에서 배운 새로운 노래책들을 가지고 있었기에 엄청 많이 불렀다.

하느님께서 남편에게 무슨 일을 하실지 몹시 애타게 기다렸다. 그러나 아무 일이 일어나지 않았다. 나는 많이 울었고, 나를 이혼의 자녀로 만들지 말라고 하나님께 간청했다. 모든 어려움을 인내에 인내로 세월을 보냈는데 이혼으로 끝나는 것은 너무 불공평하고 억울하며 내 영혼은 매우 씁쓸하다고 하나님께 말했다.

순수한 괴롭힘

놀랍게도, 남편은 나를 괴롭히는 방법과 수단을 찾았다. 그의 압력 수단은 생활비 지급이었다. 나는 항상 그에게 친절해야 했고, 그의 곡에 맞춰 춤을 춰야 했으며, 그렇지 않으면 그는 생활비를 중단했다. 나는 곧 차를 처분하거나 팔아야 했다.

자동차 보험 회사와 지역 사무소에 문의했다. 그리고 보라! 1997년부터 시즌 번호가 나온단다. 이에 따라 최대 반년 동안 차를 정지시킬 수 있었다. 도로에 세우는 것은 허용되지 않았다. 나의 하느님께서는 이렇게 좋은 길을 마련 해 놓으셨다!

나는 4월에서 9월까지 차를 지하 주차장에 주차하고 버스와 기차를 이용했다. 구청을 통해 중증 장애인 할인 된 반년 티켓을 구입할 수 있었다. 나는 또한 반년 동안만 자동차 세금 및 보험을 지불하면 되었다.

---

5) 방언으로 노래하는 것은 방언으로 기도하는 것과 비슷하다. 멜로디, 코드 진행 또는 완전히 자유롭게 배우지 않은 기도의 언어로 노래한다.

23장: 이혼

변호사의 편지

새 아파트에서 두 달을 보낸 후, 나는 변호사를 통해 남편이 이혼에 동의한다는 편지를 받았다. 그 편지에서 남편이 내 신앙 때문에 결혼 파탄에 이르게 됐다고 비난했다.

나는 울고 기도하고 또 울었다. 이혼은 하나님의 뜻이 아니다!

그러다 내 변호사의 조언에 따라 나는 반론을 제출해야 한다는 것을 깨달았다: 10년 동안의 모든 진실을 적어서 그녀에게 제출하라고 했다. 나에게 매우 힘들었다. 여러 번 믿는 자매들에게 기도를 요청했고 확인을 기도했다. 확인을 받은 후 글을 썼다. 나를 가엽게 여긴 한 자매가 독일어를 수정하고, 한 달 후인 9월 중순이 되어서야 나의 변호사에게 넘겼다.

신앙생활을 한 지 20년이 다 되어가는데, 이 아파트에서처럼 방언으로 또 아주 큰 소리로 찬송을 많이 부른 적은 없었다, 특히 머리를 말릴 때. 헤어드라이어는 유쾌하게 시끄러웠고, 나는 기록적인 볼륨으로 노래할 수 있었다.

우울증 대항: 스포츠와 자선 활동

나는 별거 우울증으로 고통받고 싶지 않았기 때문에, 1996년 7월에 다시 스포츠를 집 근처에서 시작했다. 몇 년 동안 나는 마을의 탁구 클럽에서 뛰었고, 심지어 팀 경기에서 한 선수가 빠지면 대리로 뛰었다. 안타깝게도 선수들의 향기 때문에 몇 년 후 탁구와 작별해야 했다.

잠깐 나는 동네 양로원에 다녔고, 입소자 한분 한분을 돌보며, 그들과 함께 산책하거나, 운동 게임을 했다 (오늘날 이것은 "의자 춤"이라고 불린다). 아니면 휠체어에 탄 노인들을 밀고 산책하기도 했다.

젊은 세대를 위해 봉사도 할 수 있었다. 1997년 봄, 청소년복지실을 통해 대가족을 돌볼 기회가 주어졌다. 나는 기도를 통해 이 축복을 받았다: 나는 리엔 페인(Leanne Payne)의 세미나에 꼭 참석하고 싶었고, 그녀를 "라이브"로 경험하고 싶었다.

Leanne Payne은 성 정체성에 관한 선구자이다. 1995년 10월, 내가 여성으로서 성 정체성을 부분적으로 그녀의 가르침 덕분에 치유된 후, 그녀가 1997년에 독일에 온다는 것을 알게 되었다. 그러나 나는 여행, 숙박 및 세미나 비용을 지불할 돈이 없었다. 그래서 나는 하나님께 부르짖었다. "주님, 당신께서 그녀의 책과 세미나 테이프를 통해 나를 치유해 주셨는데, 나는 그녀를 직접 보고 싶습니다."

그 결과 문이 열렸고, 청소년 복지 사무소에서 보수를 받게 되었다. 나는 그것에 대해 매우 기뻤다. 나는 즉시 세미나에 등록했다. "불행하게도" 집안의 모든 침대가 이미 예약이 완료되어서, 나는 스스로 숙소를 찾아야 했지만, 심지어 더 저렴한 숙소를 찾았다!

가장 좋은 점은 Leanne Payne도 향수 알레르기를 앓고 있기 때문에 참가자들이 향수 사용을 자제해야 한다는 것이었다. 1980년대 말부터 세제에도 향이 포함되어 있기 때문에 나는 항상 침구를 가지고 다녀야 했다. 다행히도 차가 있어서 롤 매트리스, 담요, 베개를 가지고 다닐 수 있었다.

아버지 아브라함에게는 많은 자녀가 있다

내가 돌본 대가족은 자유주의 이슬람 국가 출신이었다. 아이들은 각각 한 살 정도 차이로 나왔는데, 맏이는 일곱 살이었고, 막내는 한 살도 되지 않았다. 어머니는 내가 그들에게 아브라함과 모세에 관해 이야기하는 것을 개의치 않았다. (이슬람도 아브라함과 모세에 대해 잘 알고 있기에….) 나는 아이들에게 **"아버지 아브라함은 많은 아이들을 가졌다"**라는 노래를 율동으로 가르쳤다.

아버지 아브라함은 많은 자녀를 가졌다.
아버지 아브라함은 많은 자녀를 가졌다.
나도 그중 하나다.
그리고 너도 그중 하나다.
그래서 우리는 주님을 찬양합니다.
오른팔, 왼팔!

아버지 아브라함은 많은 자녀를 가졌다.
아버지 아브라함은 많은 자녀를 가졌다.
나도 그중 하나다.
그리고 너도 그중 하나다.
그래서 우리는 주님을 찬양한다.
오른팔, 왼팔,
오른발, 왼발![6]

그렇게 계속되고 마지막으로 다음과 같이 한다.
오른팔, 왼팔,
오른발, 왼발,
턱을 위로 올리고 돌아서,
앉아!

아이들은 큰 소리로 노래를 부르고 웃으며 춤에 많이 재미있어
했다. 그러다 나는 아이들을 마을의 교회 "어린이 시간"에 통합

---

6) 잘츠부르크에 있는 아가페 복음 교회 제공. 나는 1990년대 초반에 이 동요 카세트를 구입했다. 훌륭하고 훌륭한 하나님의 사람이자 많은 노래 가사의 저자인 Johannes Jourdan(1923~2020)에 대해 더 알고 싶다면: https://de.wikipedia.org/wiki/Johannes_Jourdan

시킬 수 있었고, 가족과의 일이 끝났을 때, 네 명의 나이 많은 아이들은 혼자서 참석할 수 있었다. 어느 시점에서 가장 작은 아이들도 거기에 다녔다. 주님께 영광을 돌린다!

이 대가족을 통해 나는 또한 초등학교 교장, 유치원 교사 및 동네 시장을 알게 되었는데, 이는 나중에 내가 마을에서 추진한 행사(Events)에 도움이 되었다 (다음 장에서 자세히 설명). 아주 오랜 시간이 지난 후, 나는 이 아이 중 일부와 다시 연락을 취했고, 오늘날까지 우리는 때때로 서로에게 짧은 메시지를 보낸다.

유치원 후 몇 주 동안 아픔

이 대가족을 통해 마을에서 내가 아이들을 잘 다룬다는 것이 알려졌다.

어느 날, 유치원이 월요일부터 금요일까지 오전 10시부터 오후 12시 사이에 돌볼 수 있는 보육사를 찾고 있다는 기사를 동네 신문에서 읽었다. 그들은 내가 교육자로서 훈련받지 않았음에도 불구하고 나를 택했다.

안타깝게도 10일 후에 격렬한 기침으로 심하게 아파 그만둬야 했다. 아이들 옷과 공예품의 모든 종류의 냄새로 인해 나는 몇 주 동안 아팠다. 그 자리는 보수가 매우 좋았기 때문에 정말 안타까웠다!

바스티 (Basti)

일 년 후 Basti가 왔다. 청소년 복지 사무소에서 양육하기 어려운 아홉 살짜리 소년을 돌봐 줄 수 있겠느냐고 물었다. 그는 특수 학교에 다녔다. 나의 하나님은 나에게 예스(Yes)로 응답하셨고 운이 좋게도 두 배의 보수를 받았다.

단 한 가지 문제가 있었다: 바스티의 옷과 학교 가방에서 담배 연기 냄새가 심하게 났다. 오후에는 냄새가 옅어졌지만, 수요일에는 등교 전에 나한테 와서 버스가 올 때까지 같이 있어야 했는데 냄새가 아주 심했다. 그래서 우리는 버스가 오기 전에 산책하러 나갔다.

봄이라서 나는 Basti와 초원을 걸었고, 우리는 점심으로 먹을 야생 샐러드를 모았다: 민들레 등등. 바스티는 내 채소밭에서 재배한 것들도 다 즐겨 먹었다. 여름과 가을에 텃밭에서 재배한 들깻잎과 유럽에서 껍질까지 먹는 콩 요리도 즐겨 먹었다. 아침에 점심으로 깻잎이 있다고 발표하면, 그는 몹시 기뻐하며 탄성을 질렀다.

정오에 바스티가 학교에서 집으로 오면, 학교 가방을 발코니에 놓고 숙제에 필요한 것만 방으로 가져왔다.

처음에는 방과 후 스쿨버스 정류장에서 Basti를 데려왔다. 종종 그는 엄청나게 "충전"되어 있었다. 심하게 화를 내며 소리를 질렀다. 아파트에서 나는 그에게 마실 물을 준 다음 소파에 누우라고 말했다. 처음에 그는 무엇을 뜻하는지 당황했다. 그래서 내가 소파 중 하나에 누웠고 맞은편 소파에 누우라고 요청했다. 그는 그리했다.

나는 그에게 무엇이 또 누가 그를 그렇게 화나게 했는지 말하라고 했다. 누워서 그는 나에게 말했다, 그렇게 마음을 쏟아부으며 화를 식힐 수 있었다. 그런 후 우리는 점심을 즐길 수 있었다! 일주일 후, 그는 스스로 소파에 누웠고 자기 경험에 관해 이야기하며 진정할 수 있었다. 그것은 우리들의 의식이 되었다.

한번은 내가 평소보다 조금 더 큰 소리로 말했는데, 거기에 바스티가 공격적으로 반응했다. 나는 즉시 그의 집에서 큰소리가 자주 있음을 알았고 그가 그것을 좋아하지 않는다는 것을 알아차렸다. 그 이후로 나는 낮은 소리로 말했고 모든 게 훌륭하게 잘 돌아갔다.

시를 암기하고 학교에서 낭송하는 것은 Basti에 큰 문제였다. 그는 외울 수 없었다. 나는 "주님, 이제 어떡하죠?" 하느님께 여쭈었고 즉각적인 대답을 얻었다: "랩(Rappen)"이었다. 나는 "랩요?" 하고 주님께 물으며 웃었다. 그런 다음 바스트에게 텍스트를 달라고 하고 읽었다. 그런 후 일어서서 랩을 했다. 그런 다음

바스티에게 "나처럼 해봐!"라고 했다. 그는 그렇게 기꺼이 했다. 세 번째 후에는 혼자서 해보겠다고 했다. 그것은 항상 훌륭하게 잘 되었다. 하나님 감사합니다!

어느 날 그의 어머니는 우리 집에서 바스티를 데리러 와 나한테 물었다. 내가 그와 무엇을 또 어떻게 하기에 바스티가 다 정리된 상태로 집에 오냐고 물었다. 또 그가 학교에서 잘 적응하며 발전하고 있다며 놀라워했다.

바스티는 모든 것을 잘 먹었고 산책하는 것을 좋아했기 때문에 나한테 정말 운이 좋았다. 그의 어머니는 훌륭한 요리사였는데, 바스티는 내가 요리한 모든 것을 좋아했다.

늦가을에 우리 동네 공동체의 나무에 사과 몇 개가 매달려있었다. 우리는 막대기를 던져 사과를 떨어뜨리며 즐겼다. 주님의 은혜와 지혜로 나는 그와 함께 운이 좋았다.

몇 년 후: 버스에서 키가 크고 호리호리한 청년이 내게 다가와 물었다: "저 기억 안 나시나요? 나 바스티에요." 바스티는 거의 2미터로 성숙했고 전혀 알아볼 수 없었다. 참으로 기쁜 재회였다.

2016년, 내가 채소밭으로 가는데, 길에 오토바이가 내 옆에 멈춰 섰다. 바스티였다. 뒤에는 여자 친구가 앉아 있었다. 그는 나를 보았고 오토바이를 돌려 몰고 왔다고 말하며 여자 친구를 소개했다. 2017년 5월, 바스티의 어머니로부터 그가 아버지가 되었다는 소식을 들었다. 주님께서 그와 그의 가족을 축복하시고 그들을 지켜주시길 빈다.

이혼 소송 제기

1996년 가을, 나는 이혼 소송을 제기했다. 남편의 끊임없는 괴롭힘과 도발에 힘들고 지쳤다. 나는 생활비를 깨끗이 정리하고 평화를 찾기 원했다!

하나님께서는 남편이 나를 떠나면 파산할 것이라고 말씀하셨었다. 하지만 나중에 알게 된 것인데, 그는 1996년 초에 거대한 프로젝트에 일하고 있었으며, 집 밑의 아파트가 비게 되자 임대하여 사업장을 확장하고 직원 몇 명을 고용했다.

남편이 내가 이사할 수 있도록 하느님이 그렇게 마련해 주셨을까? 그는 법적으로 지불해야 하는 월세를 포함하여 이사 비용을 지불하기로 동의했고 실천했다.

하나님의 위로와 사랑

1996년 10월, 나는 남편의 정신 상태에 대해 주체할 수 없이 울어야 했다. 이 기간 또한 나는 재정적 어려움도 너무 심해서 스스로 목숨을 끊을 위기에 처했을 정도로 압박감이 컸다.

그때 두 개의 예언이 나한테 힘과 희망을 주었다. 11월 초, Aglow 저녁에 마이클 카(Michael Carr)한테 첫 번째 예언을 받았다. 그동안 나는 더 이상 Aglow 직원이 아니었지만, 손님으로 참여할 수 있었다. 예언은 다음과 같다.

> 내 딸아, 주님께서 너에게 말씀하신다.
> 나는 너를 많이, 많이 도울 것이다. 때때로 너의 인생은 매우 복잡하나,
> 나는 그것을 매우, 아주 단순하게 할 것이다.
> 너는 너무 피곤하다. 나는 네가 더 강해지기를 바란다.
> 내가 너를 돌볼 거다. 그리고 나는 네가 가지고 있는 이 어려운 문제들을 끝낼 것이다. 나는 너에게서 우울증을 없애고 두려움을 너에게서 제거할 것이다. 나는 너의 친구가 될 것이다.
> 너는 친구가 너무 절실히 필요하기 때문에 친구를 위해 비명을 지르고 있다. 그러나 나는 너에게 말한다:
> 나는 너의 친구이고 너를 영원히 사랑한다.
> 영원토록.

자, 예수의 이름으로: 우울증, 떠나라! 예수님의 이름으로, 떠나

라, 떠나라, 떠나라!
두려움, 예수님의 이름으로, 떠나라, 떠나라, 떠나라!

네가 나를 위해 한 모든 일이 헛되지 않았다는 것을 상기시키고 싶다. 너는 너무 낙담했고 거의 멈췄다. 그러나 나는 너에게 말하고 있다: 계속하라고! 너는 왕관을 한 번 볼 수 있으리라. 너는 아주 작지만, 네 왕관[7]은 너무 크다.

나는 너에게 말한다: 포기하지 마라! 네가 포기하면 나의 수확을 놓치게 된다.

나는 이제 너에게 용기와 지혜를 준다. 너에게 얽힌 문제들을 내가 해결하고, 해결책을 제시하겠다. 앞으로 며칠 동안 너는 보게 될 것이다: 나는 너를 돌보겠다.

너를 지배하는 것은 과거도 아니고 다른 사람들도 아니다

나 여호와 너희 하느님, 내가 통치한다. 내가 너를 돌볼 거다.

이 모든 예언은 카세트에 녹음 되었기 때문에 자세하게 재현할 수 있었다.

두 번째 예언은 1996년 성탄절 전야에 받았다. 한 형제가 자기 집으로 저녁 식사에 나를 초대했다. 가족과 저녁 식사가 끝난 후 그는 자기 영적인 눈으로 본 것을 말했다: 내가 마치 스스로 목숨을 끊고 싶어 하는 것처럼 비탈에 서 있는 나를 보았다. 그때 헬리콥터 한 대가 와서 밧줄을 내게 던져 나를 감고 끌어올리는

---

7) 면류관은 왕권(역대하 23:11)과 승리의 일반적인 표시일 뿐만 아니라 명예와 성공의 상징이다. 1990년대 초반에도 아프리카에서 온 한 선교사에게 기도를 부탁했더니 그도 나에 대해 이렇게 예언했었다. "너는 작지만, 너의 믿음은 아주 크고, 너의 면류관은 훨씬 더 크다. 나는 그런 것을 본 적이 없다!"

것을 보았다.

그가 나에게 그림을 설명했을 때 나에게 소름이 돋았다. 그는 내가 빠듯한 재정 때문에 정신적 고통에 처한 걸 전혀 알지 못했었다. 이때 나는 마침내 확신했다: 나의 아버지 하나님이 나를 도우실 것이라고!

주님, 당신 외에는 아무도 없다는 찬송

반년 후: 1997년 7월, 이 마을에 온 지 1년이 넘었을 때 한 개의 멜로디가 계속 떠올라 아침부터 밤까지 흥얼거렸다. 며칠 후 나는 결국 이 노래를 알고 있다는 것을 깨달았다. 하지만 어떻게 시작되더라? 나는 하나님께 도와달라고 간구했고, 그분은 즉시 **"주님 외에는 아무도 없다..."**라고 하셨다. 나는 그것을 찬송 책에서 빨리 찾았다. Andy Park가 그것을 썼다.

주님 외에는 아무도 내 내면이 그리워하는 것을 줄 수 없습니다.
주님, 내가 무슨 일을 해도 당신의 친밀감을 통해 제공하는 것은 대체할 수 없습니다.

당신만이 나의 가장 깊은 갈망을 만족시켜 주십니다.
당신만이 새 생명을 불어넣습니다.
당신만이 내 마음을 기쁨으로 채워 주십니다.
당신만이 내 마음의 부르짖음을 들으십니다.

아버지, 사랑합니다.
당신은 내 깊은 곳의 갈망을 만족시킵니다.
나를 채우시고, 붙잡아 주시고,
내 마음 깊은 곳에서 당신의 사랑을 느낄 때까지.
당신만이 나의 가장 깊은 갈망을 만족시켜 주십니다.

당신만이 새 생명을 불어넣습니다.
당신만이 제 마음을 기쁨으로 채워 주십니다.
당신만이 내 마음의 부르짖음을 들으십니다.

내가 이 노래를 부르기 시작했을 때, 나는 하나님의 사랑에 깊이 감동하여 펑펑 울었다. 몇 주 동안 그 노래책은 식탁 위에 펼쳐져 있었고, 나는 하루에 세 번씩 노래를 불렀으며, 그때마다 격렬하게 울었다.

나는 식탁의 의자에 앉아서 눈을 감고 가슴에 팔짱을 낀 채 앞뒤로 흔들었다. 그렇게 노래하고 울며 하나님의 사랑을 흡수했다. 내가 더 이상 울 필요가 없을 때까지 몇 주 동안 계속되었다.

이 노래를 통해 하나님께서 사랑과 위로를 채워주셨고, 마침내 내 영혼이 안식을 얻게 되었다. 주님을 찬양합니다!

"밭을 가꾸는 것은 행복하다!"

1997년, 마을에 사는 한 자매의 어머니가 내게 채소밭을 주셨는데, 나는 임대료를 내지 않고 경작할 수 있었다. 14년 후 땅과 집이 팔렸을 때 나는 집 근처에 또 다른 사람한테 밭을 얻었고, 그것이 팔렸을 때 세 번째의 텃밭을 믿는 형제 집에 얻었다. 나는 지금도 그것을 재배하고 있으며 많이 즐긴다.

딸기, 상추, 당근, 완두콩, 무, 토마토, 호박, 콩 외에도 쑥갓과 바스티가 너무 좋아했던 깻잎도 재배했다.

밭은 나의 휴가, 나의 운동장, 그리고 신선한 공기 속에서 내 영혼의 오아시스다. "밭일은 당신을 행복하게 해준다"는 말은 헛된 말이 아니다. 주님은 오늘(2022년)까지 나를 위해 채소밭을 만들 수 있게 해준 사람들을 주님이 축복하시리라.

이혼

1997년 가을, 나의 결혼은 이혼으로 끝났다. 법정에서 남편은 자기 성적 성향을 인정하며 그 과정에서 얼굴을 붉혔다. 판사는 이혼 사유로 그것을 제시해야 하는지 알고 싶어하며 나를 보았다. 아니요, 나는 남편에게 그렇게 하고 싶지 않았다. 복수하는 것은 나와 거리가 멀었다.

남편은 법원이 정한 생활비를 매달 제때 지불했다. 그러다 하나님의 예언대로 그는 파산했다(2004년). 법원 결정에 따라 그는 2006년부터 생활비 지급 의무에서 벗어났다. 나는 국가에 법률 원조를 할부로 갚아야 했다.

다시 이사해야 했다!

이혼 직후, 나의 기대와 합의에 반하여 아파트 계약 종료의 편지를 받았다. 완전히 정신이 나간 나는 기절할 정도로 떨었고, 말문이 막히며 힘이 쑥 빠졌다. 나는 기다란 거실의 복도를 오르내리며 다시 방언으로 기도했다. 5분, 10분, 30분.... 그렇게 한 시간쯤 지났을 때 **"변호사"**라는 소리가 들렸다. 내 반응은 "변호사? 주님, 무슨 말씀입니까?"

다음 날 아침 나는 우리 마을에 있는 변호사 사무실에 전화를 걸었고, 같은 날 약속이 잡혔다. 변호사는 사업상 출장 중이라며 그의 어머니가 아들의 사무실에 와 나와 만났다.

그 여자 역시 변호사였다. 그녀는 집주인의 계약 해고서를 읽은 후 해고가 무효라며 나를 진정시켰다. 그런 후 나는 아들 변호사와 다음 약속을 잡았다.

나는 형제자매들에게 이사하는 데 도움을 다시 요청하는 것이 매우 부담스러웠다. 또 너무 부끄러웠다. 아니, 나는 그것을 원하지 않았다. 그래서 하느님께 아주 솔직하고, 정직하게 기도했다: "주님, 저는 형제자매들에게 더는 도움을 청할 수 없습니다"라고.

기도 중에 주님으로부터 세 가지 지침을 받았다. 나는 그것을 종이에 적어 변호사에게 가져갔고, 집주인의 변호사에게 편지를 보내라고 요청했다. 나는 세 가지 요점을 언급했다. **아파트 수선 없음, 이사 비용 충당, 아파트를 찾을 때까지 연기는 물론 이사 비용에 필요한 고정 가격을 제시**했다.

변호사는 두 번째 요점으로 이사 비용 인수는 기회가 없다고 말했다. 그래서 나는 그리스도인이며 기도로 이러한 지시를 받았다고 대답하며 주장했다. 그의 대답은: "그것은 포커입니다."였다. 그는 청구가 거부되는 위험을 감수하고 싶지 않았을 것이다. 그는 아직 어렸지만, 법적 상황을 잘 알고 있었다. 내 주장에 따라 그는 세 가지 요점을 모두 담은 편지를 보냈다.

어느 날 아침, 그는 나에게 전화를 걸어 흥분하며 말했다. "당신은 당신의 포커에서 이겼습니다!! 집주인의 변호사가 나에게 전화를 걸었고, 집주인이 조건을 수락한다고 합니다." 변호사는 나보다 더 기뻐 흥분했다. 거의 행복에 젖어있었다. 나에게는 주님의 이름으로 진정한 환호가 이어졌다!

그동안 나는 아파트를 계속 찾았다. 세탁기가 화장실에 있어야 한다는 것이 나한텐 아주 중요했다. 계단 전체에서 세제와 섬유 유연제 냄새가 영구적으로 난다는 것을 의미하기에 지하실의 공동 세탁실은 안되는 조건이었다. 나는 또한 욕조와 완비된 주방도 원했다. 그런 아파트는 여기에서 아주 드물었다. 절망에 빠진 나는 하나님께 여쭸다: "욕조가 사치품인가요?" 그런 다음 하나님은 나에게 시라크의 책에서 두 줄짜리 글로 응답하셨다.

자신에게 인색한 자보다 더 악한 자는 없다. 그것이 바로 자신의 사악함에 대한 보상이다. (예수 시라크, 공동 번역 집회서 14:6[8])

---

8) 예수 시라크, 공동 번역 집회서 14:6. 집회서는 유대인의 후기 저술인 외경에 속하며, 구약과 신약 사이의 일부 성경 판본, 이사야서 이전 대부분의 판본에서 표준 번역본에서 찾을 수 있다.

몇 집 떨어진 곳에 한 여자 선생님이 살았는데, 그녀는 내가 아파트를 찾는다는 사실을 알고, 그녀의 어머니가 양로원으로 이사한다며, 이 아파트에 들어오지 않겠느냐고 물었다. 할머니는 딸의 아파트 바로 위에 살았었다. 그 당시 나는 네 명의 여자들과 작은 거스름돈을 받고 할머니를 돌봤었다.

이 아파트에는 별도의 샤워 부스가 있는 대형 욕실이 있었으며, 장, 세탁기 및 건조기를 둘 수 있는 충분한 공간이 있었고, 이 건물엔 지하실에 공동 세탁실이 없었다. 꿈 같은 일이었다! 또한, 아파트에는 완비된 대형 주방과 지붕이 있는 발코니가 있었다. 내가 아쉬워한 건 단 하나로 책상, 폴더, 컴퓨터를 위한 집필실이 없었다.

집주인은 매우 친절했고 내가 이 아파트에 오래 머물 수 있다고 약속했다. 나는 지금도 여기에 살고 있다.

새 아파트에서

거실의 카펫에는 빨간 포도주 얼룩이 있어서 교체해야 했고, 아파트 전체를 새로 페인트칠해야 했다. 그 비용은 이 전 세입자였던 교사가 지불했다. 그러나 새 카펫에서 나오는 냄새는 나를 위한 것이 아니었다. 1998년 5월은 거의 여름처럼 따뜻해서 이사하기 전에 밤낮으로 창문을 열어 둘 수 있어서 다행이었다.

이삿짐센터 직원들은 실외 엘리베이터로 모든 가구와 가정용품을 2층으로 끌어 올렸다. 그들은 또한 내 옷장과 거실의 큰 장도 해체하고 새 아파트에 다시 조립했다. 이사 후 고정 가격에서 돈이 남았다. 그 돈으로 나는 3개의 새로운 작은 캐비닛 가구를 구입했다. 폼알데하이드 악취 때문에 며칠 동안 발코니에서 바람을 쐬게 한 후 조립했다. 두 개는 거실에, 한 개는 부엌에 설치했다. 부엌엔 또 중고로 구입한 절반 높이의 미닫이문이 달린 서류 캐비닛 두 개도 넣었다.

식탁은 거실에 놓고, 큰 주방엔 책상 세 개와 벽장 두 개로 채웠는데, 이혼한 남편이 설치해 줬다. 부엌엔 미닫이문이 있는 서류 캐비넷 외에도 신발장과 서류 선반을 놓을 수 있었다. 돌이켜 보면, 나는 별도의 사무실을 갖고 싶었지만, 이 아파트는 축복 그 이상이라고 말할 수 있다.

그리고 지붕이 있는 발코니는 세 번째 방과 같다. 나는 주님께 매우 감사한다! 내 발코니는 저장 공간뿐만 아니라 새 옷이나 한 번 입었던 옷이며 인쇄된 모든 것을 환기하는 데 중요하다. 믿을 수 없겠지만 나는 종이돈도 향수 냄새 땜에 발코니에 걸어 통풍시킨다. 그래서 내 발코니는 바퀴가 달린 두 개의 옷걸이(바 코트랙)와 두 개의 건조대로 잘 채워져 있다.

발코니에 의자를 놓을 공간은 없다. 내 옆, 앞, 아래의 이웃들이 담배를 피우고 향기로운 세제 및 섬유 유연제를 사용하기 때문에 나는 발코니에서 쉴 수 없다. 나의 하나님이 나를 치유하시는 것은 아주 작은 일이지만 아직 허용하신다.

몇 년 동안 나는 사무실이 있는 저렴한 방 3개짜리 아파트를 계속 찾았지만 헛수고였다. 그래서 나는 오늘도 여기에 살고 있으며, 내년이면(2024) 25년이 된다.

전 남편의 도움과 깜짝 방문

이사 직후, 이혼 한 남편이 연장을 가지고 와서 부엌에 옷장과 벽 캐비닛을 설치했다. 또한 내가 그의 도움이 필요한 곳에 그는 당연히 도왔다. 나는 그에게 매우 감사한다.

때때로 그는 나를 방문했다. 불행히도 미리 알리지 않고 번개 방문이었다. 우리는 같이 마을에서 산책도 하고, 때로는 남은 음식을 그가 먹거나, 그가 쇼핑하였을 때 나에게 무언가를 가져다주기도 했다. 나에게 불편했던 것은, 그가 내 아파트에 여기저기 늘여 있는 모든 것에 관심을 가졌다는 것. (나의 모든 서류 등등이 열려 있었다). 나는 그것을 그의 염탐이라고 생각했다.

이혼한 지 1년 4개월이 지난 1998년 8월, 나는 요양을 가야 했다. 내가 묻지도 않았지만, 그는 나를 차로 두 시간 동안 데려다주었고 퇴원 시 다시 집으로 데려다주었다. 요양 시 그는 요양소에 나를 방문했고, 같이 자전거 타기했다. 이상하게 들릴지 모르지만, 이혼이 그한테 해명이 되었던 것 같다: 생활비 문제는 법적으로 해결되었으므로 그가 더 이상 나를 괴롭힐 수 없었다. 그러나 우리는 깊은 대화를 나누지 않았다. 그것은 전혀 가능하지 않았다, 결혼 초기부터 우리는 미래에 대한 계획에 관해 이야기한 적이 없었다, 특히 그는 그것에 관해 항상 침묵했다.

24장: 하나님이 나를 일 하게 하시다

하나님의 지시: "나를 찬양하라!"

1996년, 이 마을로 이사 오자마자, 한 자매가 이 동네 어둠의 세력에 대항하여 영적 싸움의 기도를 하자고 촉구했다. 나는 "주님, 제가 할까요?" 물었고, 예수님은 "아니다"라고 하셨다. 그래서 내가 그녀에게 전했고 우리 둘은 이해하지 못했다. 그런지 9개월 후, 나는 하나님께서 다른 계획을 세우고 계신다는 것을 깨달았다. 그 계획은 "그냥" 기도하는 것보다 더 강력하다는 것을 깨달았다.

1996년 2월, 한 세미나에서 세 명의 자매가 나를 위해 기도해 주었다. 한 자매가 영적인 눈으로 본 것을 말했다.

> 나는 하프를 보았고 다윗을 생각했다.
> 나는 당신이 노래하고 있는 큰 강당을 보았다.
> 이제 다른 악기들이 강당으로 들어온다.
> 당신은 끊임없이 노래하고, 홀은 당신 노래로 가득 차 있다.

그런 다음 그녀는 웃으며 말했다.

> 있을 수 없어: 그녀는 노래하고, 노래하고, 노래합니다!

그런 다음 그녀는 내 직업이 무엇인지 물었다. 음악가입니까? 나는 웃어야 했고 그녀에게 말했다. 나는 노래를 아주 많이 부르며 즐기지만, 불행히도 여기저기 음정이 틀리고 한 개의 악기도 연주할 줄 모른다고 했다. 그러나 1년 반 전인 1995년에, 주님께서 찬양에 몰두하라고 말씀하셨다고 했다.

1996년 3월, 다른 자매가 나를 위해 기도했다. 그녀는 영적인 눈으로 "제트 전투기, 활주로 및 공기압력 드릴(The pneumatic drill)"을 보았다. 주님은 또한 그녀에게 그 의미를 주셨다.

> 제트 전투기는 모든 부정적인 힘이다.
> 활주로는 장소와 사람이다. 공기압력 드릴은 **찬양이다.**

그런 다음 그녀는 또 다른 그림을 보았다: 내가(순녀) 찬양을 계속하는 동안 도로 (활주로)가 체계적으로 파괴되었다. 이어 그녀는 하나님의 말씀을 나에게 전했다.

> 공기압력 드릴은 **찬양의 힘이다.**
> 내가 (하나님) 그것을 네 손에 주고, 사람과 장소에 대한 모든 나쁜 것들을 제거하고 분해하며 생명을 가져오는 데 사용하도록 **네가 활주로를 파괴할 수 있도록 내가 너를 인도하리라.**

그런 후 그녀는 양 떼가 나타나며 어린 양이 추가되는 것을 보더니, 그 암양이 바로 나(순녀)라고 했다.

1995년 가을, 하나님께서 나에게 **"찬양"**을 지적하셨을 때, 나는 "찬양의 길" 등의 책을 읽기 시작하며, 매우 흥미를 느꼈다. 하지만 구체적인 생각이나 계획은 없었다.

1997년 봄, 폐에서 담을 뱉는 운동을 누워서 하는 동안, 늘 그랬듯이 나는 주님과 대화했다. 이때, 영적으로 일어설 수 있는 강한 용기를 느꼈다. 나는 주님께 **"알겠습니다, 주님! 지금까지는 여자라는 이유로 모든 지도자 직책을 거절했지만, 이제부터는 그렇게 하지 않겠습니다."**라고 대답했다. 그런 후 **"나를 찬양하**

라! 찬양을 통해 내가 너희 마을에 생명을 불어넣겠다."라는 하나님의 음성을 들었다.

그때 나는 하나님께서 나에게 주신 임무가 **찬양 사역이라는** 것을 알았다. 나는 음악적으로 성가대나 찬양팀을 이끄는 능력이 전혀 없었다. 노래를 좋아하긴 하지만 음을 놓치기도 한다. 그러나 주님께서 나에게 **조직하는 달란트를** 주셨기 때문에 무언가를 할 수 있었다.

1997년 4월 초, 새로운 지역 그룹에 속한 세 명의 Aglow 직원이 나를 방문했다. 그들이 나를 위해 기도하는 동안 한 자매가 그림을 보았다:

> 아름다운 푸른 용담(gentian)이 샘물에 떠다닌다. 폭포를 통해 더 많은 용담이 떨어져 샘으로 흘러 들어가 원을 그리고 있다. 가운데의 노란 암술은 하늘을 올려다보고 있다. 샘물이 격렬하게 솟구치지만, 용담은 떨어져 나가지 않고 원으로 머물러 있다.

나에게 원은 하나 됨을 의미하기 때문에, 다른 형제자매들과 함께 순수하게 찬양한다는 것을 의미했다. 이 자매는 격렬한 폭포에도 불구하고 꽃이 분리되지 않는다는 사실에 매료되었고, 용담에 노란색 암술이 있다는 사실을 그녀도 처음으로 인식했다. 자매가 설명했다: 파란색은 순수함과 투명함, 예수 그리스도의 생명을 상징하는 샘물로서 정화하고 소생시키는 물이라는 의미라고 알려줬다. 마지막으로, 그녀는 나를 위해 주님으로부터 **이사야 62장** 전체를 받았다. 짧기 때문에 여기에 전문을 옮겨 놓는다:

> *62:1 시온을 생각할 때, 나는 잠잠할 수가 없다. 예루살렘을 생각할 때, 나는 가만히 있을 수가 없다. 그의 정의가 동터 오고 그의 구원이 횃불처럼 타오르기까지 어찌 잠잠할*

수 있으랴? 62:2 마침내 뭇 민족이 너의 정의를 보고 모든 제왕이 너의 영광을 보리라. 야훼께서 몸소 지어 주실 새 이름, 사람들이 그 이름으로 너를 부르리라. 62:3 너는 야훼의 손에 들려 있는 화려한 관처럼 빛나고 너의 하느님 손바닥에 놓인 왕관처럼 어여쁘리라. 62:4 다시는 너를 "버림받은 여자"라 하지 아니하고 너의 땅을 "소박데기"라 하지 아니하리라. 이제는 너를 "사랑하는 나의 임"이라, 너의 땅을 "내 아내"라 부르리라. 야훼께서 너를 사랑해 주시고 너의 땅의 주인이 되어 주시기 때문이다. 62:5 씩씩한 젊은이가 깨끗한 처녀를 아내로 맞이하듯 너를 지으신 이가 너를 아내로 맞으신다. 신랑이 신부를 반기듯 너의 하느님께서 너를 반기신다. 62:6 예루살렘아, 내가 너의 성 위에 보초들을 세운다. 밤이고 낮이고 가리지 아니하고 그들은 결코 잠잠해서는 안 된다. "야훼를 일깨워 드릴 너희가 입을 다물고 있어서야 되겠느냐? 62:7 하느님께서 가만히 못 계시게 예루살렘을 기어이 재건하시어 세상의 자랑거리로 만드시게 하여라." 62:8 야훼께서는 당신의 오른손을 드시고 맹세하셨다. 당신의 힘 있는 팔을 드시고 맹세하셨다. "너의 곡식을 다시는 내주지 아니하리라. 너의 원수들에게 먹으라고 내주지 아니하리라. 다시는 외국인들에게 너의 포도주를 내주지 아니하리라. 네가 땀 흘려 얻은 포도주를 결코 내주지 아니하리라. 62:9 거둔 사람이 자기가 거둔 곡식을 먹으며 야훼를 찬양하게 되리라. 포도를 거둔 사람이 자기 포도주를 마시되 너의 성소 뜰 안에서 마시게 되리라." 62:10 나아가라, 성의 이 문 저 문을 지나 나아가라. 하느님의 백성이 올 길을 닦아라. 큰길을 닦고 또 닦아라. 걸림돌을 치워라. 뭇 백성 앞에 깃발을 높이 올려라. 62:11 야훼께서 외치시는 소리, 땅끝까지 퍼진다. 수도 시온에 일러라. "너를 구원하실 이가 오신다. 승리하신 보람으로 찾은 백성을 데리고 오신다. 수고하신 값으로 얻은 백성을 앞세우고 오신다. 62:12 사람들은 그들을 '거룩

한 백성'이라 '야훼께서 구해 내신 자들'이라 부르겠고 너를 '그리워 찾는 도시' '버릴 수 없는 도시'라 부르리라."
(이사야 62:1~12)

나에게 원이 무엇을 의미하는지 분명해졌다. 1990년대에 나는 기독교가 너무 분열되어 있다는 사실로 인해 많은 고통을 겪었다. 기독교인들은 성령의 역사에 대해 치열하게 논쟁했고, 그 때문에 많은 성도들이 개신교와 가톨릭교회를 떠났다.

일부 카리스마(은사)가 넘치는 기독교인들은 오만했고, 다른 교인들은 회의적이었으며, 무지하고 두려워했기 때문이다. 하나님께 고맙게도 하나님이 어떻게 일할 수 있는지에 대한 논쟁이 다소 진정되어 다행이지만, 안타깝게도 아직 완전히 해결되지는 않았다. 나는 이 상황, 특히 내 안에 계신 성령님의 영적인 고통으로 몇 달 동안 신음하고 울었다. 나는 이 죄책감을 주님 앞에 대리로 가져와 용서를 구하고 구했다. 그리고 화합을 위해 끊임없이 기도했다.

교회 내 갈등과 교회 징계

1995년부터 나는 몇 마을 떨어진 곳에 있는 카리스마적인 교회에 다녔고, 별거와 이혼하기 전에도 이 교회와 가정 모임에 참석했었다. 우리 마을에 새로 믿게 된 한 연로한 자매가 살고 있었는데, 내가 항상 교회 예배와 가정 모임에 데리고 갔다. 그러나 내가 차를 유지할 돈이 부족해서, 그 자매에게 보험료를 1/3만을 내면 내가 1년 내내 차를 몰고 교회 예배와 가정 모임에 참석할 수 있다며, 생각해 보고 알려달라고 부탁했다. 하지만 그녀는 그 안건을 목사님한테 말했고, 목사님은 내가 돈을 어디에 쓰는지 알고 싶다며 계정을 요구했다. 나는 유치원에 온 것 같은 기분이었다! 나는 고등학교[9] 다닐 때부터 예산을 짜서 지출을 잘

---

9) 독일의 학교 시스템이 다르기에 한국시스템을 설명했음.

관리하고 있다고 설명했다. 그러나 그는 실제로 내가 어디에 돈을 쓰는지 보고 확인하고 싶어 했다! 예산 장부를 가지고 오라고 했다. 나는 그럴 준비가 되어 있지 않았다.

젊은 목사님은 내 장애 연금이 얼마나 높은지, 즉 얼마나 낮은지 전혀 몰랐다. 그는 내 재정 상황을 파악하거나 최소한 별거 중에 어떻게 지내고 있는지 물어보기는커녕 당연히 무임승차를 해주길 바랐다. 항상 그렇게 해왔고 앞으로도 계속하고 싶었지만, 더 이상 그럴 수 없었다. 그래서 나는 계절 번호판을 신청하고 여름철에는 대중교통을 이용했고, 자매는 잉그리드와 월터가 데려가고 데려다주었다.

1997년 봄, 이 부부(잉그리드와 월터가)는 새로 개종한 기독교인들을 조종하여 교회에 등록하고 세례를 받도록 압력을 가하기 시작했다. 나는 영적인 권력 남용을 느꼈다. 그러다 그 자매는 내가 다른 교회에 간다며 목사님한테 거짓말을 했다. 나는 오직 추수감사절에 한 번 한인 교회 예배에 참석했고, 한 주말에는 아팠었다. 나는 이 점에 해명해야 할 의무를 느꼈다. 그래서 나는 그들에게 새로운 개종자를 영적으로 조종하는 행위를 중단하라고 편지를 보냈다.

그들은 내 편지를 목사님에게 전달했고, 목사님은 나에게 면담을 요구했다. 그는 내가 하나님의 기름 부음 받은 사람들을 건드렸다며 그 부부에게 사과하라고 요구했다. 나는 정말 위협적인 실탄이라 생각했다! 그래서 나는 하나님께서 나를 그렇게 하도록 이끄신다면 그렇게 하겠다고 대답했다. 목사님은 나에게 한 달 동안 생각할 시간을 주었다.

잉그리드와 월터는 목사의 '오른팔'이었고, 목사는 그들을 맹목적으로 신뢰했다. 나는 단호했고 확고한 입장을 고수했다. 그 부부는 나와 영적으로 매우 가까운 사이였기 때문에 나의 마음은 매우 아팠으나, 그들이 한 행동은 절대 용납할 수 없는 일이었다. 내가 꿈쩍도 하지 않자, 목사님이 나에게 전화를 걸어 문의했다. 몇 주 후 목사님은 다시 나에게 전화를 걸어 부부에게 사과하지 않으면 나를 교회 징계위원회에 회부하겠다고 말했다. 즉 교회 예배나 가정 모임에 참석할 수 없게 조치하겠다는 거였다. 형제 자매들이 나와 접촉하는 것도 금지하는 것이다. 나는 그에게 옳다고 생각하면 그렇게 하라고 말했다. 어느 날 예배가 끝난 후 그는 내가 회중의 징계를 받고 있다고 발표했다.

그 후 교회에 혼란이 일어났다. 많은 젊은이와 나이 든 성도들이 교회를 떠났다. 나는 그것을 **"거룩한 혼란"**이라고 불렀다. 모든 것을 엉망으로 만드신 분이 주님이시기에 "거룩하다"는 의미에서 "거룩한 혼란"이라고 불렀다. 교인은 절반으로 줄어들었고 심각한 시험을 받았다. 잉그리드와 월터는 모 교회에 가서 담임 목사를 비방하는 등 계속해서 문제를 일으켰다.

약 2년이 지난 후 모든 일이 알려졌다. 교회는 잉그리드와 월터가 회개한다면 다시 받아줄 의향이 있었지만, 두 사람은 결국 사임을 선언했다. 이제 나는 회복되었다. 목사님으로부터 사과의 말은 없었지만, 친구를 통해 다시 교회에 나와도 좋다는 말을 들었다.

2년 동안 나의 여자 친구 자매는 나에게 전화하거나 방문하는 것이 허용되지 않았고, 사소한 대화조차 금지되었었다. 우리는 구약성경에 나오는 요나단과 다비드처럼 영적으로 가까운 친구였기 때문에 많은 고통을 겪었다. 이 2년은 나에게도 힘든 시간이었고, 그 기간 내내 영적 고통으로 인해 몹시 괴로웠다. 방언으로 기도하며, 누워서 몇 달 동안 기력이 다할 때까지 울었다. 특히 잉그리드와 월터를 지극히 사랑했기 때문에 마음이 더 아팠지만, 하나님께서는 나에게 그들이 사로잡힌 사탄의 권세에서 그들을 구출하라는 사명을 주시지 않으셨다. 주님의 사명 없이는 영적으로 아무것도 할 수 없다. (기독교인들은 늘 깨어있어야 한다. 마귀는 "무엇이든" 할 수 있다!) 이러한 혼란으로 인해 모 교회와도 관계를 끊었다. 이러한 분열로 일부는 오늘날에도 분열된 상태다. 하지만 교회 징계가 좋은 면도 있었다. 나는 새처럼 자유롭게 지내면서 찬양팀 등 지역 내 다른 교회들을 알게 되었고, 마을에서 찬양 사역을 위한 좋은 준비 시간이 되었다. 그래서 교회의 징계는 나에게 큰 도움이 되었다(롬 8:28).

바이에른(Bayern)에서 초청 설교자가 왔을 때 그를 경험하고 싶어, 나를 징계했던 교회를 방문했다. 목사님과 목사님의 아내와 나는 서로 포옹했고, 그것이 암묵적인 화해였다. 나는 그동안 그 목사에게 화를 내지 않았다. 그는 젊었고, 맹목적으로 행동했으며 경험이 많지 않았기 때문이었다.

그사이에 교회는 어려움을 통해 영적으로 정화되었고, 아주 많이 성장했으며, 하나님의 역사를 강력하게 경험한다. 오늘날에는 그곳에서 하나님께서 많은 기적을 일으키고 계신다.

지역 교회가 대화를 추구하다

1997년 4월, 나는 우리 동네 개신교 교회의 목사님으로부터 초대를 받았다: 교회 장로들이 카리스마적인 성도들과 대화를 나누기를 원해서였다. 나는 매우 놀랐다. 여기에 온 지 오래되지도 않았고 시청에 장로교 교인으로 등록되어 있었다.

초대장에는 카리스마 교회의 다른 형제자매들도 초대한다며, 자유 교회의 회원들도 데려오라고 명시되어 있었다. 교회 장로들은 그곳이 무엇이 그토록 다른지, 왜 그토록 많은 사람이 장로교 교회를 떠나 그곳으로 가는지 알고 싶어 했다.

안타깝게도 초청받은 사람의 80% 이상이 거절했기에 나는 다시 한번 매우 슬펐다: 수년 동안 우리는 연합을 위해 기도해 왔지만, 그들은 그러한 기회를 거절했다! 그리스도인으로서 우리는, 우리가 사는 곳에서 최선을 다하고 축복이 되어야 하는데 이런 오만하고 미성숙한 (또는 무관심한?) 태도는 나를 매우 슬프게 만들었다. 나는 전화로 참석을 수락했다. 그때 최근에 설립된 옆 마을 교회의 지도자 중 두 사람, 즉 바르나바스 교회 목사와 교회 지도자도 온다고 목사님이 알려주셨다. 나는 매우 기뻤다.

바르나바스 교회에서 열린 오순절 예배

당시 나는 우리 동네에서 찬양 예배를 하기 위해 찬양 밴드를 찾고 있었다. 그래서 5월 초에 나는 처음으로 바르나바스 교회에 갔다. 또 교회의 저녁 토론회에 누가 오는지도 알고 싶었다.

당시 오랫동안 사용하지 않은 전차 열차가 1997년부터 다시 운행되었다! 주님의 아이디어이자 나에게는 행운이었다! 그러나 나는 그곳에 여러 정거장이 있다는 것을 몰랐다. 나중에 알았는데 그곳엔 세 정거장이 있었다. 나는 첫 번째 정류장에서 내렸다. 어디로 가야 하나? 오른쪽 아니면 왼쪽? 내면의 충동에 따라 나는 왼쪽으로 걷기 시작했고, 물고기 스티커가[10] 달린 차를 발견했다. 그렇게 나는 마을 회관을 찾을 수 있었다.

불행하게도, 그 교회 지도자는 그 일요일에 없었다. 그러나 거기서 나는 여기저기 세미나 기독교 행사를 통해 알게 된 다른 형제자매들을 만났다. 나는 몇 정거장 떨어진 근처에 카리스마가 넘치는 교회를 발견하게 되어 매우 기뻤다.

바로 다음 일요일도 나는 그 교회에 갔고 일부러 마지막 줄에 앉았다. 나는 영적으로 비참하고, 더럽고, 거룩하지 않다고 느꼈다. 왜냐하면 나는 교회의 징계 아래 있었고 그리스도인들의 갈등으로 고통받았기 때문에 거룩하지 않다고 느꼈었다. 예배가 끝난 후 목사님이 말했다: 오늘이 오순절 주일이므로 예배 후 추가모임이 있다고 발표하며 시간이 있는 사람은 남아있으라고 했다.

하나님의 압도적인 사랑

한 형제가 마이크를 잡고 개인에 대해 예언하기 시작했다. 어느 순간 그는 내 쪽을 바라보았다. 나는 마지막 줄에 앉아 있다는 것을 잊고 뒤를 돌아다보았다. 마이크를 잡은 형제가 **"당신 뒤에는 앉아 있는 사람이 없습니다"**라고 말했다. 그때야 그가 나를 의미함을 인식했다! 그 형제는 이렇게 말했다.

---

10) 물고기 기호는 "예수 그리스도, 하나님의 아들, 구세주"를 상징한다. 많은 기독교인이 그것을 차에 붙인다.

당신은 하나님을 경외하는 것을 아는 사람입니다.

당신은 하나님과 그분의 임재를 압니다. 당신은 공개적으로 말할 수 있는 예언의 은사가 아니라 은밀하게 분별하고 기도하는 은사, 즉 기도 은사를 가지고 있습니다. **당신은 다른 사람들이 모르는 것을 알아봅니다. 결과적으로, 당신은 큰 저항을 받습니다.**

당신은 교회를 위해 기도하라는 주님의 사명을 받았습니다.

당신의 기도를 통해, 교회가 하나 될 것입니다.

당신은 의로운 사람입니다.

당신의 기도는 힘이 있습니다.

당신의 기도로 많은 교회가 하나로 모입니다.

한 천사가 보입니다. 그는 매우 키가 크고
당신 주위를 맴돌고 있습니다.
나는 한 사람 주위에 여러 천사를 보는데
당신 곁에는 한 천사만 보입니다.
간격이 하나도 없도록 당신 주위를 돌고 있습니다.

그런 후, 한 자매가 마이크를 잡고 말했다. 나중에 나는 그녀가 목사님의 아내라는 것을 알게 되었다.

나는 덧붙이고 싶습니다:
당신의 심장이 교회를 위해 매우 큽니다. 단지 한 교회를 위해서가 아니라, 많은 교회를 위해서.
주님께서 주신 사명이 당신에게 너무 큰 것처럼 보입니다.
그러나 하나님은 당신에게 각 교회의 구체적인 상황을 보여 주시며 또 넓은 시야를 주실 겁니다.
당신은 단지 교회를 통합하는 것만이 아니라 더 많을 일을 할 겁니다.

지금은 시작에 불과하고 **훨씬 더 큰 일이**[11] 올 겁니다.

나는 하나님의 사랑에 압도되어 소름이 돋았다. 나는 큰 소리로 울고 싶었지만, 그것을 억눌렀다. 나의 마음을 아시고, 나의 신장을 시험하시는 아버지 하나님께서는, 이 두 가지 예언을 통해, 내가 교회 연합을 위해 기도하며, 내 교회와의 충돌에 올바른 길을 가고 있음을 확인시켜 주셨다.

이 축복된 오순절 예배가 끝난 후, 아담과 하와를 포함한 두 부부가 내게 다가왔다(그들 모두에게는 내가 교회 징계를 받고 있다는 사실과 그 이유를 이미 털어놓았었다). 그들은 나와 함께 매우 행복해했다. 두 형제 중 나이가 많은 형제가 내게 가까이 와서 팔뚝을 툭 치다니 귀에 대고 속삭였다. **"정통!"** 나는 1990년대부터 그를 알고 지냈고, 그는 **"직장 속 기독교인"** 그룹을 이끌었으며, 그의 집에서 가정 모임도 있었다. 나는 교회 징계를 받는 2년 사이 몇 번 참석했었다.

이 두 부부는 그 일요일에 바르나바스 교회에 "우연히" 참석하였고, 이 예언을 목격했다. 나의 영적 부모인 아담과 하와는 매우 기뻐했고, 나를 식당으로 점심에 초대했다. 그곳에서 우리는 함께 예언을 적었다.

사흘 후, 나는 처음으로 바르나바스 교회의 한 가정 모임을 방문했다. 세 번 후, 내가 왜 그 교회에 다니는지 목사님께 말해야 한다는 것을 깨달았다. 바로 다음 날 나의 전 교회의 등록 탈퇴서를 썼다. 그것은 나에게 매우 중요했다. 나는 등기 우편으로 탈퇴 통지를 보냈다.

그날 저녁 나는 바르나바스 교회의 목사님을 만나러 갔다. 그와 그의 아내에게 내가 교회의 징계를 받고 있다고 알렸다. 그는 그

---

11) "더 큰 일"은 마약 및 중독 예방에 참여해 달라는 지역 청소년 사업의 요청이었다.

저 웃기만 했다. 그러고 나서 나는 그들에게 나한테는 불편한 영적 은사도 있다고 말했다. 그의 교회에 있는 한 형제가 성적 문제가 있다며 형제의 이름을 언급했다. 목사님은 그것을 확인시켜 주셨다. 내가 영적 은사와 함께 자매로 인정받는 것을 경험하는 것은 좋았다.

두 예언은 2003년부터 모든 것이 성취되었다. 가장 큰 행사는 실제로 2003년 야외에서 세 차례 찬양 행사가 있고 난 뒤였다. 청소년 사역을 이끌고 있던 지역 청소년 사역 그룹이 나에게 접근했다. 이에 대해서는 이 장의 후반부에서 자세히 설명한다.

서로를 알아가는 저녁

5월 중순의 토론은 개신교 교회의 작은 홀에서 소그룹으로 열렸다. 5~6명이 원을 그리며 앉았다. 이렇게 지역 목사님을 알게 되었다. 나중에 그는 하나님 나라를 위해 봉사하는 나에게 큰 도움이 되었는데, 마을의 모든 기독교인이 그의 교회에서 찬양의 밤과 기도 모임을 가질 수 있도록 허락하셨다. 이 기도 모임은 소수의 신실한 그리스도인들로 구성되어 있다. 여름 방학을 제외하고는 매달 진행된다.

우리 그룹에서는 한 장로가 지난 일요일에 도시의 큰 교회를 방문한 것에 관해 이야기했다. 그녀는 편안함을 느꼈고 아이들이 매우 좋아했다고 했다. 마지막에 바르나바스 교회의 목사가 말했다. 지역 교회에 어떤 것도 강요하고 싶지 않다며 새로운 것을 시도하고 싶다면 기꺼이 도와주겠다고 했다. 나는 그것이 매우 마음에 들었다. 그는 겸손하고 섬기는 마음을 가지고 있었다. 나는 그런 태도를 매우 높이 평가했다.

다양한 교회에 손님으로

9월 말, 나는 바르나바스 교회에 내가 반년 동안 다른 교회를 방문하고 싶다고 말했다. 모로코에서 온 한 형제가 여기가 마음에 들지 않느냐며 그 이유를 알고 싶어했다. 나는 당분간, 내가 충분한 찬양팀을 찾고 최종 계획이 내 안에 성숙해질 때까지 비밀로 남아 있어야 했기에 회피적으로 대답했다.

나는 아직 준비 초기 단계였고 조심스러웠기 때문에 계획을 너무 일찍 알리고 싶지 않았다. 나는 악기를 연주하지도 못하고, 노래도 완벽하게 못 한다. 그러나 종종 내가 영적인 노래를 부를 때 하나님은 역사하시며 나를 사랑으로 감동하게 하신다. 이미 1988년에 나는 찬송을 부르면서 우울증에서 치유됐다. (첫 번째 책에서 자세히 설명)

10월부터 나는 차를 사용할 수 있었기 때문에, 다른 마을에 있는 교회를 방문하며 반년 동안 손님으로 등록하고 가정 모임에 배정되었다. 아주 좋았다!

즉 내가 왜 그들에게 왔는지 아무도 알지 못했다. 이 교회에는 두 개의 찬양 팀이 있었는데 교대해 가며 진행했다. 하나님은 나에게 어느 팀을 목표로 삼아야 하는지 알려주셨다.

겨울 반년이 끝났다. 그곳에서 마지막 예배를 마치고, 목사님께 가서 이 찬양팀을 우리 마을로 보내어 찬양 예배를 드리게 해달라고 부탁했다. 그는 즉시 그렇게 하기로 동의했다. 그런 다음 그는 팀에게 직접 물어보라고 말했다. 그들은 동의했다!

여름에 나는 바르나바스 교회를 다시 방문했는데, 그곳은 전차를 타고 방문할 수 있었다.

어느 날, 하나님께서는 내가 계획하는 것에 대해 마을의 교회 목사에게 말씀드리라는 충동을 주셨다: 마을에 사는 모든 그리스도인과 함께 교회에서 찬양 예배 모임을 하고 싶다고. 그래서 나는 1999년에 목사님을 찾아갔다. 목사님은 거부하지 않았고, 나를 집사들 회의에 초대했다. 나는 밖에서 내 차례가 될 때까지 기다렸다. 들어간 후 나는 깜짝 놀랐다: 거기에 교회에서 함께 노래 부를 사람들을 초대한다고 광고 낸 한 자매가 앉아 있었기 때문에(그녀는 그날로 집사가 되었다). 나는 그녀 옆에 앉았다. 그녀도 처음으로 참석했다고 조용히 나한테 말했다. 내 안건을 전한 다음 모든 집사들이 우려를 표명했다.

찬성과 반대가 있었다. 그들은 상담하고 나에게 알려주기로 했다. 한 집사가 나를 다소 깎아내리는 말을 했다: "당신은 누구십니까? 무엇을 원하세요? 나는 마을에서 당신을 보았고, 당신은 가지각색의 개로 알려져 있습니다. 하지만 당신이 누군지, 뭘 하는지 모릅니다." 시간이 지남에 따라 그녀는 나를 더 잘 알게 되었고, 나를 내 성으로 부르며 매우 친절하게 인사한다. 나는 허락을 받았다, 하나님께 감사했다!

2000년 이래로 작지만, 충실한 찬송과 기도 그룹이 생겼으며 한 달에 한 번 교회에서 모임을 가진다 (휴가철엔 제외). 주님께 영광을 돌리며, 나의 주님께서 이 충실한 자매들을 축복하시기를 빈다!

부수입

찬양 밴드를 찾는 것 외에도 돈을 벌 방법도 찾고 있었다. 나는 개인 가정과 마을의 역사박물관에서 일할 수 있었다.

자연 치료사

첫 번째 부수입 자리는 자연 요법사 집이었다. 진공청소기로 청소하고 남자 어린아이와 야외 수영장에 가는 거였다. 나는 그녀에게 내가 하나님과 경험한 것에 대해 많은 이야기를 전했다. 온 가족이 가톨릭 신자였다.

어느 날, 아버지가 병원에 입원해 있는데 그를 위해 기도해 줄 수 있느냐고 자연 요법사가 물었다. 그는 밤마다 죽은 아내가 꿈에 나타나 힘들어서 병원에 있었다. 그가 고인과 대화하고 있다는 게 분명했다. 내가 함께 가서 기도하겠다고 했다.

나는 병실로 가서 그 남자에게 죽은 아내와 이야기하느냐고 물었고 그는 그렇다고 대답했다. 나는 성서에서 그것에 대해 뭐라고 말하는지 설명해 주었다. 그런 다음 나는 가톨릭교회에서 사용되는 성경을 펴고 구절을 읽어주었다 (신명기 18:11; 사무엘상 28:3, 7-8; 열왕기 하 21:6-7; (마태 23:24).

그런 다음 우리가 죄를 고백하고 용서를 구하면 하나님께서 우리를 용서하신다는 성경 구절을 읽었다(요일 1:9).
그런 후 나는 그의 두 손을 잡고 회개의 기도를 하라고 부탁했고 그는 그렇게 했다. 결국 우리는 예수 그리스도의 용서를 구했다. 아주 짧은 기도였다.

> *만일 우리가 우리 죄를 자백하면 저는 미쁘시고 의로우사 우리 죄를 사하시며 모든 불의에서 우리를 깨끗게 하실 것이요. (요한일서 1:9)*

그는 내 도움을 고맙게 여겼고, 나에게 보수를 지불하려 했다. 그러면서 그는 나보고 똑똑해지라며 기도로 다른 사람을 돕고 그것으로 돈을 벌 수 있다고 말했다. 그 자신은 사업가이자 백만장자였다. 나는 고맙다며 거절했다. 주님으로부터 공짜로 받은 은사라며 나는 공짜로 봉사한다고 했다.
그 이후로 죽은 아내가 꿈에 나타나지 않았다. 그는 종종 딸에게 왔고 나의 근처를 찾았다. 어느 날 자연요법 사인 딸이 말했다. 그녀의 아버지가 나와 결혼하고 싶어 한다고. 나는 진심으로 크게 웃으며 고맙지만 사냥했다. 내가 그와 결혼했다면, 나는 평생 돈 걱정은 없었을 것이다.
몇 주 후, 자연 요법사는 나에게 그녀의 어머니와 이야기해 달라고 요청했다. 그녀는 내가 거기서 일하던 날 그녀의 딸 집에 왔고, 나한테 책을 보여주었다. 그녀는 그 책이 성경만큼 좋아서 읽는다고 했다. 나는 그것을 집으로 가져왔고 잠깐 읽으며, 일종의 이단 책이라는 것을 알게 되었다. 그래서 나는 그녀에게 더 이상 이 책을 읽지 말고 성경만 읽으라고 충고했다. 그녀에게는 힘든 일이었지만 그녀는 그것을 마음에 새기며 받아들였다. 그렇게 나는 이 가정을 자연스럽게 하나님의 올바른 길로 인도할 수 있었다. 몇 달 후, 자연요법 여인은 유럽 휴가 지역인 마요르카섬으로 이주했다.

두 번째 부수입 자리는 한 젊은 여성과 함께 나이 든 여자를 위해 매일 식사 준비하는 거였다. 나는 쇼핑을 하고 점심을 요리하면 되었다. 찬양 예배 행사 준비로 일 년 내내 차를 몰고 다녔기에 가능했다. 그녀는 탈취제, 향수 등을 사용하지 않았으며, 아파트에 "방향제"나 향초를 사용하지 않았다. 뮐러 할머니가 24시간 보살핌이 필요할 때까지 이 일을 한 젊은 여성과 함께 나누어서 했다. 그녀는 내 요리를 매우 좋아했다. 그녀는 모든 친구를 초대하여 내 음식을 맛보게 하고 싶어 했다. 그러나 손님이 향수를 사용하기 때문에 거의 불가능했다. 그래서 뮐러 할머니는 한 번으로 만족해야 했다.

세 번째 직업으로 나는 한 가족의 가사 도우미가 되었다. 고용 계약과 일 년 4주간 휴가가 보장된 일자리였다. 어머니는 자영업자였고, 그녀의 외출 시 내가 점심을 요리하고 학교에서 아이들을 데려와 그들과 함께 식사하는 거였다. 안타깝게도 그녀는 섬유 유연제를 사용했기 때문에 이 일을 오래 할 수 없었다.

네 번째 직업은 한 노부부를 위한 청소 일이었다. 그들이 사람을 찾지 못했기 때문에, 나는 그들을 위해 하기로 했다. 그들은 내가 찬양 행사를 준비하느라 바쁘다는 것을 알았기 때문에, 나에게 관대했고 추가 비용도 지불했다. 2007년, 나의 아버지가 돌아가셨을 때, 그들은 심지어 나에게 비행기 표를 선물하고 싶어 했다! 불행하게도, 나는 여행을 할 수 없어서 감사하다며 거절해야 했다.
나는 2008년까지 그들을 위해 일했는데, 그들은 얼마 지나지 않아 돌아가셨다. 그 이후 나는 더 이상 일자리를 찾지 않았다. 더 이상 집안의 향기 냄새를 견딜 수 없었다. 폐도 더 이상 견딜 수 없었다. 나는 또한 가사 도우미와 마을의 지역 역사박물관을 병행했었다. 앉아서 입장료만 받는 일로 박물관은 일요일 오후에만 열렸고 일 년 중 약 9개월 동안이었다. 불행하게도, 방문객들의 향기를 견딜 수 없었기 때문에 얼마 후 멈춰야 했다.

야외 이벤트에 역풍

그동안 나는 6년 동안 여러 교회를 다니면서 우리 마을을 섬기고자 하는 찬양그룹을 충분히 찾았다. 2003년에는 세 번의 야외 찬양 행사(5월, 7월, 10월)를 계획했다. 비가 올 때를 대비하여 교회 본당 회관에서 해도 되겠느냐고 물었고, 우리는 허락받았다. 첫 번째 행사가 열리기 반년 전, 나는 "내 형제자매", 즉 현장의 카리스마가 넘치는 형제자매들로부터 역풍을 맞았다. 우리 동네엔 큰 도시 교회의 두 가정 모임이 있었다.

한 가정 모임은 내 계획에 동의했고, 다른 한 모임은 반대했다. 그래서 그 문제가 지역 지도부에 올라갔고, 나는 그룹 지도자 회의에 초대되었다. 그러나 나는 이 교회의 가정 모임 그룹 대표자가 아니어서 어울리지 않는다고 느꼈다. 불안한 느낌으로, 나는 지역 지도자(루벤)에게 내 계획을 보냈고, 그가 모임에서 이벤트(Events) 활동에 대해 언급하기를 바랐다. 그러나 그는 모임에서 아무 말도 하지 않았다. 그래서 내가 참석한 형제자매들에게 이 사실을 직접 알렸다. 이것은 큰 논쟁으로 이어졌다.

- 이것이 하나님의 뜻인가?
- 지금이 적절한 시기인가?
- 내가 혼자서 행하는 것이다.
- 내가 주님으로부터 이 사명을 받았다면, 나는 확인이 필요하다.
- 동네 교회가 이것을 승인한다 해도, 나는 그것을 연기해야 한다.
- 하나님의 계시와 응답을 기도하고 기다린다.
- 바르나바스 교회의 지도자들과 대화해야 한다.
- 등등

그들은 단지 그것을 막고 싶었을 뿐이었다. 이 이벤트는 마을과 사람들을 위한 것이었다. 그러나 참석자 중 절반이 반대했다! 기진맥진한 나는 집으로 돌아와 슬퍼하며 기도했다. 기도 중에 성령님께서 나에게 말씀하시기를, **"내가 이 교회 없이 하겠다고 말하지 않았느냐?"** 하셨다.

하나님은 그들의 동기를 알고 계셨다. 그러나 나는 주님의 응답이 마음에 들지 않았다. 나는 교인들의 교만과 불화에 많이 울었다. 그래서 나는 기독교인들의 연합을 원했다. 그리고 하나님께서도 그랬다. 나는 모두 통합하고 싶었다.

11월 중순, 나는 다른 지역에서 열린 그리스도인 강좌 마지막 날에 참석했다. 세미나가 끝날 무렵 내가 알지 못하는 한 형제가 내가 묻지도 않았는데 나를 위해 기도해 주었다. 그는 놀랍고도 이렇게 말했다.

> "지난날, 몇 주, 몇 달 동안 네가 가졌던 생각은 네 생각이 아니라 나의 생각이다."라고 주님이 말씀하십니다.

이어 그는 예수님의 산상설교 말씀을 내게 주었다.

> *사람이 등불을 켜서 말 아래에 두지 아니하고 등잔걸이 위에 두나니 이러므로 집 안 모든 사람에게 비치느니라. 이같이 너희 빛이 사람 앞에 비치게 하여 그들로 너희 착한 행실을 보고 하늘에 계신 너희 아버지께 영광을 돌리게 하라. 마태복음 5:15~16*

나의 아버지 하나님은 정말 놀라웠다! 좋은 격려와 인정, 나는 그것이 필요했었다!

2003년 행사와 관련하여, 나는 11월 말에 가정 모임 지도자 모임에 또 소환되었는데, 이번에는 바르나바스 교회의 지도자도 같이 갔다. 가는 길에 나는 "주님, 루벤이 계속 막으면 어떡할까요?" 하고 기도했다. 그때 나에게 사도행전 15:36~40의 갈등을 떠올렸고, 그들과 나를 분리하라는 강한 느낌을 받았다. 나는 5년 전부터 그 교회의 성도도 아니었다.

하느님께서는 그들 없이 그 일을 하시길 원하셨지만, 나는 우리가 형제자매이기 때문에 그들을 데리고 가고 싶었다. 나는 여기서 그들의 동기에 대해 이야기하고 싶지 않다.

그날 저녁 나는 모임에 가는 길에서 주님께 들었던 것, 즉 바나바와 바울이 그랬던 것처럼 헤어지는 것에 관해 이야기했다. 루벤은 아이러니하게 웃으며 "순녀야, 너는 바울이 아니다"라고 말한 후 바르나바스 교회의 지도자에게 나를 책망하라고 했다. 그는 나를 전혀 알지 못했다. 나는 속으로 "얼마나 큰 권력의 자세인가!"라고 생각하며 **"나의 주님 외에는 아무도 나를 다스리지 못할 것이다! 그 시대는 끝났다."**라고 스스로에게 말했다.

결론적으로, 바르나바스 교회의 지도자는 그 문제에 대해 목사님과 이야기하고 싶다고 말했다. 그 후, 우리는 함께 찬양했는데, 바르나바스 교회의 지도자가 그림(Vision)을 보았다. **"나무가 젖어서 타지 않는다"**는 그림이었다. 그리고 나는 그것이 그들에게 맞는다고 말하고 싶었다.

모두가 무릎을 꿇고 기도를 계속했다. 한 자매가 기도로 모든 자존심을 십자가 앞에 가져왔다. 그리고 그 자매는 7월에 나에 대해 꿈을 꾸었다고 말했다. 그녀는 이 찬양 행사에 대해 몰랐지만, 전체적으로 순녀가 하는 일은 옳다고 했다. 그러나 꿈속에서 그녀는 시간을 받지 못했다고 했다. (처음부터 이 자매는 마을의 찬양과 기도 모임에 속해 있다.)

나는 이미 그녀의 꿈을 알고 있었다. 그녀는 7월에 쇼핑하다가 우연히 만났을 때 그 이야기를 나한테 했고, 나는 가게 한복판에서 하나님의 기름 부으심을 크게 느꼈다. 나는 격려와 위로를 느꼈다. 나는 또한 하나님의 뜻이 계속 지연되는 것을 느꼈기 때문에 매우 슬프기도 했다.

그녀가 꾼 꿈은 다음과 같다. 그녀는 내가 파란 옷을 입은 나를 보았고:

"내가 너에게 땅에서 기름을 부을 것"이라는 하나님의 음

성을 들었다.

꿈에서 파란 옷은 직분이나 사역을 의미한다(출애굽기 28장: 제사장).

성경에서 파란색은 하늘, 하늘 같은, 권세, 위엄, 성령, 위로부터 오는 것을 의미한다.

2002년 11월 말, 나는 2003년에 우리 마을에서 세 번의 야외 [12] 이벤트(Event)가 있을 것이라고 바르나바스 교회에 알렸다. 이 교회는 2003년부터 2005년까지 모든 면에서 나에게 많은 도움을 주었다. 젊은이들을 위한 댄스 워크숍을 포함하여, 이러한 활동들을 위해 사심 없이 개인적인 헌신으로 도와준 모든 형제자매 모두가, 하나님의 왕국에 투자한 것에 대해 감사를 표하고 싶다. 하늘에서의 상이 그들에게 보장되어 있다. 그때 내가 많은 형제자매를 알고 있었던 것이 좋은 일이었다.

마지막 스프린트

2003년 1월 중순, 나는 마지막으로 가정 모임 지도자 모임에 갔는데, 이번에는 이웃 동네에 사는 믿는 형제 위르겐과 함께 갔다. 그는 가스펠 합창단(Gospel Chor)을 이끌었고 2003년 야외 행사에 참여하겠다고 약속했었다. 나는 그에게 이 모임을 알리고 함께 가자고 요청했다.

불쌍한 루벤! 그는 가스펠 합창단의 형제 앞에서 눈에 띄게 긴장한 기색이 역력했다. 반면 위르겐은 끝까지 차분하고 냉정하며 개방적이고 성실했다. 그는 루벤에게 **"뭐가 두려운가?"** 하고 물었지만, 대답을 듣지 못했다. 나는 무한한 기쁨을 느꼈는데, 이는 내가 그에게서 하나님의 사람을 보았기 때문이었다.

그날 저녁에 나는 2003년 행사 날짜가 정해졌다고 모두에게 알

---

12) 향기 알레르기 때문에 야외에서.

렸다. 루벤과 몇 명은 계속 반대했다. 하나님께 감사하게도, 그것을 찬성했던 자매들은 오늘날까지도 마을에 있는 교회에서 찬양하며 기도 모임을 하고 있다. 그들을 축복하소서, 주님!

나는 마지막으로 모두를 진심으로 초대한다며, 방해는 하지 말아 달라고 부탁했다.

엿새 후, 루벤은 전화를 걸어 "나에게 매우 실망했다며, 내가 복종하지 않았기 때문에 성공할 수 없을 것이다."라고 했다. 무슨 저주인가! 나는 그의 말을 가로막고 더 이상 그 일에 관해 이야기하지 말아 달라고 부탁했다. 그러자 그는 내가 더 이상 집회에 참석하는 것을 원하지 않는다고 했다. 나는 주님께 순종하고 싶다고 대답했고, 이미 발표한 대로 그들과 헤어지겠다고 대답했다.

이 시기에 나는 두 형제자매로부터 예언을 받았다. 한 자매는 손으로 쓴 쪽지를 나에게 주었다.

> 올림픽처럼 장애물이 많이 보였다. 장애물은 점점 더 높아졌지만, 너는 점프로 넘어갔다. 때로는 네가 흙과 물, 진흙투성이 웅덩이에 빠지기도 하지만, 너는 계속 일어나서 계속 달리고, 온 힘과 힘을 다해 점점 더 높이 뛰어올랐다.

그 밑에는 **"절대로 포기하지 마라!** 순녀야, 네 아버지는 너를 사랑한다. 높이 뛸 수 있다!" 절대로 포기하지 마라!"

하나님은 이렇게 나를 거듭 세워 주셨다.

바르나바스 교회의 지도자 중 한 형제가 나를 위해 주님으로부터 짧고 달콤한 두 개의 성경 구절을 받았다.

> *당신이 하기로 한 일을 하십시오.*
> *이사야 54:2~3처럼 텐트를 확장하십시오.*
> *(네 장막 터를 넓히며 네 처소의 휘장을 아끼지 말고 널리 펴되 너의 줄을 길게 하며 너의 말뚝을 견고히 할지어다.*

이는 네가 좌우로 퍼지며 네 자손은 열방을 얻으며 황폐한 성읍들을 사람 살 곳이 되게 할 것임이라. 이사야 54:2-3)

새로운 목사

2003년 1월 중순, 마을의 개신교 교회에서 "창조의 정의, 평화, 보전"이라는 주제로 포럼(Forum) 그룹의 모임이 열렸다. 나는 첫 번째 모임부터 그곳에 있었다. 찬양 예배와 기도 모임을 가능하게 해주셨던 목사님이 은퇴하셨다. 포럼에서 나는 새로운 목사님을 알게 되었다. 나는 포럼이 허락한다면, 우리 찬양 그룹이 11월 교회의 "평화를 위한 주간 기도 모임"에 참여하겠다고 제안했다. 이에 대한 명확한 반응은 없었다. 나는 수락도 거절도 받지 못했다.

헤어질 무렵, 새 목사님은 나에게 우리 찬양과 기도 모임을 기독교인으로 묘사할 수 있느냐고 은밀히 물었다. 그렇다면 그녀는 교회의 회보에 "개신교 교회 공동체"라는 제목으로 광고할 것이라고 말했다. 그러면서 우리 그룹의 누군가가 그녀에게 그것에 관해 물었다고 했다. 그녀는 기꺼이 보도하겠다고 덧붙였다. 그 대신 우리가 때때로 교회에 뭔가를 해 주기를 기대한다고 했다. 지금까지 우리의 그룹은 손님 신분을 가지고 있었다며 모임인 행사에 참여할 수 없었다고도 말했다.

나의 대답은 분명했다: 우리는 기독교 단체이다. 그렇게 우리는 교회 공동체에 통합되었고, 2003년 봄 본당 축제에서 소개되었다. 거기서 우리는 기타 반주에 맞춰 노래를 불렀고, 다음 교회 소식지에는 사진과 함께 우리 그룹이 소개되었다. 주님께 영광을 돌립니다!

25장: 마을의 찬양 예배 활동

2003: 세 번의 찬양 예배

찬양 팀

마임 팀

예수 그리스도의 십자가
죽음 상징

2003년, 6년간의 준비 끝에 가깝고 먼 곳에서 온 형제자매들의 도움으로 세 번의 야외 행사가 열렸다; 거기엔 바비큐 포장마차, 음료 및 와플(Waffle) 포장마차와 책 스탠드도 있었다.

댄스와 무언극 그룹을 포함한 첫 번째 찬양 예배는 **"영적 폭탄"**이었다. 마임 그룹이 예수 그리스도의 십자가 처형 상징을 재연하는 등 어둠의 세력에 맞서 실제로 충돌했다. 어둠의 세력이 추락했다. 마을의 두 여목사님도 와서 지켜보았다. **7월에는** 위르겐의 지휘 아래 가스펠 합창단이 노래를 불렀고, 많은 방문객이 참석했다. 합창단은 방문객들을 감동하게 했다. 그들은 또 잘 알려져 있었고 인기가 높았다. 이때 두 자녀를 둔 한국인 교수 부부가 나를 방문했는데, 교수님은 한국의 대형

위르겐스 가스펠(Gospel) 합창단

방문객

교회에서 성가대를 지휘하고, 교수 아내는 소프라노 성악가였다. 두 사람 모두 매우 열정적이었고 특히 합창단을 칭찬했다.

10월에는 3인조 힙합밴드의 콘서트가 예정되어 있었는데, 안타깝게도 비가 오는 바람에 기술적으로 불가능한 상황이라 야회에서 급하게 공연장을 옮겨야 했다. 방문자 수가 적어서 아쉬웠다.

질문: 약물 및 중독 예방?

야외 행사가 끝난 후 11월, 지역 청소년 담당자로부터 청소년들에게 마약 및 술중독 예방에 큰 문제가 있다며 같이 행사할 수 있겠느냐는 질문을 받았다. 하나님의 타이밍이었다! 나는 동의했고, 내가 기독교인이라는 점과 행사는 기독교적으로 될 것이라고 강조했다. 이것이 받아들여졌다. 나는 찬양팀과 일정을 다시 잡을 수 있었으며, 마약과 알코올을 주제로 강의 및 온갖 흥미 있는 프로그램이었다.

2004년 7월 주말 이벤트

이렇게 이듬해 주말에 야외 행사가 열렸다. 이틀 동안 청소년 센터 앞 잔디밭에 대형 무대를 설치하고, 청소년 댄스 경연대회,

어린이 페이스(Face) 페인팅(Painting), 톰볼라(Bingo), 래퍼
(Rapper) 출연, 예수님의 도움으로 마약과 알코올 중독에서 벗
어난 사람들의 삶과 간증 등등 많은 프로그램으로 진행되었다.

2004년 7월 10일: 토요일 프로그램	
오후 2시	**인사 및 문화 코너** 댄서 공연 - 라이브 음악, 래퍼 퍼포먼스 남녀노소를 위한 추첨(Bingo)
오후 3시	**강의 - 1 - 대화 - 기도제안**
오후 4시	**문화 코너** **워십** - 그라피티 - 판토마임
오후 4시30	**과거 마약 중독 자 - 경험보고**
오후 5시	**문화 코너** 댄서 공연 - 래퍼 퍼포먼스, 라이브 음악 **남녀노소를 위한 추첨(Bingo)**
오후 6시	**강의-2 - 대화 - 기도제안**
오후 7시	식사 - 엔터테인먼트 - 서로를 알아 가기 **남녀노소를 위한 추첨(Bingo)**
오후 8시30	W4C-야외 콘서트

일요일 오전에는 야외예배를 봤는데, 설교는 전직 깡패(훌리건,
Hooligan)가 했다. 일요일 오후에는 댄스 그룹의 결승전과 시상
식이 있었다. 모든 프로그램은 나의 생각이 아니라 주님께서 내

게 주신 것이었다. 프로그램에 관해 여러 방면에서, 큰 칭찬을 했다. 독일 내 5개 주요 중독예방 기관의 반응은 매우 열정적이었고, 젊은이에게 적합하다며 모방에 추천도 했다.

2004년 7월 11일: 일요일 프로그램	
오전 11시	라이브 음악 - **손님 목사와 야외 예배** **(찬양, 워십, 설교, 기도**, Royal Ranger 소개)
오전 12시30	식사 - 엔터테인먼트 - 서로를 알아 가기 **남녀노소를 위한 추첨(Bingo)**
오후 2시	**문화 코너** **워십** - 그라피티 - 판토마임 남녀노소를 위한 추첨(Bingo)
오후 3시	**강의 - 2** - 블루 크로스 + 대화
오후 4시	Royal Ranger - Feedback - 비디오 - 음악
오후 4시30	**과거 술 중독자 경험 이야기**
오후 5시	댄스 그룹의 결승전
오후 6시	식사 - 엔터테인먼트 - 서로를 알아 가기 **남녀노소를 위한 추첨(Bingo)**
오후 7시30	**댄스 그룹의 시상식 & 우승자의 댄스**

이 모든 걸 준비하는 것은 엄청난 작업이었다. 주제 연사와 설교자 섭외, 포스터 제작 및 배포, 프로그램 초안 작성, 바비큐 음식

주문, 음료 공급업체 연락, 케이크 기부자 및 각 스탠드 담당자 연락, 상점에 추첨 기부(Bingo)를 위한 문의, 비용 보조금 신청, 무대 설치 및 철거 팀 구성 등등

내가 이 일을 할 수 있었던 것은 믿음의 형제자매들과 하나님께서 내 곁에 두신 청 십자(블루 크로스) 그룹의 도움이 있었기에 가능했다. 하나님께서 우리에게 사명을 주시고 우리가 그 사명을 실천할 때, 하나님은 아이디어와 지혜, 담대함, 방향, 인도를 주시며 모든 것을 그분의 선한 목표로 인도하신다.
나는 과거에 마약과 알코올 중독자였던 네 형제에게 물었다. 그들은 올 준비가 되어 있었다. 그들은 그들의 삶과 예수 덕분에 어떻게 자유로워졌는지에 대해 이야기했다.
나는 청소년 댄스그룹을 찾기 위해 기독교 서클과 청소년 센터에 전단을 배포했다. 누구에게나 출현할 기회가 주어져야 했다. 10개 이상의 단체가 신청했는데, 그중 5살짜리 소년도 있었다. 그는 브레이크댄스(Breakdance)를 추며 다른 아이들을 감염시켰고 모든 관중을 매료시켰다.
일요일 예배를 위해 나는 스테판 드리스(Stefan Driess)를 데려올 수 있었다. 그는 예수님을 만나기 전에 "깡패(Hooligan)"였다. 예언 은사로 축복받은 자다. 지역 경찰들도 추첨(Bingo)에 참여했으며 신문사도 이 행사에 대해 보도했다.

최연소 브레이크 댄서 (5살)

이웃 지역에서 온 찬양 밴드

설교자
(Hooligan
깡패)

다니가 자기 마약 경력과 예수님의 도움으로 치유가 된 데 대해 이야기하고 있다.

토미는 자기 알코올 경력과 중독에서 예수님의 도움으로 해방에 관해 이야기한다.

로니가 자기 마약 및 알코올 경력과 해방된 이야기를 들려주고 있다.

래퍼 (Rapper) 도미닉

추첨: 조직자가 어린이를 위한 깜짝 선물

2005: 페스트할레(Festhalle)에서 행사

2005년에는 10월 토요일 오후 2시부터 저녁 늦게까지 단일 행사를 계획했는데, 이번에는 동네 큰 홀에서 열렸다. 동네 시장님은 친절하게도 우리를 위해 홀 임대료를 면제해 주겠다고 환영식 무대에서 말했다. 나는 매우 놀랐고 우리는 모두 아주 기뻤다! 하나님께서 그와 시민 공동체에 풍성한 보상을 주시기를 빈다. 가까운 곳과 먼 곳에서 기독교 콘서트 및 찬양 밴드와 댄스 그룹이 왔으며, 심지어 블루 크로스의 브레이크 댄스 그룹도 참가했다. 내가 중독 협조자(Addiction Assistance) 교육을 받았던 연수생의 교육자는 마약 퀴즈를 제공했다.

시장(오른쪽) 그리고 사회자

2005년 10월: 토요일 프로그램	
오후 2시 - 2시 45	시장 연설 & 밴드 공연과 댄스
오후 2시 45 - 3시 30	청소년 마약 상담자와 마약 퀴즈 및 시상식
오후 3시 30 - 4시	청소년 마약 상담자와 토론 - 질문 & 응답
오후 4시 - 4시 30	밴드 공연, 댄스, 댄스 워크숍
오후 4시 30 - 5시 30	니코틴 워크숍 & 추첨 판매
오후 5시 30 - 6시	워크숍 평가 및 시상식
오후 6시 - 6시 30	밴드 공연 & 댄스 워크숍
오후 6시 30 - 7시	전문가의 술에 관한 강좌
오후 7시 - 7시 30	술 전문가와 토론
오후 7시 30 - 8시	연극 또는 같이하는 액션
오후 8시 - 8시 30	맨드 공연
오후 8시 30 - 9시	설교 & 기도 도움
오후 9시 15 - 9시 30	매표소 입장 (1유로)
오후 9시 30 - 10시 30	Stillorn - 콘서트 & 댄스
추첨, 음료, 케이크, 와플, 바비큐 판매	

댄스팀
(블루 크로스)

상품이 걸린
마약 퀴즈

브레이크 댄스
(블루 크로스)

실외에서 니코틴
-워크숍(Workshop)

조직자 순녀

방문객

이렇게 해서 3년 동안 총 6일간의 찬양 예배 활동을 할 수 있었다. 이 행사는 마을의 관보, 지역의 일간 신문 및 블루 크로스의 월간 잡지에 보도되었다.

누가 자금을 지원하나요?

2003년 처음 세 번의 행사는 내가 이 목적을 위해 준비해 두었던 십일조로 충당했다. 2004년과 2005년의 비용은 20,000유로가 넘는 비용이 들었는데 예수님께서 마련해 주셨다. 국가 보조금, 독일의 인간 활동(Aktion Mensch), 건강 보험, 기업가들의 현물 기부 등을 통해 해결해 주셨다. 내가 Aktion Mensch와 건강 보험 회사로부터 보조금을 받을 수 있었던 것은 내가 교육을 받은 후 블루 크로스 회원으로 활동했기 때문이다.

세 마을 떨어진 곳에 알코올 중독자 그룹이 있었는데, 그 그룹 블루 크로스 지도자가 우리 마을에 살았기에, 나는 그에게 전화를 걸어 동참하고 싶지 않은지 물었다. 그는 나에게 왔고 내 프로그램을 보고 잘 짜였다며 좋아했다. 그리고 그는 주 이사회와 이야기하겠다고 내 프로그램을 가지고 갔다. 주 이사회는 우리에게 허락했고, 이 모든 것이 블루 크로스 행사로 선포될 수 있었다.

그래서 나는 중독 도우미가 되기 위해 주말 기초 훈련을 이수하고 적극적인 블루 크로스 회원이 되었다. "술을 마시지 않는" 알코올 중독자들의 그룹 모임에 한동안 다녔고, 나도 더 이상 술을 안 마시겠다고 다짐했다. 심지어 술들은 초콜릿도 안 먹기로 했다. (매주 만찬과 의사의 처방전, 예를 들어 약초에 든 알코올은 제외였다.) 몇 년 동안, 나는 그 그룹을 위해 세무서에 제출하는 회계 장부도 담당했다. 그러나 영수증 등등에 지도자 부부 손 크림의 향이 너무 강해서 그룹 지도자의 큰 아쉬움에도 포기해야 했다.

나는 또한 슈투트가르트(Stuttgart)에서 열린 이벤트 관리 세미나에 참석했다. 그리고 나는 하나님께서 나에게 그런 재능을 주셨다는 것을 깨달았다. 주님께 감사!

2004년 행사 직전까지 나한테는 한 푼도 없었다. 그러나 나는 하나님께서 그 비용을 충당해 주실 것이라는 굳건한 믿음이 있었다. 비상시에는 저축한 돈을 희생하기로 했다. 하지만 하나님이 나에게 임무를 주셨으니 해결해 주실 거라는 초자연적인 강한 확신을 가지고 있었다.

그러던 어느 날, 하나님께서 내가 1997년에 만났던 청소년 복지실 직원을 생각나게 하셨다. 그 당시(1997) 나는 마을에서 자녀를 많이 가진 가족을 돌보고 있었다. 청소년 복지실 직원한테 전화를 걸었다. 그녀는 바로 다음 날 오라고 지시하면서, 전단과 포스터를 가져오라고 했다. 나는 그리했다. 그리고 그녀는 Thomas Gottschalk의 "Aktion Mensch"에 시도해 보라는 훌륭한 아이디어를 주었다. 신청서는 인터넷을 통해 제출해야 했다. "Blue Cross"(BKE)가 독일 개신교 사회개발협회(Diakonia and Development)로 복음주의 사역의 회원이라는 덕분에 내 프로그램은 인정받았고 지원금이 승인되었다.

행사가 끝난 후 내가 할 숙제는, 모든 청구서와 영수증을 시간순으로 기록하고, 번호를 매긴 다음, 수입 및 지출 목록과 함께 사본으로 Aktion Mensch뿐만 아니라 나에게 보조금을 지급한 지역, 정부, 건강 보험 회사에 제출하는 것이었다.

그러나 시작과 끝은 우리 주님이시다. 하나님께서 약속하시면, 우리한테 공급해 주신다. 이스라엘 백성의 출애굽에서 볼 수 있듯이, 세상과 불신자들을 이용하셔서 그분의 계획을 이루셨다: 이스라엘 백성들은 이웃으로부터 금과 은과 귀한 재료들을 받았고, 그것으로 성소와 제사장의 예복을 만들 수 있었다. 나도 이 일을 통해 하나님께서 공급하심을 실감할 수 있었고, 그때 내게 주신 반석 같은 믿음에 감사드렸다. 그 믿음이 없었다면 나는 결코 해낼 수 없었을 것이다.

마지막엔 2,000유로 이상이 남았다. 나는 이 남은 돈을 바르나바스 교회에 주었다. 그 이유는, 상황이 어떻게 될지 몰라 바르나바스 교회의 지도자가, 나한테 한동안 십일조를 안 내도 된다고 허락했기 때문이었다.

안식년 계획

3년 동안 집중적으로 일한 후, 나는 소진상태가 됐다. 그래서

2006년은 "안식년"으로 모든 활동을 자제하고 싶었다.
오직 3월에 있는 비기독교인 워크숍에 가고 싶었다(거기에 기독교인은 나 혼자였다): 독일의 5대 주요 중독 지원 단체의 적극적인 직원들은 위험에 처한 젊은이들에게 다가갈 방법을 찾고 싶어 했다. 나는 블루크로스 자원봉사원으로 참석했고 내 프로젝트를 발표할 것을 제안받았다. 그래서 포스터, 전단 및 프로그램을 가지고 갔다. 나의 모든 것이 최종 보고서에 포함되었다. 최종 보고서는 페이지가 많아 아주 두꺼운 책으로 나왔다. 5개 중독 지원 단체에 배포되었다. 나를 포함한 모든 참가자도 한 권씩 우편으로 받았다.

워크숍을 마치고 집에 돌아왔을 때, 한국에서 슬픈 소식이 나를 기다리고 있었다: 아버지가 생사를 넘나드는 싸움을 하고 계셨다. 그러나 나의 아버지 하나님은 나에게 매우, 매우 은혜로우셨고 나의 기도에 응답하셨다: 나의 아버지는 회복되어 2년 이상 더 사셨다. 그리고 결국 예수님을 영접하셨다. 나는 이 2년 반의 투쟁에 대해 나의 첫 번째 책에서 자세히 썼다. 그래서 여기엔 적지 않겠다.

결과

우리 마을에서 가장 아름다운 결과를 누릴 수 있었다. 알코올과 마약 문제가 동네에서 영원히 사라졌다. 수년 후 자살률도 감소했다는 사실을 알게 되었다.

글쓰기에 전념

안식년 동안 나는 마침내 글을 쓰기 시작할 수 있었다. 주님은 1995년, 내 성 정체성이 치유되기 전에 이것을 "숙제"로 주셨다. 불행히도, 그것은 매우, 매우 느렸고, 내 첫 번째 책은 2014년에야 출판되었다. 그리고 이 두 번째 책도 인내심을 발휘해야 했다. 나와 편집자 사이에 여러 차례의 수정이 있었다. "손가락 하나만으로는 신발 끈을 묶을 수 없다"고 말한다. 머리 하나로 좋은 책을 만들 수 있는 사람은 얼마나 되는가? 순서대로 돌아가 보겠다.

불순종으로 심각한 결과를 초래하다

내가 완벽하고 흠잡을 데가 없다는 인상을 주고 싶지 않다. 그래서 불순종으로 심각한 결과를 초래한 데 대해서도 보고한다.
2004년 찬양 예배 행사 후, 나는 부모님과 형제자매들이 보고 싶었다. 마지막 방문 이후 10년이 넘었다. 1993년, 형제들과 내가 부모님의 집을 수리해 드렸다.
다음 행사는 2005년 10월에 있을 예정이었기에 그해 봄에 고향 방문을 계획했다. 그러나 나의 하나님은 **"아니다"**라고 말씀하셨다. 그런데도, 나는 비행기 편을 찾아보았고, 마음속으로 여행 가방을 꾸리기 시작했다. 나의 불순종에 대한 대가가 따랐다: 3월 말, 나는 응급 맹장염으로 병원에 입원해야 했다(터진 맹장이었다). 그때 내 나이 56세였다.
소독제와 향료, 알코올 및 폼알데하이드가 함유된 세척제 병원 공기는 나를 거의 죽일 뻔했다. 그 당시 나에겐 2010년처럼 예방 조치를 취할 지혜가 없었다. 소독제 때문에 수술 흉터에 고름이 생겼고, 오한과 함께 열이 났다. 병원 공기로 따갑고 욱신거리는 두통으로 머리가 터질 뻔했지만, 열이 났기 때문에 의사들은 필사적으로 나를 그곳에 가둬 두었다. 흉터 고름 검사 결과 세균 감염이 아니라고 판단이 나와서야 나를 집에 돌려보냈다. 그러나 나는 열과 염증이 있어도 내 책임하에 병원을 떠나겠다는 서명을 해야 했다. 상처 드레싱 교체는 주치의가 수행했다. 소독제로 인한 내외부 염증으로 인해 복부는 돌처럼 딱딱했고 걸을 때마다 흔들리며 심하게 아팠다. 한동안 나는 그저 몸을 구부리고 아주 천천히 걸었다. 회복도 비슷했다. 그렇게 2005년 5월과 6월의 한국 여행은 비참하게 무산되었다.
성령의 은사로 하나님의 음성을 듣는 것은 좋지만, 부담스러울

수도 있다: 왼쪽으로 가고 싶지만, 주님께서 말씀하시면, 오른쪽으로 가야 한다. 그렇지 않으면 위험에 닥친다. 어린아이들은 뜨거운 난로의 위험을 가늠할 수 없기에, 어머니가 그것에 대해 경고하지만, 직접경험한 후에야 똑똑해진다.

> *알지 못하고 맞을 일을 행한 종은 적게 맞으리라. 무릇 많이 받은 자에게는 많이 요구할 것이요, 많이 맡은 자에게는 많이 달라고 할 것이니라. (누가복음 12:48)*

어린이! 어린이!

하나님의 영광을 위해 나는 하나님께서 이 마을에서 내게 주신 것들을 강조하고 싶다: 나는 아이들을 사랑하고 좋아하며 세 아이를 낳고 싶었다. 불행히도 이 소원은 이루어지지 않았지만, 이곳 마을에서 아이들을 돌볼 기회가 여러 번 있었다!

무슬림 가족과 바스티를 제외하고는, 나는 항상 두 남자아이를 담당했다. 그래서 나는 주님이 나를 앉혀주신 이 마을에서 좋은 일들을 많이 경험했다. 주님이신 예수 그리스도께 영원토록 큰 감사를 드린다!

26장: 전남편이 철저하게 파산됐다.

그가 죽었나?

2004년 3월, 나는 전남편에 대한 꿈을 꾸었는데 좋지 않았다. 하지만 나는 더 이상 그와 아무 관계를 맺고 싶지 않아 몸을 돌려 다시 잠을 잤다.

4월, 나는 다시 전 남편에 대해 꿈을 꾸었다. 5월, 나는 그가 위자료를 지불하지 않았다는 것을 알게 되었다. 나는 그가 약속을 잊었거나 날짜를 연기했을 것으로 생각했다. 그러나 그 날짜는 법원에 의해 정해졌고 지금까지 그는 항상 제때 지불했었다.

5월 중순, 한 지인이 신문에서 내 성으로 된 사망 기사를 읽었다고 했다. 그러나 그는 이름을 잊어버렸고 신문도 이미 제거해 버렸다.

당연히 나는 걱정이 되어 전 남편에게 전화를 걸었다. 그는 전화를 받지 않았고 나는 자동 응답기에 나한테 전화해 달라는 메시지를 남겼다. 또한 그에게 이메일도 보냈지만, 답장이 없었다. 이런 불확실한 상황에서 그가 불쌍히 여겨졌다. 나는 다시 전화하여 그의 자동응답기에 내가 갈 거라는 메시지를 남겼다. 가서 잡채 요리를 하겠다고 했다. 사실 나는 그 동네에 내 모습을 보이고 싶지 않았다. 그러나 자존심보다 동정심이 더 강했다. 자비가 승리했다.

걱정되어 집주인에게 전화를 걸었다. 그녀는 무척 반가워하며 내 전남편이 편지에 답장도 안 하고, 초인종도 껐으며, 집세 빚이 급증하고 있다고 황당해하며 말했다. 나는 6월 초에 전남편의 목사님 형에게 전화를 걸어 막냇동생이 위기에 처한 것 같다며 돌봐달라고 부탁했다.

다음 날, 나는 그를 만나러 갔다. 수요일이었고 매우 더운 날이었다. 설레는 마음으로 요리할 재료와 텃밭에서 가져온 몇 가지 물건을 차에 싣고 출발했다. (행사를 위해 2003년부터 2007년까지 5년 동안 일 년 내내 차를 몰고 다녔기에 가능했다. 5년 후차 기술 감시 보안(TÜV)이 통과되지 않아, 그 후로는 차 없이 살았다.) 그가 문을 열어줄까? 벨을 눌렀다. 벨 소리가 들렸다! 매우 안심했다. 나는 몇 발짝 뒤로 물러가 집 바로 앞에 주차해 둔차 옆에 서 있었다. 집안에서 내 차를 잘 볼 수 있었다. 아주 조심스럽게 문이 열렸고, 그는 머리만 조심스럽게 내밀었다. 너무 더워서 나는 즉시 차에서 식료품을 꺼내 부엌으로 끌고 들어갔는데, 사무실이 완전히 어두웠다. 셔터가 다 내려져 있었다.

"무슨 일이야?"라는 내 질문에, 그는 "모든 게 망가졌다!"라고 단호하게 대답했다. 그러곤 주제를 바꾸자고 했다. 내 요청에 따라 먼저 산책하러 나갔지만, 그는 지하실 문을 통해 집을 나가고 싶어 했다. 그 후 나는 주방에서 요리하고 있는데, 그는 밑에 사는 여자 친구를 초대해도 되느냐고 물었다. 나는 예상하지 못했지만 "그렇게 하라"고 대답했다. 하지만 그녀는 어떤 이유에서인지 초대를 거절했다. 나는 그에게 아직도 예전 환경에서 사느냐고 물었더니 "치유됐어"라고 짜증 섞인 대답이 돌아왔다.

식사 때 내가 형님한테 전화해서 그를 돌봐달라고 부탁했다고 말했다. 그는 믿기지 않는다는 듯 안도하는 표정으로 나를 쳐다보며, 정말 그렇게 말했느냐고 물었다. 며칠 후 나는 그를 두 번째이자 마지막으로 방문했고, 다시 한번 내가 요리 한 음식을 같이 먹었다. 2004년 7월에 '마약과 중독 예방'을 주제로 이틀간 야외에서 열리는 행사까지 아직 5주가 남았기에, 나는 포스터를 그에게 보여줬다.

다행히 형님이 즉시 반응했고, 아버지와 함께 막냇동생을 찾아갔다. 그리고 집 안 정리가 매우 빠르게 진행되었다. 전 남편은 자기의 청소년 방을 개조하고 부모님 집으로 이사했다. 값비싼 대형 거실 페르시아 카펫은 나의 지하실에 임시로 보관했다. 이 기회에 나는 그에게 이벤트가 열리는 장소를 보여줬다. 잔디밭에 큰 무대와 거대한 댄스 플로어가 이미 설치되어 있었다. 그는 그 장소를 점검하며 감동했다.

약속대로 파산, 그러나 철저하게

1986년, 크리스토프가 나를 떠나면 파산할 거라고 하나님께서 말씀하시지 않으셨던가? 별거 기간과 이혼 후에도 꾸준한 여자 친구가 없었다. 그러다 2003년 여름에 아파트 밑에 사는 여자와 꾸준한 연애를 시작하자마자 2003년 가을부터 일감(Project)을 받지 못했다. 그래서 그는 집세며, 추가 비용 등 내 생활비도 줄 수 없었다. 그가 나를 영원히 떠나자, 그는 마침내 파산됐다. 우리 모두에게 비극적인 일이었다!

나중에 알게 된 사실이지만, 누적된 집세 빚은 그의 아버지가 대신 갚아주셨고, 그 외에도 어떤 비용들을 아버지가 대셨는지는 모른다. 전 남편은 사업 파트너에게도 빚을 지고 있었다.

전남편은 가끔 나를 방문했다. 그래서 그의 여자 친구가 연쇄 흡연자이며 질투심도 심하다는 것을 알게 되었다.

어느 날, 점심시간에 나한테 왔는데 여자 친구가 그를 쫓아냈단다! 그들은 주말에만 만났고, 그가 아파트의 담배 냄새에 대해 불평했단다. 그리고 산책하러 나갔다가 돌아와 보니 가방이 밖에 있었단다. 그는 그것을 가지고 나에게 왔다. 그한테는 다른 사람이 없었다.

옛 장인어른의 제안

전남편은 2004년 5월부터 나의 생활비 지급을 중단했다. 이는 법정에서 해결해야 했다. 가정법원 편지는 전남편이 부모님과 함께 살았기 때문에 그의 부모님 주소로 발송되었다. 그의 아버지는 그의 편지를 열어보았고, 아들의 생활비 채무를 알게 되었다.

2006년 봄, 재판이 시작되기 전, 옛 시아버지가 전화를 걸어 "기독교인으로서" 전 남편이 지불해야 할 생활비의 절반 정도를 재정적으로 지원해 주겠다며, 거기에 대해 법적 조치를 하지 말아 달라고 요청했다. 그게 그의 조건이었고, 내 계좌 번호를 즉시 알려달라고 했다! 나는 깜짝 놀랐고 압도당했다. 1994년, 내가 아들의 생활 방식에 대해 알렸을 때, 그는 내 의견을 격렬하게 거부하며 나를 악마화했었다. 그 후 12년 동안 연락이 끊겼기에 나는 어안이 벙벙했다. 그런 그가 지금 이런 제안을!

나는 할 말을 잃었다. 하지만 나는 전남편과 상의 없이 동의하고 싶지 않았기 때문에 생각할 시간을 달라고 요청했다. 무엇보다도 전남편이 언젠가 밀린 생활비를 지불해야 할 경우를 대비해, 두 번 징수하고 싶지 않았다. 그러나 시부모님 집에 전화하고 싶지 않아서 여자 친구 집에 전화를 걸었다. 그녀는 내가 자신의 전화번호를 알고 있다는 사실에 완전히 놀랐고 누가 번호를 알려줬는지 알고 싶어했다. 나는 대답 대신 전남편에게 간단히 물어볼 것이 있다고만 말했다. 그녀는 다시는 그 번호로 전화하지 말라고 반박하며 전화를 넘겼다. 나는 전남편에게 아버지가 나를 재정적으로 지원하기를 원한다는 사실을 알고 있는지 짧게 질문했다. 그도 알고 있다며 반대한다고 했다.

나는 변호사에게 이 사실을 알렸고, 변호사는 '수락, 수락, 수락'이라고 말하며 부모님과 함께 살고 있는 전남편에게 편지를 보냈다. 옛 시아버지가 편지를 읽으시고 완전히 화가 나서 나에게 전화를 걸어 변호사 없이 하겠다고 분명히 말했다며 심하게 비판했다. 하지만 나는 "그냥 그렇게" 받아들일 수 없다고 말했었다. 그는 매우 화를 냈고, 내가 이야기하는 도중에 전화를 끊어버렸다.

2006년 여름, 가정법원에서 전남편은 그걸로 흥분해 아버지가 돌아가셨다며 내 변호사를 심하게 비난했다. 나를 공격하진 않았다. 나중에 한 가족에게서 들었는데 그의 사인은 혈전증이었다. 그의 제안은 재판까지도 지속되지 못했다.

"그녀는 일할 수 있습니다"

가정법원에서 전남편은 내가 2003년부터 2005년까지 실행한 이벤트에 대해 언급하며 내가 일할 수 있다고 했다. 게다가 2004년에 찍은 사진을 인터넷에서 볼 수 있으며 내가 홈페이지도 갖고 있다고 했다. 하지만 그것은 사실이 아니었다. 그는 거의 모든 수단을 동원해 싸웠다.

한 믿는 형제가 자신의 웹사이트에 해당 사진을 무료로 공개했었다. 행사에 대한 신문 기사와 소식지 기사 등도 있었지만 나와 상관없이 완전히 무료로 제공되었다. 나는 모든 사무실 업무와 준비를 집에서 했다.

생활비 의무 면제

전 남편은 이제 50세가 넘었고 직장을 구할 수 없다는 이유로 더 이상 생활비를 지불할 필요가 없다고 결정됐다. 2004 년 5월 이후 생활비 부채만 지급해야 했다. 반면에 나는 법률 지원금을 분할해서 갚아야 했다.

그 판결은 나에게 아주 씁쓸했다. 향수, 방향유(essential oils), 담배 연기, 소독제 및 용제에 대한 알레르기가 심해져서 더 이상 직업은 물론 시간제 직업도 할 수 없었기 때문이었다. 강한 향기 때문에 나는 다른 가정에 머물 수도 없고 방문할 수도 없다. 야외에서 산책하는 것이 가장 편하다. 길거리나, 버스와 기차, 병원, 소매점 등, 향기에 극심한 두통, 메스꺼움, 탈진, 온몸의 통증 등 문제가 생긴다. 2~4간 고통을 겪으며, 최악의 경우 눈, 코, 폐 및 뇌출혈을 초래한다. 그래서 나는 거의 사회적으로 고립된 채 살고 있으며, 2005년 이후로는 교회 예배에도 참석하지 못한다 (그래서 모든 행사도 야외에서 했다).

감사하게도 지금은 성경 TV, 인터넷 유튜브(Youtube)를 통해 예배를 경험하거나 들을 기회가 많다. 하지만 이것은 믿음의 형제자매나 친구들과의 교제를 대신할 수도, 교체할 수 없다.

27장: 결론

가정법원의 판결 이후, 전 남편은 나와 더 이상 연락하고 싶지 않다고 말했다. 2007년 봄, 그가 2006년 말에 그의 여자 친구와 시청 결혼식을 올렸다는 것을 알게 되었다. 그러나 그는 계속 부모님 집에서 살았고 그녀는 다른 곳에서 살았다. 재판에서야 나는 그의 형제자매들이 그가 평생 부모님 집에서 살도록 허락했다는 것을 알게 되었다. 조현병을 앓고 있는 유일한 누나도 마찬가지였다.

2015년, 한 한국 교수님이 아내와 함께 나를 방문 오셨다. 그들은 내 전남편을 알고 있었기에 그를 만나고 싶어 했다. 우리는 인터넷에서 그의 이름과 사업을 검색했지만 헛수고였다. 2011년 가을에는 그의 부모님 주소지에서 그의 회사를 찾았었다. 나는 전화 한 통 없이 교수님과 전남편의 부모님 집으로 가고 싶지 않았다. 중립적인 장소에서 그를 만나고 싶었지만, 그것도 하지 못했다.

사회에서의 사도마조히즘(Sadomasochismus)

2017년 봄, 독일 TV 잡지에서 영화 '그레이의 50가지 그림자'(Fifty Shades of Grey)에 대해 알게 되었다. 호기심에 나는 그것을 TV로 봤다. 부자인 한 젊은 사업가가, 그의 사도마조히즘적인 성향으로, 쾌락의 대상으로 여자들을 이용하고 있는 것을 보았다. 그 후 그 영화와 그 원작이 된 책으로 인해 사도 마소 장난감 사업에 큰 활력을 불어넣었다는 보도가 나왔다. 이렇게 사회적으로 용인되었다. 독일에서는 2017년 6월부터 **"모두를 위한 결혼"**이 화법 되었다. 사회가 너무 병들어 있고 일부 교회도 그렇다는 것에 매우 안타깝다. 사랑이 뒤틀리고, 자유가 뒤틀리고, 관용도 뒤틀린 것이다.

사랑이 많으시고 자비로우신 창조주 하느님께서는 이 점에 대해 어떻게 생각하실까? 하나님은 죄는 미워하시지만, 모든 죄인을 사랑하시며, 그들이 영과 혼과 육으로 구원받고 치유되기를 원하신다.

건강 악화, 주님께 감사

나는 2020년 6월부터 각종 자극성으로 인한 폐 통증 때문에 액체산소를 호흡하며 생활한다. 2020년 10월부터는 보행기로 산책한다. 2019년부터 매주 쇼핑을 해주는 좋은 이웃이 있어서 감사하다. 나는 아직도 독일 형제의 텃밭에서 큰 기쁨을 누린다. 2021년부터는 이웃과 텃밭을 나누어 가꾸고 있다. 그녀는 내가 혼자서 할 수 없을 때 늘 도와준다.

주님께 모든 것에 감사드린다. 주님의 영광을 위해 이 책도 한국어로 번역할 때까지 지켜봐 주옵소서! 주님, 당신의 영광을 위해 간증할 게 또 하나 있습니다: 한국어로 번역한 저의 첫 번째 간증 책 **"드디어 여자로다!"**가 한국에서 용감한 출판사를 만났고 2023년 3월에 출판되었습니다. (ISBN 978-89-6511-429-1, eBook ISBN 978-89-6511-432-1) 이 주제는 예수 그리스도를 믿든 안 믿든 오늘날의 세상에서 큰 도전이기 때문에 용감한 출판사입니다. 이 간증 책 2권으로 마지막 숙제를 했습니다. 주님, 이제는 당신의 차례입니다. 이 책을 통해 사람들에게 다가가시고, 치유하시어, 회복시키시길 바랍니다. 아멘.

에필로그: 성취되지 않은 예언

1994년에 나는 두 자매로부터 향기 알레르기가 치유될 것이며 하나님께서 나와 당시 남편(지금은 전남편)을 사도마조히즘 지역으로 보내서 그들을 구출해 내실 것이라는 예언을 받았다.

1995년과 1996년의 별거 동안, 나는 또한 몇몇 형제자매들로부터 주님께서 나를 통해 크리스토프를 구원하기를 원하신다는 말을 들었다. 그러나 지금은??

불행히도 이러한 예언은 아직 성취되지 않았다. 내가 이것을 막았는지(그렇다면 무엇으로) 나는 정말로 모른다. 한 가지 확실한 것은 내가 지금도 전남편을 하나님의 사랑으로 사랑한다. 하지만 그는 그렇게 태어났다며 이혼을 원했고, 나는 그의 이중생활 때문에 부부생활을 지속하고 싶지 않다. 나는 하나님의 아가페 사랑은 강요하지 않는다고 생각한다. 그래서 어쩔 수 없이 이혼에 동의할 수밖에 없었다.

많은 가정과 부부 생활에서 기적이 일어났고 지금도 일어나고 있는데, 왜 우리에게는 그런 일이 일어나지 않았는지 궁금하다. 하늘에 계신 나의 아버지 하나님만이 아신다. 나는 74세다 (2023년). 이 예언들이 이 세상에서 성취되려면, 나의 하나님은 그분의 영광을 위해 서둘러서 다양한 알레르기와 다발성 관절염을 치유하셔야 한다.

예수님께서 모든 사람, 특히 극심한 고난을 견뎌야 하는 사람들에게 구원의 축복과 영혼의 치유를 주시길!

나의 감사

이 기간에 성령님과 영적 은사로 나를 축복하시고 인도하시며 동행해 주신 사랑하는 하나님께 무한한 감사를 드린다. 또 크고 작은 어려움에 내 곁을 지켜주고, 동행하며 나를 위해 기도해 준 믿음의 형제자매들께도 깊이 감사한다. 이 책이 나오기까지 도움을 주고 이 책을 만드는 데 기여해 준 형제자매들에게 특별한 감사를 드린다. 나의 예수님께서 그들을 풍성하게 축복하시기를 기원한다.

1983년에 개신교 교회에서 세례를 받을 때 선택할 수 있었던 성경 구절로 나의 전기를 마무리하고 싶다:

예수께서 이르시되, 내가 곧 길이요 진리요 생명이니, 나로 말미암지 않고는 아버지께로 올 자가 없느니라. (요한복음 14:6)

최순녀

문학 추천(도서 추천)

- 최순녀, 드디어 여자로다! - 성 정체성을 찾는 나의 길. 2014 독일어 출판, 한국어판: 최순녀, 드디어 여자로다! 시간의 물레 2023. ISBN 978-89-65110429-1, eBook ISBN 978-89-6511-432-1

- Watchmann Nee, 영적 그리스도인. 절판; www.watchman-nee.de 에서 PDF로 무료로 다운로드할 수 있음.

- 프리츠 리만(Fritz Riemann), 『공포의 기본 형태(Basic Forms of Fear)』 München Ernst Reinhard 1987년.

- Tim LaHaye, 당신의 남편을 아십니까?(do you know your husband?) Liebenzeller Mission 1991

- 팀 라헤이(Tim LaHaye), 당신의 기질을 하나님의 손에 맡기십시오(Put Your Temperament in God's Hands). Liebenzell: VLM 1991년.

- 팀 라헤이(Tim LaHaye), 성령 충만한 기질(Spirit-Filled Temperament). Erzhausen: Leuchter 1975년.

- 마리오 베르그너(Mario Bergner), 사랑의 반전(Reversal of Love) - 동성애를 위한 희망과 치유. Wiesbaden Projektion J 1995년.

- 리엔 패인(Leanne Payne), 깨진 이미지(The Broken Image). 판 Trobisch 1987년.

- 리엔 패인, 남성성의 위기(Crisis of Masculinity). Neukirchen Aussaat: 1991년,

- 리엔 패인(Leanne Payne), 치유의 임재(Healing Presence) - 하나님의 사랑을 통해 상처 입은 자를 치유함. Neukirchen Aussaat: 1994년.

- 리엔 패인, 변화하는 임재(Changing Present). Lüdenscheid: Asaph 1998년.
- 리엔 패인, 주님, 당신의 말씀을 듣고 싶습니다(I want to hear you). Wiesbaden Projektion J 1995년.
- 존 디 샌드포드(John D. Sandford), 상처 입은 마음을 치유함(Healing the Wounded Mind). Lüdenscheid: Asaph 2010년.
- 존 샌드포드와 폴라 샌드포드(John and Paula Sandford), 내면의 인간을 변화시킨다.(Transforming the Inner Man) Lüdenscheid: Asaph 2008년.
- 존과 폴라 샌드포드, 잠든 영을 깨운다.(Awakens the Slumbering Spirit) Solingen: G. Bernard 1997년.
- 케네스 해긴(Kenneth Hagin), 기름 부음(The Anointing). Augsburg: Durchbruch: 1989년
- 프랭크 해먼드(Frank Hammond), 어린이 빵(The Children's Bread) - 예수님 봉사로 해방. WdL Publ. 1992년.
- Frank & Ida Mae Hammond, 응접실의 돼지들(Pigs in the Parlor). Impact Books 1973.
- 한국어판: 프랭크 D. 헤먼드. 아이다 메이 해먼드, 현대문명과 악령들. 예태해 옮김 아바벨 1990.
- 가브리엘레 트링클레(Gabriele Trinkle), 드디어 자유로워졌다!(endlich frei!). 비스바덴 (Wiesbaden): Projektion J 1992.

나의 이야기

1판 1쇄 발행 2024년 07월 23일

지은이 최순녀

편집 김해진 **마케팅·지원** 김혜지
펴낸곳 (주)하움출판사 **펴낸이** 문현광

이메일 haum1000@naver.com **홈페이지** haum.kr

블로그 blog.naver.com/haum1007 **인스타** @haum1007

ISBN 979-11-6440-630-2 (03200)